Sizilien im Mittelalter

Bernd Rill

Sizilien im Mittelalter

Das Reich der Araber, Normannen und Staufer

Belser Verlag
STUTTGART
ZÜRICH

Die Deutsche Bibliothek – CIP-Einheitsaufnahme

Rill, Bernd:
Sizilien im Mittelalter:
das Reich der Araber, Normannen und Staufer. –
Stuttgart; Zürich: Belser, 1995
ISBN 3-7630-2318-6

Redaktion: Gernot Giertz
Satz und Reproduktion: Steffen Hahn GmbH, Kornwestheim
Druck: Offizin Chr. Scheufele, Stuttgart
Einband: C. Fikentscher, Darmstadt
Printed in Germany
ISBN 3-7630-2318-6

Inhaltsverzeichnis

Vorwort

Es gibt einige Gegenden der Erde, in denen die Regionalgeschichte zur Weltgeschichte wird. Rom und Latium gehören dazu, die beiden Meerengen zwischen Ägäis und Schwarzem Meer mit ihrem unmittelbaren Hinterland, Mesopotamien etwa von Bagdad aus bis zum Persischen Golf – und auch Sizilien, die historisch überreiche Insel im Herzen des Mittelmeeres. Schon lange vor dem klassischen Altertum, vor der Besiedelung durch die Griechen, spielte sie ihre Rolle zwischen Afrika und Europa, zwischen den Kulturkreisen des westlichen und östlichen Mittelmeerbeckens; die Landung der Alliierten im Juli 1943 am Strand von Gela war die bis jetzt letzte politisch-militärische Huldigung an ihre zentrale Lage. Der sizilianische Regionalismus ist noch heute ein wesentlicher Machtfaktor im Parteiengetriebe des italienischen Zentralstaates, den die Optimisten mittlerweile als „Zweite Republik" bezeichnen. Mit etwas Sarkasmus könnte man anmerken, daß die historische Bedeutung der Insel wohl noch länger andauern wird, wenn auch nur im Negativen, da die sizilianischen Verbrecherbanden der Mafia schon lange über den engen Bereich ihrer Heimat hinausgegriffen, sich mit Vorliebe in den Vereinigten Staaten etabliert haben und von dort aus mit ihren weltweiten Aktivitäten den Namen Siziliens – das sie als Betätigungsfeld keineswegs aufgegeben haben – im allgemeinen Bewußtsein lebendig halten.

Diese Bemerkungen sind indes so unpassend nicht. Denn sie mögen geeignet sein, den Leser auf zwei Eigenarten der folgenden Behandlung des mittelalterlichen Sizilien einzustimmen: die politische, militärische, administrative, ökonomische und soziale Seite dieser Zeit wird im Vordergrund stehen, und nicht etwa die touristischen Sehenswürdigkeiten. Das Kloster von Monreale oder die Cappella Palatina in Palermo haben Sizilien in der Kunstgeschichte weltberühmt gemacht – sofern das nach den Zeugnissen der Antike, die im Lande verstreut sind, noch notwendig gewesen sein sollte. Doch wir wollten hier gerade keinen Reiseführer vorlegen, sondern den realen historischen Hintergrund nachzuzeichnen versuchen, vor dem sich die erwähnten Kunstwerke abheben, um so strahlender, je düsterer, tragischer oder auch einfach machtpolitischer dieser ausgefallen ist.

Dies führt zur zweiten Eigenart der Darstellung: Sizilien ist eines der sinnfälligsten Demonstrationsobjekte dafür, daß die Geschichte, ihr Schauplatz mag so idyllisch wie auch immer sein, nun einmal nicht der Boden des Glücks ist, um eine Formulierung Hegels aufzugreifen. Zwischen der Landung der Moslems bei Mazara (827) und dem Blutbad der Sizilianischen Vesper (1282), den chronologischen Eckpunkten unseres Berichtes, spielte sich der neuerdings wieder als unheimliches Schlagwort die Runde machende „Zusammenprall der Zivilisationen“ auf der Insel ab. Er betraf durchaus nicht nur Christen und Moslems, sondern auch lateinische und orthodoxe Christen, am Ende auch die Deutschen der Stauferzeit und ihr Verhältnis zu den Südländern, sowie französische Verwaltungs-Rationalisten auf der einen und fremdenfeindlich gewordene Einheimische auf der andern Seite. Schließlich hatte sich auch im Maghreb ein Zusammenstoß der Zivilisationen ereignet, so schwerwiegend, daß er dort heute noch eine Rolle spielt und damals, im hohen Mittelalter, sich auch in den inneren Verhältnissen Siziliens widerspiegelte: alteingesessene Berber gegen „kultur-imperialistische“, den Islam verbreitende Araber. Wieviel Blut solche Konfrontationen fordern, das zeigt Sizilien zwischen 827 und 1282 exemplarisch.

Man ist genötigt, zum Verständnis dieser Zusammenhänge den Blick beständig schweifen zu lassen: sogar die Schwarzafrikaner aus der Sahel-Zone mit ihren almoravidischen Herren, die ottonischen Ritter vom Unterlauf der Weser, die Wikinger mit norwegischem Stammbaum, die Kalifen von Cordoba und die Patrizier von Barcelona sowie einige der zentralasiatischen Steppe entstammende Reitervölker gehören zu dem Geschichts-Mosaik, das hier um das mittelalterliche Sizilien herum gruppiert wird.

Goethe hat bekanntlich gemeint, Sizilien sei „der Schlüssel zu allem“, nämlich in Italien. Das kann er nicht mit Bezug auf das hohe Mittelalter gesagt haben, denn das gehörte in Italien gar nicht zu seinen Hauptthemen. Auch wenn drei Kulturkreise hier zusammenstießen und der lateinische den Sieg davontrug, so war Sizilien doch nicht unbedingt der Schlüssel zu ihrem gegenseitigen Verhältnis und noch weniger zu ihren Zukunfts- und Überlebensperspektiven. Die Byzantiner vertrugen sich mit den moslemischen Eroberern der Insel, auch wenn sie gleichzeitig mit deren Glaubensbrüdern im Nahen Osten zu kämpfen hatten; der Verlust der Insel bedeutete für den Islam keine Katastrophe, nicht einmal für den maghrebinischen; die Denkmäler der staufischen Dynastie erheben sich auch auf dem Sockel Siziliens und Unteritaliens; doch daß die Kaiser stürzten, lag nicht am Wegbrechen dieses Sockels, sondern daran, daß ihr Lebenslicht jeweils zur Unzeit erlosch. Auch das ergiebigste historische Thema hat seine Grenzen der Ausdeutung, ebenso wie seine Ereignisse und Abläufe in Raum und Zeit.

Daraus ergibt sich jedoch ein willkommener Brennglas-Effekt: die Fülle mittelalterlicher Geschichte, gebündelt auf einer Insel von gerade 25 000 Quadratkilometern und mit welchem Ergebnis? Daß Sizilien nach der „Vesper“ aragonesisch, später auch spanisch usw. wurde und seine Qualität als internationale Drehscheibe weitgehend verlor – aber das wäre ja kein höherer Gesichtspunkt, sondern nur ein Fortspinnen des Fadens der Ereignisse. Wir dürfen es bescheiden dem Leser überlassen, die Gesichtspunkte ausfindig zu machen, die ihm einleuchten. Dem bösen Belsazar im alten Babylon erschien eine Schrift an der Wand, und deren Sinn war eindeutig: sie richtete ihn. Ist die Schrift der Geschichte an den Wänden der Vergangenheit ebenso eindeutig?

München, Februar 1995 — Bernd Rill

ERSTES KAPITEL

Zwischen Kreuz und Halbmond

Die Eroberung des Mittelmeers

Die islamische Eroberung, die unmittelbar nach dem Tod des Propheten Mohammed über die Nachbarn Arabiens und später über immer weitere Bereiche der zivilisierten und unzivilisierten Welt hinwegging, ist eine der unglaublichsten Eruptionen in der Weltgeschichte. Denn die Dynamik, die da mit einem Mal auf dieser wüstenhaften, von dürftigen Beduinen und Kaufleuten dünn besiedelten Halbinsel losbrach, hat den ganzen Nahen und Mittleren Osten bis nach Indien hinein überflutet und dominiert ihn bis heute; ebenso krempelte sie die levantinischen Länder des Oströmischen Reiches um und den größeren Teil auch des westlichen Mittelmeeres, darunter Sizilien, den Gegenstand unserer Darstellung.

Die Gründe für diesen Ausbruch sind vielfältig und erkären ihn dennoch allesamt nicht vollständig. Der Prophet Mohammed hatte vor kriegerischer Aktion nicht zurückgeschreckt, wenn es darum ging, seine Glaubensgemeinschaft fest zu etablieren; als er nach seiner Flucht aus Mekka, der Hedschra, sich erst einmal in Medina behaupten mußte, ließ er dort die lokalen Juden niedermachen. Und er führte auch Schlachten gegen die konkurrierenden Mekkaner. Zwei Jahre vor seinem Tod autorisierte er einen Kriegszug seiner Anhänger gegen die Byzantiner, nach Palästina hinein. Er hatte andererseits aber viel zu viel politischen Instinkt, um sich mit seinen Feinden nicht auch auf dem Wege des friedlichen Kompromisses vertragen zu können; doch das christliche Gebot, dem Feind notfalls auch noch die andere Backe hinzuhalten, war seine Sache nicht. Aus dem Koran lassen sich diverse Zitate anführen, die Frieden und Toleranz verkünden, z. B. „Die nach Gottes Wohlgefallen streben, leitet er auf die Wege des Friedens“ (Sure 5,16), und, grundlegend für die religiöse Behandlung der Eroberten: „Und schmähet nicht diejenigen, zu denen die Heiden beten, statt zu Gott . . .“ (Sure 6,108).

Aber die politische Wirklichkeit nach Mohammeds Tod sah anders aus, auch wenn gemäß den Offenbarungen des Propheten nur ein gerechter Verteidigungskrieg, aber kein Angriffskrieg um des Ruhmes und der Beute willen erlaubt war. Wenn es richtig ist, daß der Islam den Menschen weit mehr in seinen natürlichen Trieben und Instinkten akzeptiert, als dies im vergeistigenden, entfleischlichenden Christentum der Fall ist, dann war des Propheten Lehre letztlich nicht geeignet, die aggressiven Tendenzen der Araber zu zügeln, ja, sie hat sie indirekt ungeheuerlich angefacht, indem sie den eigenbrötlerischen Beduinen-Clans plötzlich die Einheit der Überzeugung vorschrieb, die wahre Religion geoffenbart bekommen zu haben, da Allah zu den Menschen ausgerechnet Arabisch gesprochen hatte. Auch die Verheißung des Paradieses für den gegen die Ungläubigen gefallenen Kämpfer bewirkte nicht Pazifismus, sondern eine Steigerung der Kriegslust.

Die unter sich zerstrittenen Stämme mußten zu einer imponierenden Kriegsmacht werden, sobald sie zusammenstanden, um ihre in den unfruchtbaren und kleinlichen Kämpfen auf der arabischen Halbinsel gestählte Kampfkraft nach außen zu wenden. Für diesen Effekt der Freisetzung von Angriffsenergie gibt es manche historische Parallelen: etwa die Römer der frühen Republik, die den dauernden Zwist zwischen Patriziern und Plebejern durch ausgreifende Außenpolitik überspielten; oder die durch Dschingis Khan geeinten mongolischen Stämme, von deren erzwungener Gemeinsamkeit die Bildung eines Weltreichs ihren Anfang nahm.

Und schließlich: trotz aller auch in der Praxis bewährten religiösen Toleranz herrschte das Bewußtsein, die geoffenbarte Wahrheit verbreiten zu müssen. Monotheistische Wahrheit hat nun einmal die Tendenz zur Alleinherrschaft und zur Missionierung überallhin. Das Reagieren auf die praktischen Hindernisse, die sich dieser Alleinherrschaft entgegenstellten, macht den Hauptinhalt der islamischen Geschichte jener Jahrhunderte aus, in denen sie auch für Sizilien von Belang war.

Es werden auch noch soziale und ökonomische Gründe angeführt, um die Eruption der Araber zu erklären – dann jedoch war das mitreißende Vorbild Mohammeds der unentbehrliche Zündfunken an einem Pulverfaß. Dschihad, d. h. „Heiliger Krieg" – das konnte geistlich verstanden werden als innere Anstrengung, die Offenbarung des Koran in sich aufzunehmen. Aber in der Welt der irdisch-politischen Tatsachen wurde schnell die militärische Anstrengung gegen die Ungläubigen daraus. Und die Freude an männlicher Aktion, an Beute, an beduinischer Kompensation der byzantinischen und persisch-sassanidischen Hochkultur gegenüber tat ihr Übriges und machte die ersten Fortschritte der Eroberung zum Motor für weitere Eroberung; denn auch im 7. Jahrhundert galt schon der banale Satz, daß nichts erfolgreicher ist als der Erfolg.

Die Moslems eroberten im Nu Syrien, Palästina und Ägypten und brachten sogar das stolze Reich der persischen Sassaniden zum schnellen Zusammenbruch. Nur 15 Jahre nach des Propheten Tod, im Jahre 647, besetzten sie die Cyrenaika, und schon zwei Jahre später starteten sie ihren ersten maritimen Plünderungszug gegen das von den Byzantinern gehaltene Zypern. Dies war zusätzlich zur plötzlichen militärischen Leistungfähigkeit der Nomaden eine unglaubliche Entwicklung: das landgebundene Wüstenvolk hatte sich eine Flotte zugelegt, offenbar in der Erkenntnis, daß der byzantinische Feind in seiner Herrschaft über das Mittelmeer gebrochen werden mußte, denn wie zu Lande im Mittleren Osten die Sassaniden, so war zur See im Westen Konstantinopel der gefährlichste Feind.

Sobald die Moslems die syrische Küste in die Hand bekommen hatten, verfügten sie auch über die dortigen Häfen, Werften und Fachleute. Schon die achämenidischen Perser hatten ihre Flotte mit Hilfe der unterworfenen Syrer und Phönizier aufgebaut. Noch war den Arabern das Meer keineswegs geheuer. Der Prophet hatte einst gesagt, das Meer sei die Hölle, und die arabischen Kaufleute hatten auf ihrer

Halbinsel kaum praktische Häfen gehabt und den Seehandel lieber fremden Völkern überlassen, hauptsächlich denen aus Indien. Nun, als der Dschihad losgebrochen war, galt ein Seekriegszug als so verdienstvoll wie zehn Feldzüge zu Lande, und schon das Erleiden der Seekrankheit wurde mit derselben Belohnung im Paradies verbunden wie der Tod eines Landkriegers im Kampfe! Der zweite Kalif, Omar (634–644), soll den Moslems die Seefahrt sogar verboten und Moawiya, den Gouverneur von Syrien, der eine Flotte ausrüsten wollte, um Zypern anzugreifen, angeherrscht haben: „Du hast Würmer auf ein Holz gepackt!". Moawiya mußte den dritten Kalifen abwarten, Othman (644–656), dem dieser von strategischem Denken kündende Ausspruch zugeschrieben wurde: „Konstantinopel ist nur von Spanien her zu erobern; wenn ihr die Stadt gewinnt, seid ihr Genossen derer, die sie vom Meere aus einnehmen."

Es war zweckmäßig, das Seewesen so gut wie vollständig von den Byzantinern zu kopieren, die als Muster der Seefahrt und der maritimen Vorherrschaft im Mittelmeer mittlerweile seit mehr als einem Jahrhundert die Erben der Römer geworden waren. Noch im 10. Jahrhundert, als die Araber dieses römische Erbe schon längst verdrängt hatten, behauptete der schriftstellernde Kaiser Konstantinos Porphyrogenetos lapidar: „Der Kaiser von Konstantinopel ist Herr aller Meere bis zu den Säulen des Herakles." Flotte, auf griechisch *stólos* – die Araber machten *al ustul* daraus. Ein leichtes Schiff, ein Aviso, war ein *karabos* - arabisch *qárib*, ein kleineres Schiff ein *kerkouros* – arabisch: *qerqur*, ein Kalfater ein *kalapatis* – arabisch *qalfát*. Die Haupttypen des Schlachtschiffe, der zweirudrige *dromon* mit 25 Rudern pro Seite und Stockwerk, wurde übernommen, teilweise kamen beschlagnahmte Getreideschiffe auf arabischer Seite zum Kampfeinsatz.

Über die Schiffszahl der ersten muslimischen Flotten sind wir nicht unterrichtet. Die Taktik lebte nicht von nautischen Finessen, sondern von der Übertragung des Landkampfes auf die Schiffsplanken: erst „Schlagabtausch" mit Fernwaffen wie Pfeilen und Speeren, dann Näherrücken und Schleudern von Steingeschossen, der damaligen Art von Schiffsartillerie. Schließlich das Entern und der alles entscheidende Kampf Mann gegen Mann. Das seemännische und das taktische Kommando wurden getrennt ausgeübt.

Den ersten großen Seesieg erfochten die Moslems 655 nahe Phönix (heute: Finike) an der Südküste Lykiens. Kaiser Konstans II. (641–668) mußte fliehen, die byzantinische Vorherrschaft in der Levante war dahin. Anschließend drangen die Moslems in die Ägäis ein, besetzten Rhodos und sogar Kyzikos am Marmara-Meer, um Konstantinopel zu erobern und damit die „Rumi", die Byzantiner, ebenso von der historischen Landkarte zu fegen, wie es ihnen mit dem Sassanidenreich bereits gelungen war. Moawiya, seit 661 Kalif, betrieb den Angriff auf Konstantinopel zur See und zu Lande gleichzeitig mit konzentrierter Kraft.

Und es ereignete sich schon wieder ein Wunder der Geschichte: die „Rumi" bewiesen ihre verblüffende Widerstandskraft. Sie verbrannten die Flotte der Belagerer mit dem hier zum ersten Mal eingesetzten „Griechischen Feuer", einem mittelalterlichen Vorläufer des Napalms, das aus Schlünden auf den byzantinischen Schiffen gegen den Feind geschleudert wurde und auch auf dem Wasser weiterbrannte (677/78). Moawiya, der erste islamische Seestratege, starb 680 als Geschlagener.

Doch es ist das Kennzeichen gerade der bedeutendsten historischen Dynamik, zu der die islamische Eroberung zählt, daß auch große Niederlagen sie nicht zum Stillstand bringen, sondern allenfalls ihre Stoßrichtung beeinflussen. Der Fortbestand byzantinischer Seemacht mußte hingenommen werden, auch wenn ihre Reduzierung gelungen war. Aber die Moslems fuhren fort, den Oströmern ihre Basen zu entreißen, indem sie in den von Kaiser Justinian I. (527–565) eroberten Küstensaum Nordafrikas bis hin zur Straße von Gibraltar eindrangen. Im Jahre 670 war als arabisches Heerlager und als islamischer Gegenposten zu der starken Festung Karthago, die noch fest in der Hand der Rumi war, im Binnenlande des heutigen Tunesien Kairuan gegründet worden, nachdem die christlichen Ansiedler vertrieben worden waren. Von dem Hafen Susa (heute Sousse) aus gelangte man in einem Tagesmarsch nach Kairuan (nach „Karawane", d. h. der das Heer begleitende Troß, der auch die Familien der Glaubenskrieger umfaßte; später einfach als „Heer" übersetzt, angeblich nach einem persischen Ursprungswort). Oqba Ibn Nafi, der Gründer der Stadt, wollte damit der fortbestehenden byzantinischen Bedrohung von der Seeseite her entgehen und nahm also lieber die umständlichen Landwege nach Ägypten in Kauf. Ein Zeichen dafür, daß die islamische Seeherrschaft durchaus nicht sicher war! Deshalb konnte auch Karthago, der Sitz des byzantinischen Exarchats, noch bis 698 ausharren. Dann zerstörten die Moslems die traditionsreiche Stadt, und von nun an wurde sie nie wieder aufgebaut. Etwa gleichzeitig gelang es, die Berber des Binnenlandes zu unterwerfen und mit ihrer Islamisierung zu beginnen, um die Eroberung der Küstenregion abzusichern – eine Aufgabe, die die byzantinische Besatzung in Nordafrika während anderthalb Jahrhunderten nicht hatte bewältigen können.

Der Besitz der nahen Gegenküste Siziliens, Italiens und Sardiniens forderte die Eroberer dazu heraus, sich darüber schlüssig zu werden, ob sie die Vorherrschaft im westlichen Mittelmeer durch einen Angriff nach Norden oder nach Nordwesten hinein, nach Spanien, anstreben sollten. Der Fortbestand der byzantinischen Seemacht, die die Küsten Siziliens, Sardiniens und Unteritaliens immer noch deckte, hätte zu Beginn gebrochen werden müssen. Aber Musa Ibn Nusair, der 70jährige Emir von Kairuan am Anfang des 8. Jahrhunderts, wich dem Problem aus und griff Spanien an. Die Geschichte ist bekannt: Musas Unterfeldherr Tarik, ein islamisierter Berber, setzte über die Meerenge, zog an dem Felsen vorbei, der seitdem „Berg des Tarik" (spanisch verballhornt: Gibraltar) heißt, und warf im Nu das Reich der Westgoten in Spanien nieder. Die Moslems schweiften schnell bis über die Pyrenäen, unterwarfen sich das Languedoc bis an die Rhone, und verursachen den Abendländern noch heute wohlige Schauer überstandener politischer und gar kultureller, weltanschaulicher Gefahr. Denn 732 wurden ihre Scharen zwischen Tours und Poitiers von den Franken unter dem Hausmeier Karl Martell so gründlich geschlagen, daß sie seitdem die Pyrenäen nur noch zu strategisch unerheblichen Raubzügen überschritten. Die Gefahr, daß das westliche Mittelmeer von Spanien und vom

Maghreb her zu einer islamischen Binnensee wurde, war damit gebannt: Die spätere Eroberung Siziliens sollte sich nicht als Ansatzpunkt dafür erweisen, die Umrundung dieses Meeresbeckens erneut in Angriff zu nehmen, diesmal im entgegengesetzten Uhrzeigersinn.

Nicht nur äußere Niederlagen hemmten die islamische Eroberungswelle (717/18 waren sie zum zweiten Mal vor Konstantinopel gescheitert). Auch innerer Zwist im „Haus des Islam“ kam immer wieder dazu. 749/50 brach gegen die herrschende Kalifendynastie der Omayaden ein Aufstand los, dem diese – bis auf einen einzigen Kopf – zum Opfer fiel. Ein Nachkomme des Abbas, eines Onkels des Propheten, namens Abul Abbas, scharte alle Gegner des Omayaden-Clans um sich: Das waren hauptsächlich die näheren Verwandten des Propheten, die es Moawiya bis über sein Grab hinaus nicht verziehen, daß er 661 Ali, den Schwiegersohn Mohammeds, vom Thron gedrängt hatte. Und da der Prophet keine verbindliche Nachfolgeregelung getroffen hatte, war es, gemäß den Traditionen der beduinischen Stammesgesellschaft, ein starkes Argument, mit ihm verwandt zu sein. Mit Alis Sippe verbanden sich heterodoxe Vorstellungen, die sich allmählich zur Lehre des Schiismus entfalteten und nach denen die Omayaden von Damaskus bloße Ketzerkönige waren.

Die Bewegung der Abbassiden kam aus dem östlichen Persien, griff also auch die ganz natürliche Reaktion der benachteiligten Provinz gegen die Zentrale des Reiches auf, das vom Atlantik bereits bis ins Industal reichte und als Einheitsstaat ohne Mißachtung lokaler Interessen schon gar nicht mehr existieren konnte. Nach ihrem Sieg verlegten die Abbassiden ihre Residenz weg vom Mittelmeer ins mesopotamische Bagdad und begannen, sich in Verwaltung, kultureller Atmosphäre und Hofzeremoniell an iranische anstatt an die guten alten arabischen Traditionen anzulehnen.

Dadurch geriet der Maghreb noch mehr aus dem Blick als früher, und auf die Dauer führte dies zu dessen faktischer Unabhängigkeit vom Kalifat in Bagdad. Auch das leidige Nachfolgeproblem im Kalifat war, jedenfalls für den Maghreb, noch nicht ausgestanden. Denn die Berber waren zwar seit Musa Ibn Nusair immer mehr islamisiert worden, zumal sie in der Eroberung Spaniens unter islamischer Fahne die Fülle an kriegerischem Ausleben und an Beute fanden, aber eine dem Abbassiden-Establishment feindliche Lehre faßte gleichzeitig unter ihnen Fuß: der Charidschismus, der die Herrschaft unter den Gläubigen nur demjenigen zugestand, der geistlich der würdigste und daher von der Gemeinschaft der Gläubigen zum Kalifen gewählt worden war. Das hieß: es kam auf die Verwandtschaft zum Propheten nicht an, und darüber hinaus, auch ein Nicht-Araber konnte Kalif werden. In Tlemsen (heutiges West-Algerien) und im Tafilalt (der Oasengegend um das heutige Rissani im südöstlichen Marokko) bildeten sich charidschitische Zentren, ebenso in Tahirt (heute Tagdemt) gar eine Dynastie, die der Rustamiden – obwohl doch der dynastische Gedanke dem charidschitischen Prinzip der jeweiligen Wahl des Würdigsten widersprach.

Die abbassidischen Emire von Ifriqiyah (etwa das heutige Tunesien) waren dagegen machtlos. Der Emir al-Aghlab ben Salim richtete nichts gegen Tlemsen aus, sein Nachfolger akzeptierte den charidschitischen Eigenwillen. Die Autorität der Abbassiden hielt sich in Tunesien nur mit knapper Not. In Tunis, gegründet schon von den Phöniziern, von den Arabern wegen seines vorteilhaften Lagunenhafens zum Hauptort und zur großen Schiffswerft ausgebaut, rebellierte das Heer gegen den Gouverneur, und Ibrahim ben Aghlab, der Statthalter in der westlich anschließenden Region des Zab, warf den Aufstand nieder – aber nur, um sich selbst zum Gouverneur von Tunis zu erklären. Es war genau im Jahre 800, und im fernen Bagdad residierte gerade Harun al Raschid, der als Märchenkalif aus 1001 Nacht unsterblich geworden, aber keine historisch herausragende Figur gewesen ist. Harun al Raschid ließ sich von Ibrahim ben Aghlab versprechen, den Tribut auch weiterhin zu entrichten, und nahm ihn dafür als Gouverneur hin. Daß dieser damit eine faktisch unabhängige Dynastie in Ifriqiyah begründete, war die fast unausweichliche Konsequenz.

Überhaupt scheiterten die Abbasiden an der Aufgabe, die staatliche Einheit der islamischen Welt zu wahren, nachdem sie selbst unter Ausnutzung ihrer inneren Spannungen an die Macht gekommen waren. Aus dem Massaker an dem Omayaden-Clan hatte sich ein Mann namens Abdur-Rahman gerettet und baute sich ab 756 im islamischen Spanien mit viel Geschick eine eigene Herrschaft auf, die den Kalifen in Bagdad nicht gehorchte. Die Trennung der Gebiete westlich des Muluja, das heutige Marokko, war durch die charidschitischen Aufstände von der Zentrale eingeleitet worden. Ein Abkömmling des Kalifen Ali, Idris ben Abdullah, floh zu den Berbern des westlichen Atlas, wurde dort anerkannt, und sein Sohn, Idris II., ließ sich in der neu gegründeten Hauptstadt Fes nieder. Wieder einmal reichte der Arm der Abbasiden nicht weit genug, um die nun begründete Dynastie der Idrisiden zu stürzen. Auch fortschreitende Arabisierung bedeutete hier keinesfalls Treue zur Zentrale.

Unter diesen Wirren war der islamische Angriffsschwung über das westliche Mittelmeer hinweg erlahmt. Raubzüge fanden zwar immer noch statt, und sie waren für die christlichen Gegner bedrohlich genug, aber dahinter stand nicht die Energie bewußter Eroberung. Noch hielten die Byzantiner Sizilien, Sardinien, Korsika, die Balearen, Kalabrien, Apulien und die Herrschaft in unteritalienischen Küstenstädten wie Neapel und Gaeta. Doch auch das Frankenreich der Karolinger schob sich jetzt in die Arena der Auseinandersetzung hinein, und zwar von Norden: 798 erwähnen die fränkischen Reichsannalen die Balearen als Schutzgebiet unter Karl dem Großen, was zumindest bedeutete, daß die Moslems ihre Raub- und Beutezüge dorthin nicht mehr gefahrlos durchführen konnten. Ebenso widerfuhr es ihnen auf Korsika, das die Karolinger, obwohl es den Byzantinern gehörte, dem Papst zur Bildung seines Kirchenstaates übertragen hatten und für dessen Verteidigung sie daher nun auch aufkommen mußten. Ludwig der Fromme, der Nachfolger Karls des Großen, übertrug im Jahre 828 dem Grafen Bonifatius von der Toskana die Aufgabe, feindliche Streifscharen von Korsika abzuwehren.

Der fränkische, begrenzte Vorstoß im Westen bedeutete insgesamt keine Veränderung des dortigen Kräfteverhältnisses zwischen den Hauptgegnern, Islam und

Byzanz. Am Vorabend des Angriffes auf Sizilien galt auf christlicher Seite immer noch das von dem byzantinischen Verwaltungsmann Kekaumenos allerdings erst im 11. Jahrhundert niedergeschriebene Wort: „Die Flotte ist der Stolz der römischen Welt." Sowohl auf Sizilien als auch anderswo im Mittelmeer hat niemand den erobernden Moslems stärkeren und lähmenderen Widerstand entgegengesetzt als dieses Wunder an Zähigkeit, Regenerationsfähigkeit und Überlebenskunst: das byzantinische Reich der Rumi.

Die Byzantiner in Sizilien

Die Insel war an das Oströmische Reich gekommen, als Kaiser Justinian I. die Germanen aus der Westhälfte des Reiches vertreiben wollte, um die Einheit des Imperiums wiederherzustellen. Erst war das Wandalenreich in Nordafrika gefallen (534), dann kam das Ostgotenreich, das neben Italien auch Sizilien umfaßte, an die Reihe, und Justinians großer Feldherr Belisar zog nach nur geringer militärischer Anstrengung im Jahre 535 in Syrakus und Palermo ein. Ganz Italien, ebenso Sizilien, Sardinien und Korsika, die Balearen und der andalusische Süden des spanischen Westgotenreiches fielen anschließend noch der byzantinischen Restauration zum Opfer.

Ob die Sizilianer den Herrschaftswechsel begrüßten, ist zweifelhaft. Denn die Ostgoten hatten die Steuern gesenkt und die Sondersteuern abgeschafft, in deren Erfindung der spätrömische Staat eine gewisse Virtuosität entwickelt hatte. Doch nun wurde die fiskalische Schraube wieder angezogen, mit all den häßlichen Zwängen, die den römischen Bürgern schon seit den Kaisern Diokletian und Konstantin das Leben schwer machten. Die einstmals blühende und den regionalen Besonderheiten angepaßte Munizipalverwaltung war schon in der römischen Kaiserzeit schrittweise nivelliert worden. Nun diente sie fast nur noch dazu, die Eintreibung der direkten Steuern sicherzustellen. Der Magistrat haftete für das Steueraufkommen persönlich, und wenn ein Ratsherr einmal weglief, weil er seine Mitbürger nicht schinden wollte, wurde er mit Gewalt auf seinen Amtssitz zurückbefördert. Hatte man im römischen Kaiserreich an die Soldaten nach abgeleistetem Dienst Land aus Staatsbesitz vergeben, so gingen die Byzantiner dazu über, das Militär schon während der Dienstzeit in Naturalien zu bezahlen, indem man ihnen Ländereien zur Nutznießung anwies. Die nahm man jedoch nicht mehr nur aus kaiserlichen Domänen, sondern auch aus dem Grundbesitz von Schuldnern des Fiskus, um so ein Pfand für erfolgreiche Eintreibung der Schulden zu bekommen. Die Landwirtschaft gedieh auf diese Weise nicht besonders, denn die Offiziere kümmerten sich persönlich wenig um sie und überließen das Land ihren Pächtern, um die sie sich auch nicht viel kümmerten. Oder die militärische Schlagkraft selbst litt unter diesem System, etwa wenn der nutznießende Offizier, der vom Grundstück Soldaten zu stellen hatte, den Behörden gegenüber falsche Angaben machte, um seine Landarbeiter zu erhalten.

Sofern es auf diese Rekrutierungsquelle überhaupt ankam, denn das Reich stand schon lange auf den Schultern von Söldnertruppen, zusammengeworben aus allen

Kaiser Justinian (527-565), der Wiedereroberer Siziliens, in der Mitte der Stützen seines Thrones (Mosaik im Chor der Kirche San Vitale in Ravenna).

bekannten Gegenden der Welt. Die kosteten viel Geld und bewirkten einen beständig hohen fiskalischen Druck. Außerdem hatten sie keinen Kontakt zu den Einheimischen. Das war nützlich für ihre Loyalität, aber nicht unbedingt für diejenige der Einheimischen. Denn eine Staatsmacht, die in Sizilien mit Hunnen, Gepiden, Herulern, Slawen, Ägyptern und auch (nicht-islamischen) Arabern auftrat, mußte von der lateinisch und griechisch sprechenden Bevölkerung als Fremdkörper empfunden werden. Eine solche Staatsmacht duldete man zwar, aber man duldete es ebenso, wenn sie von einer anderen abgelöst wurde.

Latifundien wie in klassischer römischer Zeit gab es mittlerweile nicht mehr. Doch die an ihre Scholle gebundenen Kolonen, die in jahrzehntelanger Arbeit für die Grundbesitzer verpflichtet waren, lebten kaum besser als einst die Myriaden von Sklaven in der Antike; auch die Kolonen konnten zwischen ihren Herren willkürlich hin- und hergeschoben werden. Der Papst in Rom, den die Byzantiner nur den Patriarchen von Rom nannten, da sie ihn auf die gleiche hierarchische Stufe stellten wie diejenigen von Alexandria, Jerusalem, Antiochien und Konstantinopel und alle zusammen der Autorität des Kaisers unterwarfen, war einer der bedeutendsten Grundbesitzer in Sizilien. Er handelte durchaus im Rahmen spätrömischer Gesetzgebung, wenn er den Kolonen die Heirat außerhalb ihres Arbeitsbereiches verbot. Auch die Wirtschaft zeigte Kontinuität: Weideland, Getreideanbau und Weinbau dominierten, die Produktion von Oliven hatte man schon länger aufgegeben.

Kurz: mit den Truppen Justinians war die Spätantike auf die Insel zurückgekehrt.

Doch auf dem Gebiet der Religion und der Administration war die Zeit nicht stehengeblieben. Die Freude der Sizilianer an bildlicher Darstellung muß schon im 8. Jahrhundert ausgeprägt gewesen sein, denn sie reagierten ausgesprochen staatsfeindlich auf das Edikt Kaiser Leos III., des Isauriers, der kraft seiner Machtvollkommenheit auch als oberster Herr des geistlichen Bereichs im Jahre 726 die Einstellung der religiösen Bilderverehrung befahl. Da kam das Leiden erneut zum Durchbruch, das Ostrom bis zu seinem Untergang begleitete: der Kaiser als Herr der Kirche mußte auch subtile und emotional geladene Fragen der Theologie autoritär entscheiden, damit bei deren endloser Diskussion in seinem leidenschaftlich interessierten Volk kein Chaos aufkam. Aber gerade dadurch rief er es hervor, da staatliche Machtsprüche in Glaubensangelegenheiten keine große Überzeugungskraft haben. Die Untertanen Ägyptens und Syriens hatten sich im 7. Jahrhundert um so leichter von den islamischen Eroberern vereinnahmen lassen, da der Kaiser ihnen ihre monophysitischen Überzeugungen zu verbieten versucht hatte; d. h. die Auffassung, daß Christus Gott und nicht auch Mensch gewesen sei.

Das Verbot der Bilderverehrung (der Ikonoklasmus – Gegenteil: die Ikonodulie) kam östlich des Bosporus gut an, aber alle Christen im Westen, nicht nur die Sizilianer, wiesen es empört zurück. Papst Gregor II. stellte die Zahlungen aus seinen Ostrom unterliegenden Gütern ein und bannte den ikonoklastischen Patriarchen von Konstantinopel. Kaiser Leo III. schlug zurück, indem er dem „Patriarchen von Rom“ seinen gesamten Jurisdiktionsbezirk, zu dem auch Sizilien gehörte, wegnahm, Konstantinopel unterstellte und die päpstlichen Einkünfte insgesamt für konfisziert erklärte. Nach Sizilien wurden zusätzliche Trupppen gelegt, natürlich nicht nur zur Wacht gegen die Moslems.

Leo III. nahm den Glaubensstreit zum Anlaß, die Macht des Reiches zu straffen und die Macht des Klerus, hauptsächlich der Mönche, zu brechen, die mit ihrer Bilder- und Heiligenverehrung großen Einfluß ausübten. Wenn der Kaiser bigott war, dann jedenfalls auf eine Weise, die das Reich gegenüber den islamischen Eroberern stärken sollte. Doch daß er damit seine Macht im westlichen Mittelmeer untergrub, sollte sich schnell zeigen: der Papst wandte sich immer mehr von ihm ab und den Frankenkönigen zu, wenn er schon seine Güter in Sizilien und Kalabrien aufgeben mußte. Nur daß die Frankenkönige, spätere karolingische Kaiser, auch nicht besser imstande waren als die Byzantiner, die Moslems von Sizilien und Unteritalien abzuhalten.

Womit wir wieder bei den Machtmitteln Ostroms in jener Region sind: um die militärische Leistungskraft zu straffen, hatten die Kaiser ab Herakleios I. (610–641) bezirksweise die militärische und die zivile Befehlsgewalt in einer Hand konzentriert. Sizilien, Kalabrien bildeten in diesem Sinne ein einheitliches *Thema*, d. h. eine Verwaltungseinheit unmittelbar unter der Machtzentrale, mit dem (wahrscheinlichen) Hauptort Syrakus, nachdem sie aus dem Kommandobereich des byzantinischen Exarchen von Ravenna herausgenommen worden waren. Der Oberbefehlshaber hatte meist den Titel Strategos (= griech. Feldherr). Die konfiszierten Ländereien des Papstes und anderer Ikonodulen wurden zur Errichtung neuer Befestigungswerke benutzt. 733 brach über die Sizilianer zur Strafe eine neue Sondersteuer herein; es gab auch Märtyrer aus geistlichem und weltlichem Stand, die noch heute der Stolz des katholischen Sizilien sind. So hielten die ikonoklastischen Kaiser die Insel in ihrem harten Griff. Das leidige Glaubensthema wurde erst durch eine Synode von 843 endgültig beigelegt. Nun durften die Bilder und Ikonen wieder verehrt werden.

Der religiöse Streit wäre angesichts der stets drohenden Invasion der Moslems reiner Selbstmord gewesen, wenn Leo III. nicht auch mit einer Umorganisation der Flotte angefangen hätte, um sie effektiver zu machen. Er teilte nun auch die Seemacht in einzelne Themen auf. In Konstantinopel bestand eine zentrale Einsatzflotte, doch der riesigen und uneinheitlichen Ausdehnung des Seegebietes mußte durch eine gewisse operative Dezentralisierung Rechnung getragen werden. Denn die Seeverbindung von der Hauptstadt durch die Ägäis, über das Ionische Meer in den Westen war die maritime Lebensader des Reiches. Sizilien und Malta waren die entscheidenden Flottenbasen zur Kontrolle des Eingangs ins westliche Mittelmeer und ins (noch) byzantinische Unteritalien. In Malta residierte ein *Archon-Drungarios*, d. h. Befehlshaber mit nur kleinerer Schiffsmannschaft zur Beobachtung des Feindes, in Palermo (Panormos) und Cagliari (Caralis) auf Sardinien ein Archon mit einer größeren Anzahl von Einheiten. Alle drei waren direkt von Konstantinopel abhängig, um die wichtigen Ankerplätze zu schützen. Sizilien selbst wurde zum maritimen Thema, gut organisiert, ausgerüstet mit „griechischem Feuer“ und mit der Flotte, die nicht reichsweit, sondern nur in seinen Gewässern zu operieren hatte,

Die Flotten der Byzantiner beherrschten lange das Mittelmeer. Es dauerte Jahrhunderte, bis sich das Verhältnis umkehrte und die lateinischen Gegner des Reiches so wie hier auf dem 4. Kreuzzug gegen Konstantinopel frei bis ins Goldene Horn segeln konnten.

und ebenfalls dem Kaiser direkt unterstellt war. Da die Matrosen also Sizilianer waren, mußten die ikonoklastischen Kaiser befürchten, diese Flotte könnte sich auch einmal gegen sie wenden. Die von Hellas (dem Thema der griechischen Halbinsel) hatte es gegen Leo III. schon einmal versucht! Doch dämpfte die Angst vor den Arabern als den lachenden Dritten die Gemüter der ikonodulen Seeleute, und ein übriges tat die Verlegung ikonoklastischer Truppen aus Kleinasien auf die Insel.

Diese neue Organisation war natürlich auch ein Versuch, die Loyalität der fernen westlichen Militärs besser zu kontrollieren. Denn als Leo III. im Jahre 717 die Macht in Konstantinopel an sich gerissen hatte, war in Sizilien ein Strategos namens Sergius aufgestanden, der einen gewissen Tiberios zum Kaiser ausrief, und Leo hatte gegen diese Erhebung sofort vorgehen müssen: Tiberios war 718 hingerichtet worden, Sergius zu den Langobarden nach Italien geflohen.

781/82 usurpierte der reiche Geschäftsmann Elpidius den kaiserlichen Purpur und mußte aus dem Felde geschlagen werden. Vermutlich stützte er sich auf die ikonodule Grundstimmung in der Bevölkerung. Er raubte zum bösen Ende den Staatsschatz und floh zu den Moslems nach Ifriqiyah. Um die Jahrhundertwende tauchte er noch einmal auf islamischer Seite bei den Kämpfen in Kleinasien auf.

Sizilien, das „dreieckige" (daher sein antiker Name Trinakria), war durch die Lage seiner Küsten eben nach drei verschiedenen Seiten von Bedeutung und insofern der strategische Mittelpunkt im Mittelmeer: nach Süden hin zu den expandierenden Moslems, nach Norden zum Tyrrhenischen Meer und damit nach ganz Italien, und mit seiner Ostküste nach Griechenland, und das hieß damals gleichzeitig: nach Konstantinopel. Sergius, Tiberius und Elpidius waren Usurpatoren gewesen, doch das Abenteuer des legitimen Kaisers Konstans II. (641–668) in Syrakus rückte die Lage der Insel in ein besonderes Licht:

663 zog er, nach einem gescheiterten Feldzug gegen die Langobarden, unter großem Pomp in Rom ein, das eine byzantinische Insel im langobardischen Gebiet bildete. Konstans vergriff sich an den Kunstschätzen der ewigen Stadt, während man bei Hofe zu raunen begann, er wolle Rom wohl erneut zur Hauptstadt des Imperiums erheben. Doch dann begab der Kaiser sich nach Syrakus und begann von dort aus, ernsthaft zu regieren. Hatte er die Langobarden nicht aus der Nähe Roms vertreiben können, so ging er dafür nun mit dem Gedanken schwanger, von Sizilien aus die Moslems aus Nordafrika hinauszuwerfen, – noch war damals Karthago eine starke Festung in byzantinischer Hand. Doch eine Landung an der tunesischen Küste endete mit der Niederlage der Oströmer. Währenddessen nahm der Druck der Moslems auf Konstantinopel zu Wasser und zu Lande beständig zu – wir befinden uns ja am Vorabend der Belagerung der Kaiserstadt durch Kalif Moawiya! Hätte Konstans II. daran gedacht, vom Westen, von Sizilien aus, die Araber an der afrikanischen Flanke anzugreifen, er hätte keinen ungeeigneteren Zeitpunkt für diese indirekte, zeit- und raumgreifende Art des Entlastungsangriffs für Konstantinopel wählen können. Die Idee war nicht von Anfang an verwerfbar, wenn auch reichlich ausholend. Die westliche Zone des Reiches zum Ausgangspunkt der

Rettung von dessen östlicher Zone zu machen, das ließ sich zunächst hören, auch wenn es gewaltige, amphibische Truppenmassen und bestmögliche Koordination erforderte. Doch Konstans II. war nicht der Mann, die Verwirklichung dieser Idee auch nur einzuleiten. Wegen seiner Erfolglosigkeit und wegen seiner tyrannischen Launen wurde er 668 in Syrakus umgebracht. Eine „Manöverkritik" ist hier anzuschließen: die Verlagerung des Schwerpunktes des Reiches nach Westen, mit Sizilien als Sprungbrett in den Osten, war nicht realisierbar, sobald die Araber bereits vor Konstantinopel standen. Dort schlug das Herz des Reiches, nicht mehr in Rom, und in Sizilien konnte es überhaupt nicht schlagen. Und in späteren Jahrhunderten war die byzantinische Position im Westen schon viel zu sehr geschwächt, um von dort aus die Levante retten zu können.

Die Moslems vor den Toren

Für die Byzantiner und auch für die Lateiner galten die Moslems als *Sarazenen*, und manchmal nannte man sie auch *Agarener*. Beide Bezeichnungen sind ethnisch nichtssagend. Nach den antiken Autoren Plinius d. Ä. und Ptolemaios wurde als Sarazenen ein arabischer Wüstenstamm am Rande der klassischen Welt bezeichnet, entweder in der Wüste Et-Tih zwischen Gaza und Pelusium am Levante-Ufer des Sinai-Gebietes, oder auch ein Stamm östlich des Jordan, südlich der Nabatäer (und deren Hauptstadt Petra, die Archäologen und Touristen gleichermaßen fasziniert) – beide Stämme könnten aber auch identisch sein. Ab dem 3. nachchristlichen Jahrhundert dehnte man diese Benennung auf die Gesamtheit der arabischen Stämme am syrischen Rande des Imperiums aus, eine Sammelbezeichnung, die der Historiker Prokop von Cäsarea im 6. Jahrhundert der byzantinischen Welt weitergab, der nun auch die südarabischen Himyariten unter Sarazenen zusammenfaßte. Und im Mittelalter verstanden die Christen darunter ganz einfach alle Moslems, also neben Arabern auch Berber, Iraner und Turkvölker. Der Wortstamm, der weder lateinisch noch griechisch klingt, dürfte von dem arabischen „Asch-scharki" = „der östliche" herzuleiten sein.

Der Name Agarener, seltener verwendet, geht auf speziell christliche Traditionen zurück. Agar war die Magd des Erzvaters Abraham, die diesem den Sohn Ismael gebar. Doch nachdem des Patriarchen eheliches Weib Sarah den Stammhalter Isaak geboren hatte, so berichtet das 1. Buch Moses, rastete Sarah nicht, bis Abraham sein Kebsweib Agar zusammen mit Ismael vertrieb. Der Herr tröstete ihn jedoch: „Auch aus dem Sohn dieser Sklavin werde ich ein großes Volk hervorgehen lassen, denn er ist aus deinem Samen." Diese biblische Überlieferung kam einerseits den Christen in ihrem Bedürfnis, die Moslems zu verachten, gut entgegen; andererseits eröffnete sie den Moslems die ehrenhafte Möglichkeit, sich ebenfalls auf Urvater Abraham zurückzuführen, zumal ihn der Koran als einen der gottbegnadeten Vorläufer des Propheten Mohammed anerkannte.

Der Kirchenvater Hieronymus hingegen versuchte, die Sarazenen etymologisch auf Abrahams Frau Sarah zurückzuführen und verwechselte auf diese Weise legitime mit illegitimen Nachkommen. Die Byzantiner liebten es überhaupt, fremde und neu in ihrem Gesichtskreis auftauchende Völker mit Namen alter, klassischer bzw. biblischer Überlieferung zu belegen, und so verwirren ihre Historiker moderne Leser mit den Agarenern im Süden ebenso wie mit den Skythen im Norden des Reiches, die je nach Zusammenhang Hunnen, Petschenegen, Waräger oder noch ganz andere Völkerschaften bedeuten konnten.

Zum ersten Male tauchen die Moslems vor den Küsten Siziliens in arabischen Quellen auf. Aus deren mühseligem Vergleich ergibt sich, daß im Jahre 652 Moawiya ibn Hudayg von einem syrischen Hafen oder von Tripolitanien aus die Insel einen Monat lang mit ziemlichem Erfolg heimsuchte. Man raubte kostbare christliche Kirchenschätze, und da man zu Hause mit diesem ungläubigen Plunder nichts anfangen konnte, ging die Ware nach Ablieferung des gesetzlichen Fünftels an den Kalifen weiter nach Basra. Dieser Hafen im inneren Winkel des Persischen Golfes war eben erst gegründet worden, um den Handel auf dem Indischen Ozean zu aktivieren. Man verkaufte die christlichen Kultgegenstände von dort aus weiter an die Hindus in Indien, die zwar auch Ungläubige waren, aber den Materialwert zu schätzen wußten. Auch weibliche Beute wurde gemacht, und auch sie in Damaskus abgeliefert, wo der spätere Kalif Moawiya damals noch als Statthalter Syriens saß: ein Ort in der Nähe dieser Metropole hieß, gemäß einem sizilianisch-arabischen Autor des 11. Jahrhunderts „As-Siqiliyat“ = „die sizilianischen Frauen“.

Der erste moslemische Anführer könnte auch Abu al-Yaquzan geheißen haben, der „Großvater der Wachsamkeit“, mit bürgerlichem Namen Ammar ibn Yasir. Von ihm ist überliefert, daß er seinen Gefährten versichert habe, der Prophet selbst habe ihm erklärt, er liebe sie mehr als viele andere ihm gut bekannte Leute, obwohl er die Helden der sizilianischen Streiffahrt nicht persönlich kenne. Der Großvater der Wachsamkeit hatte durchaus Autorität, solche Eingebungen zu verkünden, denn er war einst selbst mit dem Propheten aufgewachsen, seine Mutter war als erste für die neu verkündete Lehre in den Tod gegangen. Diese Legende enthält vielleicht neben dem persönlichen Akzent, die Vertrautheit mit dem Propheten zu betonen (damals ein Politikum ersten Ranges unter den führenden Moslems), auch ein Kompliment an die Schlagkraft der byzantinischen Flotte, zumindest vor der Seeschlacht bei Phönix: in ihrem Schatten auszusegeln war daher eine besondere Leistung im Dschihad!

Der zweite Überfall – entscheidende Feldzüge galten ebenso als Dschihad wie pure Raubzüge – fand im Jahre 669 statt, ein Jahr nach der Ermordung Konstans' II. in Syrakus, vermutlich, weil viele Truppen gerade damals von der Insel nach Konstantinopel zurückgekehrt waren, um das Schwergewicht des Reiches wieder dorthin zu verlegen. Ausgangspunkt war Alexandria, denn die tunesische Gegenküste wurde noch von den Byzantinern beherrscht – ein zu großes Handicap, um Sizilien mit Aussicht auf dauernde Festsetzung anzugreifen. Auch der nunmehrige Anführer, Abdallah Ibn Qays, kannte den Propheten noch persönlich, hatte bei Qadisiyah mitgekämpft, der Schlacht, die den Moslems Mesopotamien zu Füßen legte, und war von Amr Ibn al As, dem ruhmreichen Eroberer Ägyptens, belobigt worden. Abdallah Ibn Qays brach in Syrakus ein, die Bevölkerung floh in Panik vor ihm, und die Moslems ließen alle die Kunstschätze aus Rom mitgehen, die Konstans II. vor 6 Jahren hierher verschleppt hatte. Dies berichten die christlichen Chronisten Johannes Diaconus aus Neapel, der Angelsachse Beda Venerabilis, sowie die Papstchronik, der *liber Pontificalis.* Wenn wir Johannes Diaconus glauben dürfen, dann haben die Moslems unter Abdallah Ibn Qays nicht viel fürchterlicher in Sizilien gehaust als kurz zuvor Konstans II. Doch war auch dieser Kaiser in einen rücksichtslos geführten dogmatischen Kampf mit dem Papst verwickelt gewesen, und deshalb ist den lateinischen Quellen nicht unbedingt zu trauen, wenn sie den Byzantiner anschwärzen.

Um 700 ließ Musa Ibn Nusair den Binnensee bei Tunis durch ägyptische Arbeitssklaven mit dem Meer verbinden. Er soll davon geträumt haben, auf den Spuren Hannibals zu wandeln und die anti-römische Stoßkraft der verblichenen Punier wiederzubeleben, also nach Spanien überzusetzen, das gesamte westliche Mittelmeer zu umrunden und am Ende über den Balkan Konstantinopel in den Rücken zu fallen. Doch vielleicht sind solche Ideen weniger dem genialen Strategen zuzuschreiben als der Livius-Lektüre des islamischen Historikers, der uns davon berichtet.

Im Jahre 700 wurde Pantelleria (zwischen Sizilien und Tunesien) überfallen. Dorthin hatten sich Christen aus Afrika geflüchtet, ähnlich den Katholiken, die im 5. Jahrhundert vor den arianisch-ketzerischen Wandalen nach Sardinien ausgewichen waren. Die Moslems konnten ihren Plünderungszug demnach als die Züchtigung widerspenstiger Untertanen verstehen.

Drei Jahre später kam Ata Ibn Rafi aus Alexandria und wollte Sardinien angreifen. Aber er landete an der Westspitze Siziliens und plünderte reichlich, geriet beim Rückweg jedoch in einen Sturm, der seine Flotte auflöste. Ihre Reste verwendete Musa Ibn Nusair für den Ausbau seiner Basis in Tunis. Und als er nach Spanien aufbrechen ließ, wurde zur Abwechslung Caralis auf Sardinien ausgeplündert. Dann war 10 Jahre Pause, da die Moslems alle ihre Kräfte auf die Eroberung Spaniens richteten.

Im Jahre 720 kamen sie wieder, und 727 schlossen sie einen Stillhaltevertrag mit dem Strategos von Sizilien, den beide Seiten nicht einhielten. Fast jedes Jahr wiederholten sich nun die islamischen Angriffe auf die Insel, über deren Ergebnisse wir keine Angaben machen können. Landgänge kosteten die Moslems viel Blut, sobald sie auf eine byzantinische Armee stießen. Auch Sardinien wurde immer wieder verwüstet, ohne daß eine dauernde Herrschaft dort entstand. Ziemlich oft verloren die Moslems einen großen Teil ihrer Beute durch Stürme auf dem Rückweg, wohl weil sie zuviel plünderten und deshalb in den Spätherbst hineinkamen. 740 schlug Abdur-Rahman, der Sohn des Habib Ibn Ali Ubaydah, des Nachkommen des ruhmreichen Oqba Ibn Nafi, des Kämpfers an den Ufern des Atlantik und bis in den schwarzen Sudan hinein, mit seinem Schwert so gewaltig an eine Pforte von Syrakus, daß das Zeichen darin haften blieb und die Einwohner sich erschreckt freikauften. Dann, so übertreiben die islamischen Quellen, wollte Habib Ibn Ali

Ubaydah noch den Rest der Insel erobern, doch da man ihn zur Bekämpfung der querköpfigen Berber nach Ifriqiyah zurückrief, kehrte er um.

Erst 753 wurden Sardinien und Sizilien wieder überfallen, wobei die fortbestehende Bedrohung durch die charidschitischen Berber in Ifriqiyah so viele Kräfte band, daß an eine solide Eroberung nicht zu denken war. Denn auch wenn die Quellen nichts darüber berichten, so fällt doch schwer zu glauben, die Moslems hätten gerade im Falle des zentral gelegenen Sizilien es immer nur bei Raubzügen belassen wollen, so lukrativ diese auch sein mochten. Denn Macht war für die Söhne der Wüste damals nicht nur der Inbegriff auch des Geldes, sie gewährte darüber hinaus Triumph und Befriedigung, sogar gutes islamisches Gewissen. Blieben noch die byzantinischen Befestigungen, die damals in Sizilien aus dem Boden wuchsen, um die Moslems zu mahnen, daß nur konzentrierte Aktion hier dauerne Ergebnisse bringen konnte – doch zu der brauchten sie den Rücken frei.

Ibrahim al-Aghlab, der Dynastiegründer, zog die Konsequenz aus dieser Situation, indem er 805 mit Konstantinus, dem Patrikios von Sizilien, einen 10jährigen Waffenstillstand schloß. Doch Ibrahim hatte weder die marokkanischen Idrisiden noch die spanischen Omayaden unter Kontrolle, die ab 806 regelmäßig die Inseln heimsuchten, die ihnen näher lagen, also Korsika und Sardinien.

812 folgte Abdullah Ben Ibrahim seinem Vater in Kairuan nach. Ihm schien ebenfalls der Sinn nach Krieg zu stehen, und bald wurden in der christlichen Welt seine großen Flottenrüstungen bekannt. Kaiser Michael I. (811–813) schickte einen Patrikios auf die Insel, der mit Hilfe von Kontingenten aus Amalfi und Gaeta (Neapel verweigerte sich) demonstrativ dagegenrüstete. Papst Leo III. berichtete ausführlich an Karl den Großen, daß die Moslems mit 13 Schiffen die Insel Lampedusa geplündert und dabei sieben byzantinische Schiffe überfallen und in den Grund gebohrt hätten. Doch die nachfolgende Hauptflotte der Oströmer hätte ihrerseits die Moslems vom Meere gefegt und alle Schiffsbesatzungen umgebracht. Bereits im Tyrrhenischen Meer trieben die Piraten bzw. Glaubenskämpfer ihr Wesen: sie plünderten die Insel Ponza, denn dort stand ein Kloster, und dann ließen sie sich drei Tage lang auf Ischia nieder, ohne daß die Neapolitaner etwas dagegen unternahmen. Leute aus Gaeta wagten sich später hinüber, als die Räuber in aller Seelenruhe ihre Beute bereits verstaut hatten und verschwunden waren, und fanden dort Leichen, verstreute Getreidevorräte, Pferdekadaver, denn die Moslems hatten die Tiere getötet, die ihnen auf der Rückfahrt zu viel Schiffsraum weggenommen hätten.

Es drängt sich der Eindruck auf, daß die Neapolitaner ein Stillhalteabkommen mit den Sarazenen hatten. Denn Neapel lebte vom Handel über das Mittelmeer hinweg, und da konnte es unterwegs keine Glaubenskriege brauchen. Dieser kühle, am Geschäft orientierte Standpunkt sollte bald häufiger unter den aufstrebenden italienischen Handelsstädten eingenommen werden. Gleichzeitig zeigt das Verhalten Neapels, daß die Autorität Konstantinopels in Unteritalien immer mehr verfiel.

Die Aghlabiden sagten dem Patrikios, daß die Räuber von Ponza und Ischia aus Spanien und Marokko stammen dürften und boten den Byzantinern sogar ein Bündnis gegen die dortigen Omayaden an. Unterwegs von Ifriqiyah nach Sizilien

Harun al Raschid, der „Märchenkalif“ aus 1001 Nacht, nach einer romantischen Darstellung des 19. Jahrhunderts, regierte 782 – 809; er legitimierte die Herrschaft der Aghlabiden in Ifriqiyah.

stießen sie auf spanische Schiffe und freuten sich, diese verbrennen zu können. Das taten sie originellerweise von byzantinischen, nämlich der abhängigen Republik Venedig gehörenden Schiffen aus. Doch das war ein „sauberes“ Geschäft, denn die Aghlabiden reisten ja, um den mit den Herren der Venezianer geschlossenen Waffenstillstand zu bekräftigen.

Auch die Aghlabiden hatten ein Interesse daran, daß der Warenaustauch zwischen den Küsten des Meeres weiterging, denn ihr Vertrag mit dem Patrikios bezog sich auch auf die Sicherheit der nach Sizilien reisenden und sich dort aufhaltenden moslemischen Kaufleute. Alle Verbissenheit zwischen Christen und Moslems, solange sie sich im Mittelmeer wie zwei abgrundtief voneinander verschiedene Welten gegenüberstanden, hat die wirtschaftliche Einheit dieses Raumes niemals vollständig zerreißen können – auch wenn der Handel natürlich immer wieder zurückging.

Noch bevor Abdullah Ben Ibrahim starb (817), wurde auch Kalabrien geplündert. Da man ja im Glaubenskrieg war, erschien auf christlicher Seite San Fantino von Syrakus, ein Heiliger und Wundermann des 4. Jahrhunderts, inmitten eines Gewitters am Strande von Seminara und bohrte ein sarazenisches Schiff in den Grund. Die dem Schiffbruch Entronnenen selbst verkündeten die Legende in Ifriqiyah, so wie man sich erzählte, daß wenige Jahre vorher vor der Küste Sardiniens am Himmel ein feuriges Zeichen aufgetaucht sei, wonach sich das Meer geöffnet und die Schiffe der Muselmanen verschlungen habe.

819/820 – mittlerweile regierte in Kairuan Ziyadat Allah – gab es noch einen Einfall in Sizilien, von 822 an herrschte für vier Jahre Ruhe, da in Ifriqiyah schwere innere Unruhen ausbrachen (darüber mehr im nächsten Kapitel).

Zusammenfassend ist zu sagen, daß all diese Streitereien zwar irgendwie die Eroberung Siziliens zum Ziel hatten, daß aber erst die Konflikte in Ifriqiyah, anstatt die Angriffslust der Moslems abzukühlen, sie schließlich herbeiführten. Beklagenswert für die Christen blieb, daß die militärische Initiative schon seit langem ganz überwiegend auf der Seite der muslimischen Feinde lag, denn Konstantinopel unternahm nichts. Es hatte mannigfaltige innere Probleme, von denen der Kampf um den Ikonoklasmus nur das hervorstechendste war, und hatte auf dem Balkan gegen die Slawen und in Kleinasien gegen die Moslems eine beständige Abwehr zu leisten, die nicht viel Energie für den Westen übrigließ. Es litt also chronisch an der Krankheit der „imperialen Überanstrengung“.

Die Lage wurde noch schlimmer, als einer der wichtigsten Flottenteile des Reiches, der des maritimen Themas Kibyraioton (das südwestliche Kleinasien) sich im Bürgerkrieg rund um die Hauptstadt abgenutzt hatte. Dadurch wurde die Levante frei, und die Moslems brachen 825 von Ägypten auf, unterstützt von Exilanten aus dem omayadischen Spanien, und brachten in wenigen Jahren die Insel Kreta am Eingang der Ägäis in ihre Hand. Damit war die Lebenslinie des Reiches in den Westen unterbrochen, die Stellung Ostroms zur See bereits an ihrer Basis, der Konstantinopel vorgelagerten Ägäis, ernsthaft in Frage gestellt. Es war wie ein Vorspiel zur zwei Jahre später beginnenden Eroberung Siziliens.

Zweites Kapitel

Der Heilige Krieg

Der Aufbruch

Ziyadat Allah, der Aghlabiden-Emir, hatte drei Gegner: die Berber, sein eigenes Heer und die Juristen. Das Heer lebte noch ganz vom Stolze der islamischen Eroberung des Landes, und sofern es aus Arabern bestand, blickte es verächtlich auf die Einheimischen herab, zumal um 800 das Christentum unter diesen noch nicht verschwunden war. Die Emire wollten legale Zustände im Lande und die Übergriffe der Soldateska abschaffen, doch das Heer hielt zusammen und ließ sie fühlen, daß sie es brauchten. Es hatte auch große Sympathien bei den Juristen des Landes, den Qadis (etwa: Richtern und Notaren), die, da das islamische Recht von seinen religiösen Grundlagen untrennbar ist, sich auch die Rolle der Hüter der reinen islamischen Lehre zuerkannten. Dies ging Hand in Hand mit Rechthaberei auf juristischem Gebiet, das im Islam von 4 verschiedenen Rechtsschulen umkämpft wurde. Um es nur anzudeuten: im Maghreb setzte sich zu Beginn des 8. Jahrhunderts die Schule der *Malikiten* durch, genannt nach dem Gelehrten Malik aus Medina, und ihr kompromißloser, sehr selbstbewußter Vorkämpfer und Bewacher in Ifriqiyah war Asad Ibn al-Furat, der Qadi von Kairuan. Da Ziyadat Allah sich von ihm keine Vorschriften machen lassen wollte, sympathisierte Asad Ibn al-Furat mit dem 822 ausgebrochenen Aufstand des Heeres. 825 belagerten die rebellierenden Truppen Kairuan, und Asad versuchte, mit den Aufrührern ins Gespräch zu kommen. Die Armee scheiterte, da der Emir sich mit knapper Not in seiner Festung Al-Abbassiya behaupten konnte, die er bei Kairuan gebaut hatte, um von diesem unzuverlässigen Zentrum nicht abzuhängen. Den Rest besorgten die Berberstämme aus dem Binnenland, die diesmal für den Emir kämpften, die Rebellion brach zusammen. Doch Ziyadat Allah konnte nicht das ganze Heer niedermachen und sich so auf Gedeih und Verderb den Berbern ausliefern. Was sollte er tun, um die Gemüter wenigstens halbwegs zu versöhnen und seine Herrschaft zu stabilisieren?

Da kam ein reicher Syrakusaner namens Eufemius (oder Euthymius) mit seinem Anhang nach Kairuan, bat den Emir um Hilfe und bot ihm, wenn er ihm zum Kaisertitel von Sizilien verhelfe, die Oberherrschaft über die Insel und jährlichen Tribut an. Er habe unter der Bevölkerung und auch dem Heere dort großen Anhang. Gleichzeitig kamen offizielle Gesandte aus Sizilien, um dem Emir von diesem Unternehmen abzuraten.

Ziyadat Allah begab sich zu verantwortungsvoller Beratung. Seit 813 bestand ein noch nicht abgelaufener Friedensvertrag mit den Byzantinern, doch Eufemius wandte ein, der sei gebrochen, da einige Moslems gefangen genommen worden seien. Stimmte das wirklich? Jedenfalls riet Asad sofort dazu, die Gelegenheit wahrzunehmen, denn Allah hatte die Moslems aufgefordert (Koran 47, Vers 35): „Laßt in eurem Kampfwillen nicht nach und ruft die Gegner nicht vorzeitig zum Frieden, wo ihr doch letzten Endes die Oberhand haben werdet!" Die anwesenden byzantinischen Gesandten berichteten, die Gefangenen seien keine Moslems mehr, sondern Christen geworden, weshalb sie nicht mehr unter das im Vertrag ausgehandelte freie Rückkehrrecht fielen. Doch Asads aufreizendes Koranzitat wurde allgemein für maßgebender erklärt. Man beschloß aber nur wieder ein Raid, keine feste Eroberung.

Asad kämpfte weiter und forderte den Oberbefehl über die Expedition. Ziyadat Allah fragte, ob die Schiffe etwa gemäß dem Koran segeln würden – doch Asads Ansehen war so groß, daß der Emir sich für seinen Sarkasmus entschuldigen mußte und den Qadi tatsächlich zum Oberkommandierenden erklärte. Sofort wurde um Kairuan das Heer zusammengezogen, mit dem der immerhin fast schon 70jährige malikitische Qadi Asad Ibn al-Furat nach Susa (heute: Sousse) marschierte, einem von Ziyadat Allah gebauten Hafen mit Festung, um sich dort einzuschiffen. Der ganze Hofstaat folgte ihm nach, und er hielt vor der Front des angetretenen Heeres eine Rede, die zeigte, daß der frischgebackene Feldherr doch noch Gelehrter geblieben war:

„Auf denn, ermannet fröhlich euren Geist, nicht eure Körper, um Wissen zu suchen und zu eurem Schatze zu machen, seid niemals gesättigt davon, niemals besiegt von den Mühen, die die Erlangung des Wissens euch bereitet, und wisset, daß ihr die Belohnung schon in diesem Leben erhalten werdet und auch in jenem, das kommen wird." Das war eine Verquickung des geistlichen mit dem kriegerischen Dschihad!

Das Heer bestand aus loyalen Berbern vom Stamme der Huwarah, Arabern, aus Spanien geflüchteten Gegnern der Omayaden und aus Heeresteilen, die aus dem iranischen Chorassan stammten. 700 Reiter und 10 000 Mann Fußtruppen waren versammelt, dazu 70 oder 100 Schiffe plus der Mannschaft des Eufemius. Am 14. Juni 827 brach man auf, die Überfahrt verlief unbelästigt von byzantinischen Schiffen.

Am 17. Juni landete die Armee südöstlich von Mazara del Vallo, nahe der heutigen Punta Granitola. Dies war der Susa am nächsten gelegene Punkt. Hier waren schon Phönizier und Karthager gerne angekommen. Asad ließ als erste die Pferde an Land bringen, dann wartete er noch drei Tage. Eine Schar von Anhängern des Eufemius nahte sich und wurde von den Moslems gefangengenommen, bis sich der Irrtum aufklärte. Asad sagte Eufemius klar und deutlich, er brauche ihn nicht, und seine Anhänger sollten sich kennzeichnen, um während der Schlacht mit den anrückenden Byzantinern nicht mit diesen verwechselt zu werden. Mitkämpfen durften sie nicht. Das war das Ende der Kaiserträume des Eufemius. Er hatte, wenn man der 150 Jahre später entstandenen Chronik des Anonymus von Salerno folgen darf, auch höchstpersönliche Gründe für seinen Verrat gehabt. Danach habe ein

Griechlein (die abschätzige Bezeichnung der Lateiner für die Griechen seit der klassischen Antike), das damals Sizilien regierte, dem Eufemius seine schöne Verlobte Omoniza weggenommen, um sie mit einem anderen zu verheiraten. Eufemius habe sich an die Moslems gewandt, die ihm ein Heer anvertraut hätten, um sich zu rächen. Er habe damit Catania erobert, ein großes Gemetzel angerichtet und auch das *Griechlein* getötet. Der christliche Chronist, der in der 2. Hälfte des 9. Jahrhunderts schrieb und damit die zeitlich nächste Kunde von der moslemischen Landung auf der Insel gibt, Johannes Diaconus, ein Kleriker aus Neapel, berichtet von diesem Rachedrama nichts. In der *Chronographie* des Kaisers Konstantinos Porphyrogenetos aus dem 10. Jahrhundert liest man als Zutaten, Eufemius habe seine Braut dem Kloster entrissen, weshalb der Kaiser dem Strategos von Sizilien befohlen habe, ihm gemäß den damaligen Strafgesetzen die Nase abzuschneiden. Daher sei Eufemius zu den Sarazenen geflohen.

Auf jeden Fall: selten hatten persönliche Ursachen so weitreichende historische Wirkungen.

Von Mazara nach Palermo

Nachdem Asad in der Ebene von Marsala seine Truppen gesammelt und erfahren hatte, daß die Byzantiner gegen ihn heranzogen, brach er am 15. Juli 827 auf, um ihnen entgegenzumarschieren. Wir können nur soviel schließen, daß der Feind stärker war als die Moslems und daß das Schlachtfeld westlich von Corleone lag, auf halbem Wege zwischen Sciacca und Palermo, zwischen den Flüssen Pietralonga und Frattina. Asad, der alte Quadi, hielt vor der Front seiner Kämpfer das Banner in den Händen und sprach die 36. Sure des Korans mit Namen Ya-Sin, in der den Ungläubigen das Jüngste Gericht angedroht wird. Und erst, als er die ganze Sure rezitiert hatte, wandte er sich an seine Kämpfer zurück: „Das sind dieselben Barbaren wie von der Küste Ifriqiyahs!" rief er ihnen zu, „das sind eure Sklaven! Fürchtet sie nicht, ihr Moslems!" Und Asad ritt selbst mitten in die Feinde hinein und bedeckte sich mit ihrem Blut, daß es ihm von Arm und Lanze troff.

Taktische Einzelheiten der nun folgenden Schlacht sind nicht überliefert. Aber feststeht, daß die Byzantiner vernichtend geschlagen wurden und die Moslems reiche Beute machten, auch an Gefangenen. Die Unterlegenen flohen nach Castrum Hennae, die starke Festung im Herzen der Insel, die von den Moslems zu Qasr Yannah und, davon ausgehend, von den Christen zu *Castro San Giovanni* verballhornt wurde, bis man 1927 den antiken Namen *Enna* wiederherstellte.

Da die Byzantiner alles auf eine Karte gesetzt hatten, ebenso wie die Moslems, und die Bevölkerung passiv blieb – die Anhänger des Eufemius reichten bei weitem nicht dazu aus, einen Volksaufstand zugunsten der Invasoren zu entfesseln – stieß Asad nun direkt auf die Hauptstadt Syrakus vor. Das war vielleicht ein Fehler, denn zur effektiven Belagerung war sein Heer zu schwach. Aber der Entschluß zeigt seinen Willen, sich der ganzen Insel zu bemächtigen und sich nicht nur an der Beute zu sättigen, die nun in der Reichweite des Siegers lag. Er marschierte zur Mündung des Salso (die ruhmvolle antike Stadt Gela existierte damals nicht mehr), um dann über Chiaramonte (das erst seit Anfang des 14. Jahrhunderts besteht) nach Acri (Akrai) vorzustoßen, unmittelbar neben dem heutigen Palazzolo Acreide. Die antike Akropolis war damals noch eine Burg, in deren Schutz sich byzantinische Truppen sammelten, um Asads Vormarsch aufzuhalten, auch mit Verhandlungen. Sie boten ihm die Zahlung der dschizyah an, der Kopfsteuer für Ungläubige, was ihm zunächst zusagte, da es den Gebräuchen in einem endgültig eroberten Gebiet entsprach. Doch als die Zahlungen zu stocken begannen, erkannte er, daß er nur hingehalten werden sollte, und als er erfuhr, daß Eufemius unter der Hand die christliche Bevölkerung zum Widerstand anstachelte, rückte er direkt vor Syrakus.

Die Stadt war seit ihren antiken Tagen als tyrannische Herrin ganz Siziliens stark zusammengeschrumpft; vor Asads Anblick umfaßte sie nur noch die Insel Ortygia und einige Vororte nördlich der beiden Häfen, die nordöstlich und westlich von Ortygia lagen und befestigt waren. Die Moslems setzten sich in der *Neapolis* fest, die die Latomien, d. h. die *lithotomiai* = die Steinbrüche des antiken Syrakus umschloß, und in der anschließenden Achradina. Asad hatte keinerlei Belagerungsmaschinen, litt Hunger im Lager, da die Syrakusaner alle Vorräte rechtzeitig in die Stadt geschafft hatten, versuchte vergeblich Stürme auf die Befestigungswerke und sah sich daher bald starker Opposition im eigenen Lager ausgesetzt. Die Soldaten ließen ihm sagen, das Leben eines einzigen Moslems sei mehr wert als alle Güter der Ungläubigen – und das war nun wirklich ein sehr verzagter Standpunkt für Glaubenskämpfer. Asad, Feuer und Stahl zugleich, drohte mit der Verbrennung der eigenen Schiffe, um jeden Rückweg unmöglich zu machen, forderte Verstärkungen aus Ifriqiyah an und ließ den Sprecher der Defätisten auspeitschen.

Es kam auch Nachschub aus Ifriqiyah, verstärkt um Omayaden-Feinde aus Spanien, die kurz zuvor an der Eroberung Kretas mitgewirkt hatten. Nun wurde Syrakus zu Wasser und zu Lande gleichzeitig belagert. Dagegen bot der oströmische Kaiser Michael II., der Stotterer, frische Landtruppen auf und befahl auch seinen Untertanen, den Venezianern, herbeizueilen. Die Moslems hoben einen äußeren Verteidigungsgraben um ihr Lager aus und ließen die angreifenden Byzantiner in die Fallgruben reiten, die sie vor diesem angelegt hatten. Auch ihre Verstärkungen aus Ifriqiyah griffen auf die Insel über, man weiß nur nicht, ob irgendwo im Lande oder während der Abwehrschlacht vor Syrakus.

Die Belagerten machten schon Friedensvorschläge, als Asad Ibn al-Furat im Sommer 828 plötzlich starb, nach einem knappen Jahr im Feldlager vor Syrakus. Da wurden die Einheimischen entlang der rückwärtigen Linie nach Mazara wieder schwierig. Das moslemische Heer wählte zum Nachfolger des erstaunlichen Qadi Mohammed Ibn al-Gawari, ohne sich um den Willen seines aghlabidischen Herrn in Ifriqiyah groß zu kümmern. Denn Ziyadat Allah mußte in Tunis noch den letzten Anführer aus dem Aufstand belagern, dessen Sympathisanten im Vorjahr nach Sizilien abgeschoben worden waren.

Als aber zum Entsatz eine byzantinische Flotte heransegelte, unterstützt von venezianischen Schiffen, schwand den Belagerern der Wille zum Ausharren, und sie sammelten im großen Hafenbecken zwischen Syrakus und der Halbinsel Maddalena ihre Flotte zur Rückkehr. Doch die Christen riegelten die Bucht ab, und die Moslems wagten den Durchbruch nicht, stiegen wieder an Land und zogen sich, durch Seuchen und große Verluste während der Belagerung schon ziemlich mitgenommen, nach Nordwesten ins unwegsame Bergland zurück. Dort schafften sie es noch, den festen Platz Mene (heute: Mineo) einzunehmen, um einen Rückhalt im Feindesland zu haben. Die Christen spannen wenig später die Legende, die Schutzherrin des Ortes, die Märtyrerin Agrippina, sei als eine goldene Taube über die Moslems herniedergeschwebt, und habe sie des nachts mit einem Kreuz als Hieb- und Stichwaffe verscheucht, als sie die Mauern des Kastells erklimmen wollten. Dessen ungeachtet ließen die Moslems eine Schutzmannschaft in Mineo und rückten vor Enna, kaum eine weniger schwierige Aufgabe der Belagerung als Syrakus, denn der Ort war das Herz der byzantinischen Befestigungen auf der Insel. Hier kam Eufemius durch eine Täuschung um: die Einwohner versprachen Unterwerfung und sandten ihm eine Abordnung entgegen, und von der wurde er verräterisch umgebracht.

Den Moslems dürfte das ein Lehrstück byzantinischer Durchtriebenheit, im Ergebnis aber einerlei gewesen sein. Sie eroberten unterdes mit einer Streifschar Girgenti (seit 1927 wieder wie in der Antike: Agrigent), das auch nur mehr ein Schatten seines antiken Namens war, und konnten im übrigen nicht verhindern, daß die Christen erhebliche Verstärkungen nach Enna warfen. Darunter waren, nach arabischer Lesart, auch *Alemannen* – es dürfte sich jedoch eher um Armenier gehandelt haben.

Der Patrikios Theodotos erlitt unterhalb der Mauern von Enna eine fürchterliche Niederlage, und 90 oströmische Edle gerieten in Gefangenschaft – ein Zeichen dafür, daß das Heer wohl von stattlicher Größe gewesen war.

Doch nachdem im Frühjahr 829 auch Mohammed Ibn al-Gawari gestorben war, gewannen die Byzantiner allmählich die Oberhand und schlossen ihrerseits die Moslems in ihrem Lager ein. In einem Nachtgefecht fügte Theodotos ihnen so schwere Verluste zu, daß sie nach Mineo auswichen und dort erneut von Theodotos belagert wurden. Die Besatzung von Girgenti zog sich auf Mazara zurück. Die in Mineo hatten keine Basis, von der aus sie hätten unterstützt werden können, und Steuerdruck hin und her – die Einheimischen haßten nach all den bedenkenlosen Plünderungen die Moslems mittlerweile noch mehr als ihre angestammte christliche Obrigkeit. In Mineo litt man gräßlichen Hunger, verschlang Hunde und Pferde. So kam der Sommer 829 heran.

Da fielen die Würfel des Kriegsglücks auf einmal wieder zugunsten der Moslems. Denn nun verloren die Venezianer die Lust, für den Zwingherrn von Konstantinopel zu bluten, und zogen ihre Schiffe zurück, Ziyadat Allah warf die Militärrevolte zu Hause endgültig nieder, eine Streifschar von Verbannten aus Spanien landete und versorgte Mineo mit Lebensmitteln – aber was das Wichtigste war: aus Afrika kam im Sommer 830 eine Entsatz-Armee, angeblich 300 Schiffe mit über 20 000 Mann an Bord. Leute aus Spanien waren auch wieder darunter. Disziplin wurde wenig gehalten, dazu war im Feindesland die Gelegenheit zum Plündern viel zu günstig. Die Spanier (ein Sulayman Ibn Afiyah aus Tortosa wird erwähnt) forderten, wenn sie Mineo entsetzen wollten, müßten sie den Oberbefehl bekommen, und die Leute aus Ifriqiyah müßten ihnen ihre Pferde geben.

Doch die Querköpfe aus Spanien leisteten auch ganze Arbeit: sie arbeiteten sich vom Westen der Insel bis Mineo vor, griffen Theodotos dort im Juli oder August 830 an, schlugen und töteten ihn und zwangen die feindlichen Überreste, sich nach Enna zu werfen. Dann gaben die Moslems unter spanischem Kommando das schon ziemlich ramponierte Mineo auf und bezogen Position in Galwaniyah, was man als das heutige Caltanissetta, Canicattí, die beide an der Straße von Enna nach Agrigent liegen, oder auch als Gagliano Castelferrato gedeutet hat. Einen strategischen Sinn geben aber nur die beiden ersten Namen: denn Gagliano lag zirka 50 km nordöstlich von Enna, noch tief im unerschlossenen Bergland des Feindes, während z. B. Caltanissetta als Rückzugsstellung von Mineo in Richtung Agrigent und Mazara, die Küstenbasis der Moslems, und gleichzeitig als mögliche neue Ausfallpforte nach Osten, tauglich war.

Doch da brach eine Seuche im Heer aus, es mußte sich noch weiter zurückziehen, und die Byzantiner waren stark und entschlossen genug, nachzustoßen. Der Rückzug kostete die Moslems weitere große Verluste. Man hat bei San Leone Bagni, der Strandsiedlung von Agrigent, eine Menge von Münzen der spanischen Omayaden, der Aghlabiden und der abbasidischen Kalifen gefunden. Die Moslems dürften sie auf der Flucht vergraben haben, denn keine davon ist nach dem Aufbruch des Asad Ibn al-Furat geprägt worden. Viele retteten sich auf die Schiffe und verschwanden übers Meer – aber viele schlossen sich auch dem anderen Heer an, das mittlerweile die Konsequenz aus dem bisherigen strategischen Hin und Her gezogen hatte: es wollte erst einmal das am leichtesten von Ifriqiyah aus zugängliche, das westliche Drittel der Insel unterwerfen, bevor es an Enna und Syrakus heranging. Und daher marschierte es zur Belagerung der wichtigsten Stadt dort ab, nämlich nach Palermo.

Das damalige Palermo umfaßte, entlang der Achse der heutigen Via Vittorio Emmanuele, etwa das Gelände von der Piazza Indipendenza bis zur Via Roma. Dieselbe Seuche, die die Moslems von Galwaniyah vertrieben hatte, wütete nun auch in Palermo, und die Einwohnerzahl sank drastisch (Zahlenangaben bei arabischen Autoren hierzu sind allerdings notorisch unzuverlässig). Auch die byzantinische Zeit hatte die Bedeutung der Hafenstadt kaum geschmälert, anders als etwa in Agrigent. Syrakus war wichtiger, aber solange der neue Kaiser Theophilos (829–842) sich zu keiner Hilfeleistung aufraffte, lockte Palermo als leichte und reiche Beute.

Im August/September 831 (arabische Zeitrechnung: im Monat Ragab des Jahres 216 nach des Propheten Flucht aus Mekka) mußte die Stadt nach zähem Widerstand, nach etwa einem Jahr der Belagerung kapitulieren. Der Gouverneur (Symeon Spatarius nennt ihn Johannes Diaconus aus Neapel) und der Bischof Lukas durften per Schiff abziehen: Der Mönch Sankt Filaret, so berichtet die Legende, vor die Wahl gestellt, seinem Glauben treu zu bleiben oder zum Islam überzutreten, wählte den Märtyrertod. Das ist jedenfalls nicht unwahrscheinlich, denn obwohl die moslemischen Eroberer die Regel beachteten, die Unterworfenen bei ihrem Glauben zu lassen und sie nur zur Kopfsteuer heranzuziehen, mögen sie im Rausche des Erfolges doch manche willkürliche Gewalttat verbrochen haben.

Nun hatten sie zehntausende Ungläubige mehr, die ihnen zahlen mußten, und da die Kapitulationsbedingungen die Übergabe allen beweglichen Eigentums vorsahen, war die Beute so üppig, daß sich Araber, Berber und Leute aus Spanien über die Verteilung in die Haare gerieten. Die alte Uneinigkeit unter den Moslems, die den überlieferten historischen Gegebenheiten sogar noch mehr entsprach als ihre Einigkeit im Kampf gegen die Ungläubigen, brach nach dem Einmarsch in Palermo erst recht wieder auf. Dadurch wurde der Sieg zwar nicht gefährdet, aber für die Zukunft verhieß das nichts Gutes.

Beide kriegführenden Parteien hatten sich an Tapferkeit und Zähigkeit nichts nachgegeben, bei den Christen auch die Zivilbevölkerung nicht. Bis zum Zug auf Palermo war die moslemische Seite zu planlos vorgegangen, hatte sich die improvisierte Strategie der üblichen Raubzüge noch nicht in eine Systematik zum Zwecke fester Besitzergreifung umgewandelt. Beide Seiten zeigten in ihren Zügen nicht, daß sie einen großen Plan anstrebten, dessen Einsatz der Kampf um die gesamte Insel war, obwohl deren überragende Bedeutung im Mittelmeer beiden sicherlich bewußt war. Beide fochten nicht mit allen Kräften, die sie für Sizilien hätten einsetzen müssen und auch können. Aber spätestens seit der langen Belagerung des reichen Palermo hatten die Moslems erkannt: hier lag nicht nur Beute, hier lag ihr neues Kreta und die Forderung nach dem, was wir Modernen *Nullsummenspiel* nennen: sich in demselben Ausmaße Vorteil zu verschaffen, in dem den Byzantinern empfindlicher Nachteil zugefügt wurde.

Von Palermo nach Syrakus

Fünf Monate nach der Eroberung Palermos ernannte Ziyadat Allah seinen Vetter At-Tamimi zum Oberkommandierenden von Sizilien. At-Tamini hatte Ordnung zu schaffen, und er schaffte sie auch. Der Streit zwischen afrikanischen und spanischen Moslems wurde endgültig beigelegt, die neue Hauptstadt, die einen so vorzüglichen Hafen besaß, allmählich mit Moslems neu besiedelt. Auch einen eigenen Qadi gab es bald. At-Tamimi wurde als *sahib* (Gefährte) bezeichnet, was sich vom Titel des aghlabidischen *Emirs*, seines Oberherrn abhob, aber vielleicht mehr bedeutete als *Wali*, die Bezeichnung, die einst der Berber Tarik geführt hatte, der für Musa Ibn Nusair die Eroberung Spaniens begonnen hatte. At-Tamimi ließ sich auf den nun geprägten Münzen neben dem Aghlabidenherrscher abbilden, und faktisch zumindest war er von weitgehender Selbständigkeit gegenüber Ziyadat Allah – in ähnlicher Weise, wie dieser dem Kalifen in Bagdad nur nominell untertan war.

Die Byzantiner hatten eine Chance zum Gegenangriff, solange die Moslems mit der Konsolidierung ihrer Stellung im westlichen Teil der Insel beschäftigt waren.

Doch die Gelegenheit verstrich ungenützt. Kaiser Theophilos schickte einen Armenier namens Alexios nach Unteritalien, um Truppen zum Gegenstoß zu sammeln. War dies schon als eine Entfernung des Alexios vom Hofe zu werten gewesen, um den heimischen Intriganten nachzugeben, so warf man ihm nun auf einmal vor, er wolle die Soldaten ausheben, um den Kaiser zu stürzen, und lockte ihn im Jahre 833 von Syrakus nach Konstantinopel zurück. Das ganze war ein Meisterstück an Gemeinheit, denn der Kaiser hatte dem Erzbischof Theodoros, der Alexios abholen sollte, einen Geleitbrief mit eigenhändiger Unterschrift sowie sogar ein Kruzifix mitgegeben, das er persönlich am Hals getragen hatte, um Alexios in Sicherheit zu wiegen. Doch kaum zu Hause angekommen, wurde dieser wegen Hochverrats angeklagt.

Währenddessen begnügten sich die byzantinischen Truppen, die rund um Enna zusammengezogen waren, mit der Beobachtung der rings um sie raubenden, mordenden, schändenden und brennenden Moslems. In den Jahren 834 und 835 marschierte At-Tamimi vor Enna auf und schlug die Christen insgesamt dreimal. Die Festung selbst nahm er nicht ein. Die Moslems waren auch nur selten bereit, eine Belagerung in der konzentrierten Weise zu führen, wie sie in den Kriegen der Neuzeit üblich wurde. Das Heer der Glaubenskrieger saß eher vor den Mauern herum, plünderte die Umgebung aus und ließ niemanden aus der Stadt heraus und niemanden hinein. Verloren die Städter darob die Nerven, hatten die Moslems gewonnen; sonst zogen sie irgendwann wieder ab und waren mit der Beute allein zufrieden – wie überhaupt anzunehmen ist, daß die Gier nach Beute einerseits zwar kriegerischen Schwung gab, andererseits aber der systematischen Strategie häufig abträglich war.

Und so bewährte sich bei allen Schrecken, die Sizilien beständig unter den moslemischen Säbeln, Pfeilen und Rossen zu erdulden hatte, das byzantinische Prinzip, daß ein Land solange nicht verloren war, als seine Befestigungswerke in der Hand der Oströmer blieben. Das war zwar ein rein defensives und noch dazu wenig phantasievolles oder die eigene Bevölkerung schonendes Prinzip, so daß die Araber spotteten, die Rumi seien zu Fuß wie die Weiber und nur hinter ihren Mauern wie die Löwen. Aber es sparte das Leben der Soldaten, es half, wenn man keine eindrucksvolle Armee ins Feld stellen konnte, was häufig der Fall war, es sparte aber auch Geld, nachdem man erst einmal die Festungswerke bezahlt hatte, und es zwang den Feind zu jahrelanger, im Falle Siziliens sogar zu jahrzehntelanger großer Kraftanstrengung. Was dem byzantinischen Militär, ebenso wie seinem Staat, an Leistungsfähigkeit abging, das ersetzte es durch kaum glaubliche Zähigkeit.

At-Tamimi wurde im Jahre 835 von seinen eigenen Offizieren umgebracht, und nach dem kurzen Zwischenspiel eines anderen *sahib* übernahm At-Tamimis Bruder das Kommando in Palermo. Die Christen wurden währenddessen überall geschlagen, wo sie sich im Felde zeigten, und sie waren nirgendwo mehr auf der Insel sicher. Doch stockte die Eroberung insgesamt, und die Moslems hatten die Seeherrschaft der Byzantiner noch immer nicht brechen können. Ein mühsamer Versuch auf Cefalù (Kephaloidion) war gescheitert, da man die Versorgungsfahrten der feindlichen Flotte nicht unterbinden konnte. Gegen das *griechische Feuer* gab es noch kein Mittel, auch kein moslemisches Feuer, denn der Feind hütete dieses Staatsgeheimnis sehr gut bis zur Zeit der Kreuzzüge. Es hieß, ein Engel habe dem großen Konstantin, dem Gründervater oströmischer Tradition und dreizehntem Apostel, das Geheimnis der Herstellung vom Himmel herabgebracht. Und als ein gefangener Christ es einmal den Sarazenen ausplaudern wollte, sei plötzlich Feuer vom Himmel herabgestürzt und habe den Frevler vernichtet! Dagegen half allenfalls und durchaus nicht immer, sich in den toten Winkel des feuerspeienden Rohres vorzupirschen und dann von unten her zu versuchen, die Bordwand mit Lanzen und Pfeilschüssen von Feinden zu säubern.

Doch brachte es die Araber auf die Dauer vorwärts, daß sie das Kriegstheater von der Insel aus immer mehr ausweiteten, um die christlichen Flotten auseinanderzuziehen und um Verbündete zu gewinnen. Allmählich waren die Küsten Italiens nicht mehr vor ihnen sicher, und die Moslems wären mit Blindheit geschlagen gewesen, wenn sie die politische Zersplitterung dort nicht zu ihrem Vorteil ausgenutzt hätten. Im Norden saßen die von den fränkischen Karolingern eingesetzten Machthaber, dann folgte das weitgehend waffenlose Gebiet des römischen Papstes, ein Kranz von Küstenstädten, nominell unter oströmischer Herrschaft: Gaeta, Neapel, Amalfi, Sorrent, in der nördlichen Adria Venedig. Im Landesinneren herrschten die langobardischen Herzöge von Benevent, die Karl der Große seinem Reich nicht eingegliedert hatte, als er deren Kollegen mitsamt ihrem König endgültig unterworfen hatte. In Apulien und Kalabrien standen noch die Byzantiner, die auf die Gelegenheit lauerten, die Halbinsel ganz zurückzugewinnen.

Sichard, Herzog von Benevent, lauerte hingegen den Neapolitanern auf, fiel in ihr Gebiet ein, versklavte die Bevölkerung, da holte Andreas, der Konsul von Neapel, die sizilischen Moslems herbei, und nachdem sie gelandet waren, mußte sich Sichard in seine Berge zurückziehen (835). Neapel hatte, anstatt sich an das allzuferne Konstantinopel zu wenden, ein Bündnis mit den Feinden des Glaubens geschlossen! Die Franken verschmähte es dennoch nicht, doch infolge blutiger lokaler Intrigen ergab sich aus dieser christlichen Verbindung keine militärische Hilfe, und das war für die neapolitanischen Realisten am Ende entscheidend.

Man kann Andreas von Neapel dafür loben, daß er auf diese Weise seine Bürger vor der muselmanischen Sklaverei bewahrte, und das zu einem Zeitpunkt, da die Sklavenmärkte Palermos, des Maghreb und Spaniens einen starken Preisverfall erlebten, soviel menschliche Ware war zusammengeraubt worden. Aber die Nachfolger des Andreas beteiligten sich sogar kriegerisch an der Eroberung von Messina, um den Moslems dadurch einen Ausgangspunkt für ihre Fahrten in die Adria zu verschaffen und so die Bedrohung der tyrrhenischen Küsten etwas zu vermindern! 838 bereits war Brindisi unter den Augen der Byzantiner und des Sichard von Benevent gebrandschatzt worden. 840 war eine von Venedig und Ostrom gemeinsam ausgerüstete Flotte im Golf von Tarent in den Grund gebohrt worden, Tarent selber fiel den Moslems unter den üblichen Greuelszenen zum Opfer. Bis Istrien streiften sie dann ungestraft durch die ganze Adria, brannten das schnell eroberte

Ancona nieder, und im nächsten Jahr schlugen sie die Venezianer noch einmal im Kvarner Golf.

Im Jahre 228 nach der Hedschra (10.10.842 – 29.9.843) landete der Feldherr Al-Fadl Ibn Ghaafar vor Messina und schloß die Stadt zu Wasser und zu Lande ein. Ein kombinierter Angriff von den Monti Peloritani am Stadtrand und vom Hafengebiet aus brach nach vielen Monaten den hartnäckigen Widerstand der Verteidiger. Die Christen verließen die Stadt, die nun zu einem bloßen Wachpunkt heruntersank, und siedelten sich in großer Zahl wenige Kilometer weiter erneut an, in Rometta, der Bergfestung hinter dem Hauptkamm der Monti Peloritani, und blieben von dort mit Milazzo (Mylae) und der noch in byzantinischer Hand verbliebenen Nordküste in Verbindung. Rometta neutralisierte so die Bedeutung, die Messina als Angelpunkt im gebirgigen Nordosten der Insel hatte, weitgehend. Aber der freie Wechsel für die christlichen Flotten zwischen dem Ionischen und dem Tyrrhenischen Meer war nun doch unmöglich gemacht.

Im Jahre 845 fiel Modica (Motyke) im Südosten der Insel. Im gleichen Jahr landete ein oströmisches Heer, und es wird vermutet, daß der soeben zugunsten der Bilderverehrer endgültig beigelegte Bilderstreit die Sizilianer wieder zu enthusiastischen Befürwortern konstantinopolitanischer Herrschaft gemacht hatte, und daß deshalb neuer Schwung in ihre Verteidigungsanstrengungen gefahren war. Doch die christliche Niederlage war schnell und vollständig: bei Butera (nordwestlich von Gela) kamen 9000 oder 10 000 Byzantiner in der Schlacht um, während die Moslems ihre Verachtung der Feinde in die Worte kleideten, daß dort nur drei Gläubige ihr Martyrium gefunden hätten.

Weniger später fiel Lentini (Leontinoi), da die Bürger den zum Schein abziehenden Moslems hinterhergelaufen und damit in die Falle gegangen waren. 848 herrschte eine fürchterliche Hungersnot, und Ragusa (Hybla Heraia) ergab sich kampflos. Die Einwohner mußten ihre gesamte Habe zurücklassen, die Stadtmauern wurden geschleift. Dann versuchten die Byzantiner von der See aus, den Monte Pellegrino zu besetzen, zu dessen Füßen Palermo liegt. Sie hätten damit – und da sie die klassische Bildung hochhielten, muß ihnen dieses Vorbild bewußt gewesen sein – Hamilkar Barkas im 1. Punischen Krieg (264 – 241v. Chr.) nachgeahmt. Denn vom Monte Pellegrino aus hatten die Karthager drei Jahre lang die Römer, die schon die gesamte Insel in der Hand hatten, erheblich verunsichert. Nun wäre noch dazugekommen, daß der Berg die feindliche Zentrale blockierte, was sogar zu einer Entscheidungsschlacht hätte führen können. Doch die Byzantiner zogen kampflos wieder ab, man kennt den genauen Grund nicht.

Währenddessen hatten die sizilischen Moslems Bari in ihre Hand bekommen, indem sie sich von einer der beiden Parteien zu Hilfe rufen ließen, die im Herzogtum Benevent gegeneinander wüteten. Die jeweils anderen wiederum riefen die Gegner der sizilischen Moslems zu Hilfe, die aus Spanien bzw. aus Kreta kamen, so daß in Unteritalien nun zwei Rivalitäten gleichzeitig ausgefochten wurden. Auch Capua fiel den Sizilianern in die Hände und wurde zerstört (heute heißt die Stätte *Sta. Maria Capua Vetere*). Aber wenn die Neapolitaner gedacht hatten, die Sarazenen nach

Die Sarazenen stürmen Messina (843); von da an verlor die Hafen- und Handelsstadt viel von ihrer einstigen Bedeutung.

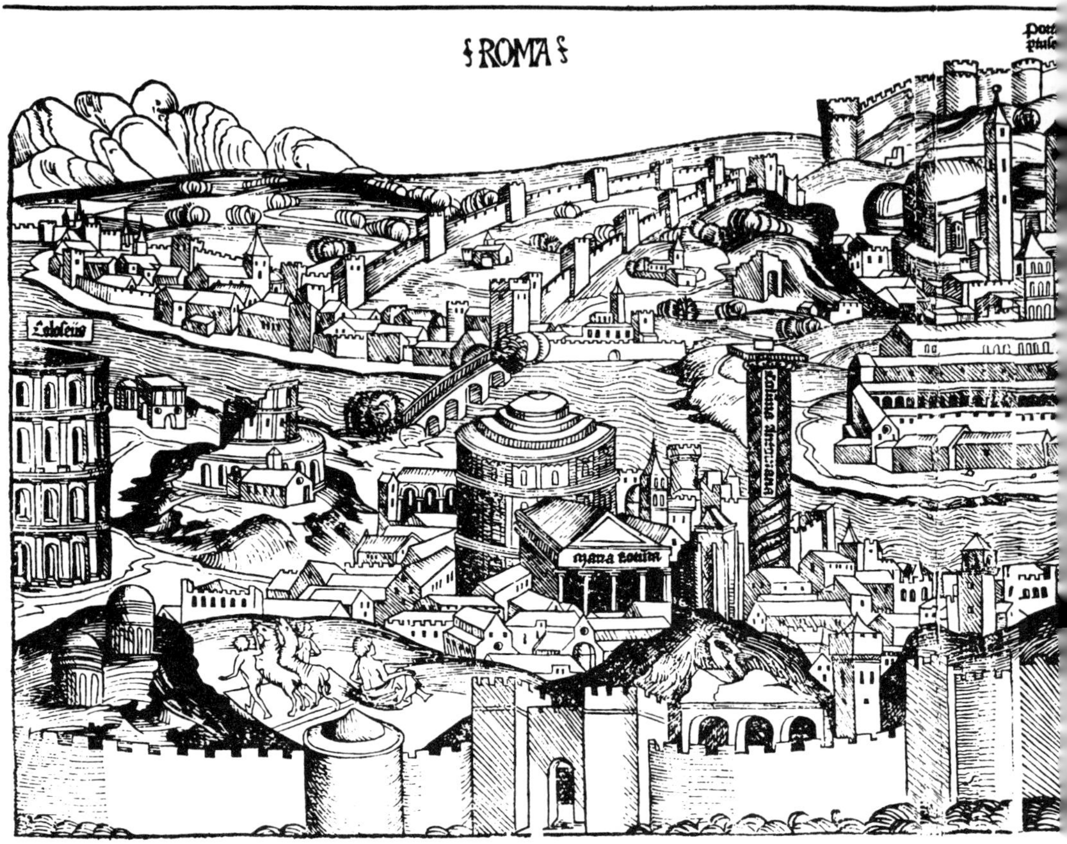

Osten abgedrängt zu haben, dann lehrte sie das Jahr 846 eines besseren. Abu Al-Aghlab Ibrahim, der amtierende Emir in Kairuan, mußte bei der Ausplünderung Italiens unbedingt mit dabeisein, und die Eroberung Siziliens konnte warten, solange man dort noch Enna und Syrakus als die beiden stärksten Festungen vor sich hatte. Es war ja unterdessen keiner der Feinde der Moslems imstande, die Initiative im Raum Sizilien – Unteritalien an sich zu reißen.

Eine aghlabidische Flotte besetzte Punta Licosa und die Insel Ponza, obwohl letztere zum Gebiet Neapels gehörte. Der Konsul Sergius zwang sie zum Rückzug. Da kamen die Moslems mit doppelter Macht zurück, um Rom einzunehmen, die Hauptstadt der Halbinsel. Es wäre auch für Sizilien eine Katastrophe gewesen, wenn es ihnen gelungen wäre. Sie besetzten Ostia, scheiterten an einem Angriff auf die Stadtmauern und begnügten sich daher mit der Verwüstung der Umgebung, z. B. der Peterskirche, die damals außerhalb der Mauern lag. Dann wurden sie von einem christlichen Entsatzheer vom Rückzug nach Ostia abgeschnitten, warfen sich daher nach Südosten und auf die Belagerung von Gaeta. Doch das wurde auf dem Meer von den Neapolitanern unterstützt, die Moslems gerieten in derartige Bedrängnis, daß sie die Neapolitaner bitten mußten, ihnen den Rückzug zur See zu erlauben. Das

Rom im Mittelalter, auch für die Moslems das Herz Italiens und der westlichen Christenheit. Da ihr zweimaliger Angriff scheiterte, mußten die gefangenen Sarazenen mitbauen an der Befestigung der „Leo-Stadt" (am unteren Rand der Darstellung).

geschah, doch die meisten der Korsarenschiffe sanken in einem Sturm auf dem hohen Meer.

Im Jahre 849 brach von Afrika und Sizilien eine Flotte zur Vergeltung auf, doch wurde diese vor der Mündung des Tiber von den vereinigten Römern und der kampanischen Liga (Neapel, Gaeta, Amalfi) geschlagen und fiel dann auch noch dem Libecchio zum Opfer, einem Wind der dortigen Küste, mit dem sie nicht gerechnet hatten und gegen den ihre nautischen Künste nicht verfingen. Die Christen machten Tausende von Gefangenen, die an der Befestigung der Leo-Stadt westlich des Tiber mitbauen mußten, so benannt nach Leo IV., dem Papst, der zur Zeit des bitter benötigten Sieges kraftvoll amtiert hatte.

Nun waren auch die Karolinger auf dieses Kriegstheater aufmerksam geworden. Kaiser Lothars Sohn Ludwig machte nach dem Erlebnis des moslemischen Angriffs auf Rom die Verteidigung Italiens zu seiner Lebensaufgabe, zumal diese auf willkommene Weise in ein aggressives Konzept umgestaltet werden konnte, nämlich den Hinauswurf der Byzantiner aus dem den westlich-lateinischen Kaisern zu erschließenden Unteritalien. Hier war eine Aufgabe, die erledigt werden mußte, nachdem Karl der Große sie bewußt liegengelassen hatte.

Im Jahre 851 starb in Palermo Abu Al-Aghlab Ibrahim, der mit dem tyrrhenisch-römischen Kriegsschauplatz ein neues Feld der Verschwendung von Menschen, Rössern und Material betreten hatte. Es ist jedoch kaum festzustellen, wie sehr sein mißlungenes Abenteuer auf dem italienischen Festland, das von den Moslems *Großes Land* genannt wurde, den Fortgang der Eroberung Siziliens beeinträchtigt hat. Denn wir können nur die Chronisten nachzeichnen, die von entsetzlichem Leiden der Bevölkerung und von der Verwüstung des Landes in monotoner Regelmäßigkeit berichten, je nach Parteinahme klagend oder triumphierend – aber wir hoch die Verluste genau waren, erfahren wir selten, kaum, was sie für die Entwicklung des Landes für Folgen hatten, und auch der militärisch-technische Aspekt ist nur in Bruchstücken rekonstruierbar.

Ibrahims Nachfolger mit dem bemerkenswerten Namen Abu Al-Aghlab Al-Abbas Ibn Al-Fadl Ibn Yaqub Ibn Fazarah, der Sieger von Butera, wird als ein Jahr für Jahr unentwegt ausmarschierender Krieger gepriesen. Er soll anstelle von Geld und Gut besonders gern Sklaven als Abstandszahlung von Plündereien erpreßt haben. 853 gewann er Butera und baute es zur wichtigsten Festung des Hinterlandes der Südküste aus. 858 fiel ihm endgültig Cefalù zum Opfer, und am 24. Januar 859 gewann er Enna, wovon uns ein Anonymus berichtet:

Ibn Fazarah war ein Gefangener vorgeführt worden, dürftig an Aussehen, aber unter den Christen bekannt (genaueres erzählt der Chronist nicht). Ibn Fazarah wollte ihn töten lassen, da sprach dieser: „Laß mich am Leben, dann gebe ich dir einen guten Rat!" Und er fuhr fort: „Diesen Winter liefere ich dir Enna in deine Hände!" Ibn Fazarah rüstete 1000 Reiter und 700 Fußsoldaten aus und schickte sie über die rauhe Paßgegend um Caltavuturo in die Ebene von Enna, wo sie sich südlich der Stadt auf die Lauer legten. Der christliche Verräter schlich mit wenigen Moslems, die ihm argwöhnisch folgten, nach Einbruch der Nacht zum Nordabhang der Felsenfestung, wo sie besonders unzugänglich und daher am wenigsten bewacht war. Südlich von Enna lauerte Ibn Fazarah, um zur Stelle zu sein, sobald die Moslems vom Norden her in die Festung eingedrungen waren. Bei Morgengrauen führte der Christ seine Mannschaft zur Öffnung einer Wasserleitung, die in der Mauer eingelassen war, und die Moslems krochen durch sie in die Festung, stürzten sich auf die schlafenden Byzantiner und eilten, Ibn Fazarah das südliche Tor zu öffnen. Zur Stunde des Morgengebetes war die Festung gefallen, die Soldaten wurden getötet, die Einwohner gegen Lösegeld festgehalten oder in die Sklaverei verkauft. Auch der Kalif in Bagdad erfuhr bald von diesem Erfolg, denn Ifriqiyah sandte ihm seinen Anteil an der Beute.

Kaiser Michael III. (842-867) sandte sofort ein neues Heer nach Sizilien, und die Christen erhoben sich rund um Enna, da sie merkten, wie die Waage des langen Krieges sich endgültig auf die Seite der Moslems zu neigen begann. Doch der gesammelte Widerstand brach bald und blutig zusammen. Zweimal schlug Ibn Fazarah ein byzantinisches Heer, und wieder behaupten die arabischen Chronisten, nur drei Mann aus den eigenen Reihen hätten den Tod gefunden. Wer weiß, wie schlecht die Oströmer kämpften! Die Kastelle der Aufständischen fielen eins nach dem anderen: Caltabellotta, Caltavulturo, andere, die nach den islamischen Quellen kaum identifizierbar sind. Ibn Fazarah baute Enna zur starken Festung aus und plünderte von nun an in aller Ruhe, ohne christlichen Widerstand, bis er im August 861 starb. Die Moslems gruben ihn an Ort und Stelle ein, die Christen wieder aus und verbrannten seinen Leichnam.

Erst im Juni 862 stand nach manchem Hin und Her der neue *sahib* Siziliens fest: Hafagah Ibn Sufyan Ibn Sawadah, der die Autorität der Dynastie von Kairuan eindeutig hinter sich hatte. Unter seiner Herrschaft ergab sich Noto kampflos, fiel der Felsen von Scicli, der die Küstenebene von Modica und Ragusa bewachte, und wurde die Belagerung von Syrakus eingeleitet. Nachdem so viele feste Orte in der Umgebung der sizilischen Hauptstadt gefallen waren, schien die Situation für diesen entscheidenden Kampf reif zu sein. Doch Hafagah mußte gleichzeitig Noto und Ragusa zurückerobern, denn offensichtlich dauerte der weitverbreitete christliche Widerstand im Lande an, obwohl Konstantinopel die Wegnahme von Enna nicht hatte verhindern können.

Nicht nur die Soldaten des fernen Kaisers waren die Gegner der Moslems, die Bürger der einzelnen Städte wehrten sich mindestens ebensosehr. Ihnen ist es ganz wesentlich zuzuschreiben, daß die Moslems mehrere Generationen brauchten, um die Insel zu unterjochen. Hier war ein wehrhafter Bürgersinn vorhanden, den der spätantike Zwangsstaat nicht hatte beugen können, zumal die gründlich fremde islamische Herrschafts- und Gesellschaftsordnung alle griechischen, lateinischen und christlichen Elemente zum entschiedensten Existenzkampf aufrief. Sizilien als Paradebeispiel west-östlicher Toleranz und sich gegenseitig durchdringender Weisheit auf der Drehscheibe des Mittelmeeres – dafür war im Zeitalter der islamischen Eroberung noch kein Platz.

Die Meldungen der christlichen Chroniken sind zweifelhaft, wenn sie von einem Abfall Ennas und sogar einer zeitweiligen Gefangenschaft Hafagahs bei den Christen berichten. Versuche, Taormina zu erobern, schlugen fehl; im Sommer 869 wurde der unermüdliche Hafagah von einem seiner berberischen Stammeskrieger verräterisch mit einer Lanze durchbohrt. Ob sein Leben für die Fortführung der Eroberung unverzichtbar war, ist kaum zu entscheiden; aber über die endemischen Rivalitäten im moslemischen Lager hinaus wurden die Waffen des Islam auf Sizilien auch durch die schwerwiegenden und weitverzweigten Kämpfe in Unteritalien beeinträchtigt, die eine Menge von Kriegern aus Ifriqiyah und auch von der Insel banden, ohne daß eine erkennbare Strategie dahinter gestanden hätte, die die Aktionen diesseits und jenseits der Straße von Messina aufeinander abgestimmt hätte.

869/870 wurde südlich Siziliens immerhin Malta erobert, und das war ebenso fällig gewesen, wie es die Einnahme von Syrakus schon lange war.

In Unteritalien fanden die Karolinger und Byzantiner zeitweilig zusammen. Kaiser Ludwig II., der Karolinger, zerstritt sich jedoch mit seinem oströmischen Pendant Basileios dem Makedonen (867–886), noch bevor es ihm gelang, den Moslems Bari wieder zu entreißen (871). Er konnte auch die Neapolitaner von ihrem arabischen

Bündnis nicht abbringen, und seine klar ausgesprochenen Pläne, über Kalabrien, in dem die Moslems verschiedene Raubburgen an der Küste besetzt hielten, auf Sizilien zu marschieren, waren nicht zu realisieren. Doch die Absicht der westlichen Kaiser, die hier zum ersten Mal auftauchte, blieb über weitere Jahrhunderte bestehen: Wenn die östlichen Kaiser es nicht schafften, die Feinde des christlichen Glaubens zurückzuschlagen, und darin notorisch unzuverlässig waren, da sie als unmittelbare Anrainer auch immer wieder Kompromisse einzugehen hatten, dann mußten die Deutschen und ihr Heiliges Römisches Reich (das im 9. Jahrhundert allerdings noch nicht so hieß) den Glaubenskampf in ihr Programm aufnehmen. Am Horizont der Verwicklungen Kaiser Ludwigs II. in Unteritalien tauchte bereits die westlich-lateinische Kreuzzugsidee des Hochmittelalters auf.

Der Karolinger aber verhedderte sich: Auf einmal erklärten sich die Langobarden in Benevent für die Oströmer, um ihre Selbständigkeit gegenüber den Franken zu wahren. Die Oströmer aber machten es zu einem wesentlichen Punkt ihrer politischen Weltanschauung, den Westkaiser erstens grundsätzlich als Parvenü zu verachten und ihn zweitens von Unteritalien fernzuhalten. Und dort lag genau das Feld, auf dem die fränkisch-germanischen Waffen, so siegreich und imposant sie nördlich von Rom wirken mochten, die Grenze ihrer Wirksamkeit fanden. Kaiser Ludwig starb 875 bei Brescia, ohne Tarent und Kalabrien zurückgewonnen zu haben. Selbst wenn die Neapolitaner Konstantinopel zum Teufel wünschten, so waren sie doch in ihrer Renitenz gegen die Karolinger, ohne es zu beabsichtigen, eine Unterstützung für Ostrom. Auch die moslemischen Streifscharen trugen dazu bei, Unteritalien von Karolingern freizuhalten, und insofern war ihr Terror, selbst wenn er im Lande ohne erkennbaren imperialen Plan ausgeübt wurde, ebenfalls ein Aktivposten im byzantinischen Machtkalkül.

Voraussetzung aber war, daß wenigstens die ionische Küste Siziliens in oströmischer Hand blieb. Wenn im westlichen Mittelmeer schon ein großes und blutiges Schachspiel stattfand, dann beinhaltete es, daß der moslemische Partner die Oströmer ohne Respekt vor irgendwelchen Spielregeln mattsetzen wollte. Die raffinierteste politische Taktik und Intrigenkunst wird irgendwann doch von der plumpen Macht überrollt – und so geschah es auch, indem die Moslems sich endgültig aufrafften, die ionische Küste Siziliens einzunehmen.

Dagegen half es auch nicht, daß der energische Basileios, mit dem ein neuer Aufschwung der byzantinischen Macht einsetzte, parallel zu seinem Eingreifen in Unteritalien gegen die Karolinger und Sarazenen auch in Sizilien den christlichen Widerstand zu stärken versuchte. Nach Hafagahs Tod wechselten die Sahibs in Palermo allerdings viel zu schnell, um eine konsequente Linie verfolgen zu können. Einige Jahre lang war die afrikanische Zentrale zum Eingreifen zu schwach. Die Emire von Kairuan fürchteten sogar einen byzantinischen Angriff auf die Küsten Nordafrikas. 20 000 bis 30 000 Mann hatten die Moslems zuerst ausgerüstet, um den Verlust von Bari durch die Gewinnung der aufstrebenden Hafenstadt Salerno auszugleichen. Sie hätten durch Verbindung Salernos mit Tarent und mit Stützpunkten in Kalabrien das Gerüst für ein unteritalienisches Imperium schaffen können.

Aber was von dem ehrgeizigen Expeditionsheer die erfolglose, monatelange Belagerung überlebte, verdarb noch im *Großen Land*, ohne daß den Berichten beider Seiten präzise zu entnehmen wäre, auf welche Weise.

875 setzte sich in Kairuan Ibrahim Al-Ahmad als stabiler Gewalthaber durch. Dieser wiederholte das Verfahren Ziyadat Allahs und lenkte die aufständischen Elemente Ifriqiyahs nach Sizilien ab. Im Sommer 877 begannen die Moslems unter dem neuen sizilischen Emir Ghaafar Ibn Mohammed die ernsthafte Einschließung von Syrakus. Die Stadt war mittlerweile auf den Bereich der Halbinsel Ortygia geschrumpft, ihre Einwohnerzahl, in der Glanzzeit des 4. Jahrhunderts v. Chr. gegen 500 000, war infolge der jahrzehntelangen Kriegswirren, Epidemien und Hungersnöte auf knapp 20 000 Menschen herabgesunken. Militärisch war das jedoch eher von Vorteil, denn die zu verteidigende Mauerlinie nordwestlich der Katakomben des heiligen Johannes betrug nur ganze 186 m. Etwa 4000 Mann standen zur Verteidigung bereit, Griechen von der Peloponnes, Männer aus Tarsos in Kilikien, sowie *Mardaiten* von einem christlich-semitischen Stamm aus der Umgebung des syrischen Antiochia, daneben Einwohner von Syrakus selbst. Der Name ihres Anführers ist uns nicht überliefert.

Im übrigen wissen wir über die byzantinische Seite der Belagerung viel besser Bescheid als über die moslemische. Denn ein Mönch namens Theodosios hat all die Leiden der Einwohner getreulich berichtet, wenn auch in der üblichen blumigen Sprache. Die Hoffnung auf Entsatz zerschlug sich bald, da die Moslems eine oströmische Flotte zurückschlugen und anschließend das große Hafenbecken im Westen von Ortygia sowie den kleinen Hafen nordöstlich dieser Halbinsel absperrten, so daß die Eingeschlossenen auf den Fischfang verzichten mußten. Zu Lande war keine Hilfe zu erwarten, und es ist geradezu unglaublich, was von den Versäumnissen des Kaisers Basileios berichtet wird: anstatt die Soldaten, die er zur Verfügung hatte, auf die Insel zu schicken, setzte er sie in Konstantinopel zum Kirchenbau ein. Diese Nachricht geht jedoch auf den eifernden Moralisten Georgios den Mönch zurück, der in seiner Chronik alles Positive über Basileios I. verschwieg, weil dieser Verbrecher den Tod seines Gönners und kaiserlichen Vorgängers, Michaels III., herbeigeführt hatte.

Dann betraute der Kaiser, wie wir anderswo lesen (in der Sammlung, die unter dem Namen Theophanes Continuatus bekannt geworden ist), einen gewissen Admiral Hadrian mit dem Einsatz, doch der brach äußerst gemütlich von Konstantinopel auf und stoppte seine Flotte bereits in Monemvasia an der Südostküste der Peloponnes – bis, so erzählt uns Kaiser Konstantinos Porphyrogenetos im 10. Jahrhundert mit gewissermaßen hörbarem Zähneknirschen, bis die Waldgeister der Region (dies wohl ein Anklang an den heidnischen Gott Pan) und ein paar von Sizilien herübergeflüchtete, abgerissene Krieger ihm zuriefen, daß Syrakus bereits gefallen sei.

Die Moslems bauten darauf, die Stadt auszuhungern, um nicht verlustreich gegen die Landenge anrennen zu müssen. Ghaafar Ibn Mohammed begab sich im Winter 877/78 gemächlich nach Palermo zurück, und Ibn Isa, der Sohn des Oberkammerherrn des Emir in Kairuan, übernahm das Kommando. Mit beginnendem Frühjahr wurde ein Teil des Turmes zum Einsturz gebracht, der die Sperrmauer krönte, die zum großen Hafenbecken hinführte. Der Mönch Theodosios beschreibt die sarazenischen Belagerungsmaschinen etwas detaillierter: sie waren der aus der hellenistischen Antike stammenden und von den Byzantinern übernommenen Technik durchaus ebenbürtig. Besonders verheerend wirkten Steinschleudermaschinen, die von gehöriger Größe und mit sehr langen Seilen ausgestattet gewesen sein müssen, denn sie rissen Löcher ins Mauerwerk, fast wie die späteren Kanonen.

Ende April 878 brachen die Moslems zum Sturm an der Stelle vor, wo der oben erwähnte Flankenturm angeschlagen war. Doch damit spielten sie zunächst den Verteidigern den Vorteil der kurzen Linie in die Hand und stürmten wochenlang und unter unerhörten Verlusten, ohne voranzukommen. Es war erstaunlich, dabei hatte der Hunger in Syrakus bereits gräßlich gewütet, man hatte Tierknochen zerkocht, das Gras von den Befestigungswerken abgerissen, sich schließlich an den Schwachen, Kindern und den verwesend herumliegenden Leichnamen vergriffen. Viele waren daraufhin jämmerlich umgekommen, der Rest aber focht wie rasend weiter. Die Moslems waren jetzt zahlenmäßig weit überlegen, was sie aber im unübersichtlichen Nahkampf zwischen Trümmern und Leichenbergen kaum ausnutzen konnten.

Doch am Morgen des 21. Mai 878 schlug die letzte Stunde des christlichen Syrakus. Die Wachen an der Landenge wurden noch im Schlafe überrumpelt und niedergemetzelt; der Oberkommandierende versuchte seine Leute rasch zu sammeln, doch die Sarazenen waren noch rascher zur Stelle und machten unterschiedslos alles nieder, was ihnen vor die Klinge kam. Sie tobten tagelang in einem Rausch des Mordens und der Zerstörung dahin. An die 7000 Gefangene wurden vor die Stadt geführt und dort mit allen möglichen Mordwerkzeugen, die gerade zur Hand waren, auch mit Steinen, Stangen und Knüppeln umgebracht. Einem Niketas aus Tarsos, der die Moslems mit lästerlichen Reden über ihre Religion und den Propheten Mohammed sehr aufgehetzt hatte, zogen sie bei lebendigem Leibe die Haut ab, erstachen ihn und rissen ihm das Herz aus der Brust. Die Stadt wurde zerstört, soweit man dazu im Augenblick imstande war, die Einwohner wurden samt und sonders in die Sklaverei verschleppt. Noch nie, behaupteten die moslemischen Chroniken, habe man im Dschihad so reiche Beute gemacht.

Doch Theodosios der Mönch erzählt auch, daß er sich mit dem Erzbischof Sophronios und anderen in der Kathedrale hinter dem Hauptaltar versteckt und schon mit dem Leben abgeschlossen hatte. Da stürmten die Moslems mit bluttriefenden Schwertern in die Kirche, stöberten die Kleriker schnell auf, ließen sich zwar schleunigst das Versteck der überaus wertvollen Kirchenschätze zeigen, sonst aber Milde walten. Theodosios wurde mit dem Erzbischof und anderen gefangen nach Palermo abgeführt und dort jahrelang in einem stinkenden Gefängnisloch gefangengehalten.

Die Sieger jagten später den langen Troß der versklavten Christen ohne Aufenthalt in sechs Tagen und Nächten quer durch die Insel in die Hauptstadt Palermo, um sie der moslemischen Bevölkerung zur Schau vorzuführen. Sie ließen sie dabei von den besonders grausamen westafrikanischen Hilfstruppen bewachen. Diese kamen von jenseits der Sahara und waren nur oberflächlich islamisiert – eine Truppe, die vom 11. bis zum 13. Jahrhundert unter der Regie der Almoraviden und Almohaden als der Schrecken der spanischen und portugiesischen Ritter erneut so ähnlich auftreten sollte.

In all seiner Misere ärgerte sich Theodosios doch noch weidlich darüber, wie herrlich inzwischen Palermo auf Kosten des geschundenen Syrakus emporgestiegen war. Und dies Ergebnis des Jahres 878 blieb bis heute bestehen: Syrakus, die einstige Metropole Siziliens, die Residenz des byzantinischen Patrikios, versank für immer im Schatten Palermos.

Wie Ebbe und Flut

Nach dem Fall von Syrakus waren die Christen der Insel auf Catania, die Gegend rund um den Ätna, das von den Byzantinern kräftig befestigte Taormina (Tauromenion) und die Monti Peloritani mit dem sich zum wehrhaften Fluchtpunkt entwikkelnden Rometta eingeschränkt. Jedoch – zumindest von heutiger Perspektive aus betrachtet: dieser Brückenkopf hätte noch genügt, um Sizilien zurückzugewinnen, falls die Byzantiner sich darauf konzentrierten. Die moslemische Eroberung kam keinesfalls wie eine unwiderstehliche Woge. Eher wirkte sie wie das Vor- und Rückwärts von Ebbe und Flut, in dem die christlichen Festungen wie Inseln standhielten. Die gleichzeitigen Kämpfe auf dem italienischen Festland, die nur zum geringeren Teil der Sicherung der sarazenischen Stellung auf den Inseln dienten, die fast ausschließlich maghrebinische und damit begrenzte Machtgrundlage, die den islamischen Vorstoß nährte, und, nicht als geringstes Hindernis, die Zwietracht der Moslems untereinander verzögerten die Eroberung der christlichen Exklave an der ionischen Küste um Jahrzehnte. Der innenpolitische Streit konnte damals also nur selten in außenpolitische Energie umgewandelt werden.

Ghaafar Ibn Mohammed war nach der Rückkehr von Syrakus in Palermo ermordet worden, und auch sein Mörder hielt sich nicht lange an der Macht. Da standen die Maghrebiner gegeneinander, Araber gegen Berber, unter den Berbern stritten sich die einzelnen Stämme; die Leute von Ifriqiyah und Siqiliyah (= Sizilien) mochten sich nicht, und auf Sizilien selbst spiegelten sich die maghrebinischen Parteiungen wider, angereichert mit lokalem und je nach Sippenzugehörigkeit immer wieder aufflammendem Unfrieden.

Kaiser Basileios schürte mit Hilfe von Mönchen, die oftmals als listenreiche Geheimdienstler agierten, den Widerstandswillen unter den Christen, die den Untergang ihrer Lebensform nunmehr drohend vor Augen sahen. Eine byzantinische Flotte schlug die Moslems bei Milazzo gründlich und benutzte die kurzzeitig wiedergewonnene Seeherrschaft, um zu Lande eine Störfestung zu errichten (vielleicht Polizzi Generosa) – sie ging bald wieder verloren. Der heilige Ignatios, soeben verstorbener Patriarch von Kostantinopel, bescherte den Christen einen Schlachtensieg bei Caltavuturo, indem er ihnen, am Himmel auf einem weißen Pferd dahin-

Das Minarett der Großen Moschee in Kairuan. Diese Städtegründung von Oqba Ibn Nafi entwikkelte sich rasch zum Zentrum des islamischen Ifriqiyah.

sprengend (das mochte er dem heiligen Jakob von Compostela abgeschaut haben), den guten Rat gab, den linken Flügel der Feinde anzugreifen.

Während die Moslems in Richtung Taormina und Catania jahrelang nichts anderes als Beute- und Verwüstungsrazzien unternahmen, verzettelten sie sich auf dem nördlich gelegenen Festland: da sie Bischof (!) Athanasius von Neapel gerufen hatte, lagerten sie sich neben dieser Stadt. Nachdem der Papst verständlicherweise mit dem Kirchenbann über Athanasius reagiert hatte, bestellte dieser in Sizilien weitere sarazenische Truppen und brachte sie am Fuße des Vesuv unter. Da sie dort entsetzlich hausten, ließ der vorurteilsfreie Athanasius sie durch die christlichen Nachbarn von Salerno und Capua vertreiben; aus Agropoli (nahe Paestum) brachte man sie aber nicht heraus. Andere ihrer Glaubensbrüder nisteten sich, weil sie gegen den Papst zu Hilfe gerufen worden waren, in Gaeta ein. Da sie dort ebenfalls nicht viel Gutes taten, schlossen sie am Ende mit den Gaetanern ein Abkommen, abzuziehen und sich am Fluß Garigliano zu lagern. Eine ganze Generation lang versetzten sie von dort aus halb Unteritalien in Schrecken, ihre bekannteste Schandtat wurde die Zerstörung des ehrwürdigen (und sehr reichen) Klosters Monte Cassino im Jahre 883. Erst Papst Johannes X. brachte 915 eine Liga vieler italienischer Fürsten zusammen, die das Räubernest ausräucherten.

In islamischen Quellen haben diese dauernden Wegelagereien größten Ausmaßes auf dem italienischen Festland nur geringen Niederschlag gefunden. Das läßt darauf schließen, daß sie nicht staatlich gelenkt waren und daß an ihnen nur diejenigen Elemente teilnahmen, die im Maghreb und Sizilien keinen ehrenhaften Platz fanden.

Doch für Apulien und Kalabrien waren die Aghlabiden selbst zuständig. 880 entrissen die Byzantiner den Moslems Tarent, ab 885 brach der tüchtige Feldherr Nikephoros Phokas, Großvater des ebenso tüchtigen und gleichnamigen Kaisers (963–969), in Kalabrien ein und beseitigte dort sämtliche sarazenischen Burgen. 886 starb Kaiser Basileios, und sein Sohn und Nachfolger Leon VI. (886–912) berief Nikephoros sofort auf den kleinasiatischen Kriegsschauplatz ab.

So hätte die kalabrische Front des Kampfes mit den Christen durch die kleinasiatische Front hervorragend entlastet werden können. Aber das funktionierte nicht. Araber und Berber auf der Insel lieferten sich gerade damals eine Schlacht, und der Sahib von Palermo, Sawadah Ibn Mohammed, wurde gefangen nach Kairuan geschickt, nur um im Frühjahr 887 vom Emir wieder neu eingesetzt zu werden. Offensichtlich komplizierte der Emir die Situation dadurch, daß er seinen legitimen Einfluß auf der Insel endlich sicherstellen wollte. Als Sawadah Taormina belagerte, wurde er von islamischen Söldnern unterstützt, die nicht so sehr die Ungläubigen bekämpfen als im Auftrag des Emirs die sizilianischen Moslems in Disziplin halten sollten. Im März 890 mußten die Fremden tatsächlich einen Tumult der Einheimischen niederwerfen, und Taormina kam wieder einmal mit dem Schrecken davon.

Es müssen unter den Moslems der Insel damals manche Flüchtlinge aus den gescheiterten Unternehmungen des Festlandes ihr Wesen getrieben haben, kriegsgewohnte, moralisch abgestumpfte und grausame Leute ohne festen Halt im Leben, denen Chaos, Anmaßung und Gewalt zur Natur geworden waren und denen die

Animositäten zwischen den verschiedenen Parteien gerade recht kamen – obwohl die Spaltung der islamischen Einheit eines der größten Verbrechen war und ist, das es für Moslems geben kann.

Von 892 bis 896 zogen die Sarazenen überhaupt nicht in den Glaubenskrieg, da diejenigen von Palermo, um sich ungestört dem Bruderkrieg mit denjenigen von Ifriqiyah widmen zu können, mit den Christen einen Waffenstillstand schlossen. Die Christen gaben 1000 gefangene Moslems zurück, und die Sarazenen versprachen die Rückgabe von Beute und den Ersatz der Kriegsschäden aus den letzten vier Jahren. Zur Sicherheit übergaben sie den Christen Geiseln, die alle drei Monate ausgetauscht wurden, und abwechselnd Araber und Berber zu sein hatten – sonst hätten wohl die einen von den anderen gefürchtet, den Vertrag zu brechen, so tief saß das gegenseitige Mißtrauen.

War die Welle der Eroberung verebbt? Nein, das Geisel-Geschäft war nur die Ruhe vor dem endgültigen Sturm, doch war sie so täuschend, daß die noch freien Christen für kurze Zeit aufatmeten, als ob sie nunmehr gerettet wären.

Ende Mai 902 landete der Emir Ibrahim Ibn Ahmad höchstpersönlich bei Trapani – d. h. er war kein Emir mehr, da er zugunsten seines Sohnes Abdallah abgedankt hatte. Er wollte aber, wie er dem Kalifen in Bagdad eigens geschrieben hatte, nach Sizilien gehen, um den heiligen Krieges zu führen, und sein stattliches Heer folgte ihm zuverlässig. Denn Ibrahim brauchte die blutige Buße des Dschihad, um sich vor Allah wegen all der ebenso blutigen Scheußlichkeiten reinzuwaschen, die er sich seit seiner Thronbesteigung im Jahre 875 hatte zuschulden kommen lassen.

Ibrahim Ibn Ahmad hatte zu Beginn seiner Herrschaft gerecht geherrscht, aber überaus streng, ja gnadenlos, und er entwickelte sich bald zu einem ungeheuerlichen Schlächter, wobei purer Sadismus und der Wille, den Aghlabiden-Staat zu innerer Einheit zu zwingen, Hand in Hand gingen.

Zehn Kilometer südöstlich von Kairuan errichtete er seine Residenz, in deren Mauern er sich mit Hilfe von zusammengekauften Sklaven etwas sicherer fühlte. Er nannte sein Versailles Raqadah, die *Schlaftrunkene* – was man als poetischen Ausdruck für die vielen Ermordeten nehmen könnte, denen Ibrahim dort den Todesschlaf bereitet hatte. Sobald er, seinem Temperament und den Erfordernissen der auswärtigen Kriege entsprechend, die Steuerschraube rücksichtslos anzog und die Münzen der Kalifen außer Kurs setzte, erntete er die Aufstände verschiedener Berberstämme. Er mußte auch gegen die im berberischen Landesinnern angesiedelten Araber vorgehen, und damit sägte er am Ast der aghlabidischen Dynastie, da er so den Berberstamm der Ketama, den späteren Träger der fatimidischen Revolution, von der Leine ließ. Wie es bei einem Tyrannen sein muß, wurde sein Mißtrauen gegen alle und jeden so krankhaft, daß er zur Stabilisierung seines Gemüts in den Aberglauben flüchtete und sich von den Astrologen einreden ließ, ein kleiner Mann werde ihn einst töten: also brachte er alle Pagen des Hofes um, die ihm etwas zu kühn vorkamen. Schließlich nahm er nur noch tumbe Schwarzafrikaner als Pagen – und eines Tages ließ er selbst die niedermachen. Bigott war er auch, daher mußten die Juden einen Affen als aufgemaltes Zeichen auf der Kleidung tragen und die

Christen ein Schwein. Als er den aufsässigen Berberstamm der Nafusah niedergeworfen hatte und aus den trotzigen Reden der Gefangenen heraushörte, daß diese Charidschiten waren, ließ er die mehr als 300 Männer niedermachen und tat sich in dem Gemetzel höchstpersönlich besonders blutrünstig hervor.

Auch wenn wir der blühenden Phantasie und dem Parteigeist der islamischen Chronisten mißtrauen müssen, bleibt genug an Schauerlichem übrig, um den Aghlabiden Ibrahim Ibn Ahmad zu Recht als triebhaften Mörder zu bezeichnen, der keine Gelegenheit ausließ, seine sadistischen Neigungen auszuleben.

Angeblich hatte der letzte der energischen Kalifen unter den Abbasiden, Al-Mutadid Bin-Allah, nachdem er von den Exzessen Ibrahims gehört hatte und nachdem die diplomatischen Geschenke von diesem an ihn als ungenügend befunden worden waren, einen Boten nach Kairuan-Raqadah entsandt, um dem Emir die Abdankung zugunsten seines Sohnes zu befehlen. Wie Ibrahim Ibn Ahmad selbst die Situation sah, ist nicht bekannt, aber er fügte sich in die neue Lage, nahm eine Menge von Steuern zurück, übergab die Herrschaft und schiffte sich nach Trapani ein.

Wohl nur selten hat jemand aus seinem selbstverschuldeten Schicksal einen besseren Ausweg gefunden, als Ibrahim. In Palermo mußte er nur seinen alten Ruf als gestrenger Herr von Rechtsprechnung und Verwaltung erneuern, und schon gehorchten ihm die Moslems der Insel. Am 17. Juli 902 brach er gegen Taormina auf.

Die Christen rückten unter den von Kaiser Leon VI. gesandten Feldherrn Konstantinos Karamalos und Michael Charaktos vor die Stadt, und es entspann sich wieder einmal eine heiße Schlacht zwischen den beiden Welten und Weltanschauungen, die noch lange nicht gelernt hatten, sich gegenseitig zu achten. Ibrahim selbst sprengte am 1. August in die vorderste Linie und brüllte die Verse des Koran: „Für diejenigen nun, die ungläubig sind, sind Kleider aus Höllenfeuer zugeschnitten. Sie müssen sie sich anlegen, während ihnen heißes Wasser über den Kopf gegossen wird, wodurch zum Schmelzen gebracht wird, was sie im Bauch haben, und ebenso die Haut.“ Da hatte der Prophet die wilden Phantasien von Dantes *Inferno* vorweggenommen, und mit ihnen konnte Ibrahim, nachdem die Moslems zunächst geschwankt hatten, die Christen aus dem Felde schlagen.

Nun drangen sie in die Stadt ein, und Ibrahim veranstaltete unter der Bevölkerung ein fürchterliches Gemetzel. Sogar die Kleriker wurden niedergemacht, ein klarer Verstoß gegen islamisches Kriegsrecht. Taormina ging in Flammen auf, und Ibrahim richtete seine Grausamkeit weiter schrankenlos gegen die Ungläubigen, wobei die christlichen Chronisten den islamischen Zunftbrüdern mit ihren Greuelberichten die Hand reichen. Auch die Befestigungen in der Umgebung ergaben sich nunmehr, darunter Rometta, dessen Mauern geschleift wurden. Catania war schon in früheren Jahren gefallen.

Leon VI. war so niedergeschmettert, daß er tagelang seine Krone nicht tragen wollte. Schon am 3. September 902 überschritt Ibrahim die Meerenge von Messina und rückte ohne Widerstand vor Cosenza, das Kalabrien vom christlich-byzantinischen Festland abschloß. Es war gerade der Fastenmonat Ramadan, der Fanatismus der Glaubenskämpfer also wieder einmal auf seinem alljährlichen Höhepunkt. Aber der Tyrann begann, sich in Krämpfen zu winden, da im Lager die Dysenterie umging, und seine eiserne Hand erlahmte. All die Gerüchte, man wolle von Cosenza nach Neapel, dann nach Konstantinopel selbst, um nach der Vernichtung der byzantinischen Polytheisten die Heeres-Wallfahrt nach Mekka anzutreten, fielen in sich zusammen. Am 23. Oktober 902 starb Ibrahim Ibn Ahmad in dem Kirchlein am Stadtrand von Cosenza, das dem heiligen Michael, dem Anführer der christlichen Heerscharen und größten Feind der Sarazenen, geweiht war. Die Christen fabelten, ein Blitz vom Himmel habe ihn während eines tobenden Gewitters zu Asche verbrannt, um die Entweihung des Heiligtums durch seine gottlose Anwesenheit zu rächen. Die sarazenischen Truppen zogen sofort nach Sizilien zurück.

Es gehört zu den Unvollkommenheiten des menschlichen Lebens, daß eine abgeschlossene Sache nicht etwa Ruhe, sondern flugs die nächsten Probleme aus sich heraus gebiert. Daher hat die Vollendung der moslemischen Eroberung Siziliens, wie noch zu zeigen sein wird, dem Islam in seinem selbstauferlegten Kampf mit dem Christentum keinerlei entscheidenden Vorteil gebracht. Es ist auch schwierig, die moslemische Herrschaft auf Sizilien als etwas besseres und zukunftweisendes im Verhältnis zur angeblichen Stagnation zu verstehen, die Moslems und lateinische Christen gerne in allem sehen, das mit byzantinischer Herrschaft zu tun hat. Jeglicher Versuch zur nachträglichen Einordnung historischen Geschehens in eine aufsteigende Kurve des Fortschritts ist fragwürdig. Schließlich hatten die Moslems auf der Insel generationenlang schrecklich gehaust, und die Einheimischen hätten ihnen nicht so oft und todesverachtend widerstanden, wenn sie das Regiment Konstantinopels hätten abschütteln wollen. Sizilien ist die geschichtlich reichste Insel des an Geschichte überreichen Mittelmeeraumes. Daher ist es auch ein sehr geeignetes Objekt, um zu erweisen, daß Geschichte bunt und abwechslungsreich daherkommt, und wenn sie schon nicht unbedingt ein Chaos für pessimistische Gemüter sein muß, so bringen ihre Wechselfälle doch eher schlicht Neues, bevor sie qualitativen Fortschritt bringen.

DRITTES KAPITEL

Im Banne der Sarazenen

Fatimiden und Kalbiden

Während Ibrahim Ibn Ahmad vor Cosenza seinem machtlosen Ende entgegenritt, marschierte der Enkel des Emirs auf Befehl seines Vaters Abdallah in Richtung Satif (heute Setif im nordöstlichen Algerien), um die Unbotmäßigkeit der dortigen Kutama-Berber zu strafen. Denn diese hatten die Abwesenheit des Emirs ausgenutzt, um den Ort Mila in der Kleinen Kabylei zu erobern, und um von dort aus ganz Ifriqiyah aus den Angeln zu heben. Das Heer der Aghlabiden errang zunächst in der Schlacht einen leichten Sieg; doch dann zog es wieder zur Küste zurück, denn inzwischen war die schlechte Jahreszeit angebrochen, und auf den Höhen des Atlas lag bereits Schnee.

Die Aghlabiden hätten besser daran getan, ihre Feinde vollständig zu unterwerfen, denn diese waren die gefährlichsten, die den ihnen jemals erwachsen waren: die Bewegung der schiitischen, ketzerischen, dem Kalifen von Bagdad selbst nach dem Leben trachtenden Fatimiden.

Am Anfang dieser Bewegung stand die Frage nach dem Grad der Verwandtschaft zum Propheten. Die Schiiten beriefen sich auf ihre Abkunft vom einzigen Kalifen Ali, dem Schwiegersohn Mohammeds, doch die Fatimiden steigerten die Nähe der Blutsverwandtschaft noch, indem sie sich auf Fatima beriefen, Mohammeds Tochter und Gemahlin Alis. Die Schiiten sehen in der Nachkommenschaft von Ali und Fatima eine Anzahl von Häuptern des Glaubens und der Wahrheit, die „Imame". Diese sind die wahren Kalifen. Die politische Sprengkraft des Schiismus wird bereits hier deutlich, denn indem sich die in Bagdad herrschenden Abbasiden so nach einem Onkel Mohammeds nannten, dessen Abkömmlinge niemals in die Abkömmlinge des Propheten selbst hineingeheiratet hatten, waren sie nach arabischem Clan-Denken an Legitimation den Imamen aus der direkten Linie nach Fatima unterlegen.

Doch es steckt hinter dem Glauben an die Imame mehr als die Hartnäckigkeit der sippenorientierten Denkweise der Beduinen, die nun zu weltgeschichtlicher Bedeutung gelangt waren. Die Imame galten unter den Schiiten als Kenner des verborgenen Sinnes aller Verse des Koran, der damit vom religiösen Weistum für alle Moslems in die Grundlage einer Geheimlehre für Auserwählte umgedeutet wurde. Diese Lehre war die Erkenntnis, die zum Heil führte – und dieser Ansatz gemahnt an das Denkmuster der antiken Gnosis, das sich im Christentum der ersten Jahrhunderte bemerkbar gemacht hatte und das offensichtlich auch in den historisch letzten der Monotheismen, den Islam, Eingang gefunden hatte. Und noch hinter der

Denkfigur der Erkenntnis, die nur Eingeweihten zugänglich ist und einen Schatz vorhandener Wahrheit bildet, mit dem der Mensch sich des Göttlichen vergewissern kann, steht die Grundauffassung, die in der Religionswissenschaft unter dem Etikett „dualistisch“ abgehandelt wird: der Mensch lebt in der irdischen Welt wie in einem Gefängnis, getrennt von der reinen Lichtwelt des Göttlichen, und sein sehnsüchtiges Bestreben muß sein, aus allem Schmutz der irdischen Wirklichkeit zurückzugelangen in das erhabene Reich, von dem er einst herausgefallen ist durch sündhaftes und teuflisches Tun, von dem er aber auch in Gestalt seiner religiösen Sehnsucht eine Erinnerung behalten hat. Diese zu seinem Heil zu aktivieren, und das unter der Führung der wissenden Imame, ist seine Aufgabe in dieser Welt.

Was hat das alles mit Sizilien zu tun? Die Insel war, sobald sie in die Hand der Moslems gefallen war, verdammt dazu, auch deren Spaltungen mitzumachen. Und diejenige zwischen Arabern und Berbern wurde nun noch überlagert von derjenigen zwischen dualistischen Schiiten und herkömmlich-rechtgläubgen Aghlabiden, d. h. letzlich: Anhängern des orthodoxen Kalifats. Die fatimidischen Schiiten potenzierten den Unfrieden zwischen den Moslems auf der Insel. Und da hinter ihrem Machtanspruch eine umfassende Weltanschauung stand, deren Denkmuster später im Mittelalter sogar viele der europäischen Christen bis zur Ketzerei mitrissen (nämlich die Katharer und Bogumilen), also große Attraktivität ausstrahlten, mußte diese auch hier etwas deutlicher dargestellt werden.

Innerhalb der Schiiten gab es zwei Hauptrichtungen – die Zwölfer-Schiiten, die in der Neuzeit die Staatsreligion Irans begründeten, und die Siebener-Schiiten, auch als *Ismailiten* bekannt (was mit der biblischen, also christlich-jüdischen Geschichte von Abraham und Hagar sowie deren Sohn Ismael nichts zu tun hat). Die für Sizilien entscheidenden Schiiten, die sich Fatimiden nannten, waren Ismailiten.

Die Reihe der Imame ist mit demjenigen abzubrechen, der als Messias (nach jüdisch-christlicher Ausdrucksweise) oder *Mahdi* (so „der von Gott Geleitete“ auf islamisch) auftritt und ein Reich der Endzeit heraufführt, d. h. eitel Frieden und Gerechtigkeit begründet, die Weltgeschichte also qualitativ umschafft, um sie ihrem Ende im Jüngsten Gericht entgegenzuführen. Die Ismailiten sahen (und sehen) diesen Mahdi in Mohammed Ibn Ismail, dem Enkel des Ghaafar As-Sadiq, dem Urenkel Husseins, des Bruders Hassans, der wiederum der Sohn des Kalifen Ali gewesen war, des Schwiegersohns des Propheten. Die Zwölfer-Schiiten hingegen (heutzutage z. B. die Anhänger des Imam Chomeini) zählen von Musa Al-Kazim, dem Bruder des Ismail, des Vaters des Mohammed Ibn Ismail, noch weiter in der direkten Nachkommenschaft, bis sie mit Mohammed, genannt „der erwartete Mahdi“, unter Einschluß des Kalifen Ali, auf zwölf Imame bzw. eigentlich legitime Kalifen kommen. Man sieht, Genealogie war eine Leidenschaft der Araber, die auch ihre Religion beherrscht und deren Vergeistigung eine gewisse Grenze setzt.

Die andere Grenze der Vergeistigung war der direkte, gewaltsame Wille, die Kalifen zu stürzen und mit ihnen ein ganzes Weltreich umzukrempeln, das als illegitim anzusehen war. Die Ismailiten verbanden ihren dualistisch-kosmologischen Gnostizismus mühelos mit subversiver Politik größten Ausmaßes. Ihre Bewegung war darauf angewiesen, durch Missionare in konspirativer Weise Gruppen der islamischen Bevölkerung zu bekehren, die dann als Kämpfer gegen die Abbasiden eingesetzt werden konnten. Das Zentrum der konspirativen Mission saß in Syrien, in der Stadt Salamiyah zwischen Hama, Homs und der Wüstenoase Tadmor (Palmyra). Das Zentrum rühmte sich, den siebten Imam, also den Mahdi selbst, zu beherbergen, und das konnte nichts anderes als eine Täuschung sein, denn Mohammed Ibn Ismail war schon gleichzeitig mit dem Kalifen Harun al Raschid verstorben. Aber für den Maghreb und damit für Sizilien wurde die Täuschung zur Grundlage ihrer Geschichte nach den Aghlabiden. Der Mahdi lebte im Verborgenen, denn auch seine Weisheit war etwas Esoterisches und Verborgenes. Also brauchte er einen Stellvertreter. Zu diesem schwang sich Abdallah „der Ältere" in Salamiyah auf, und zwar gegen Ende des 9. Jahrhunderts. Aber um die Jahrhundertwende behaupteten die Leute um Abdallah den Älteren in Salamiyah, der Urenkel dieses Stellvertreters, Said, auch Abdallah Al-Mahdi genannt, sei eben dieser Erlöser. Man hatte den längst verblichenen so lange beschworen, daß man ihn nun auch körperlich vorzeigen mußte, und so nahm eines der erfolgreichsten Betrugsmanöver der Weltgeschichte seinen Lauf.

Abdallah aus Kufa (südliches Mesopotamien), einer der konspirativen Missionare, gewann auf seiner Pilgerreise nach Mekka die Sympathie von Kutama-Berbern, und 893 langte er auf ihre Einladung hin in der Kleinen Kabylei an. Das war zwar denkbar weit von Bagdad weg, das es im Fernziel zu erobern galt, aber es hatte den Vorteil, dann auch von Bagdad ungestört der Entfaltung ismailitischer Agitation offenzustehen, den Unabhängigkeitswillen der Berber gegenüber allem Arabischen ausnutzen zu können – und, nicht zuletzt, die einfachen Geister dieses Hinterlandes islamischer Kultur und Zivilisation leicht ansprechen zu können. Auch die späterern religiös-politischen Bewegungen der Almoraviden und Almohaden im Maghreb waren nicht denkbar ohne die Bereitschaft der Berber (und zusätzlich der Neger des Sudan), sich gerade die islamische Propaganda zu eigen zu machen, die ihrem Selbstbewußtsein entgegenkam, indem sie es dem verfeinerten islamischen Establishment, zumal dem von Ägypten und dem fernen Vorderasien, entgegensetzte. Abdallah gewann also die Kutama und machte sie zu fanatischen Kämpfern für die ismailitische Sache.

Der (angebliche) Mahdi selbst nahm die Verfolgung durch die abbasidische Staatsmacht in Syrien zum Anlaß, um in den Maghreb zu fliehen, wo er im Herbst 905 nach einem beschwerlichen Weg durch die Wüste von der Oasenlandschaft des Tafilalt her ankam. Er tarnte sich als Kaufmann, und da die Berber, die dieses Handelszentrum kontrollierten, sich zu den Charidschiten zählten, mußte er keine Auslieferung nach Kairuan oder Bagdad befürchten.

Mittlerweile hatten die Aghlabiden die ismailitischen Kutama-Berber nicht niederwerfen können. Während die Kutama unter Abu Abdallahs kriegskundiger Leitung im Binnenland eine Festung nach der anderen einnahmen, befestigte der Emir verzweifelt Raqadah, schon ganz in der Defensive. Nach einer Niederlage seiner Truppen gegen die Ismailiten im März 909 verließ der Emir fluchtartig seine

Residenz in Richtung Ägypten, und sein Wesir machte sich nach Sizilien davon. Die Bevölkerung von Kairuan begann fröhlich mit der Plünderung von Raqadah, und am 25. März 909 zog Abu Abdallah im Zentrum der niedergeworfenen aghlabidischen Dynastie ein. Im Januar 910 kam endlich der Mahdi selbst nach Raqadah, und in den Moscheen des Landes wurde am Freitag nicht mehr für den Kalifen gebetet, sondern für Abdallah Abu Mohammed, den „von Gott rechtgeleiteten Imam". Er galt als rechtmäßiger Kalif, und die Kutama-Berber waren die Stützen seines Thrones und die Nutznießer seiner Herrschaft.

Doch um nicht zu sehr von ihnen abhängig zu werden, warb der Mahdi auch noch ein Söldnerheer an, in dem neben Schwarzafrikanern sehr viele Christen dienten, darunter auch Sizilianer. Abu Abdallah, den Pionier von Mission und Unterwerfung, der ihn zur Macht gebracht hatte, ließ er schon im Februar 911 verräterisch umbringen, da er ihm bei den Berbern etwas zu beliebt geworden war.

Sobald Abu Abdallah in Raqadah eingezogen war, brach in Palermo unter der moslemischen Bevölkerung ein Tumult aus: nicht etwa aus sunnitischem Abscheu gegen die Fatimiden, sondern weil man den vom letzten Aghlabiden-Emir eingesetzten Gouverneur loswerden wollte. Der Mahdi ließ sich herab, den vorherigen, beliebteren Gouverneur, einen Ali Ibn Mohammed Ibn Abi Al-Fawaris, wunschgemäß zu bestätigen, und zeigte damit einmal mehr, daß seine religiös- konspirative „Verborgenheit" vor der Thronbesteigung ihn zu einem guten Taktiker gemacht hatte. Doch da mit dem Wesir Ziyadat Allahs III. zusammen noch viele andere vornehme Araber nach Sizilien geflohen waren, die die Fatimiden- Herrschaft nicht wollten, war die Flexibilität des Mahdi keine Ruhe-Garantie für die Insel. Araber von Palermo und Berber, letztere hauptsächlich um ihr Zentrum Agrigent geschart, belauerten sich gegenseitg und ließen das Land und den Mahdi in Ruhe – bis der Gouverneur Ali Ibn Mohammed sich selber nach Ifriqiyah einlud und dort vom Mahdi flugs gefangengenommen wurde. Seinen Platz nahm im August des Jahres 910 Ibn Abi Hinzir, der bisherige Gouverneur von Kairuan ein, also ein Vertrauensmann der Fatimiden.

Dieser brachte einen ismailitischen Qadi mit sowie seinen Bruder, der den Kontakt mit den Berbern von Girgenti hielt, den relativ sichersten Elementen für die Fatimiden auf der Insel. Dazu kam noch eine neue Art von Steuerbeamten übers Meer, der „Fünftherr" (sahib al-hums), der von allen Gütern, die den Moslems durch Eroberung zugefallen waren, den fünften Teil an den Erlöser-Kalifen abzuführen hatte. Diese neue Methode der Schröpfung, wenn auch aus dem Koran begründbar (Sure 8, Vers 41: „Wenn ihr irgendwelche Beute macht, gehört der fünfte Teil davon Gott und dem Gesandten . . ."), war den Sunniten schon aus rein theologischen Gründen ein Greuel.

911 marschierte Ibn Abi Hinzir gegen die Christen und ihre Felsenburgen im bergigen Nordosten der Insel. Die hatten sogar Taormina wieder aufgebaut, und man weiß nicht, ob sie das im Windschatten des aghlabidischen Zusammenbruchs getan hatten oder ob dies auf eine Art Toleranz-Vertrag zurückging, den Ziyadat Allah III. mit den Byzantinern geschlossen hatte, um den Rücken im Kampf gegen

die fatimidische Bedrohung frei zu haben. Aber Ibn Abi Hinzir machte nur wenig Beute, und als er in Palermo zurück war, beschuldigten ihn die arabischen Vornehmen, er habe sie bei einem Gastmahl verräterisch umbringen wollen. Das wirft ein bezeichnendes Licht auf die üble Meinung, die man in Sizilien von der Mahdi-Regierung hatte. Neuer Emir wurde Ali Ibn Umar Al-Balawi, und den verjagten die Moslem-Sizilianer Anfang 913. Den „sahib al-hums" brachte man sogar um.

Daß dahinter die arabisch-sunnitische Aversion gegen die ketzerisch-berberischen neuen Herren steckte, erwies sich darin, daß die Araber Ahmad Ibn Qurhub zu ihrem Emir wählten, den letzten aghlabidischen Gouverneur von Tripolis.

Dieser versuchte, seine Stellung zu festigen, indem er den Kalifen in Bagdad offiziell als Oberherrn anerkannte. Das gefiel den Arabern, und auch die Berber der Insel machten mit.

Dann ging Ahmad Ibn Qurhub zum Angriff über. 914 segelte sein Sohn Mohammed vor die Küste von Ifriqiyah und besiegte eine Fatimiden-Flotte, indem er in den Hafen von Lamtah (=Leptis Minor) einbrach. Ibn Abi Hinzir befand sich gerade dort, und Mohammed brachte ihn eigenhändig um, schickte seinen Kopf nach Palermo und ließ ihm auch Hände und Füße abhacken.

Während Abhmad Ibn Qurhub so seine Macht zeigte, schlossen die Byzantiner einen Friedensvertrag mit ihm, um durch Tributzahlungen seine Plünderer von Kalabrien und Apulien fernzuhalten.

Zwar erlitten die moslemischen Seeräuber in italienischen Gewässern damals schwere Verluste. Noch dazu ging 915 das Lager am Garigliano (siehe oben) verloren. Aber Qurhubs Stellung begann erst zu wanken, nachdem ihm die Berber von Girgenti die Gefolgschaft aufgesagt hatten. Als in Palermo Unruhen ausbrachen, beschloß der Emir, nach Spanien zu fliehen, denn die dortige Omayaden-Dynastie war aus Selbsterhaltungstrieb ein zuverlässiger Feind der Fatimiden. Doch er konnte sich nicht einschiffen: man nahm ihn im Juli 916 am Strand gefangen und lieferte ihn, seinen Sohn und seinen Qadi dem Mahdi aus. Der ließ alle drei und einige Anhänger zusätzlich in Raqadah auf dem Grabe Ibn Abi Hinzirs zu Tode peitschen, ihnen dann Hände und Füße abschlagen und den Rumpf vor dem Grabe kreuzigen. Denn der Tote war wohl nur zu besänftigen, indem man nach der Regel der gleichgearteten Vergeltung vorging, „Auge um Auge, Zahn um Zahn".

Dann kamen die Moslems an die Reihe, die den Emir ausgeliefert hatten. Der Mahdi schickte ihnen sofort ein Kutama-Heer auf den Hals. Dieses lief im August 916 in den Hafen von Palermo ein und begann mit der Belagerung der Stadt. Da stellten sich die beständig aufmüpfigen Berber von Agrigent wiederum gegen die Fatimiden, denn in ihren Gemütern stand die lokale Freiheit über der Solidarität mit den zu großer Bedeutung aufgestiegenen Stammesbrüdern von jenseits des Meeres. Das Kutama-Heer hauste zügellos in den Vororten von Palermo, am 12. März 917 kapitulierte die Stadt, vom Hunger bezwungen. Sobald die Sieger die Oberhand hatten, schleiften sie die Mauern, zogen alle Waffen und Kriegsrösser ein und sandten viele Häupter der arabischen Aristokratie dem Mahdi zu, der sie allesamt hinrichten ließ. Dann übernahmen Kutama-Truppen die Rolle des aufgelösten

Araber-Heeres, und Salim Ibn Asad Ibn Raschid wurde neuer Emir. Das moslemische Sizilien war bis auf weiteres gebändigt.

Daher konnten in den nächsten Jahren die Plünderungskriege gegen Unteritalien beginnen, da die religiösen Unterschiede unter den Moslems nichts daran änderten, daß sie als gemeinschaftlicher aggressiver Faktor vom Gedanken des Dschihad und von der Gier nach Beute lebendig erhalten wurden.

Im Jahre 929 eroberten die Fatimiden Tarent erneut, schweiften bis Neapel und an der Adria bis Termoli. Dann bequemte sich Kaiser Romanos Lekapenos (920-944) zum Frieden durch Tributzahlung, was den Dschihad auf längere Zeit erübrigte, denn: „Kämpft gegen diejenigen, die nicht an Allah und den Jüngsten Tag glauben, ... bis sie kleinlaut aus der Hand Tribut entrichten" (Koran, Sure 9, Vers 29).

Diese regelmäßigen Zahlungen schlossen zwar das Risiko der Kriegsführung aus, um zu Beute zu kommen, aber im kriegerischen Erfolgsfall konnte wiederum die Beute größer sein als der sichere Tribut. Doch die Sizilianer wurden unzufrieden: die scharf angezogene Steuerschraube der Fatimiden, ungerechte Verwaltung unter den Augen des Emirs, die Verwüstung Palermos durch Überschwemmungen der im Stadtgebiet ins Meer mündenden Flüsse, denen im Jahre 936 infolge des besonders heißen Schirokko-Windes eine sehr schlechte Ernte folgte – alles Gründe, die man für das Ausbrechen des inner-moslemischen Aufstandes von 937 heranziehen kann. Genauere Rekonstruktion erlauben die erhaltenen Quellen nicht. Behelfen wir uns also mit der Verallgemeinerung: erstens hatte es schon zu lange keinen Beute-Dschihad mehr gegeben, und zweitens, die unausrottbare arabisch-berberisch-islamische Uneinigkeit wurde durch die von der anderen islamischen Welt halbwegs isolierte Lage Siziliens, sowie durch die beständige Frontstellung dieser Insel gegenüber dem Glaubensfeind derart begünstigt, daß Sizilien ein erhebliches Maß von Autonomie auf die Dauer einfach nicht zu verweigern war.

Der Aufstand dauerte von 937 bis 941, griff von Agrigent auf Palermo und die ganze westliche Landeshälfte über und brachte der Insel eine fürchterliche Hungersnot. Denn Halil, der neue Gouverneur, requirierte rücksichtslos und im großen Stil alles Eßbare für seine Armee, so daß viele Einwohner vor dem ausbrechenden Hunger aufs italienische Festland flohen, Moslems und Christen gleichermaßen. Der Aufstand brach mit der monatelangen Belagerung von Agrigent zusammen, nachdem der Hunger jeden Widerstand unmöglich gemacht hatte. Im September 941 verließ Halil die Insel, die wichtigeren Gefangenen von Agrigent in einem Schiff hinter sich; auf dem hohen Meer befahl er dann dessen Versenkung, und alle Gefangenen kamen um. Die Entvölkerung durch die provozierte Hungersnot muß enorm gewesen sein. Denn als Halil in Mahdia, der von den Fatimiden neu gegründeten Hauptstadt am Strand von Ifriqiyah (südöstlich von Monastir), von den Honoratioren gefeiert wurde, da trumpfte er brutal auf: „Ich weiß nicht genau, wieviele ich zu Tode gebracht habe; mehr als 1 Million waren es nicht, aber weniger als 600 000 auch nicht. Ja, bei Gott, es waren mehr als 600 000 ..."

Wenige Jahre später wäre der Fatimiden-Staat fast untergegangen in einem Aufstand, der von den Berbern des Binnenlandes getragen wurde und seine Sprengkraft ebenfalls religiös begründete, nämlich aus dem unter den Berbern bis heute lebendigen Charidschismus: Ablehnung der Herrenmenschen-Mentalität der arabischen Eroberer, d. h. Betonung der Gleichheit aller Gläubigen vor Allah, und ein Widerstandsrecht gegen jegliche Obrigkeit, die nicht infolge ihrer besonderen Reinheit und Würde des Glaubens von der Gemeinschaft gleicher Moslems gewählt worden war. Die Fatimiden mit ihrer Esoterik, ihrer Trennung zwischen den in den mystischen Sinn des Korans Eingeweihten und den Nicht- Eingeweihten und ihrer dynastischen Reihe der Imame waren die klassischen Gegner des Charidschismus. Abu Yazid aus Tuzur (Tozeur), ein fanatischer Prediger, schon im ca. 70. Lebensjahr, konnte alle diejenigen unter den Berbern um sich scharen, die an der Privilegierung der Kutama etwas auszusetzen hatten, und warf innerhalb von nur drei Jahren die Regierungstruppen auf Mahdia (die „Stadt des Mahdi") zurück, die auf einer schmalen Landzunge im Meer lag und damit eine ideale Festung darstellte. Sogar die alteingesessenen Sunniten Kairuans schlossen sich aus relativ freiem Entschluß dem alten Abu Yazid an.

Doch gerade als die fatimidische Sache am Ende schien, zerstritten sich Araber und Berber im Lager vor Mahdia, und das Hinterland Abu Yazids wurde sofort unsicher, da die Plündereien und Gewalttaten der im Namen lauterer Frömmigkeit ausgerückten Berber für grenzenloses Elend und Aufruhr sorgten. Als die Söldner des Mahdi einen Ausfall aus der belagerten Hauptstadt machten, liefen die Araber zu ihnen über, und die Charidschiten wurden geschlagen.

Abu Yazid gewann die Initiative nicht wieder zurück. Im August 947 fiel er dem neuen Kalifen von Cordoba, Al-Mansur, schwer verwundet in die Hände. Nachdem er gestorben war, zog man ihm die Haut ab, stopfte sie aus und setzte das schauerliche Zeichen postmortaler Demütigung in jeder Stadt, der der Kalif seinen Triumph zu zeigen wünschte, auf ein Kamel, wobei zwei abgerichtete Affen das zu ohrfeigen und am Bart zu zupfen hatten, was von Abu Yazid übriggeblieben war.

Die Bedeutung dieses Dramas für das den Fatimiden loyal gebliebene Sizilien lag darin, daß sich auf der Seite der Fatimiden besonders der Kommandeur Abu Al- Qasim Al-Hassan Ibn ali Ibn Ali Al-Husayn hervortat, aus dem arabischen Stamm der Banu Kalb, mithin ein „Kalbide". – „Kalb" heißt auf arabisch „Hund", nur daß dieses Namenselement in unserem Falle nichts Ehrenrühriges beinhaltet. Für seine hervorragenden Leistungen bei der Niederschlagung des charidschitischen Aufstandes belohnte Al-Mansur im Jahre 948 Al-Hassan mit der Statthalterschaft Siziliens.

Schon seit Beginn des 8. Jahrhunderts waren die Kalbiden an vorderster Front bei der Eroberung Nordafrikas und Spaniens dabeigewesen. Ein Bisr Ibn Sarwan al Kalbi hatte im Jahre 727 einen Plünderungszug nach Sizilien geleitet. Die Sippe scheint gegen Ende des 8. Jahrhunderts in Opposition zum Kalifat geraten zu sein, denn unter den bagdad-frommen Aghlabiden spielte sie keine Rolle. Deshalb unterstützten die Kalbiden die aufständischen Fatimiden und schufen sich unter den allem Arabischen freundlich gegenüberstehenden Kutama-Berbern eine stabilisierend wirkende Klientel. Der Vater Al-Hassans war im Kampfe Halils gegen die Berber von Agrigent gefallen. Nun konnte Al-Hassan den ausgestopften Abu Yazid zusammen mit dem Kopf seines unlängst der fatimidischen Repression zum Opfer gefallenen

Sohnes nach Sizilien schaffen. Das Transportschiff sank, Abu Yazids Überreste jedoch wurden gerettet und am Stadttor von Mahdia aufgestellt, an derselben Stelle, auf die er einst als Belagerer seinen Speer geschleudert hatte.

Daß die moslemischen Sizilianer an der charidschitischen Rebellion nicht teilnahmen, macht deutlich, wie nachhaltig der grausame Halil die Insel beruhigt hatte. Mit Al-Hassans Amtsantritt begann ein Jahrhundert relativen inneren Friedens unter den Emiren, die alle aus der Sippe der Kalbiden stammten und auf diese Weise faktisch, wenn auch nicht staatsrechtlich die Glieder einer dynastischen Kette bildeten. Sie wurden auch niemals mehr als Emire, und sie erkannten die Fatimiden nach wie vor als ihre Kalifen und Oberherren an, aber auf der Insel war an ihnen nicht vorbeizukommen. Sie hatten auch ausgezeichnete Beziehungen zum Hofe der Kalifen, und als der Mahdi 969 nach Ägypten aufbrach, da rückte Sizilien ohnehin an die Peripherie seines Interesses, da sein eigentliches Ziel noch weiter östlich lag, in Bagdad. Die Statthalter der Fatimiden in Ifriqiyah, die Nachkommen des Fürsten Ziri vom Berberstamm der Sanhadscha, konnten, abgesehen von fortschwelenden heimischen Konflikten, kaum in die gewachsenen Strukturen von Machtverteilung und Einfluß eingreifen, die sich mittlerweile jenseits des Meeres um die Kalbiden-Emire herum verfestigt hatten.

Absicherung und Angriff

Kaum war Al-Hassan in Palermo eingezogen, zahlten die Byzantiner unter Kaiser Konstantin VII. Porphyrogenetos (944–959) ihren noch vom Kaiser Romanos Lekapenos herrührenden Tribut wieder, den sie während des Aufstandes Abu Yazids zurückgehalten hatten. Doch die Byzantiner waren weit davon entfernt, den sizilianischen Besitzstand der Fatimiden nur deswegen anzuerkennen, weil diese die Charidschiten niedergeworfen hatten. Solange Ifriqiyah eine ketzerische Insel im Meere der sunnnitischen Rechtgläubigkeit zwischen Atlantik und Indus blieb, wäre Konstantinopel schlecht beraten gewesen, wenn es nicht versucht hätte, mit den Gegnern der Fatimiden zusammenzuarbeiten. 949 tauchten byzantinische Gesandte am Hofe Abderrahmans III. von Cordoba auf, und andalusische Gesandte begaben sich nach Konstantinopel. Im Sommer 950 besetzten die moslemischen Spanier Tanger, um ihren anti-fatimidischen Einfluß in Marokko auszubauen. Gleichzeitig landete ein starkes byzantinisches Heer in Otranto in Apulien und vereinigte sich mit den griechischen Truppen Kalabriens.

Das war eine großangelegte Zangenbewegung gegen Sizilien. Der Besitz der Insel stand auf dem Spiel und war am besten offensiv zu verteidigen. Da die griechischen Kalabrier nicht in die 948 mit dem Mahdi bekräftigte Tributzahlung eingewilligt hatten, waren sie noch im selben Jahr von den Kalbiden mit Krieg und Raub überzogen worden. Als Al-Hassan nun im Hochsommer 950 die Straße von Messina mit 7000 Pferden und 3500 Mann Infanterie überschritt, fand er Reggio (Rhegion) von Einwohnern verlassen vor, und wandte sich daher sofort zur Belagerung von Gerace, dem byzantinischen *Hagia Kyriaké*, heilige Herrin, das leicht mit *Hierákion*

d. h. „kleiner Sperber“ gleichgesetzt werden konnte, und dem Namen eines Raubvogels auch alle Ehre machte mit seinem Sitz auf einem tafelartigen Felsen, weit wehrhafter als seine Ursprungsstadt Locri an der Küste, deren Einwohner im 9. Jahrhundert sich vor den Sarazenen nach Gerace zurückgezogen hatten. Al-Hassan richtete da mit Angriffen nichts aus und mußte sich damit begnügen, die Wasserversorgung zu unterbrechen, als er erfuhr, daß die byzantinische Armee vom Norden her im Anmarsch war. Also schwatzte er der Besatzung von Gerace einen Vertrag auf, nach dem sie ihm, wenn er abzöge, eine Abstandssumme zu zahlen hatte, für deren noch ausstehende Beträge Geiseln zu stellen waren. Dann brach er gegen die Byzantiner auf. Doch die wichen einer Schlacht aus und zogen sich nach Apulien zurück.

Was sollte Al-Hassan da noch viel tun? Er zog nach Cassano, in der fruchtbaren Mündungsbene des Crati an der Kehle Kalabriens in der Mündungsniederung dieses Flusses gelegen, und belagerte den festen Ort einen Monat ebenso erfolglos wie Gerace. Dann zwang er die Einwohner wenigstens zu Geld und Geiseln, auch das wie vor Gerace, mußte sich damit abfinden, daß er mit seinem kleinen, eher für Verwüstungszüge denn Belagerungen geeigneten Heer gegen einen Feind, der die Schlacht verweigerte, nichts ausrichten konnte, und zog im Herbst nach Sizilien zurück. Das Unternehmen war vielleicht ein Geschäft gewesen, aber eine militärische Entscheidung war es nicht.

Die Byzantiner waren nicht unbedingt als feige zu bezeichnen gewesen, eher als Systematiker. Sie hatten dem Herzog von Benevent, dem sie nicht trauten, erst einmal Ascoli Satriano (das antike Ausculum) weggenommen, um ihm den Einfall in die apulische Ebene von dieser Schlüsselfestung aus zu verwehren. Damit war auch ihre Flanke gegenüber den Sarazenen weiter südlich gesichert. Wenn die seit knapp zwei Jahrhunderten auftretenden fränkisch-deutschen Kaiser in der unteritalienischen Gemengelage mit dem unsicheren Status der dort verbliebenen langobardischen Herzogtümer ihre Not hatten, dann galt das ebenso für die byzantinischen Oberherren des italienischen Südens mit ihren Randstellungen in Apulien und Kalabrien.

Jedenfalls dürften Al-Hassans Verträge mit Gerace und Cassano einen einjährigen Waffenstillstand beinhaltet haben, denn erst 952 tauchten die Moslems wieder vor Gerace auf. Da rückten die Byzantiner im April unter dem Patrikios Makroiannis und dem Strategos Malokenos (oder Malakianos) heran. Sie waren an Zahl überlegen und erlitten nach heißem Kampf eine so gründliche Niederlage, daß Makroiannis und Malokenos kaum mit dem Leben davonkamen und die Moslems die Verfolgung bis in die sinkende Nacht ausdehnten.

Dennoch setzte Gerace seinen Widerstand fort, bis ein Gesandter der Oströmer eintraf, Tribut anbot sowie die Duldung der islamischen Glaubensausübung in Kalabrien. Letzteres bedeutete wohl, daß Konstantinopel trotz der soeben erlittenen Niederlage seine Oberhoheit über das verlorene Kalabrien nicht aufgeben wollte, denn sonst hätte es den islamischen Kult nicht ausdrücklich geduldet, sondern schlicht gewähren lassen müssen.

Al-Hassan benutzte die Kriegsruhe, um in Reggio eine Moschee zu bauen, und er schärfte den Christen ein, daß er alle christlichen Kirchen in Sizilien und Kalabrien niederreißen werde, wenn sie auch nur einen Stein dieser Moschee wegnähmen. Zudem sollte sie eine Stätte des Asyls für alle Moslems bilden, auch für solche, die irgendwann zum Christentum übergetreten waren – an dieser Bestimmung erkannte man, wer im Moment der Herr an der Straße von Messina war. Es wurde so auch gewissermaßen eine Keimzelle der Toleranz gelegt, die dem Gedeihen der Zivilisation in jener vom Weltanschauungskrieg zerpflügten Gegend nur gut tun konnte.

Als im Jahre 953 der neuen Fatimiden-Kalif Al-Muizz die Regierung übernahm, eilte Al-Hassan nach Ifriqiyah und ließ sich bestätigen, daß Sizilien in seiner Abwesenheit von seinem Sohn Ahmed regiert wurde. Der Kalif brauchte Al- Hassan, um an den Omayaden Rache zu nehmen: dieser vernichtete deren Schiffe im Hafen von Almeria, darunter eines, das angeblich ein Fatimiden-Schiff gekapert hatte und nun von Ägypten zurückgekehrt war mit Sklavinnen für den Hof Abderrahmans III. Al-Muizz wäre auch gerne nach Ägypten marschiert, doch ein erneuter byzantinischer Angriff 956 nagelte ihn und Al-Hassan im westlichen Mittelmeer fest.

Die Oströmer unter dem Patrikios Marianos Argyros gingen wiederum sehr systematisch vor. Sie segelten erst vor Neapel und versuchten mit Gewalt, es erneut die Furcht des rechtmäßigen, wenn auch fernen Oberherrn zu lehren. So verfuhren sie auch an anderen Orten Unteritaliens, und natürlich marschierte ein sarazenisches Heer im Frühjahr 957 nach Kalabrien, das unter dem Kommando von Al-Hassans Bruder Omar stand. Damit waren die Moslems aber zwischen zwei Fronten geraten, denn in ihrem Rücken landeten die Byzantiner bei Reggio, zerstörten mit Hingabe die dortige Moschee samt ihrem weitragenden Minarett, ja, sie eroberten Termini Imerese (arab. Tirma) an der Nordküste Siziliens und griffen kurz danach Mazara an! Al-Hassan eilte von Ifriqiyah mit einer Flotte herbei und wurde bei Mazara geschlagen. Doch die Christen ließen Sizilien nun in Ruhe und segelten ab – von sarazenischer Seeherrschaft konnte offenbar keine Rede sein, und die Byzantiner nutzten ihre starke Flotte, allerdings ohne dadurch einen entscheidenden Sieg zu erzielen, um dort frei zuzuschlagen, wo sie wollten, und um das feindliche Landheer weitestgehend zu neutralisieren.

Im Jahre 958 konnte Al-Hassan wenigstens seinem Bruder nach Kalabrien zu Hilfe eilen, denn der scheint dort vom byzantinischen Heer blockiert worden zu sein. Beide wollten nun den Feind an seiner Basis packen, d. h. ihm den Rückweg nach Griechenland und auf den Balkan abschneiden. Sie segelten also nach Otranto, doch hatten sie gehöriges Pech: ein Sturm brach los, der sie fast im Angesicht der byzantinischen Flotte nach Westen zurückwarf. Al-Hassan langte gedemütigt in Palermo an und mußte neu rüsten.

Doch die Byzantiner schlossen Frieden mit den Fatimiden, weil sie gleichzeitig in Kleinasien und Mesopotamien gegen die Abbasiden engagiert waren. Im selben Jahr, da Al-Hassan ruhmlos von Otranto zurückkehrte, fiel Samosata am oberen Euphrat, und in den nächsten Jahren folgte die Eroberung von Kilikien und Aleppo; gleichzeitig bemühten sich die Fatimiden um ein erträgliches Verhältnis mit den spanischen Omayaden und unterwarfen sich Marokko und was ihnen im Bereich des heutigen Algerien noch fehlte.

Al-Hassan und sein Sohn Ahmed aber begaben sich an den Hof von Mahdia zusammen mit 30 arabischen Edlen aus Sizilien und ließen sich dort in die ismailitische Lehre einweihen. Sie hofften, der Kalif werde ihnen dadurch eher helfen, die letzten freien christlichen Gemeinden im Nordosten Siziliens zu unterwerfen. Den Kalifen interessierte eher die Eroberung Ägyptens, und dazu brauchte er Frieden mit den Byzantinern; andererseits würde die Eroberung auch die Kopfsteuer erhöhen, die die Christen als Untertanen des Kalifen zu zahlen hätten und deren Ertrag höher war als der byzantinische Tribut. Doch nachdem im Sommer 960 die Byzantiner auf Kreta gelandet waren und Al-Muizz die Insel als Sprungbrett für das ersehnte Ägypten betrachtete, war ihm der Frieden mit den Christen von 958 ohnehin gleichgültig geworden.

Al-Hassan scheint den Kalifen also für seine sizilianischen Pläne gewonnen zu haben, denn im Frühjahr 962 wurde das Beschneidungsfest der moslemischen Knaben im ganzen Fatimidenreich und auch auf Sizilien mit großzügiger finanzieller Unterstützung von Al-Muizz gefeiert, um ein moslemisches Gemeinschaftsgefühl zu schaffen, von dem ein großer Krieg getragen sein sollte. Im Mai desselben Jahres erschien Al-Hassans Sohn Ahmed mit einem sizilianisch-afrikanischen Heer vor Taormina. Da die Moslems die Wasserquellen besetzen konnten, mußten die Christen am Heiligen Abend 962 kapitulieren. Ihre Güter fielen den Eroberern zu, sie selbst wurden versklavt. Al-Muizz bekam 1770 Gefangene zugeschickt, und Taormina hieß ihm zu Ehren von nun an Al-Muizziyah. Eine moslemische Besatzung blieb vor Ort, ebenso ein hinreichender Teil der Gefangenen, um als Arbeitssklaven die materielle Grundlage der nun fälligen Kopfsteuer zu schaffen.

Nun blieb den Christen der Insel nur noch Rometta als Zufluchtsort. Und die Einwohner dieses Nestes dachten nicht daran, mit den Moslems zu paktieren. Am 24. August 963 schlug Al-Hassans Vetter Hassan Ibn Ammar sein Lager vor Rometta auf. Angriffe und Belagerungsmaschinen halfen nichts; die Moslems mußten sich aufs Aushungern verlegen. Das war langwierig, aber taktisch ungefährlich, denn die Byzantiner waren sehr weit entfernt.

In Konstantinopel regierte seit dem 16. August 963 der große Feldherr Nikephoros Phokas, der Eroberer von Kilikien und Aleppo und – wohl noch wichtiger – von Kreta (961), der Mann der kampfgestählten Truppen des Orients und „bleiche Tod der Sarazenen“, wie er sich nennen ließ, ein Herrscher, dem das Schicksal Romettas nicht gleichgültig sein konnte. Er rüstete eine Armee von ca. 40 000 Mann aus, darunter auch russische (warägische) Söldner, die ersten Russen, die ihren Fuß auf sizilianischen Boden setzten! Der Patrikios Niketas und Manuel Phokas, ein junger Neffe des Kaisers, führten das Kommando.

Rometta war bis zum Herbst 964 noch nicht gefallen. Die Moslems warfen von Palermo aus Verstärkungen vor die Festung, am 13. Oktober 964 überschritten die Byzantiner die Straße von Messina und versuchten, das Hinterland der Belagerer abzuschneiden, indem sie an der Nordküste Termini wegnahmen und im Süden

Taormina, Lentini und Syrakus. Manuel Phokas, der dem Patrikios die Kontrolle der Küsten überließ, brach in der Nacht vom 24. auf den 25. Oktober 964 von Messina auf, teilte sein Heer in mehrere Abteilungen, um dem Feind von allen Seiten den Anmarsch auf die steile Bergfeste in den Monti Peloritani zu verlegen bzw. um die Belagerer einzukesseln, und marschierte selbst entlang der Nordküste bis Spadafora, von dort bergauf nach Rometta.

Al-Hassan Ibn Ammar zog den Byzantinern entgegen. Im Morgengrauen begann der Kampf. Die moslemische Truppe, die zur Deckung vor Rometta zurückgeblieben war, warf einen Ausfall der Belagerten zurück. Auch die byzantinischen Abteilungen, die von Süden und von Westen heranrückten, wurden abgewehrt; doch gegen Manuel selbst mußten die Moslems zurückweichen, da er an Infanterie und Kavallerie überlegen war. Die Oströmer brachen aus der Schlucht, die sie sich von Spadafora her freigekämpft hatten, in die kleine Ebene rund um den Felsen von Rometta vor, und um die Moslems, zwischen den Mauern der Festung und dem vordringenden Feind eingezwängt, schien es geschehen zu sein. Da schrie Ibn Ammar: „Oh Allah, wenn die Söhne Adams mich verlassen, verlaß wenigstens du mich nicht!" und sprengte mit seinen Getreuen in die Byzantiner hinein, daß diese zurückwichen. Manuel sammelte ein paar Reiter, drang unter die Fliehenden und rief ihnen zu, sie sollten vor einem Haufen Barbaren nicht davonlaufen. Dann ritt er mitten unter die Moslems, erschlug einen Mann, wurde selbst eingekreist, empfing Schwerthiebe, die aber seinen Panzer nicht durchdrangen. Sein Pferd wurde niedergemacht, er stürzte, und in dem Gemenge, das folgte, fand der byzantinische Kommandeur zusammen mit seinen Getreuen den Tod.

Manuels Truppen flohen, nachdem er gefallen war. Ein Gewitter brach los, während die Moslems die Christen in den unwegsamen Schluchten zurück zur Küste verfolgten; viele Fliehende stürzten in die Abgründe, und die nachfolgenden Moslems zertrampelten sie, anderen hieben sie die Köpfe ab, die Wohlhabenden schleppten sie des Lösegeldes wegen ins Lager zurück. 10 000 Christen sollen damals umgekommen sein, die Beute der Moslems war unermeßlich. Darunter soll auch ein wertvolles Schwert gewesen sein, das auf arabisch die Worte trug: „dies Schwert schlug viele im Angesicht von Allahs Gesandten" – d. h. es stammte noch aus den Kriegen zu Lebzeiten des Propheten! Das war die „Schlacht an der Grube", wohl wegen der Schluchten, an denen die Byzantiner kämpften oder in die sie stürzten. Die Reste der christlichen Armee beeilten sich, nach Messina und nach Reggio zu entkommen.

Als der alte Al-Hassan in Palermo die Siegesnachricht empfing, verfiel er vor Freude in ein nervöses Fieber und starb am 15. November 964. Die Leute von Rometta indessen hielten bis ins nächste Jahr weiter aus. Um den Hunger zu bekämpfen, schickten sie 1000 Alte, Gebrechliche, Frauen und Kinder vor die Mauern, und Ibn Ammar nahm sie entgegen, um sie auf den Sklavenmarkt von Palermo zu bringen. Die Eroberung kostete die Moslems noch große Anstrengung. Ibn Ammar entschloß sich zum Sturm; eines Abends im Frühjahr 965 erklommen seine Krieger endlich die Mauern. Alle Einwohner, die Waffen trugen, wurden niedergemacht, der Rest in die Sklaverei verschleppt. Eine moslemische Besatzung verblieb auf dem Felsen. Auch Taormina, Syrakus und Lentini wurden nacheinander zurückgewonnen, byzantinische Entsatzversuche blutig zurückgeschlagen.

Ungefähr zur gleichen Zeit – das genaue Datum ist nicht bekannt – griff Ahmed, der Sohn des ersten sizilianischen Kalbiden, von Messina aus die byzantinische Flotte an, als sie von Reggio nach Osten zurücksegeln wollte. Die Sarazenen sandten Kampfschwimmer mit brennenden Fackeln in der einen Hand aus, die die feindlichen Schiffe in Brand setzten. Mancher Grieche, der aus der „Schlacht an der Grube" davongekommen war, kam nun um, denn die Moslems machten alle Feinde nieder, die sich aus dem Flammenchaos durch einen Sprung ins Meer zu retten versuchten. Die byzantinische Flotte ging zugrunde, und viele vornehme Gefangene wurden von den Moslems an Bord gezogen, darunter auch der Eunuch und Admiral Niketas. Er kam in Ifriqiyah in lockere Haft und tröstete sich dort sehr fleißig mit dem kalligraphischen Abschreiben von Texten des Kirchenvaters Basilius.

Zwei Jahre nach der verheerenden „Schlacht in der Meerenge" kam ein gewisser Nikolaos aus Konstantinopel, um Niketas freizukaufen und gleichzeitig mit dem Kalifen Frieden zu schließen. Denn das Reich der Oströmer konnte nicht gleichzeitig eine neue Expedition nach Westen schicken und seine im Osten geplante Offensive anlaufen lassen.

Dem Kalifen der Fatimiden war es nur recht, wenn Kaiser Nikephoros Phokas zum Angriff auf ihren gemeinsamen Feind, den Kalifen der Abbasiden rüstete. 969 gelang es dem Feldherren von Al-Muizz, Ägypten der abbasidischen Oberherrschaft zu entreißen. Die Fatimiden verlegten ihre Residenz dorthin (sie erbauten Al-Qahira, die „Siegreiche", das heutige Kairo) und setzten noch unter Al-Muizz zum Sprung nach Syrien an. Und die Byzantiner wiederum mögen einen Ausgleich mit den Fatimiden auch deshalb angestrebt haben, weil der deutsche König Otto I., der Große, sich am 2. Februar 962 in Rom zum Kaiser des Westreiches hatte krönen lassen. Hinter Otto stand praktisch die gesamte Macht der deutschen Herzogtümer, ein Gewicht also wie das der Karolinger zu ihren besten Zeiten – und der feste Willen, die langobardischen Herzogtümer Unteritaliens sowie die Republik Venedig aus dem byzantinischen Einflußbereich wieder in den des lateinischen Kaisers zu bringen. Gelang dies, dann konnte Ottos Macht auch dem ismailitischen Kalifen lästig werden; vorläufig aber dürfte Ottos Auftreten Nikephoros Phokas' Entscheidung zum Frieden mit den Fatimiden mit beeinflußt haben.

Sizilien war nun endgültig in die moslemische Machtsphäre eingeordnet. Von den Gegenküsten drohte der Herrschaft der Kalbiden im Augenblick keine Gefahr. Sardinien und Korsika hielten sie ihrerseits in beständiger Furcht vor Piratenüberfällen. Eine deutsche, italienische oder französische Marine gab es nicht. Die Moslems, allerdings die aus Spanien stammenden, hatten in der Provence, nordöstlich von Toulon, eine Raubburg à la Garigliano angelegt, die mit den Kalifen von Cordoba in lockerem Kontakt stand und die Pässe der Westalpen und sogar noch das Engadin terrorisierte: Fraxinetum (La Garde Freinet). Fast ein ganzes Jahrhundert, von 887 bis zu ihrer Ausräucherung 983 durch den Markgrafen der Provence, trieben sie dort ihr Unwesen. Kaiser Otto hatte vorgehabt, nach der Festigung seiner Herrschaft in Italien und Burgund Fraxinetum niederzulegen, denn das war er der Christenheit schuldig. Doch er zog 972 endgültig nach Deutschland zurück und verschob die Sache wie schon öfters vorher – im nächsten Jahr starb er. Fraxinetum in sarazenischen Händen, das bedeutete die Ohnmacht der Christen im ganzen großen Bogen von der Ebro-Mündung bis hinunter zum byzantinischen Gaeta, einen ernsthaften Gegenangriff zu führen.

Die Omayaden-Kalifen von Cordoba wiederum waren für Kalbiden und Fatimiden eher im Maghreb eine Konkurrenz als zur See. Außerdem hatten sie gerade damals, da Konstantinopel und Al-Muizz Frieden miteinander schlossen, ihr Augenmerk auf seltsame Räuber aus dem Norden Europas zur richten, die ihre Küsten bis hinunter nach Andalusien heimsuchten: Normannen bzw. Wikinger, halb Christen, halb noch Heiden. Doch die Kalifen von Cordoba verscheuchten sie rasch und ohne große Mühe.

VIERTES KAPITEL

Christliches Scheitern

Der Kaiser und die Sarazenen

Die dauernde Übernahme des von den Karolingern herrührenden Kaisertitels durch die Deutschen, manifestiert durch die Kaiserkrönung Ottos des Großen in Rom (962), war, zusammen mit der Entwicklung der Macht der Päpste, das spektakulärste Ereignis des westlich-lateinischen Mittelalters. Unter der letzten großen Kaiserdynastie, derjenigen der Staufer, berührte es Sizilien unmittelbar, und vorher, in der normannischen und auch schon in der islamischen Zeit Siziliens, immer wieder indirekt. Anachronistisch ausgedrückt: sobald der deutsche König die eiserne Krone des ehemaligen Königreichs Italien, die Langobarden-Krone, in seiner Hand hatte, tauchte in seinem Fadenkreuz auch Sizilien auf. Denn die Herrschaft über diese Insel war der logische Abschluß der Herrschaft über Italien, ebenso, wie die Kaiser auch nach Korsika und nach Sardinien griffen. Das war Machtpolitik, und gleichzeitig war es mehr, nämlich Ideologie (noch ein anachronistischer Ausdruck). Denn der Kaiser verstand sich als Schirmherr der gesamten Christenheit, und daher bestand seine wichtigste Aufgabe darin, die Ungläubigen zu bekämpfen. Sizilien war ehemals christliches Gebiet, das folglich zurückgewonnen werden mußte.

Das war an sich schon schwer genug, noch schwieriger wurde es dadurch, daß auch der oströmische Kaiser auf die Insel Anspruch erhob, ebenso wie auf große Teile Unteritaliens, die noch von Justinians Wiedereroberung Italiens her in seinem Besitz bzw. niemals aufgegebenen Anspruch lagen. Daher verband sich mit dem Ausgreifen des lateinischen West-Kaisers nach Unteritalien und Sizilien die ganze Mißgunst und Eifersucht zwischen ihm und dem griechischen Ost-Kaiser von Konstantinopel. Die Byzantiner verachteten die Deutschen als rohe Emporkömmlinge, die Deutschen sahen auf die Byzantiner als dekadente, arrogante und hinterhältige Feiglinge herab.

Es gab für die Deutschen grundsätzlich zweierlei Möglichkeiten, sich den Byzantinern gegenüber zu verhalten – gegen die sizilianischen Moslems natürlich nur eine: den Kampf, sobald man sie vor der Klinge hatten. Die Deutschen konnten ganz Unteritalien mit eigenen Kräften und mit Hilfe der dortigen langobardischen Fürstentümer besetzen, also die Oströmer durch Krieg ausschalten; oder sie suchten einen Ausgleich mit den Byzantinern, vielleicht sogar ein Bündnis, um auf dieser Grundlage die Ungläubigen in Sizilien anzugreifen.

Otto der Große hatte, in realistischer Einschätzung der schwierigen Situation und der eigenen Kräfte, die zweite Alternative gewählt, die Eroberung Siziliens dabei aber nicht einmal anvisiert, denn wenn er auch einen Ausgleich mit Konstantinopel anstrebte, mußte er ja nicht das Schwert ziehen, um eine Insel zu erobern, die er dann seinem Partner zu überlassen hätte. Der Kaiser hat in Unteritalien während seiner letzten Regierungsjahre oftmals mit den Oströmern gekämpft, doch als er erfuhr, daß Nikephoros Phokas in Makedonien ein Heer zur Überfahrt nach Unteritalien rüstete, versprach er ihm, dessen Besitzungen nicht weiter anzugreifen, wenn er seinem Sohne Otto eine „purpurgeborene" Prinzessin vermähle, d. h. eine während der Regierungszeit ihres Vaters geborene. Er ließ sich von dieser ausgleichenden Linie auch nicht dadurch abbringen, daß die Byzantiner teilweise zusammen mit den Moslems gegen die Deutschen und ihre Verbündeten kämpften. 972 schließlich konnte des Kaisers Sohn mit Theophanu, wahrscheinlich einer Nichte des in Konstantiopel mittlerweile herrschenden Johannes Tzimiskes, in der Peterskirche zu Rom die Ehe schließen – Otto überhörte die Stimmen, die ihm rieten, das Mädchen zurückzuschicken, denn es sei nicht die ausbedungene Purpurgeborene.

Als er im selben Jahr über die Alpen zurückzog, gebot sein langobardischer Vasall und Getreuer Pandulf „der Eisenkopf" über Spoleto, Capua, Benevent und Salerno; damit war das kaiserliche Italien gegenüber den Byzantinern und den Sarazenen durch eine Art Pufferzone gesichert, so gut es ging, und es herrschte Frieden mit Ostrom.

Otto II., der seinem Vater 973 nachgefolgt war, schuf Ordnung in Deutschland, wies den westfränkischen (bzw. französischen) König in die Schranken und marschierte November 980 über die Alpen, um in seinem überkommenen italienischen Einflußbereich ebenfalls nach dem Rechten zu sehen. Doch im Sommer 981 begann er, in seinen Plänen darüber hinauszugehen und die erwähnte erste Alternative aufzugreifen, der sein Vater sich bewußt versagt hatte: Krieg sowohl gegen die Byzantiner als auch gegen die Sarazenen – die Eroberung Unteritaliens und Siziliens.

Dieser Entschluß erwies sich als katastrophal. Doch schien er aus der aktuellen Situation heraus durchaus gerechtfertigt: im März 981 war Pandulf „Eisenkopf" gestorben, und die sizilianischen Moslems, häufig unter der Führung ihres kalbidischen Emirs Abu Al-Qasim persönlich, heerten in Kalabrien und Apulien, wobei sie auch das Gebiet der Vasallen Ottos II. nicht schonten. Die Byzantiner hatten zwar die Verbindung des Nikephoros Phokas mit den Fatimiden aufgegeben, nicht zuletzt, weil Otto der Große sie davon überzeugt hatte, daß er ihren Besitzstand in Unteritalien respektierte, aber sie waren wegen interner Streitigkeiten nicht in der Lage, die Sarazenen von Kalabrien und Apulien fernzuhalten. Aber Al-Qasim legte bereits wieder feste Burgen in Kalabrien an. Das konnte Otto II. nicht gleichgültig sein. Warum sollte er, anläßlich des fälligen Krieges gegen die Ungläubigen, nicht die hilflosen Byzantiner endgültig aus dem Lande jagen?

Otto II., ein ruhmlüsterner, noch junger Mann von eben 26 Jahren, hochgebildet und durchdrungen von den erhabenen Aufgaben seiner kaiserlichen Berufung, ließ aus Bayern und Schwaben ein Aufgebot von 2100 Panzerreitern kommen und zog im September 981 nach Apulien. Er mag von byzantinischen Untertanen, die ihrer eigenen Obrigkeit nicht mehr trauten, ins Land gerufen worden sein. Vielleicht hat

Kaiser Otto II. (Buchdeckel eines Evangeliars aus Elfenbein), der Verlierer der Schlacht von Cotrone (982), mit seiner byzantinischen Gemahlin Theophanu.

ihm auch seine schöne und kluge Gemahlin Theophanu die letzten Bedenken genommen, in byzantinisches Gebiet einzufallen. Denn nach dem Tod ihres kaiserlichen Onkels Johannes Tzimiskes (976) war ihre Verwandtschaft am Goldenen Horn von den Schalthebeln der Macht verdrängt worden, und den neuen Herren wünschte sie daher nur das Schlechteste.

Der lateinische West-Kaiser also, Otto II., versicherte sich der Herzogtümer Capua und Benevent und nahm gleich auch die Huldigung der byzantinischen Gaeta und Neapel entgegen. Zu Neujahr 982 war Otto in Salerno und bezwang auch den widerspenstigen Oströmer, der Amalfi verwaltete. Im Frühjahr unterwarf er von Tarent aus Apulien endgültig und nannte sich nun auch – sein Vater hatte dies nie getan – „Kaiser der Römer", obwohl die Bezeichnung „Römer" genaugenommen das Staatsvolk umfaßte, dessen Herrschaft die byzantinischen Kaiser unwandelbar für sich beanspruchten: amtlich betrachtet, waren sämtliche byzantinischen Untertanen von Kalabrien bis an den Euphrat „Römer".

Otto hatte nun den Rücken frei, um in Kalabrien einzufallen. Abu Al-Qasim war Anfang Mai 982 mit seiner starken Flotte von Sizilien herangekommen. Er segelte an der Ostküste Kalabriens entlang (parallel zu ihm marschierte das Landheer), denn der Kaiser konnte ihm keine eigene Flotte entgegenstellen. Otto rückte an derselben Seite der Küste, am Golf von Tarent entlang, nach Süden vor, bis er Rossano erreichte, eine feste Burg auf beherrschender Höhe, die etwa fünf Kilometer vom Meer entfernt lag. Dort konnte Abu Al-Qasim ihn nicht angreifen, und er segelte zurück. Otto erfuhr durch Kundschafter zu Lande, eventuell auch durch zwei byzantinische Kriegsschiffe, die dort kreuzten, daß der Feind sich zurückzog. Er ließ Theophanu mit dem zweijährigen Söhnchen Otto in dem festen Rossano und stürmte der Küste entlang nach Süden.

Am 13. Juli 982 traf er wenige Kilometer hinter Crotone, nahe dem Capo Colonna, auf die Hauptmacht der Sarazenen und griff sofort an. Abu Al-Qasim war bereits in Schlachtreihe aufmarschiert, deshalb mußte erst hart gekämpft werden, bis die Deutschen und die auf Ottos Seite fechtenden Langobarden und Italiener das Zentrum der Moslems durchstießen und bis an die feindlichen Kernmannschaft herankamen. Rund um das Banner focht Abu Al-Qasim selbst mit einer Schar von Vornehmen. Sie wurden alle niedergemacht, der Emir selbst durch einen Schwerthieb getötet, der von oben auf sein Haupt niedersauste.

Vom weiteren Verlauf der Schlacht gibt es verschiedene Versionen: der Kaiser hielt den Kampf für gewonnen und ließ umgehend vorrücken. Dabei geriet er in einen Hinterhalt der sarazenischen Reserve, und die völlig überraschten Sieger wurden schnell aufgerieben. Oder auch: während des Getümmels um die Fahne und Abu Al- Qasim sammelten sich die zersprengten Moslems und stürmten todesmutig erneut auf die Kaiserlichen ein, was diese überraschte und über den Haufen warf. Es kann auch sein, daß Otto sich zu sehr auf das feindliche Zentrum geworfen hatte, weshalb die noch ungeschlagenen Flügel der Moslems auf ihn eindringen konnten.

Jedenfalls waren die Verluste enorm – gerade, daß sich der Kaiser selbst und sein Cousin, der Herzog von Bayern, mit Müh und Not retten konnten. Gefallen waren

Landulf von Capua, sein Bruder Athenulf, seine Neffen Ingulf, Vadipert, ein gewisser Guido von Suessa; auf deutscher Seite Bischof Heinrich von Augsburg, Abt Werner von Fulda, Herzog Udo II. von Rheinfranken, Markgraf Gunther von Merseburg, Graf Dedi von Wettin, ein gutes Dutzend weiterer Grafen. Dazu noch viele hochmögende Gefangene, z. B. der Bischof von Vercelli, und 4000 Tote, die nicht von Stande waren.

Was dann geschah, ist nur in einem einigermaßen verklärten Bericht überliefert, der hier kurz nacherzählt sei: Der Kaiser und der Bayer sprengten zum Strand, wo eines der byzantinischen Schiffe zu sehen war, das vorher Kundschafterdienste geleistet hatte. Doch Ottos Pferd brach zusammen. Da rief ihm der Jude Kalonymus ben Meschullam aus Lucca, der ihm gefolgt war, zu: „Nimm mein Pferd und kümmere dich um meine Kinder, wenn ich hier sterbe!" Otto wechselte den Sattel und sprengte ins Meer, schrie zu dem Schiff hinüber – doch dieses segelte ohne Reaktion weiter. Otto ritt zum Strand zurück, dort wartete immer noch der Jude, und man sah schon die ersten heranreitenden Sarazenen. Der Kaiser war ratlos. Da segelte das zweite byzantinische Schiff heran – offensichtlich hatte es auf den Ausgang der Schlacht gelauert. Otto sprengte erneut in die Wellen, der Jude wurde von den Sarazenen niedergemacht – man erkannte den Kaiser vom Schiff aus, und ein slawischer Söldner namens Heinricus Zolunta nahm ihn an Bord und sorgte dafür, daß er sich auf dem Bett des Kapitäns ausruhen konnte.

Der Kapitän hielt ihn zuerst für einen Kämmerer des Kaisers, doch auf seine Fragen hin mußte Otto sich offenbaren. Nun hatten die Byzantiner ihren Feind in der Hand, und sie hätten ihn wohl nach Konstantinopel verschleppt, mit all den politischen Folgen, die eine solche Piraterie nach sich ziehen müßte – wenn Otto nicht plötzlich sehr geistesgegenwärtig dem Kapitän gesagt hätte, bevor sie zum Bosporus mit ihm segelten, sollten sie erst in Rossano landen, um dort die Kaiserin und den Thronfolger mitzunehmen. Denn die erlauchte Verwandschaft gerettet zu haben, das werde dem Kapitän bei den beiden frommen Kaisern sicherlich großen Dank eintragen.

Drei Tage und drei Nächte (oder vielleicht auch etwas weniger) segelten die Byzantiner bis Rossano. Otto sandte den Heinrich Zolunta an Land, und bald erschienen die Kaiserin und ihr Sohn, geleitet von Bischof Dietrich von Metz und begleitet von einer Karawane von Saumtieren, die angeblich den kaiserlichen Schatz transportierten, doch in Wirklichkeit die gierigen Byzantiner von der Person des Kaisers ablenken sollten. Denn Otto, Heinrich und Dietrich trieben ein abgekartetes Spiel. Der Bischof führte ein Pferd am Zügel zum Strand, der Kapitän warf den Anker aus. Dann näherte sich der Bischof in einer Barke dem Schiff, und Otto erschien an der Reling. Dietrich kam mit seiner Mannschaft an Bord und richtete das Wort an ihn – da sprang der Kaiser blitzschnell ins Wasser, ein byzantinischer Soldat, der ihn aufhalten wollte, wurde von einem Ritter Liuppo niedergestreckt, die anderen von der Besatzung durch Dietrichs Mannen in Schach gehalten, bis Otto an Land geschwommen war, auf das bereitstehende Pferd sprang und nach Rossano galoppierte, nunmehr in Sicherheit. Dietrich und die Seinen hatten der Besatzung so imponiert, daß sie ruhig ihre Boote wieder besteigen konnten. Der geprellte Kapitän ließ schleunigst die Anker lichten und verschwand. Was aus Heinrich Zolunta weiter geworden ist, wissen wir nicht.

Als der Kaiser erfuhr, daß die Moslems, die ja ebenfalls schwere Verluste erlitten hatten, trotz ihres Sieges Kalabrien räumten, eilte er nach Salerno, um ihrem vermuteten Angriff dort entgegenzutreten. Der Angriff erfolgte nicht, und Otto begann seine Niederlage zu verschmerzen. Zu Pfingsten 983 fand ein Reichstag in Verona statt, und alle anwesenden Fürsten stimmten dem Kaiser zu: der Krieg gegen die Ungläubigen soll zu Ende geführt werden. Doch im Sommer 983 erfuhr Otto II. in Rom, daß die Slawen an der Ostgrenze des Reiches einen verheerenden Aufstand begonnen hatten, der das ganze schon eingeleitete Christianisierungs- und Kolonisierungswerk entlang der Elbe und Saale gefährdete. Der Kaiser, der nun wohl Italien hätte verlassen müssen, erkrankte an der Malaria, denn das mittelalterliche Rom hatte sich nicht um die zivilisatorischen Leistungen der alten Römer in der Umgebung der Stadt gekümmert und war wieder von fieberbrütenden Sümpfen umgeben. Am 7. Dezember 983 starb Otto II., und das Reich stürzte in wüste Kämpfe rund um Otto III., den minderjährigen Nachfolger, die Unteritalien und Sizilien in weite politische Ferne rücken ließen.

Der slawische Aufstand kam zwar zeitgleich mit der mißlichen Situation Ottos in Italien, doch bei den damals erbärmlichen Kommunikationswegen ist es sehr unwahrscheinlich, daß er durch des Kaisers Niederlage ausgelöst worden ist.

National gesinnte Historiker der vergangenen Generationen haben diese Niederlage zum Ausgangspunkt vehementer Kritik an der kaiserlichen Italienpolitik des Mittelalters genommen: hätte Otto sich auf den Osten konzentriert, anstatt den Sarazenen am Mittelmeer nachzujagen, wäre der deutschen Nation ungleich mehr Macht und Würde zugewachsen, und zwar unmittelbar vor der östlichen Haustür, wo sie auch besser hätten bewahrt werden können. Alles Engagement in Italien sei am Ende nur in einem verlustreichen Irrweg ausgelaufen. Auch wenn man die nationalen Akzente mittlerweile nicht mehr auf diese Weise setzen will, bleibt doch ganz vordergründig pragmatisch festzuhalten: war schon Ottos II. gleichzeitiger Angriff gegen Byzanz und gegen die Moslems zuviel, so überstieg die Niederschlagung des slawischen Aufstands vollends seine Kräfte. Es war das Phänomen des „imperial overstretch", d. h. die selbstauferlegte Notwendigkeit, zuviele Schwerpunkte auf einmal beherrschen zu müssen, die den Kaiser in den Untergang führte.

Ferner: Otto hatte überhaupt keine Flotte gehabt, um die Sarazenen zu bekriegen, und das machte seinen Angriff auf Sizilien so gut wie hoffnungslos, auch wenn er bei Capo Colonna gesiegt hätte. Die Annalen von St. Gallen, also eine Quelle aus dem lateinischen Westen, berichten sogar, die Byzantiner hätten ein heimliches Bündnis mit den Sarazenen gegen den Kaiser geschlossen. Die islamischen Quellen erzählen davon jedoch nichts. Der byzantinische Kommandeur von Kalabrien hat jedenfalls darauf geachtet, daß seine Einheiten niemals Seite an Seite mit den Moslems auftraten. Praktisch wäre ein solches Bündnis sehr wohl gewesen, da es zur Abwehr des Kaisers die Sarazenen vorschickte, wo keine byzantinischen Kräfte zur Verfügung standen. Schließlich hatten einst Nikephoros Phokas und der Kalif Al-Muizz ihren Streit beigelegt, sobald Otto der Große nach Unteritalien vorstieß. Falls Otto II. bei Capo Colonna gesiegt hätte, wäre es möglich gewesen, ihm von Apulien aus in die Flanke zu fallen, sobald man nur wieder Truppen hatte. Diese Kombination hätte auch ohne eine formelle Absprache gewirkt, die die gemeinsamen Interessen der Christenheit gegenüber den Moslems mißachtet und damit den Deutschen einen neuen Beweis byzantinischer Hinterhältigkeit geliefert hätte. Die Deutschen hatten hier mit etwas bedeutenderem als nur mit einer unkalkulierbaren Perfidie zu rechnen, wie sie dem germanischen Gemüt besonders verhaßt war, nämlich mit einer Gemeinsamkeit der Interessen ihrer beiden Hauptgegner. Die einhellige Zustimmung der Reichsfürsten zur Fortsetzung des Krieges gegen die Sarazenen auf dem Veroneser Reichstag des Jahres 983 mag ein Hinweis darauf sein, daß sie sich dieser Erkenntnis verschlossen, die Großmachtpolitik des Kaisers daher unterstützten und mangelnde Weitsicht durch eine gemütsgeladene Mischung von Glaubenskampf und anti-byzantinischem Ressentiment ausglichen.

Doch eines war sicher: die Deutschen würden später einmal erneut versuchen, Unteritalien und auch Sizilien zu beherrschen. Langfristig blieb diese Konsequenz aus Ottos des Großen Kaiserpolitik auf der Tagesordnung der Geschichte.

Maniakes

Welch ein Mannsbild muß er gewesen sein, dieser Georgios Maniakes, Feldherr des byzantinischen Heeres, das im Frühsommer 1038 knapp südlich von Messina an Land ging: „Die Natur hatte in ihm alle die Eigenschaften vereint, die einen Heerführer ausmachen. Er war 10 Fuß groß, so daß die Männer, die ihm in Gesicht schauen wollten, den Kopf zurücklegen mußten wie zur Betrachtung eines Hügels oder Berges. Sein Antlitz war weder freundlich noch angenehm, sondern erinnerte an einen Sturm. Seine Stimme war wie Donnergrollen und seine Hände schienen gemacht, Mauern einzureißen oder bronzene Türen einzuschlagen. Er konnte springen wie ein Löwe, und sein Stirnrunzeln war furchterregend. Der Ruhm von all dem, was er schon vollbracht hatte, übertraf das, was man an ihm sah, und jeglicher Barbar fürchtete diesen Mann."

So beschreibt der kultivierte Hofmann und Historiker Michael Psellos den Georgios Maniakes, eher malerisch denn als Militärexperte, der er nicht war. Maniakes hatte nach einer Laufbahn von der Pike auf dem Kaiser Romanos III. Argyros im Orient Edessa erobert (1032) und war zweifellos der beste byzantinische Feldherr seiner Zeit. Nun sollte er zusammen mit dem unfähigen Admiral Stephan, dem Schwager des amtierenden Kaisers Michael IV., den Moslems Sizilien entreißen. Es war der letzte und gleichzeitig gewaltigste Versuch Konstantinopels, die Insel zurückzugewinnen.

Man gedachte, die Zerrüttung der kalbidischen Dynastie auszunützen. Schon Kaiser Basileos II. (976–1025) hatte nach der Niederwerfung des fast den ganzen Balkan umfassenden Reiches der Bulgaren, dieses Alpdrucks im Weichbild der

Der Invasion durch den kriegsmächtigen byzantinischen Kaiser Basileios II., der bereits den ganzen Balkan niedergeworfen hatte, entging das arabische Sizilien nur knapp. Basileios hatte bereits Reggio besetzt und zu einem starken Waffenplatz gemacht, als er 1025 starb. Unter seinen Nachfolgern wurden seine Ziele nicht mehr entschlossen weiterverfolgt.

Bereich der Sarazenenstreifzüge in Mittel- und Süditalien. Auf dem Festland gelang es den Sarazenen nicht, eine dauerhafte Herrschaft zu errichten.

Hauptstadt selbst, den Plan gefaßt, nach Italien und Sizilien überzusetzen. Es war das alte Lied: die Bürger Apuliens rebellierten gegen Ostrom, und der lateinische Kaiser Heinrich II. (1002–1024) sowie die Sarazenen versuchten wechselweise, daraus ihren Vorteil zu ziehen. Eine Absprache mit den Fatimiden dagegen war unter Basileios II. nicht mehr möglich, denn mit denen stand er in Syrien immer wieder selbst im Krieg. Zudem war die Oberherrschaft der Fatimiden über Sizilien je länger, desto mehr Formsache geworden. Sobald ein neuer Kalbiden-Emir seinem Vater nachfolgte, erhielt er aus Kairo das zeremonielle Banner des Einverständnisses und einen wohltönenden Titel, etwa „Krone des Reiches“ oder „Schwert des Glaubens“. Den 998 inthronisierten Yusuf nannten seine Hofdichter sogar „König“ (malik), und unabhängig wie ein solcher war er ja auch.

Doch das war eher ein Nachteil, denn dann fehlte ihm die Unterstützung der Fatimiden sowie die Hilfe von deren Nachfolgern im Maghreb, der Ziriden. Diese hatten sich auf Kosten ihrer ursprünglichen Oberherren, der Kalifen von Kairo, ebenfalls selbständig gemacht, brauchten auch die omayadischen Kalifen Spaniens und deren Einfluß südlich der Straße von Gibraltar nicht mehr zu fürchten, ja sie begannen sogar damit, sich dem vorwiegenden Glauben der Maghrebiner wieder zuzuwenden, indem sie blutige Verfolgungen der von den Fatimiden eingeschleppten ismalitisch-schiitischen „Ketzerei“ inszenierten. Al-Akhal, der Sohn des Kalbiden-Emirs Gaafar und Enkel des erwähnten Emirs Yusuf, mußte am eigenen Leibe erfahren, daß die Ziriden nunmehr danach gierten, sich auch Siziliens zu bemächtigen.

Einer Invasion durch den kriegsmächtigen Basileios II. entging er knapp, obwohl die Byzantiner bereits Reggio besetzt hatten und es zu einem starken Waffenplatz ausbauten. Im Dezember 1025 starb der bejahrte Kaiser, an dessen Entschlossenheit kein Zweifel möglich gewesen war. Seine beiden Nachfolger verschleppten die Angelegenheit, ohne sie ganz aus den Augen zu verlieren. Die Moslems des Maghreb suchten sich durch Vorwärtsverteidigung zu schützen, d. h. sie begannen die bewährten Piratenfahrten tief in byzantinisches Gebiet, und dabei kamen sie 1031 bis in die Adria und 1035 sogar nach Lykien, in die Ägäis und an die Küste Thrakiens. Doch nach moderner militärischer Rationalität hatte das den entscheidenden Nachteil, daß dabei die eigenen Kräfte verschlissen wurden, ohne den Feind entscheidend zu treffen. Die Plünderer Thrakiens fielen lokalen byzantinischen Kommandos in die Hände und wurden zu Hunderten entlang der asiatischen Küste der Dardanellen gepfählt.

Diese Überfälle hatten nicht einmal den Vorteil, den Eifer zum Dschihad aufrechtzuerhalten. Die traditionelle Uneinigkeit verhinderte dies, die unter den Arabern der Insel ebenso schwelte, wie zwischen ihnen und den Berbern, die mittlerweile unter der Bevölkerung nurmehr eine kleine Rolle spielten. Ein Bruder Al-Akhals mit Namen Abu Hafs wagte einen Aufstand gegen den Emir. Der Grund ist nicht zweifelsfrei zu rekonstruieren. Er liegt wohl, allgemein gesehen, in dem unerhörten Steuerdruck, den die Emire ausüben mußten, um ihre Armee zu bezahlen, die mittlerweile immer mehr aus Söldnern und immer weniger aus Arabern und Berbern bestand, die seit Generationen im Glaubenskrieg aufgewachsen waren, sich aber im Laufe der Zeit gegenseitig ausgerottet hatten und keinen genügenden Nachschub aus den islamischen Kerngebieten von jenseits des Meeres erhielten.

Die Byzantiner rochen den Braten, denn man konnte ihnen militärische Lässigkeit häufig, diplomatische Unaufmerksamkeit jedoch selten vorwerfen. Sie schickten einen gewissen Georgios Probates auf die Insel, und dem gelang es, Al-Akhal den Ehrentitel eines „Magister“ zu verleihen, das hieß konkret: Nun war er ein Vasall Ostroms, und die Christen versprachen ihm Hilfe gegen seine Glaubensbrüder, falls diese ihn bedrängten.

Solch ein weltanschaulicher Verrat schrie nach Reaktion, und daher warfen sich die Rebellen dem ziridischen Emir Al-Muizz Ibn Badis in die Arme. Aus Ifriqiyah kam der Sohn des Emirs, Abdallah, mit 3000 Mann zu Fuß und 3000 Reitern. 1037 überschritten auch die Byzantiner das Meer und warfen die Ziriden-Armee in die Flucht. Dann führten sie 15 000 bedrängte Christen von der Insel aufs Festland und überließen damit sinnloserweise das Feld abermals den Rebellen gegen Al-Akhal und deren ziridischen Verbündeten. Der Emir wurde in seiner Burg in Palermo belagert und geköpft, bevor die Stimmung des Volkes sich ihm wieder zuneigen konnte, sein Haupt schickte man als Trophäe dem Ziridensohn Abdallah.

Und dann landete Georgios Maniakes. Er hatte einige hundert normannische Söldner in seiner Armee, die, wie immer, national sehr buntscheckig zusammengesetzt war: Langobarden, Italiener, Waräger, Griechen, Bulgaren, Armenier etc.: „Römer“ zu sein war nie eine Sache des Blutes, sondern des Charakters, der Bildung und grundlegenden Überzeugung über das politische Zusammenleben gewesen. Insofern marschierte unter Maniakes durchaus eine „römische Armee“ vom Landeplatz in Richtung Messina. Doch die Normannen unter Wilhelm von Hauteville, genannt „der Eisenarm“, und eine Schar wilder Waräger (die späteren Russen) unter Harald Hardrada (= der Strenge, der Finstere), dem nachmaligen König von Norwegen, waren auch geistig und moralisch keine Römer mehr. Die norwegische Helden-Saga hat Harald wegen seiner exotischen Jugend-Abenteuer rund ums Mittelmeer, (er war später noch der Chef der Schutztruppe, die mit Genehmigung der Fatimiden die byzantinischen Handwerker bewachte, die die Grabeskirche in Jerusalem wiederaufbauten) einen Kranz von blutigen Legenden angedeihen lassen. Und auch Wilhelm der Eisenarm wird gerühmt: er soll nach normannischer Lesart die Moslems nach Messina zurückgeworfen und in der Nacht sogar ein Tor der Stadt aufgesprengt haben. Jedenfalls nahm Maniakes Messina mit geringer Mühe ein. Die Moslems verschanzten sich in Rometta, weil sie von hier aus den Weitermarsch der Byzantiner viel besser aufhalten konnten. 50 000 Mann sollen es gewesen sein, die Maniakes hier antraf, doch so gewaltig war sein Ansturm, daß er die Stadt sofort nahm und das Blut der Moslems in Strömen fließen ließ.

Dann folgte ein zweijähriger Kleinkrieg, Festung um Festung, und Harald Hardrada focht mit den Sarazenen, und stritt sich mit Maniakes, und die präzise Überlieferung läßt uns bis zur Belagerung von Syrakus im Stich. Nun war es an den Moslems, so lange Widerstand zu leisten, bis der Ziride Abdallah mit einem beträchtlichen Entsatzheer (das Zahlenangebot der Chronisten schwankt zwischen 15 000 und 100 000) heranrückte und sich bei Troina postierte, westlich des Ätna. Um den Berg herum konnte er Taormina angreifen oder auch in die Ebene von Catania und nach Syrakus vordringen. Das Gelände war so bergig, daß er Maniakes auch die Schlacht verweigern und um so eher zwingen konnte, die Belagerung von Syrakus aufzuheben.

Maniakes mußte handeln. Er zog nordwärts, durch das Tal des Simeto und tauchte nördlich von Bronte an der Straße zwischen Troina und Randazzo auf. Abdallah stürzte sich auf seine Infanterie und schützte seine Front mit Eisennägeln, in die die feindlichen Pferde hineinlaufen sollten. Doch da diese genügend große Hufeisen hatten, störte dies den sofortigen Angriff der Byzantiner nicht merklich, und die Moslems erlitten eine schnelle und schreckliche Niederlage. Am Ort des Sieges erbauten die Christen der Umgebung eine Kapelle für die Madonna, Santa Maria mit dem dankbaren Beinamen „di Maniace", um die herum die normannischen Königin Margarete 1170 eine Benediktinerabtei errichten ließ. Die Anlage stand (bis zum Erdbeben von 1693) an einem Bach namens „La Saracena", und östlich der Kirche heißt ein Geländestück „La Sconfitta", „die Niederlage".

Danach mußte Syrakus sich ergeben. Abdallah floh indessen an die Nordküste und von dort zu Schiff nach Palermo zurück, um den Krieg neu zu organisieren. Doch die Geschlagenen wollten ihn loshaben, was angesichts des drohenden Feindes als höchst unvernünftig bezeichnet werden muß, und verbanden sich sogar mit den ehemaligen Parteigängern Al-Akhals, obwohl dieser ja verräterischerweise die Byzantiner auf die Insel eingeladen hatte. Abdallah mobilisierte seine letzten Getreuen, es kam zu Straßenkämpfen, und schließlich setzte sich Abdallah verzweifelt nach Ifriqiyah ab.

Doch auch der islamische Glaube kennt Schutzengel. Maniakes bekam einen Wutanfall, als er erfuhr, daß der Admiral Stephanos den Abdallah nicht unterwegs nach Palermo abgefangen hatte. Er brüllte den Stephanos an, er sei ein Faulpelz, Nichtsnutz und Verräter und zog ihm ein paar Hiebe mit dem Stock über. Der zutiefst beleidigte Admiral, der immerhin der Schwager des Kaisers war, schrieb an seinen Bruder Johannes Orphanotrophos, den allmächtigen Eunuchen bei Hofe, daß das ungehörige Verhalten des Maniakes ganz danach aussehe, als wollte dieser einen Aufstand gegen seinen kaiserlichen Herrn beginnen. Und so erging noch im selben Jahre 1040 der Geheimbefehl, den Maniakes in Sizilien gefangenzusetzen und nach Konstantinopel zu schaffen. Sein Nachfolger wurde der Eunuch Basileios Pediadites, und dieser wäre heute viel bekannter, wenn er an militärischen Fähigkeiten ernsthaft mit dem cholerischen Löwen Maniakes vergleichbar gewesen wäre.

Der Löwe hatte in seiner Leidenschaft für Leistung und unbedingte Disziplin noch einen weiteren Fehler begangen. Ein Glücksritter aus der Lombardei namens Arduin, der seine auch von Maniakes gelobte Tapferkeit nach der Schlacht zwischen Troina und Randazzo ungenügend belohnt fand, tat vor dem Oberkommandierenden fordernd den Mund auf. Und der ließ ihn darauf nackt ausziehen und durchs Lager peitschen. Arduin steckte diese üble Behandlung zunächst weg. Aber nun kehrte er mit den normannischen Söldnern, die er befehligt hatte, und Leuten aus Skandinavien, die mit ihrer Beute ebenfalls unzufrieden waren, aufs Festland zurück. In Apulien tobte gerade der soundsovielte Aufstand der Einheimischen gegen die byzantinische Herrschaft, und Michael Doukeianos war von Konstantinopel beauftragt, diesen niederzuschlagen. Als die Nordleute auf der Suche nach neuen Abenteuern aus Sizilien heranzogen, lernte Doukeianos den Arduin und seine Mannen schnell schätzen. Solche Schlagetots konnte er gut gebrauchen. Da Maniakes in Ungnade gefallen war, schadete dem Arduin sein Zusammenstoß mit dem Gewaltigen nichts, und Doukeianos vertraute ihm die wichtige Festung Melfi an. Das Ende vom Lied war, daß Arduin im März 1041 die Stadt den normannischen Scharen in die Hände lieferte, die an der Seite der Einheimischen gegen die Byzantiner kämpften.

Überhaupt wurde es für die Oströmer nun schwierig, Apulien und gleichzeitig die sizilianische Ostküste zu behaupten, noch dazu wenn gerade die wackersten der Kämpfer so schnell die Fahne wechselten. Nachdem Doukeianos im Frühjahr 1041 im Apulien zweimal geschlagen worden war, berief er weitere Kerntruppen aus Sizilien ab: die Kalabrier, Makedonier und Paulikianer, letztere eine Ketzergruppe aus dem östlichen Kleinasien, die von den byzantinischen Kaisern nach Thrakien zwangsdeportiert worden war und ihnen von da an ausgezeichnete Soldaten lieferte. Anfang 1042 hatten die Christen nur noch Messina in ihrer Hand, die anderen Stützpunkte und auch Syrakus waren den Moslems erneut zugefallen.

In Palermo hatte sich Hassan Asch-Schamscham, der Bruder des ermordeten Al-Akhal, als Emir durchgesetzt. Maniakes war nach dem Tod des Kaisers Michael IV. im Dezember 1041 zwar wieder freigekommen, doch man sandte ihn nicht wieder nach Sizilien, sondern nach Apulien. Und dann verschwand er auf folgende Weise aus der Geschichte: der neue Kaiser, Konstantin IX. Monomachos, hatte eine Geliebte namens Sklerina, und deren Bruder Romanos Skleros hatte die Frau des Maniakes verführt. Also haßte Maniakes den Romanos Skleros, und als dieser, weil er in Zugzwang zur eigenen Sicherheit war, beim Kaiser die Abberufung des Maniakes erwirkte, warf sich der große Kämpfer tatsächlich in die Rebellion. Seinen Nachfolger im Kommando ließ er gleich bei der Landung in Apulien packen, ihm Ohren, Nase und Mund mit Mist vollstopfen und anschließend zu Tode foltern. Die Soldaten johlten und begrüßten ihn als neuen Kaiser. Niemand dachte daran, daß Konstantin IX. ihn vielleicht hauptsächlich deshalb abberufen hatte, weil er bei seinem Vorgehen in Apulien mit unerhörter Grausamkeit die Zivilbevölkerung systematisch hatte niedermetzeln lassen, Männer, Frauen und Kinder ohne Unterschied, und daß der Kaiser seinen geschundenen Untertanen entgegenkommen wollte, um sich allmählich ihre Loyalität wieder zu sichern. Maniakes rückte tatsächlich auf Konstantinopel vor, viele kaiserliche Einheiten gingen zu ihm über, doch bei Ostrowo im bulgarischen Makedonien siegte er und fand gleichzeitig den Tod in der Schlacht.

Währenddessen hielt Katakalon Kekaumenos Messina und gewann sogar eine Schlacht vor den Toren der Stadt gegen die Moslems, die, vielleicht unter Hassan

Asch-Schamscham, herangerückt waren. Schließlich fiel Messina doch, man weiß aber kein genaues Datum. Die Byzantiner hatten in Unteritalien alle Hände voll zu tun und keine Truppen frei, um diese auf die Insel zu werfen. Die Abberufung des Maniakes hatte sie daran gehindert, das in Palermo ausgebrochene Chaos für sich auszunützen. Und der Aufstand in Apulien hatte ihnen verwehrt, auch nur die Ostküste festzuhalten. Einmal mehr waren Anspruch und tatsächliche Machtentfaltung Ostroms nicht in Einklang zu bringen gewesen.

Maniakes aber blieb auf der Insel anwesend, nicht nur in Santa Maria di Maniace, sondern auch an einem anderen Ort seiner Siege: Die wuchtige Festung, in die auf der Halbinsel Ortygia die Altstadt von Syrakus ausläuft, trägt seinen Namen: Castello Maniace, obwohl sie erst 200 Jahre später unter Friedrich II. von Hohenstaufen erbaut wurde. So mag der Volksmund die Ahnung bewahrt haben, daß dieser unbändige Krieger der letzte gewesen wäre, der es hätte schaffen können, die Insel dem Islam zu entreißen und wieder an die griechisch-byzantinische Welt anzuschließen, gerade noch rechtzeitig, bevor die westlich-lateinischen Normannen sie gewannen.

Fünftes Kapitel

Die Blüte der Moslems

Palermo

Es ergibt sich aus der Land- bzw. Seekarte: ein Sizilien, das nach Griechenland hin orientiert ist, macht zu seinem wichtigsten Hafen und Verbindungspunkt mit der Welt jenseits des umgebenden Meeres eine Stadt an der Ostküste, die dazu besonders gut geeignet ist – also Syrakus. Doch wenn vorwiegend die Verbindungen ins semitische oder islamische Nordafrika wichtig sind, dann kommt nur der beste Hafen im westlichen Drittel der Insel in Frage, und das ist Palermo. Schon die Phönizier und nach ihnen die Karthager erkannten dies klar; ihnen folgten die Moslems, sobald sie Karthago fest in ihrer Hand hatten. Daß Palermo zur Rivalin von Syrakus in der Geschichte werden konnte, daß Syrakus auf die glanzvollen Tage der Antike beschränkt blieb, Palermo aber für Mittelalter und Neuzeit das Übergewicht bekam, das ist das dauerhafte Werk der Moslems.

Man sagt, der Prophet habe gesagt, wer eine Moschee baue, für den werde Allah eine Bleibe im Paradies bauen. Palermo im Jahre 972 hatte sogar über 300 Moscheen, wenn wir Ibn Hauqal glauben dürfen, einem Reisenden durch die gesamte muslimische Welt zwischen Indien und Atlantik, der die Hauptstadt der Kalbiden im Jahre 972 besuchte, also gerade zum Höhepunkt der islamischen Herrschaft auf Sizilien, nach der Niederringung des letzten christlichen Widerstandes und einige Jahrzehnte vor der Abdankung angesichts der Schwerter der Normannen. Die größte Moschee dieses Hauptortes des islamischen Sizilien faßte nach Ibn Hauqual 7000 Gläubige – da hatten die Moslems, wie häufig, eine christliche Basilika usurpiert und umgestaltet, die unter den Normannen dann erneut zur christlichen Kultstätte wurde. Ibn Hauqal hatte nirgendwo eine größere Moschee gesehen, und bei seiner umfassenden touristischen Erfahrung bedeutet dies, daß Palermo („Balarm“ aus griechisch „Panormos“) damals eine der glänzendsten Metropolen des Islam gewesen sein muß.

Schon der Mönch Theodosios, der nach der Eroberung von Syrakus (878) als Gefangener durch Palermo geschleppt worden war, hatte gestaunt: „Eine sehr berühmte und volkreiche Stadt, die eine riesige Bevölkerung von Einheimischen und Ausländern hat! Es scheint, als ob die ganze Rasse der Sarazenen in ihr zusammengeströmt wäre. Von Ost bis West, vom Norden bis zum Meer kann die Stadt kaum die Zahl ihrer neuen Einwohner aufnehmen. So begann man, außerhalb der Stadtmauern Häuser zu bauen, und so entstanden nahe bei der Stadt verschiedene andere Städte, genauso wohlhabend, und ebenso mit Mauern umgeben.“

Die Stadt dürfte an die 100 000 Einwohner gehabt haben, mit Vororten einige 10 000 mehr. Sie stand in Sizilien mit Abstand an der Spitze. Für die nächstgrößeren Zentren, nämlich Catania, das allmählich wieder halbwegs zu Kräften kommende Syrakus und Mazara sind ca. 15 000 Einwohner anzunehmen. Trapani, Cefalù und Enna, Patti, Caltagirone, Piazza Armerina und das von Arabern und Berbern eigens ausgebaute Butera hatten zwischen 2000 und 10 000 Einwohner. „Groß-Palermo" kam also bereits in die Nähe der omayadischen Kalifenstadt Cordoba (200 000 – 300 000 Menschen) und rangierte weit vor dem zeitgenössischen Rom (35 000), Paris (ca. 50 000) oder gar Neapel (ca. 25 000) und London (12 000, als die Normannen Wilhelms des Eroberers nach England kamen). Nur die Fatimiden-Hauptstadt Kairo und Konstantinopel mit etwa einer halben Million waren unvergleichlich größer. Mit etwas Mühe behauptete das Ziriden-Zentrum Kairuan seinen Vorsprung (ca. 200 000) vor Palermo.

Das Stadtzentrum lag zwischen zwei Flüßchen, die längst zugeschüttet sind (schon die Moslems begannen damit), parallel zur heutigen Via Vittorio Emanuele verliefen und etwa am Schnittpunkt dieser Straße mit der Via Roma nebeneinander ins Meer mündeten, das sich mittlerweile bis zum Hafenbecken „La Cala" zurückgezogen hat. Hier erhob sich das Viertel Al Qasr, das eigene Mauern mit wuchtigen Stadttürmen hatte und von Händlern sowie der arabischen Nobilität bewohnt wurde. Der Herrscher wohnte in dem Viertel Al Halischah (" das Erwählte"), der Beamtenstadt mit Behörden, Zeughaus, Gefängnissen und öffentlichen Bädern. Das Erwählte hatte niedrigere Mauern als Al Qasr, und das volkreichste und ausgedehnteste hatte gar keine: Harat as-Saqalibah. Hier stiegen die Seeleute ab und hatten all die fremden Handelsleute, hauptsächlich aus Italien, ihr Quartier. Es lag am Hafen und war nicht ummauert, ebensowenig wie die beiden übrigen Viertel, das sogenannte Neue Viertel und das der Moscheen, wo überwiegend die Söldner ihre Familien untergebracht hatten und moslemische Händler und die verschiedensten Handwerker wohnten. Jeder Stand hatte seine eigenen Straßen, ähnlich der Aufteilung in den christlichen Städten des Mittelalters. Die Juden dürften nach Ibn Hauqal ein eigenes Viertel außerhalb der fünf bereits erwähnten gehabt haben. Sie waren aus dem Leben der Handelsmetropole nicht wegzudenken, und ihre Konversion zum Islam war nicht selten. Bis zur Neuzeit blieb die Ausdehnung der Stadt ungefähr in dem Umfang erhalten, wie Ibn Hauqal sie gesehen hatte.

Die Umgebung, die weltberühmte Goldene Muschel (Conca d'Oro, damals: Wadi Al-Abbas) war ein einziger blühender Garten mit Grünflächen, Lusthäusern, Blumenpracht und Weinpflanzungen. Wasser gab es hier im Überfluß, und die islamischen Söhne der Wüsten und trockenen Steppen mußten sich hier wie im Paradies fühlen, in dem sie sich nach Koran, Sure 56, Vers 31 ff.: „an Wasser befinden, das sich über das Erdreich ergießt, mit vielen Früchten, die sie ununterbrochen und unbehindert zu ihrer Verfügung haben, und dick gepolsterten Betten . . ."

Palermo war schon wenige Jahrzehnte nach seiner Eroberung durch die Moslems zu einem der bedeutendsten Zentren der gesamten islamischen Welt geworden, so bedeutend, daß es ein durchreisender Dichter sogar mit dem arabischen Medina

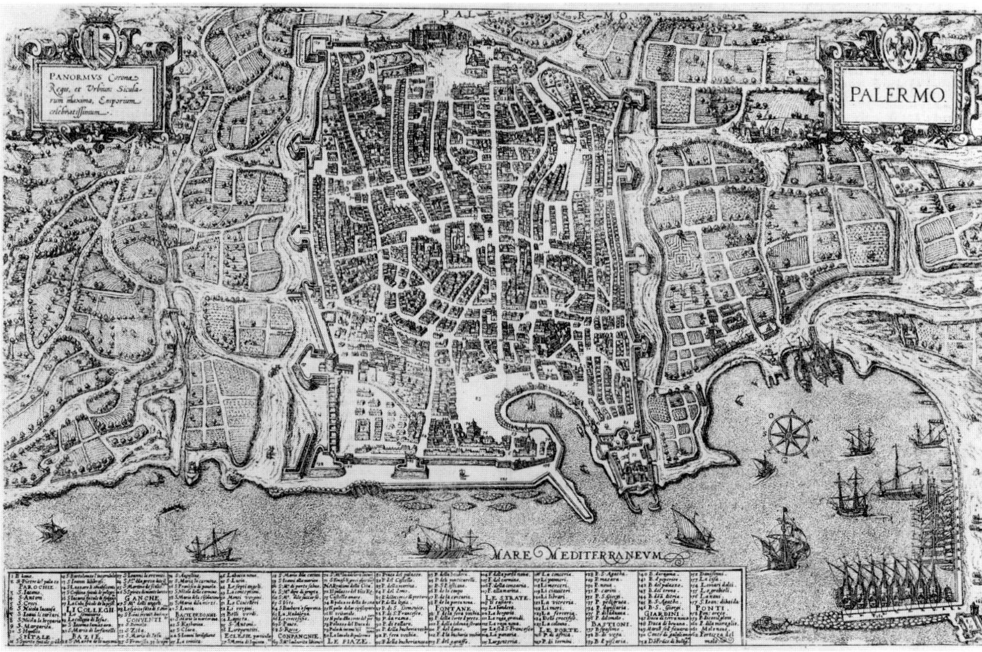

Oben: Palermo aus der Vogelschau. Der um 1600 entstandene Kupferstich läßt die Befestigung der mittelalterlichen Stadt noch gut erkennen.
Unten: Blick vom Monte Pellegrino auf Palermo; links und im Hintergrund die „Conca d'Oro", von den Moslems Wadi Al-Abbas genannt.

verglich, und das war immerhin nach Mekka die heiligste Stadt des Islam. Das freilich mochte eine blumige Übertreibung am Rande der theologischen Unzulässigkeit sein, denn die Stadt verdankte ihre Prosperität nicht ihrer geistlichen Bedeutung – das war schon deshalb ausgeschlossen, weil sie im Bannkreis der ismailitischen Fatimiden lag, und die duldeten keinen geistlichen Aufschwung neben dem Hofe der Kalifen. Vielmehr war Palermo als internationale Handelsstadt zu ungeahnter Höhe aufgestiegen.

Einmal mehr in der Geschichte erwies sich dabei die großartige zentrale Lage der Insel im Mittelmeer nicht als Hypothek, weil dann nämlich alle großen Mächte am Mittelmeer Sizilien hätten erobern wollen, sondern als Segen: die arabisch-islamische Expansion hatte zwar die antike politische Einheit dieses Raumes endgültig zerrissen, aber der Handelsaustausch zwischen Ägypten, dem Maghreb, Spanien und dem christlichen Europa war dadurch niemals vollständig zum Erliegen gekommen. Nun kam Sizilien als Schnittpunkt zwischen diesen Zentren wieder zu Ehren, und Palermo wurde zum hauptsächlichen Nutznießer des neuen Aufschwungs. Schon 812 hatten die Byzantiner einen Handelsvertrag mit den Aghlabiden geschlossen. Als die Moslems auf Sizilien herrschten, traten sie in verstärkten Kontakt mit den italienischen Handelsrepubliken, der durch die chronische sarazenische Seeräuberei der damaligen Zeiten nur belästigt, aber nicht unterbunden wurde.

Nach der moslemischen Eroberung steigerte Amalfi sein Handelsvolumen auf Kosten seiner Konkurrenten Neapel, Gaeta, Salerno und Venedig. Ein Umschlagplatz Palermo oder Catania machte die weite Fahrt nach Ägypten und an die syrische Küste überflüssig. Die Fatimiden unterstützten diese Entwicklung aus fiskalischen Gründen und verpflanzten nach ihrer Eroberung Ägyptens die guten Beziehungen zu Amalfi auch noch nach Alexandria. Auch der Landweg über Ifriqiyah kam in Frage: Anlieferung nach Tunis oder Tripolis (heutige Hauptstadt Libyens), von dort auf dem Karawanenweg entlang der Küste in die Cyrenaika und nach Kairo, und der Rückweg folgte denselben Vorgaben. Zu Beginn des 11. Jahrhunderts begannen auch Kaufleute aus Pisa sich einzustellen – bis Pisa sich am Krieg der Normannen gegen die Moslems auf Sizilien beteiligte (darüber mehr im nächsten Kapitel). Die arabischen Sizilianer nahmen sogar Stellung gegen fatimidische Beutezüge nach Unteritalien, indem sie die Flotte der Fatimiden angriffen. Denn am Ende wollten die Kalifen die Italiener zu direktem Handel mit Nordafrika zwingen und Sizilien damit den lukrativen Zwischenhandel wegnehmen.

Umgekehrt, nämlich wenn man beim Erwerb von Gütern nicht langfristig und daher friedlich dachte, blieb auch die Seeräuberei ein interessantes Geschäft, weshalb die Hafenstädte der Insel sich auch gern als Stapelplätze für Beutegut und als Hehler großen Stiles betätigten. Amalfi wurde dabei für Christen und Moslems sogar so interessant, daß es bei den gegenseitigen Plünderungszügen von beiden Seiten bewußt ausgespart blieb – und ebenfalls der Hehlerei von Raubgut frönte. Die Venezianer waren schon im 9. Jahrhundert mit von der Partie. Als die aghlabidischen Emissäre im Jahr 812 anreisten, um den erwähnten Vertrag mit den Byzantinern abzuschließen, da kamen sie auf venezianischen Schiffen.

Zwischen Palermo und den spanischen Häfen bestand sogar ein regelmäßiger Schiffsverkehr. Die Spanier konnten die Insel, ebenso wie die Italiener, als Platz des Austausches mit den Ländern der Levante gut gebrauchen – und auch mit Nordafrika, obwohl der direkte Weg von Andalusien und Valencia dorthin teilweise kürzer gewesen wäre. Die Sizilianer wiederum übernahmen, ebenso wie die Amalfitaner, den Warentransport in die Levante auch auf ihren eigenen Schiffen. Die Insel war damals noch weitaus reicher an Wäldern als heutzutage, was dem heimischen Schiffbau zugute kam und den Fatimiden reiche Vorräte zum Bau ihrer Marine zur Verfügung stellte. Das Holz kam aus den Wäldern um Agrigent, am Ätna und von den Höhen der nordöstlichen Küstengebirge, der Madonie und der Monti Nebrodi. Und es war gerade hier für die Kalifen besonders preiswert, denn die arabische Bevölkerung leistete ihre Verpflichtung zur Fronarbeit durch Holzfällen ab, während man den christlichen Untertanen für Schlägerung und Transport zu den Werften einen Extra-Lohn zahlen mußte.

Die Ökonomie der Moslems

Welche Güter nun standen im Vordergrund des Austausches? Die Italiener bezogen aus und über Sizilien Gewürze, Olivenöl, Wachs und Gold, Artikel, die teilweise aus Nordafrika, aus dem Inneren der Sahara und, über ägyptische Vermittlung, aus dem Orient kamen. Aber auch die Insel selbst lieferte, wie schon in der klassischen Antike, Getreide, Obst und eigenes Olivenöl, soweit die Araber die Kultur des Olivenbaumes nach ihrer Vernachlässigung in spätantiker und byzantinischer Zeit auf Sizilien wieder zur Blüte gebracht hatten. Der Austausch von menschlicher Ware, von Sklaven, florierte geradezu, und man muß es sich einmal deutlich vergegenwärtigen, daß etwa die Pracht des Domes von Amalfi zu wesentlichen Teilen aus den Gewinnen des vorurteilsfreien, um nicht zu sagen unchristlichen Sklavenhandels der Bürger finanziert worden ist. Diese mögen sich damit zu trösten versucht haben, daß viele der Sklaven „Heiden" waren, nämlich Sklaven aus den noch nicht christianisierten Teilen Mittel- und Osteuropas. Der Gewinn für die Verkäufer dürfte lohnend gewesen sein, denn Fatimiden, Kalbiden und Omayaden brauchten diese starken Kerle, da sie sich auch auf slawische Söldnerkontingente stützten, die am westlichen Mittelmeer kaum eine geringere Rolle spielten als die Waräger und Skandinavier in den Diensten der Byzantiner.

Sizilien produzierte noch mehr als Getreide und Oliven. Ägypten empfing von dort nicht via Palermo, sondern über Mazara Seidenstoffe (aus „Demine", das irgendwo im bergigen Nordosten der Insel gelegen haben muß, sofern die Bezeichnung nicht einfach den Namen dieser ganzen Region, nämlich „Val Demone" wiederholt), Leinen, Häute und Käse. Die Kalifen vom Nil bezogen sizilianisches Eisen, auch für damalige Zeiten ein wichtiges „strategisches Gut", weshalb die Normannen später den Export nach Alexandria einstellten. Der sizilianische Käse dürfte das gleiche Produkt gewesen sein wie der heutige ägyptische Jibn Al-Rumi, weil die Spezialisten festgestellt haben, daß dieser dem sizilianischen *cannistratu* oder *pepato* entspricht. Die Ägypter schickten dafür Zucker, Marmelade, Strohmatten, Töpferware, Juwelen und Färbungstinkturen – nicht zu vergessen den Pfeffer, der aus dem Indischen Ozean und der indonesischen Inselwelt in Ägypten zwischenlandete. Insgesamt waren im Dreieck Sizilien-Ifriqiyah-Ägypten 8000 Kaufleute tätig, zwischen Sizilien und Ägypten allein 5000. Vom Austausch mit dem byzantinischen Bereich wird weniger berichtet, obwohl der Krieg zwischen beiden Kulturen nicht andauernd währte. Auch die Küsten Okzitaniens und des Königreiches Burgund, das damals bis ans Mittelmeer reichte, waren nicht recht interessant, einerseits wegen der relativen wirtschaftlichen Armut des sich allmählich feudalisierenden westlichen Abendlandes, zum anderen, weil da die Räuber von Fraxinetum ja noch bis zum Jahr 983 im Wege lagen.

Das beachtliche Handelsvolumen setzte nicht nur einen weiträumigen Handel mit dem entsprechenden pragmatisch-weltoffenen Geist voraus, dem gegenüber die christliche Kreuzzugsbegeisterung späterer Generationen wie ein Rückschritt anmutet, sondern auch eine umfangreiche Produktion auf der Insel selbst. Die Sizilianer waren wegen ihres reichen Landes nicht nur ein Handelsvolk nach Art der Amalfitaner und Venezianer, sondern selbst Produzenten. Um einen kühnen Vergleich zu bemühen: nach Lenin war die Sowjetmacht gleichbedeutend mit Räteherrschaft plus Elektrifizierung des ganzen Landes. Das moslemische Sizilien war, in gewagter Parallele dazu, islamische Herrschaftsordnung plus effektive wirtschaftliche Organisation der in der Spätanike und unter den Byzantinern etwas heruntergekommenen Insel.

Die Moslems brachten die nötige Zahl an Einwanderern auf die Inseln, wodurch genügend Arbeitskräfte vorhanden waren. Sie brachten auch die erforderlichen Investitionen an Geld, Sachmitteln und Grund und Boden auf, um die Landwirtschaft zu steigern. Und sie waren zu Neuerungen fähig, die in der Antike noch unbekannt gewesen waren.

Die allererste Neuerung bestand in der Regelung des islamischen Gesetzes, demjenigen, der ein Land fruchtbar machte, auch das Eigentum am Land zuzugestehen. Wer Nutzpflanzen einführte, durfte mit einem reduzierten Steuersatz rechnen. Auf Gewürze sollte nach Ansicht einiger Gesetzesgelehrter überhaupt keine Steuer erhoben werden, auch auf den Anbau von Baumwolle nicht. Damit wurde natürlich ein besonderer Anreiz für die Einwanderung von Neusiedlern und für die Kultivierung brachliegender Ländereien geschaffen.

Die nächste und ebenso wichtige Neuerung bestand im Ausbau der Bewässerungssysteme. Die Moslems bauten als erste unterirdische Versorgungskanäle, zogen Wasserkanäle durch die Oberfläche des Bodens, gebrauchten abnutzungsfreie Rohre aus Fliesen und setzten Wasserräder ein. Dies ergab leistungsfähige und umfangreiche Systeme, die es zum ersten Mal erlaubten, auch im heißen und trockenen Sommer eine Ernte einzufahren, während man in der Antike nur eine Winterernte gekannt hatte. Das Klima kam der Bewässerung entgegen, denn es wird berichtet, daß die Obstgärten rund um Palermo keine Besprengung brauchten, sondern allein durch den natürlichen Regen gediehen. Regen konnte auch im

Sommer einmal fallen, und in der Ätna-Region stand stets Schnee zur Verfügung. Unter den Byzantinern war das Klima trockener gewesen, und während Sizilien gedieh, war Nordafrika wiederholt von Dürren und Hungersnöten geplagt. So wuchsen auf der Insel Zitrusfrüchte, Baumwollpflanzen, Johannisbrotbäume, Zuckerrohr, Dattelpalmen, Maulbeerbäume, Oliven (eine Sorte hieß prompt „saracena“), Artischocken, Auberginen. Baumwolle, Zuckerrohr, Pistazien und Melonen gediehen zum ersten Mal auf der Insel. Weizen und Gerste waren natürlich auch wieder dabei, nur daß die überwiegende Monokultur der Antike nun reduziert wurde, da die alte Latifundienwirtschaft schon in byzantinischer Zeit kleineren Parzellierungen hatte weichen müssen. Insofern war es ein Segen, daß die römische, grundbesitzende Aristokratie nicht mehr das Sagen hatte, und unbezweifelbar ein ökonomischer Fortschritt für die Insel. Zudem begünstigte das islamische Erbrecht die Aufteilung von Grund und Boden.

Auch in der Nutzung des Bodens brachten die Moslems bessere Verfahren, denn da sie zweierlei Ernten einfahren wollten, legten sie besonderen Wert auf gründliches Umpflügen, natürliche Düngung und dosierten Wechsel in der Fruchtfolge. Es war, als ob die Araber die Erinnerungen an ihre heimischen Wüsten durch große Anstrengungen vergessen wollten, ein Art psychologische Motivation zur Steigerung der Landwirtschaft. Am Ende lieferten die Moslems sogar der päpstlichen Kanzlei Papyrus, der nahe Palermo wuchs (falls es kein ägyptischer war, was nicht restlos auszuschließen ist): Papst Johannes VIII. verfaßte im Jahre 875 eine Bulle zugunsten der burgundischen Abtei von Tournus, und die im Papyrus dieser Urkunde eingelassenen Herkunftszeichen sind arabische Buchstaben! Vielleicht hat Rom sie über den sarazenenfreundlichen Stapelplatz Neapel bezogen.

Einwanderung und Kolonisierung

Die Einwanderung der Moslems war so stark, daß sie den ethnischen und kulturellen Charakter Siziliens grundlegend änderte, auch wenn das Christentum keinesfalls verschwand. Schon unter den Aghlabiden waren die Siedler eingeströmt, unter den Fatimiden verstärkte sich diese Entwicklung noch. Es kamen nicht nur die Sippen der Glaubenskrieger in deren Gefolge, sondern, sobald es friedlicher geworden war, Bauern, denen es in Nordafrika zu kriegerisch und zu dürftig zuging, sowie rechtgläubige Sunniten, die Abstand von der Staatsmacht der Fatimiden gewinnen wollten. Die ketzerischen Kalifen wiederum förderten diese Absetzwegungen auch noch, weil sie damit illloyale Untertanen loswurden und weil Sizilien schließlich auch mit diesem islamisiert werden konnte und damit der Dynastie näher blieb, als wenn die Christen dort die Oberhand gehabt hätten. Zudem förderten die Fatimiden die Übersiedlung der treuen Kutama-Berber, nachdem unter den Aghlabiden der Hawarah-Stamm an die Macht gekommen war. Die Auswanderung war eine der Wohltaten, mit denen das Regime seine Anhänger an sich binden konnte.

Als die Fatimiden im Jahre 909 Tahert erobert hatten, eine Hauptstadt der verhaßten Charidschiten, waren viele Sippen, die von ihrem Glauben nicht lassen wollten, nach Sizilien ausgewandert. Der Aufstand des Abu Yazid schuf ebenfalls eine Menge Flüchtlinge. Als 1055 der Beduinenstamm der Banu-Hillal, von Osten kommend, den Maghreb verwüstete, fanden viele Moslems in Sizilien Zuflucht, und sogar noch zur Normannenzeit begaben sich viele lieber unter christliche Herrschaft, bevor sie die Natur- und Kriegskatastrophen in ihrer Heimat hinnahmen. Jedenfalls stammten fast alle Neuankömmlinge aus dem Maghreb, weshalb das islamische Sizilien als dessen Spiegelbild bezeichnet werden kann. So entfaltete sich über einige Generationen des hohen Mittelalters eine Migrationsbewegung, deren Intensität erst wieder in den beiden letzten Jahrzehnten des 20. Jahrhunderts erreicht wurde, und die damals tatsächlich auf Sizilien eine „multikulturelle" Gesellschaft hervorbrachte – allerdings mit moslemischer Dominanz, wie anderswo im islamischen Machtbereich auch, und insofern nicht aus dem Rahmen der islamischen Geschichte fallend.

Die Berber waren auf Sizilien zahlreicher als die Araber, nur waren sie in Armee, Grundbesitz und Verwaltung nicht tonangebend. Die Araber kamen aus ihrer heimatlichen Halbinsel, auch aus dem südlichen Bereich (die Kalbiden stammten aus dem Jemen) und teilweise aus Andalusien. Im westlichen Teil der Insel waren die Berber-Siedlungen konzentriert. Agrigent wurde früher als ihre „Hauptstadt" angesehen. Und wenn sich die Archäologen auch schwertun, die Anwesenheit der Berber dort durch größere Funde nachzuweisen, so werden doch gerne die verwinkelten Straßen der Altstadt zwischen Kathedrale und Municipio als „typisch nordafrikanisch" dargestellt, als eine Art Kasbah, ebenso wie einige Viertel Palermos. Das kann man für überzeugend halten oder auch nicht: auch die süddeutschen Dörfer etwa folgen sehr selten einem klaren Schachbrettmuster, doch vergleicht sie deswegen niemand mit einer maghrebinischen Kasbah.

Zudem dürften in Palermo mehr Berber gelebt haben als in Agrigent. Ibn Hauqal erwähnt dort Berber vom Stamm der Barqajanah, der im Maghreb weit verstreut siedelte. Die Barqajanah waren Charidschiten, was ihnen in Palermo nicht geschadet zu haben scheint. Auch in Bezug auf die Heterodoxie war die Insel also ein Spiegel des Maghreb, und toleranter als es dem Sendungsbewußtsein der Fatimiden hätte entsprechen können.

Die Berber hinterließen ihre Namen in vielen Siedlungen, die später wieder untergegangen sind, nur wenige haben überdauert: etwa Melilli zwischen Syrakus und Augusta. In diesen Namen kann man den Unter-Stamm der Hawarah wiederentdecken, die Malillah, die auch in der spanischen Exklave Melilla am marokkanischen Mittelmeerufer auftauchen. Die Kutama leben fort in Cutemi nahe Caccamo und in Cutame bei Agrigent.

Die Berber wohnten überwiegend auf dem Lande, die Araber eher in den Städten. Die Aghlabiden gehörten zu den Banu Tamim aus dem nördlichen Arabien, ihre Anhänger, die auf der Insel siedelten, ebenso, während die Fatimiden aus Südarabien stammten. Die arabische Herkunft mancher Ortsnamen ist deutlich: Misilmeri bei Palermo von Manzil Al-Amir, Palast des Emirs. Mussomeli nahe der Landstraße Palermo-Agrigent (etymologisch nicht klar zu deuten); Alcamo von Manzil Alqamah; Calatafimi von Kalat Al-Fimi (Burg des Euphemios), am bekanntesten wohl Marsala, die Umbenennung des antiken Lilybaion in „Marsa-Allah“ oder auch „Marsa-Ali“ (Hafen Allahs oder Alis); Collesano von Qalat As- Sirat, Caltavuturo von Qalat At-Tawr; Sciacca von Asch-Schaqah; Caltabellotta von Kalat Al-Ballut (Eichenfelsen), Racalmuto von Rahalmut (zerstörtes Gehöft); Canicattí von Al-Qattá, und manche andere. Viele arabische Orte sind wieder verschwunden, z. B. Al-Balawin bei Corleone, Rahl Kalai bei Gibellina und Rahl Al-Sharani bei Misilmeri. Und manche sind von den Christen später wieder umgetauft worden, wie Qasr Yannah in Castrogiovanni.

Insgesamt sind die arabischen Orts- und Flurnamen weniger zahlreich als die berberischen, aber sie betreffen bedeutendere Siedlungen. Den Namen der Insel verballhornten die Araber nur, aber sie änderten ihn nicht. Es kam Isqilliyah, Ischqilliyah und Siqilliyah vor, immer mit der Betonung auf der vorletzten Silbe. Siqilliyah war die endgültige Form. Noch heute sagen die benachbarten Malteser, die eine überwiegend semitische Sprache sprechen, Scallía.

In damaliger Zeit kam die Dreiteilung der Insel in die Bezirke Val di Mazara, Val di Noto, Val Demone auf. Ersteres umfaßte den Westteil bis zur Linie des Salso-Flusses, Enna und Caronia am Tyrrhenischen Meer. Die Linie Licata-Enna-Catania schließt nach Südosten das Val di Noto ein, benannt nach seinem stark befestigten Hauptort. Hinter der Linie Caronia-Enna-Catania lag das Val Demone, dessen Namen nicht zuverlässig gedeutet werden kann, zumal ein Ort Demone nicht nachzuweisen ist. Die originellste Erklärung leitet sich von „Dämon“ her, der im feuerspeienden Ätna haust, eine realistischere leitet „Demona“ von griechisch „diameno“ ab, was „verharren“ bedeutet, nämlich in der Treue zum orthodoxen christlichen Glauben angesichts moslemischer Bedrängnis. Eine griechische Chronik (die von Monemvasia auf der Peloponnes) behauptet, die „Lakedemoniti“ seien Ende des 6. Jahrhunderts vor den eindringenden Slawen aus Lakonien übers Meer nach Sizilien geflüchtet und hätten in verballhornter Form der Region ihren Namen gegeben.

Wie dem auch sei: In der gebirgigen Nordostecke der Insel sind die arabisch-berberischen Siedlungen am rarsten gewesen. Im Val di Mazara hat man 161 arabisch-berberische Ortsnamen festgestellt, im Val di Noto 55 und im Val Demone lediglich 20. Die Bevölkerungsdichte entsprach dem nicht, da die christliche Bevölkerung stets ein starker Faktor blieb: 440 Siedlungen im Val di Mazara, 270 im Val di Noto, 311 im Val Demone. Die Bezeichnung „Val“ ist volksetymologisch von „valle“ = „Tal“ abgeleitet; wahrscheinlich hat sie mit arabisch „wilayah“ = Verwaltungsgebiet zu tun.

Nachdem der Glaubenskrieg über die Insel hinweggegangen war, lag viel fruchtbares Land brach, denn seine Eigentümer waren geflohen – wenn es nicht schon in füherer byzantinischer Zeit verlassen worden war. Vielen Städten waren ihre Mauern zu groß geworden, nachdem im 8. Jahrhundert die Beulenpest gewütet hatte. Die Handelsverbindungen waren sozusagen eingeschlafen, die Wirtschaft war auf die Stufe der Subsistenz und des lokalen Austausches herabgesunken, manche

Städte hatte man sogar aufgegeben: Gela, Selinunt, Segesta. Charakteristisch für das vor-moslemische Lebensniveau war die Zunnahme von Höhlenwohnungen, von denen manche bis ins 20. Jahrhundert hinein benutzt wurden.

Die Moslems drangen an vielen Stellen in verlassene Städte und Dörfer und hauchten ihnen neues Leben ein, wie die Archäologie nachgewiesen hat. Auch die Höhlenwohnungen bezogen sie, etwa die zwischen Grotte und Recalmuto, denn manche Berber kamen aus Gegenden mit ähnlichen Errungenschaften. Man hat für das ländliche Sizilien unter den Moslems eine Bevölkerungszahl von 300 000 bis 400 000 Menschen geschätzt, was mit dem „Ballungsgebiet" Palermo und den anderen Städten zusammen eine Einwohnerzahl von 700 000 bis 800 000 ergeben würde. Der zivilisatorische Aufschwung scheint nicht bedeutet zu haben, daß die ländlichen Klein-Regionen mehr Kontakt zueinander bekamen. Diese Separierung wurde noch durch die Ansiedlung moslemischer Sippen in regionalen Schwerpunkten verstärkt, denn eine Sippe legte auf Umgang mit der Nachbar-Sippe keinen großen Wert. Mochte im Landesinneren also auch unter dem Halbmond das alte, idyllische Sizilien der Hirten und Schäfer, wie es die Poeten des Hellenismus beschworen hatten, verträumt fortdauern, das Entscheidende tat sich in den Küstenstädten, die die Insel wieder in Verbindung mit den meisten Teilen der damals bekannten Welt brachten.

Die Schutzbefohlenen

Man wüßte gerne, in welchem Zahlenverhältnis christliche und moslemische Bevölkerung zueinander standen, und zwar zu verschiedenen Zeitpunkten. Denn die Moslems waren findig darin, Mechanismen der Konversion zu schaffen, um ihren Glauben auf langsamem, friedlichem, aber auf die Dauer unwiderstehlichem Wege auszubreiten, nachdem sie durch Krieg die Herrschaft über die noch zu bekehrende Bevölkerung gewonnen hatten. Jedenfalls dürfte es am Vorabend der normannischen Eroberung etwas mehr Moslems als Christen gegeben haben.

Rechnen wir zu den Christen noch die Juden und fassen wir beide zusammen, wie es die Moslems taten, nämlich als „Leute des Buches", d. h. Gläubige einer niedergeschriebenen Offenbarung, wie es auch der Koran war, dann ergibt sich im islamischen Staat für beide auch die gleiche Behandlung. Beide hießen staatsrechtlich Dhimmah, d. h. „Schutzbefohlene", und mußten Kopfsteuer zahlen die *dschizyah* (aus dem Syrisch-Aramäischen für „Tribut"), und Landsteuer, den *kharadsch*. Dies entsprach der Rechtslage in sämtlichen islamischen Staaten. Die Schutzbefohlenen hatten stets Marken aus Kupfer und Leder bei sich zu führen, um nachzuweisen, daß sie die dschizyah gezahlt hatten. Dadurch waren sie gleichzeitig als Nicht-Moslems ausgewiesen, denn die Sieger hatten keine Kopfsteuer zu zahlen. Die Dschizyah war nach Einkommen gestaffelt; Frauen, Kinder unter 9 Jahren, Behinderte und Sklaven waren nicht steuerpflichtig. Nichtbezahlung wurde streng bestraft, manchmal sogar mit dem Tode. Wem die Dschizyah zu drückend war, der konnte sich ihr durch Konversion zum Islam entziehen (dem Kharadsch entging er aber weiterhin nicht).

Die Sklaven wurden frei, wenn sie zum Islam übertraten, und dementsprechend oft kam dies vor. Ihr Los war allerdings nicht allzu drückend, da der Koran sogar nahelegte, anständige Sklaven mit einem „Übergangsgeld“ in die Freiheit zu entlassen, sobald sie es nur wollten. (Sure 24, Vers 33).

Auch in Fragen des Bekenntnisses pflegen die sogenannten Sekundär-Motivationen wirkungsvoller zu sein, als die Primär-Motivationen. Im übrigen hatten auch die Byzantiner schon eine Grundsteuer und eine Steuer erhoben, die an die Personen gebunden war, und zwar an jeden Haushalt. Und es hatte noch zusätzlich eine Gewinnsteuer gegeben, was insgesamt eine stärkere Belastung erbracht hatte, als unter den Moslems.

Sobald die Steuer ordnungsgemäß gezahlt wurde, genossen die Nicht-Moslems Sicherheit von Person, Eigentum und Religionsausübung. Für Streitigkeiten untereinander behielten sie ihre eigenen Gerichtshöfe und den „Corpus Juris“ Justinians, kamen Moslems ins Spiel, mußten die Schutzbefohlenen vor den Qadi ziehen. Die Kirche überlebte im moslemischen Gebiet auch deswegen, weil ihre geistlichen Funktionäre wegen ihres relativ hohen Bildungsgrades, und weil es die Gegner so wollten, nun auch in zivilrechtliche Aufgaben hineinwachsen mußten. Die Schiedsgerichtsbarkeit, häufig vor Geistlichen ausgeübt, kam zu großer Blüte. Erlagen die Moslems der Versuchung zur Intoleranz – was selten vorkam – dann zwangen sie die Dhimmahs, ihre Kleidung und ihre Häuser mit neuen besonderen Kennzeichen zu versehen.

Die Dhimmas wurden auf Schritt und Tritt daran erinnert, wer im Staat das Sagen hatte. Sie waren einem strengen Reglement ihres Verhaltens unterworfen, damit die Position der Sieger unangefochten blieb und damit alles vermieden wurde, was der Würde und dem Wahrheitsanspruch der islamischen Religion abträglich war. Dhimmas durften keine Waffen tragen, reiten oder überhaupt auf Pferde, Maulesel oder Esel Sättel auflegen. Sie durften nicht höher bauen als ihre moslemischen Nachbarn, auch nicht in gleicher Höhe, keine bei den Moslems üblichen Namen annehmen und nicht mit arabischen Buchstaben siegeln oder unterschreiben.

Sie durften in der Öffentlichkeit keinen Wein trinken und ihre christlich-jüdischen Begräbnisse nicht mit aufwendigem Ritual begehen. Dhimmah-Frauen durften öffentliche Bäder nicht betreten, solange moslemische Frauen dort weilten, und hatten die Bäder zu verlassen, sobald moslemische Frauen sie betraten. Die Männer mußten Turbane mit anderen Farben als die Moslems tragen, auf der Straße den Moslems ausweichen und sich erheben, sobald ein Moslem den Raum betrat. Neue Kirchen oder Klöster durften nicht gebaut, dafür alte restauriert werden. Unziemliche Handlungen oder Worte zur Herabsetzung des Propheten oder seiner Offenbarung waren selbstverständlich verpönt. Das Evangelium durfte niemals so laut gelesen werden, daß ein Moslem es mithören konnte, Glocken hatten dezent geläutet zu werden, Diskussionen besonders über das Thema, daß Christus der Messias und nicht etwa nur der letzte Prophet vor Mohammed gewesen sei, waren verboten, ebenso das Zeigen des Kreuzes in der Öffentlichkeit. Dogmatische Streitigkeiten innerhalb der Christenheit interessierten die moslemische Obrigkeit nicht.

Diese und andere Einzelheiten entsprachen im Großen und Ganzen dem *Aman*, d. h. der Garantie des Kalifen Omar, die dieser den „Leuten des Buches" im Jahre 638 bei seinem Einmarsch in Jerusalem in vorbildlich toleranter Weise gegeben hatte. Die Gleichmäßigkeit der Behandlung der Unterworfenen, die sich in dieser Parallele ausdrückt, läßt schon fast auf rechtsstaatliche Qalitäten der moslemischen Herrschaft schließen. Ob die Christen und Juden die Regelungen als unzumutbar empfanden oder ob sie überhaupt immer eingehalten wurden, ist nicht überliefert. Jedenfalls trugen sie in einem Zeitalter, das noch keinen Begriff der Menschenwürde kannte, auch nicht den Keim des Aufstandes in sich. Doch die gesamte christliche Kultur war zweifelsohne auf dem Rückzug. Nach dem Fall von Syrakus gab es nur noch einen Erzbischof von Catania, und der zog es vor, in Kalabrien zu residieren. Das Erzbistum Syrakus verschwand aus den byzantinischen Bischofslisten. Der Bischof von Sizilien residierte nunmehr im kalabrischen Reggio bzw. der Bischof von Reggio galt ab dem 10. Jahrhundert als der Metropolit aller Bischöfe, die in Sizilien überhaupt noch antraten. Da die Normannen bei der Eroberung von Palermo und später in Catania noch einen griechischen Bischof vorfanden, muß es auch in moslemischer Zeit einige davon gegeben haben. Sie waren von den Emiren wahrscheinlich geduldet, denn die Macht, die sie neben ihren geistlichen Funktionen noch ausüben konnten, stand ja unter strikter Kontrolle der Moslems.

Bemerkenswert ist, daß es nach 827 kaum Märtyrer gab: der Bischof Prokopios von Taormina, der Ibrahim II. zum Opfer fiel, war eher eine Ausnahme, ebenso die 4 Märtyrer aus Syrakus, die dieser Emir unter schauerlichen Foltern hinrichten ließ, nachdem sie erst aus Syrakus verschleppt worden und dann in der aghlabidischen Verwaltung hochgekommen waren. Vielleicht haben die ausschließlich kirchlichen Quellen, auf die wir auf christlicher Seite angewiesen sind, ganz einfach all die Laien verschwiegen, die moslemischer Intoleranz zum Opfer fielen, z. B. Soldaten, denen von den Siegern in der Schlacht ihr Leben garantiert wurde, falls sie konvertierten, und die niedergemacht wurden, weil sie Christen bleiben wollten. Dann hätten die Kleriker die Bildung von Märtyrerlegenden nach den Interessen ihres Berufsstandes gesteuert. Näherliegend ist jedoch die Vermutung, es habe in Sizilien ganz einfach kein dauernder Kampf der Weltanschauungen stattgefunden, weil die Sieger nicht sicher herrschen konnten gegen die „Leute des Buches", ohne tolerant zu sein (wie überall in den Reichen der Kalifen), und weil die Verlierer sicher waren, mit gewissen Abstrichen die neuen Herren aushalten zu können.

Dennoch gab es eine Emigration ins byzantinische Reich, die die Herkunftsbezeichnung „Sizilianer" (Sikeliotes) durch ihr ganzes restliches Leben mit sich trug und des Mitgefühls der besseren Kreise Konstantinopels sicher sein konnte. Hier und da bricht in der literarischen Produktion der Emigranten der Schmerz um die verlorene Heimat durch: Theophanes aus Syrakus betet, „daß seine Herde unversehrt vor den Söhnen der Agar bewahrt werde", Joseph Hymnographos (der Hymnenschreiber), zu Beginn des 9. Jahrhunderts in Sizilien geboren und auf die Peloponnes verschlagen, ein außerordentlich fruchtbarer Autor von geistlichen Gesängen und Predigten, eine Leuchte der erbaulichen orthodoxen Literatur, bricht einmal in die Worte aus: „O Christus, O Barmherziger, rette deine Stadt und alles Land, das glaubensvoll dir Hymnen singt, vor Erdbeben, Schwert, bitterer Eroberung, heidnischem Ansturm und Invasion, und vor Hunger, Pest und jeglicher Bedrängnis!"

Viele Kleriker gingen auch nach Kalabrien, was aber nicht dazu führte, daß der christliche Glaube auf der Insel zusammen mit seiner Hierarchie verschwand. Im Gegenteil: das Val Demone blieb bis zum Abzug der Moslems christlich dominiert, da sich hierhin die Christen zurückzogen, die das Val di Mazara und das Val di Noto verließen. Da der hierarchische Sinn des römischen Katholizimus die orthodoxe Welt nicht im selben Ausmaß durchdrang, lebte der Glaube auch ohne Hierarchie in der Bevölkerung weiter. Das christliche Leben fand nur mehr auf der Ebene der Gemeinde statt, dort aber in ungebrochener Tradition und auch mit dem notwendigen Unterricht, um es an kommende Generationen weiterzugeben. In Palermo und Agrigent blieben der christlichen Minderheit ihre Kirchen erhalten.

Der Sog der Konversion war jedoch beträchtlich, und viele Christen erlagen ihm. Da sie schon unter dem Kreuz allerlei antiken landestypischen Aberglauben mitgeschleppt hatten, legten sie den auch unter dem Halbmond nicht ab, weshalb der sizilianischen Spielart des Islam von Ibn Hauqal eine ganz besondere Note zuerkannt wird – es sei denn, der Reisende, der der fatimidischen Sache verpflichtet war, meinte damit schlichtweg eine gewisse lässig-tolerante Distanz zur islamischen Lehre, wie es sizilianischer Lebensart entsprach.

Heute glaubt man feststellen zu können, daß die christliche Diaspora anderswo im islamischen Machtbereich, besonders in Ägypten, in Syrien und im Irak, gesünder war als in Sizilien. Denn weiter im Osten bestand die klerikale Hierarchie unversehrt fort, blühten die Kirchen und Klöster, war die Kirche von den Moslems nicht so auf den status quo festgenagelt worden. Denn es ist für lebensvolle Gemeinschaften typisch, daß ihr Stehenbleiben den Anfang des Rückschrittes bedeutet – was die auf Konversionen lauernden Moslems gewußt haben dürften.

Die Verbindung der Christen mit Kalabrien war nicht nur eine Notmaßnahme, sondern intellektuell und geistlich sehr naheliegend und fruchtbar. Die beiden Regionen an der Straße von Messina hatten eine spezielle Liturgie gemeinsam, die mit der von Konstantinopel nicht übereinstimmte, sondern mit der von Ägypten, Syrien und Palästina – ein Relikt aus der Zeit vor dem Ikonoklasmus, als Sizilien noch nicht dem Patriarchen von Konstantinopel unterstellt gewesen war. Die geistliche Symbiose zwischen Sizilien und Kalabrien war eine Demonstration, daß die Insel damals zum griechischen Kulturkreis gehörte, auch wenn das Lateinische (in seinen damaligen vor-italienischen Gärungsstufen) auf ihr ebenfalls vorhanden war. Dem würden noch die Normannen Rechnung zu tragen haben, und im Augenblick bewahrte die aus dieser Symbiose geschöpfte Kraft die griechischen Christen davor, den Verlockungen des Islam, dessen kosmopolitische Weltläufigkeit beeindruckend war, jemals ganz zu erliegen.

Viele Mönche wanderten nach Kalabrien aus, etwa der heilige Elias der Jüngere aus Enna, der im 9. Jahrhundert eine bemerkenswerte Fähigkeit entwickelte, die

Zukunft vorauszusagen, und der manche Wechselfälle auf seinen geistlichen und auch politisch bedingten Reisen im östlichen Mittelmeer erlebte. Bis er am südlichen Ufer Kalabriens, von dem aus man nach Elias' Heimatinsel, in diesem Falle nach Taormina, blicken konnte, also zwischen Saline und Pentidattilo, ein eigenes Kloster gründete. Dies war keiner Ordenshierarchie unterworfen, aber es dürfte ein Spionagezentrum für den Kaiser von Konstantinopel gewesen sein, denn der Krieg gegen die Moslems war stets auch ein Krieg der Weltanschauungen. Sankt Elias hatte nämlich beste Beziehungen zum Kaiserhof, und ein militärischer Sieg der Byzantiner soll auf seinen Zuspruch zurückgehen. Der Heilige, der uns in seiner erhaltenen Biographie einigermaßen plastisch entgegentritt, versuchte Himmel und Erde zusammenzuspannen, um seine sizilianische Heimat zu befreien. Gegen die Moslems brauchte es solche Leute, die in Religion und Politik gleichermaßen zu Hause waren. Elias starb 904, ohne sein Ziel erreicht zu haben.

Eremiten blieben auf der Insel genug zurück, aber sie teilten, politisch betrachtet, den Nachteil aller Eremiten: sie waren zu individualistisch und zu vereinzelt, um die Balance zwischen Christentum und Islam auf der Insel beeinflussen zu können. Als die Normannen kamen, waren nur noch vier Klöster in Betrieb: Santa Maria di Vicari, Sant' Angelo di Brolo, San Filippo di Fragalá und San Barbaro di Demenna. Daraus ist nicht zu folgern, daß die Moslems alle anderen Klöster zerstört hätten. Eher hat der allgemeine Rückgang des geistlichen Lebens vielerorts zur Selbstauflösung der Mönchsgemeinschaften geführt. Den politischen Nachteil der jeweils höchstpersönlichen Religiösität, wenn es darum ging, den christlichen Gott auf Erden gegnüber dem islamischen Gott nicht untergehen zu lassen, bemerkte man auch im byzantinisch gebliebenen Kalabrien, und so begann man dort im 10. Jahrhundert mit dem Bau von öffentlichkeitswirksameren Mittelpunkten, d. h. von Klöstern. Die Klosterregel war jeweils Basilius dem Großen nachempfunden, dem lebensnahesten aller Mönchsväter der Ostkirche. Man zählt heute zwischen dem Kap Spartivento und dem Monte Pollino, also in der ganzen Länge Kalabriens, noch 37 basilianische Klöster, deren Spuren oder Namen erhalten geblieben sind. Es ist keine bloße pastorale Beredsamkeit, wenn die Strahlkraft dieser Klosterkultur als Überlebenshilfe für das Christentum auf Sizilien bezeichnet wird. Gleichzeitig wurde damit das Griechentum der „Magna Graecia“, also des gesamten unteritalienischen Bereichs, konserviert bis in die normannische und staufische Zeit hinein.

Da war im 10. Jahrhundert ein San Vitale aus Castronuovo, aufgewachsen mitten unter den Moslems des Val di Mazara, der im Kloster San Filippo d'Argira meditierte, dann die Askese im Schatten des Ätna übte und auch viel in Kalabrien und Basilicata unterwegs war. Als die Sarazenen das von dem heiligen Nilus gegründete Kloster Sant' Adriano (vor den Toren des kalabrischen San Demetrio Corone) überfielen und ein Räuber schon den Säbel erhob, um San Vitale niederzustrecken, da schlug dieser nur das Kreuzzeichen – ein Blitz fuhr nieder und riß dem Sarazenen das Schwert aus der Hand, er fiel halbtot zu Boden, und San Vitale mußte seine Lebensgeister wieder wecken. Der Heilige gründete bei Rapolla (nahe Melfi, Basilicata) ein Basilianer-Kloster und starb dort im Jahre 994.

San Luca aus dem Val Demone, der wenige Monate vor San Vitale starb, überschritt die Meerenge ebenfalls und gründete ein Kloster in Armento, auf den Höhen über dem Agri-Fluß in der Basilicata. Er kämpfte mit seinen Mönchen persönlich gegen die Sarazenen und schlug sie auf seinem Schimmel (schon wieder dem heiligen Jakob von Compostela nachempfunden!) in die Flucht. San Filareto, vielleicht in Troina geboren, mußte mit seinen Eltern vor den Moslemkriegern weichen, die um 1040 die Erfolge des Georgios Maniakes liquidierten. Filareto begab sich in das Kloster Aulina bei Seminara in Kalabrien, das im 9. Jahrhundert von Sant' Elias aus Enna gegründet worden war. Dieser Sant' Elias war im Krieg von 880 ein gewaltiger Prediger gegen die Sarazenen gewesen. Er kann als typischer Byzantiner angesehen werden, denn er nahm seine Tugendbeispiele gerne aus der heidnischen Antike, um die Heldentaten der alten Griechen und Römer nunmehr im Dienste Christi erneuern zu helfen.

Für die Deutschen dürfte San Simeone besonders interessant sein, der in der 2. Hälfte des 10. Jahrhunderts in Syrakus geboren wurde und 1034 in Trier starb. Simeone kam als junger Mann nach Konstantinopel und reiste dann ins Heilige Land, um in eines der dortigen Klöster einzutreten, die sich unter der Herrschaft der Fatimiden einer durchaus ersprießlichen Entwicklung erfreuten. Etwa das Katharinenkloster am Sinai, das Simeone zum Herzog der Normandie schickte, um dessen versprochene Spenden in Empfang zu nehmen. Da der Herzog bei Simeones Ankunft gerade gestorben war, ging dieser weiter nach Trier (1026). Dort schloß er sich unter den wohlwollenden Blicken des Erzbischofs zur Askese in den Ruinen der Porta Nigra ein, ohne sich vor den dort umgehenden Dämonen zu fürchten. Als die Mosel über die Ufer trat, rottete sich das Volk vor der Porta Nigra zusammen, denn mittlerweile hielt es San Simeone selbst für einen Dämon, der die Flut herbeigehext hatte. Aber der Mann aus Syrakus ließ sich im ruhigen Abwickeln seiner Gebete auch jetzt nicht stören, und das Volk wich vor so viel Charakterfestigkeit zurück. Die Wunder, die sich an Simeones Grab ereigneten, mögen die Gedanken der Rheinländer zum ersten Mal in den fernen mediterranen Süden und Südosten gelenkt und damit der späteren Kreuzzugsbegeisterung vorgearbeitet haben.

Die geistlichen Aktivitäten der Emigranten aus Sizilien festigten den Selbstbehauptungswillen der griechischsprachigen Bevölkerung, ohne daß der Kaiser und seine Beamten dabei hätten eingreifen müssen. Der Distanz zur kirchlichen Hierarchie entsprach eine gewisse Distanz zum Staat. Der heilige Nilus (ca. 910 bis 1005), der bedeutendste aller kalabrischen Gefolgsleute Basilius' des Großen, lehnte es glatt ab, Erzbischof von Rossano zu werden, obwohl ihn Volk und Magistrat gleichermaßen dazu aufforderten. Das war mehr als mönchische Bescheidenheit – es war der Unwille, als Erzbischof auch einen Teil der staatlichen Verantwortung mittragen zu müssen, wie es im byzantinischen Staat der Regel entsprach, wo der Kaiser auch Oberherr des Klerus war. Und eben indem sich die griechisch-christliche Kultur nicht bedingungslos an das politische Schicksal des byzantinischen Reiches band, stärkte sie ihre Lebenskraft und konnte auch aus diesem Grunde vom Islam niemals aufgesaugt werden.

Praktisch war das Sizilien der Kalbiden ein unabhängiges Fürstentum. Denn da die Araber dort den Ton angaben, galt auch die gute, alte, vorislamische Tradition, daß jeder Stamm – und die geographische Kompaktheit der Insel machte aus ihr gewissermaßen ein geschlossenes Stammesgebiet – sein Haupt selbst wählen durfte, ohne Einmischung irgendwelcher Autoritäten von außen. Die politische Einheit, die der Prophet den Arabern zum ersten Mal gebracht hatte, war zwar zum Motor ihrer gigantischen Eroberungen geworden, aber es war nur natürlich, daß nach dem Abklingen dieser Anstrengungen die alten Stammestraditionen immer wieder zum Durchbruch kamen.

Oberste Staatsaufgabe war die Garantie der erlassenen Gesetze. Der Emir fungierte als oberster Richter und zog die Kriminalsachen an sich, die nach Koran und Scharia zu bestrafen waren. Religiöse Straftaten wie z.B. Abfall vom Glauben und Trunkenheit konnte der Emir selbst entscheiden oder auch delegieren. Klagen durften dem Emir persönlich oder dem lokalen Qadi vorgetragen werden. Es bestand beim Emir auch eine Art Kassationshof mit umfassender Zuständigkeit, an den die Fälle gelangten, die in unterer Instanz nicht zufriedenstellend behandelt worden waren. In der Provinz wirkte neben dem Qadi auch ein *Hakim* (Richter), und beide nahmen sich neben ihren Prozessen ebenso der nicht Geschäftsfähigen und der frommen Stiftungen an. Für Ordnungswidrigkeiten und Angelegenheiten der freiwilligen Gerichtsbarkeit – wie man es heute nennen würde – war ein Justizbeamter namens *muhtasib* zuständig. Der *muhtasib* war auch Herr der lokalen Polizei, überwachte die Märkte, Maße und Gewichte und das Verhalten der Handwerker.

In den großen Orten übte der *Sahib as-Surta* zusammen mit dem *muhtasib* die Polizeigewalt aus, und noch im 13. Jahrhundert nannte man auf Sizilien die Polizeipatrouille *surta*. Der Gemeinderat *dschamaah* war von den jeweiligen Notabeln des Ortes und von den Oberhäuptern der Handwerker besetzt, die nach Zünften organisiert waren und gegenseitige Unterstützungsleistungen organisierten. Die *dschamaah* hatte die Mittel zu öffentlichen Arbeiten aufzubringen, etwa zur Reparatur von Aquädukten, zum Bau von Moscheen und zur sozialen Hilfe für Bedürftige. Sie war dem Emir gegenüber in der Schuld, aber als Kollektivorgan und nicht mit dem Vermögen jedes einzelnen der ihr angehörenden Notabeln. Für die einzelnen Stadtteile dürfte es untergeordnete Gemeindebehörden gegeben haben. Insgesamt war das kommunale Selbstbewußtsein kräftig entwickelt. Das zeigte sich in Palermo, wo die arabischen Honoratioren der *dschamaah* auch einmal die oberste Regierungsverantwortung übernahmen, wenn das Amt des Emirs vorübergehend vakant war.

Das wichtigste Machtmittel war die Armee, *dschund* genannt und von den Arabern dominiert. Nur fähige Söhne schon dienender Soldaten durften den Nachwuchs der Armee stellen. Der Sold war gemäß den Umständen, der Anzahl der Pferde, den Lebensmittelpreisen, den familiären Verhältnissen der Soldaten etc. unterschiedlich. Allzu knauserig durfte der Emir jedoch niemals sein, denn im *dschund* hatte er es mit altehrwürdigen Aristokraten zu tun, einem selbstbewußten Element potentieller Selbständigkeit, dem die Monarchen, die die Araber ja erst seit des Propheten Tod regierten, stets argwöhnische Aufmerksamkeit zuwenden mußten.

Die Armee wurde aus dem *fay* bezahlt, d. h. aus den geregelten und andauernden Finanzleistungen der Nicht-Moslems. Am Hof der omayadischen Kalifen in Damaskus war es üblich gewesen, daß der Staatsschatz die Einnahmen von den Ungläubigen erst annehmen durfte, wenn erwiesen war, daß die Armee davon bereits ihren Sold erhalten hatte. Dies dürfte auch den Machtverhältnissen in Sizilien entsprechen. Im 10. Jahrhundert schlichen sich hier jedoch Unregelmäßigkeiten ein. Um ihre Einnahmen zu steigern, verfielen die Emire auf neue Arten der Besteuerung, was auch die ordentliche Besoldung des Militärs in Mitleidenschaft zog. Da der Koran nur höchst rudimentäre Vorgaben zur Finanzwirtschaft enthielt, öffnete sich hier ein weites Feld für Streitereien, und insgesamt wurden die geldgierigen Emire dadurch nicht beliebter.

Da die Erhaltung des Staates im Angesicht der christlichen Feinde von der Armee abhing, war es besonders verhängnisvoll, daß diese Armee den Keim der Zwietracht von Anfang an in sich trug: nicht nur durch die uralten Sippenloyalitäten, die in ihr weiterlebten, sondern bereits in ihrer weiträumigen Verteilung über das Land. Denn in 14 Orten der Insel standen die einzelnen Kontingente des Dschund, und die Zentrale in Palermo hatte nicht auf alle zu allen Zeiten den problemlosen Zugriff. Nachdem nämlich Hassan Asch-Schamscham aus den Wirren in Palermo als neuer Emir hervorgegangen war, brach der Staat unter verschiedenen Heerführern auseinander. Abdallah Ibn Mankut nahm sich Trapani, Marsala, Mazara und Sciacca. Ali Ibn Nimah mit dem zusätzlichen Namen Ibn Al-Hawda setzte sich in Agrigent, Enna und Castronuovo fest; als Herr von Catania tauchte kurzfristig ein Ibn Al-Maklati auf, in Syrakus herrschte Ibn Al-Timnah. 1053 wurde Hassan Asch-Schamscham aus undurchsichtigen Gründen gestürzt, und der Gemeinderat von Palermo übernahm die Herrschaft. Auch den Moslems war also die Republik ein Experiment wert. Die wirren Geschehnisse, zu deren genauer Durchdringung uns die Quellen fehlen, lassen nur zwei Konstanten erkennen: mit der moslemischen Einheit war es vorbei und mit der Dynastie der Kalbiden ebenfalls.

Jenseits der Meerenge lauerten schon die Normannen, und von Süden her waren die Ziriden nicht imstande, sich auf der Insel einzumischen. Denn im Maghreb hatten sich die Banu Hillal erhoben und belagerten Kairuan. Der Emir zog sich ans Meer in die uneinnehmbare Festung Mahdia zurück, die die Herren des Landes schon einmal während des Aufstandes von Abu Yazid gerettet hatte, und war froh, daß er mit dem Leben und einem Teil seiner Schätze davonkam.

In Sizilien wiederholte sich währenddessen das Schurkenstück des Byzantiners Euphemios, diesmal in moslemischer Besetzung. Unter den Kampfhähnen hatten sich Ibn Al-Timnah und Ibn Al-Hawas als die entscheidenden profiliert, während Palermo und die Nordküste weiterhin ihrem republikanischen Experiment nachgingen. Ibn Al-Hawas dürfte sich eher auf die breite Bevölkerung gestürzt haben, während Ibn Al-Timnah vermutlich mehr Aristokraten auf seiner Seite hatte. Der letztere heiratete die Schwester des Al-Hawas, was immerhin einen Versuch zum Ausgleich bedeutete.

Nun soll Ibn Al-Timnah einmal befohlen haben, seiner Gemahlin die Adern aufzuschneiden, worauf diese zu ihrem Bruder zurückfloh. Ibn Al-Timnah, tief in seiner Mannesehre gekränkt, marschierte daraufhin nach Enna, wo seine Gattin verwahrt wurde. Prompt wurde er am Fuße der Festung geschlagen, floh zur Ostküste zurück und mußte dort den Gegenangriff seines Schwagers gewärtigen.

Im Februar 1061 ging Ibn Al-Timnah in seiner Not zu Roger, dem Fürsten der Normannen und Bruder von deren König Robert Guiscard, der gerade im kalabrischen Mileto saß, und bot ihm die Herrschaft über Sizilien an, falls er ihn von seinem Schwager befreie. Wenige Tage später setzte Roger mit 160 Reitern und ein paar hundert Mann Fußvolk nordöstlich von Messina, am Kap Peloro seinen Fuß auf die Insel. So klein die Truppe der Normannen auch war, ihre Landung bedeutete gleichwohl den Anfang vom Ende des moslemischen Sizilien, mit ihr zog das Abendrot des Islam in einem Lande herauf, das ohne die normannische Invasion hätte islamisch bleiben können bis auf den heutigen Tag.

Wir wollen zum Abschied von den Emiren und Kalifen kurz die islamische Geistigkeit beschwören, die sich auf der Insel entfaltet hat. Nichts regt mehr zum Bewußtwerden kultureller Bedeutung an als die Stunde, da die Uhr gerade abgelaufen ist und die Schätze eines Zeitalters vor dem dunklen Hintergrund seines Endes um so heller aufleuchten.

Ein arabisches Bonmot lautet: „Allah hat dem Franken (d. h. dem Europäer) den Verstand gegeben, doch dem Araber die Zunge". Will heißen: dem Araber die Fähigkeit zum gewinnenden Ausdruck, zum Wortspiel, zur Überredung. Die materielle Kultur der Beduinen mochte, den Lebensumständen entsprechend, bescheiden gewesen sein, doch in dem, was den Menschen besonders auszeichnet, in der Sprache, waren die Araber von alters her, und schon lange vor dem Auftauchen des Propheten, Meister. So entwickelten sie eine besondere Neigung zur Lyrik, und auch am Hofe der Kalbiden in Palermo blühte die Dichtkunst, ja die Emire huldigten ihr teilweise sogar persönlich. Die Leidenschaft für gebundene und gereimte Rede ging so weit, daß man sogar die antiken Meister bukolischer Schäferpoesie aufgriff, die die Welle östlicher orthodoxer Jenseitigkeit nicht hatte überrollen können und die auf der Insel lebendig geblieben waren. Das wirkte auf rechtgläubige islamische Gemüter wohl etwas verrucht. Und es ergibt sich das widersprüchliche Bild, daß der Maghreb, der Sizilien kolonisiert hatte, dem islamischen Osten kulturell recht unbeweglich und traditionsverbunden gegebenüberstand, und daran änderten auch die wenigen Siedler aus dem iranischen Bereich nichts, die es nach Sizilien verschlagen hatte. Dennoch herrschte im ständigen Kontakt mit der Kultur der Ungläubigen eine gewisse geistige Freiheit, die unter anderem in alt-sizilianischer Schäferpoesie in arabischem Gewande ihren Ausdruck fand.

Von der lyrischen Kunst der einheimischen Moslems sind uns allerdings sehr wenige Zeugnisse und Hinweise erhalten. Wir können nur feststellen, daß sie

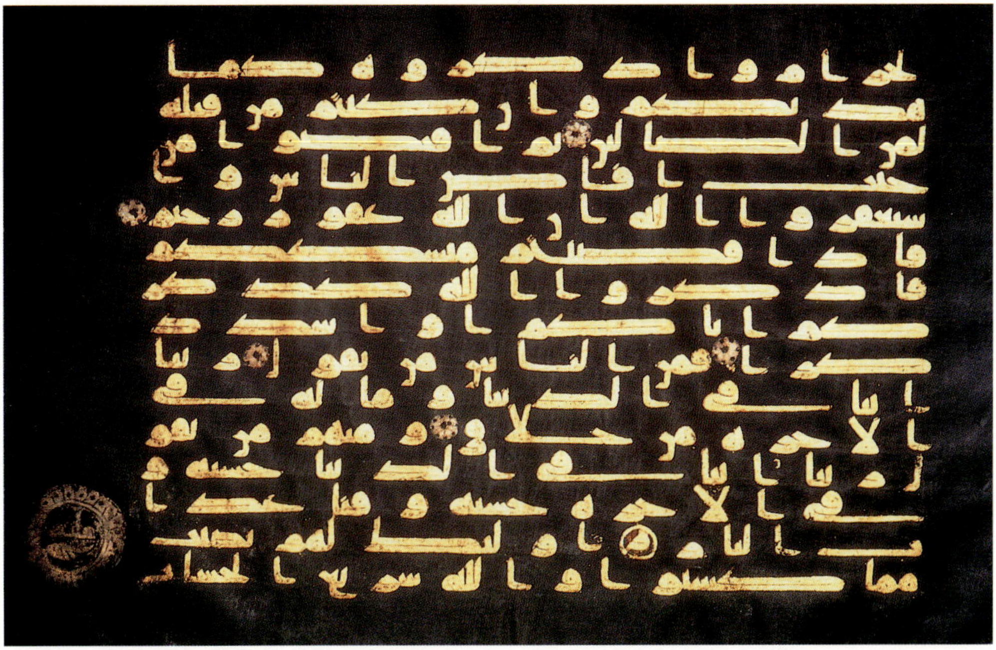

Islamische Kalligraphie: die obere Abbildung zeigt eine abbasidische Koran-Handschrift aus dem Irak (9. Jahrhundert), die untere eine ebenfalls kufische Koran-Handschrift des 9. Jahrhunderts in Gold auf blauer Seide (in den Farben des Himmels) aus Kairuan.

Palermo, San Giovannis degli Eremiti mit seinen an Moscheen gemahnenden Kuppeln – wahrscheinlich von moslemischen Baumeistern unter Roger II. errichtet.

Monreale, die Apsis des Doms (in islamischer Art verziert): Eine solche künstlerische Synthese islamischer, romanischer und byzantinischer Stilmerkmale in der Innenausstattung ist in Europa einmalig.

Blick auf Enna – das geographische Herz der Insel und daher stets heiß umkämpft. Mittelpunkt der byzantinischen Verteidigung nach dem Fall von Palermo (831), kam die Festung erst 859 durch eine Kriegslist in die Hände der Moslems. Die Normannen konnten Enna erst 1087 durch Kapitulationsvertrag gewinnen.

Kairuan, Große Moschee. Oqba Ibn Nafi, der islamische Eroberer des Landes im 7. Jahrhundert, soll durch sein Wort allein an dieser Stelle alle Schlangen, Skorpione etc. verscheucht haben. Die Moschee, die er deshalb hier zu bauen beschloß, ist aber nicht mehr erhalten. Wahrscheinlich stammt die heutige Form aus der Zeit des Aghlabiden-Herrschers Ziyadat Allah (817–838), der auch den Befehl zur Eroberung Siziliens gegeben hat.

Orangenplantage und grünende Felder im Inneren Siziliens. Die Moslems haben die Landwirtschaft Siziliens zu hoher Blüte gebracht. Kaiser Friedrich II. nutzte die Insel als Kornkammer für den – zugunsten der Staatskasse streng reglementierten – Export.

geblüht hat. Doch auch eine größere Anthologie könnte nur einen winzigen Bruchteil der damaligen Produktion umfassen. Zum berühmtesten der Poeten wurde Abd Al-Gabbar Ibn Muhammad Ibn Hamdis, geboren kurz vor dem Beginn der normannischen Eroberung. Vielleicht wegen eines Liebesabenteuers (weniger aus Angst vor den christlichen Waffen) mußte er nach Afrika fliehen. Doch fand er den Maghreb wegen der Einfälle der Banu Hillal so heruntergekommen, daß er lieber nach Spanien weiterzog. Dort war das Reich der Omayaden-Kalifen mittlerweile in viele Teil- Fürstentümer zerbrochen. Ibn Hamdis ließ sich am Hofe der Dynastie der Abbadiden in Sevilla nieder und war, obwohl er am liebsten das lyrische Leben, den Gesang, die Frauen und seine sizilianische Heimat besang, dazu gezwungen, die blutige Geschichte des Maghreb persönlich mitzuerleben. Die fanatisch-düsteren Almoraviden entthronten unter Mord und Totschlag die Herren von Sevilla, und Ibn Hamdis mußte nach Mahdia ausweichen. Im Fastenmonat Ramadan des Jahres 1133 starb er.

Sizilien war der Schauplatz seiner goldenen Jahre und Zeit seiner verklärten Jugend gewesen: „O süße Erinnerungen an Sizilien, Land meiner jugendlichen Leidenschaften, du Hort lebhafter Geister, Paradies, aus dem ich vertrieben wurde! Wie könnte ich mich dessen enthalten, ihn zu beweinen! Hier lachte ich, 20 Jahre alt, ohne tiefe Gedanken; wehe, daß ich mich mit 60 an meine Verfehlungen erinnere; aber tadle sie nicht, du Zensor mit der hochgezogenen Augenbraue, denn Allahs Verzeihen hat sie getilgt!"

Die arabische Lyrik mag oftmals manieriert, höfisch gespreizt und intellektuell gekünstelt wirken – auch Ibn Hamdis war oft Gelegenheitspoet, der seine Phantasie unter das Joch des Preises seiner Gönner beugte. Er ergeht sich auch in erotisch angehauchten Spielereien, wie die meisten seiner Zunftkollegen. Das wirkt regelmäßig zu graziös, als daß wir Europäer, die wir alle Schattierungen offenherziger Bekenntnislyrik in unserem dichterischen Kanon haben, dies als autobiographisch mißverstehen könnten. Doch wie er andererseits die Trauer um die entschwundene Jugendzeit mit der um die unerreichbare Heimat Sizilien verschmilzt, das sichert ihm einen Ehrenplatz unter den Dichtern aller Zeiten und Kulturen. Klar, daß er die Normannen haßte, die Räuber seiner heimischen Kultur: „Die Normannen fegen über Sizilien hin und finden keine kampfkräftigen Gegner mehr, denn die Menschen Siziliens liegen bereits unter dem Rasen. Wenn sich diese Grüfte öffneten, aus den Gräbern würden, um sie anzugreifen, wütende Löwen hervorspringen. Aber ich weiß, daß sich triumphierend im Busch der Wolf herumtreibt, wenn im Walde der Löwe fehlt." Das ist Wut und Melancholie zugleich, und die leidvolle Emigration mag den dichterischen Genius des Ibn Hamdis sehr wohl gesteigert haben.

Andere Zeugnisse islamischer Kultur sind noch weniger auf uns gekommen als die der Lyrik. Wenn man den späteren normannischen Baustil als eine Kombination von byzantinischen und arabischen Elementen bezeichnen kann, dann geht aus dieser Betrachtung nichts spezifisch Moslemisch-Sizilianisches hervor, das nachweisbar wäre. Immerhin haben die Normannen oft auf moslemischen Grundrissen weitergebaut: die Kathedrale von Catania z. B. erhebt sich auf den Fundamenten einer Moschee aus der Fatimidenzeit. Andere normannische Bauelemente weisen direkt in den Maghreb und nach Ägypten: von dort dürften auch die kalbidischen Architekten ihre Anregungen hergeholt haben.

Die Insel besaß genügend Koranschulen, um eine geistig-religiöse Grundausstattung zu liefern. Doch überragende Hochschulen, religiöse und juristische Hochburgen islamischen Geistes, die neben der unter den Fatimiden eingerichteten Al-Azhar-Universität in Kairo genannt werden könnten, gab es nicht. Die Schüler der Weisheit mußten zur Fortbildung ins islamische Ausland ziehen. Sizilien hatte auch keinen Anteil an einer der Großtaten arabischen Geistes, nämlich der Konservierung, Durchdringung und Tradierung der antiken griechischen Philosophie, obwohl das lernbedürftige christliche Abendland gleich nebenan lag. Von den Geschichtswerken der Zeit ist nur ein einziges erhalten, heute „Chronik von Cambridge" genannt, aus der Fatimidenzeit stammend, zwar in Arabisch, aber wahrscheinlich von einem Christen verfaßt. Man fand nämlich einen Teil der Chronik auch in Griechisch. Denn nachdem die moslemische Herrschaft sich gefestigt hatte, gewöhnten sich die Christen an die Zweisprachigkeit (griechisch-arabisch), ähnlich den modernen Maghrebinern, die zwischen Französisch und Arabisch hin- und herwechseln können.

Das Geschichtswerk Ibn Qattás, eines ungefähren Zeitgenossen des Ibn Hamdis, ist verlorengegangen. Doch soll der Autor hier als Paradebeispiel islamisch-sizilianischer Gelehrsamkeit genannt werden. Auch er floh vor den Normannen nach Spanien, wie Ibn Hamdis, hielt sich am Hofe der Banu Hud auf, der Herren von Zaragoza, und beschloß sein Leben in Ägypten, weshalb man ihn „As-Siquilli Al-Misri" nannte, den „sizilianischen Ägypter". Ibn Qattá stellte eine Anthologie heimatlicher Dichtkunst zusammen, die zum großen Teil verlorengegangen ist, schrieb über Metrik (erhalten), ein „Buch der Worte", d. h. eine Art Lexikon mit überwiegend philologischen Betrachtungen, eine „Konstruktion der Substantive", d. h. eine grammatikalische Arbeit, und schließlich dichtete er auch selbst. Sein Werk wurde im islamischen Kulturkreis für so bedeutend gehalten, daß spätere Biographen sich auf ihn stützten, weshalb dort, wo uns seine Texte fehlen, wenigstens deren Charakter und Gerüst beschrieben erhalten ist.

Und die Araber haben etwas ihrer „Zunge" den Sizilianern bis heute vermacht, denn sie waren zu lange die Herren der Insel gewesen, als daß diese sie jemals vergessen könnte. Spanier und Portugiesen haben in ihrer Sprache mehr Arabismen bewahrt als die Sizilianer; aber dort waren die Moslems auch einige Jahrhunderte länger präsent.

Der sizilianische Dialekt hat eine große Zahl Entlehnungen aus dem Arabischen bewahrt, die man jenseits der Straße von Messina nicht mehr findet, und die in der Sprache Dantes, Petrarcas und Michelangelos ein regionaler Fremdkörper geblieben sind. Dabei bleibt die wohlbekannte Tatsache außer Ansatz, daß die europäischen Sprachen allesamt Vokabeln der im Hochmittelalter überlegenen arabischen Zivilisation aufgenommen haben, wie Admiral, Chemie, Alkohol, Almanach, Ziffer etc. Das italienische „assai" = „genügend", eine häufige Vokabel des Alltags, heißt in

Sizilien, „a bizzeffi“ oder „a bugeffu“ nach maghrebinisch-arabisch „biz-zaf“ = „im Überfluß“, ähnlich dem Ägyptisch-Arabischen „biz-zofah“ = „in großer Menge“. Viele Familiennamen kommen ohne Allah nicht aus: Fragallá (= Farah/oder Faradsch-Allah = Gottes Freude), Pittallá (= Hibat-Allah = Gottes Gabe), Vadalá (= Wadd-Allah = Gottes Liebe), Barillá (= Bari-Allah = Gottes Unschuldiger) etc.

Der französische Couscous ist maghrebinischen Ursprungs, daher kennen ihn die Sizilianer schon einige Jahrhunderte länger als cuscusu; das neu angebaute Zuckerrohr wurde in die für nördliche Gaumen ungewöhnlich üppigen Süßspeisen Siziliens umgesetzt, die zum kulinarischen Stolz der Insel gehören und eine Schlemmerbrücke hinüber zur islamischen Welt bilden. Es ist sogar die Vermutung erlaubt, daß die unerhörten und raffinierten Tafelfreuden, die im fatimidischen Afrika das Ende des Fastenmonates Ramadan beschlossen, den Oster- und Karneval-Freßorgien im heutigen Palermo zum Vorbild gedient haben. Denn zwischen Karneval und Ostern haben ja auch die Christen Fastenzeit.

Es kann hier weiter kein Auszug aus dem Lexikon der sizilianischen Mundart gegeben werden, daher nur noch wenige dem Romanisten auf den ersten Anblick hin befremdlich vorkommende Beispiele: „azzizzari“ = verschönern (Al Aziz = der Schöne!), aggibbari, azziccari, zurriari, und schließlich, als ob es beim Thema Sizilien unvermeidlich wäre: heute sagt man „mafia“, und vielleicht kommt dieses düstere Wort vom arabischen „mahiasch“, für Prahlen, stolzes Einherschreiten, wie es den auch sogenannten „Ehrenmännern“ dieser Gesellschaft anscheinend zusteht. Wohlgemerkt: das ist eine sprachliche Verbindung, die nicht zwingend auf Zusammenhang in der Sache schließen läßt.

Aber auch in den täglichen Sitten Siziliens spukt noch ein moslemischer Rest weiter. So dürfte die Freude am blumigen Ausschmücken der Rede, an poetisch angehauchten Metaphern, die ganz einfache, arme Obstverkäufer ihre Orangen als „süßen Honig“ anpreisen läßt oder Feigen als „berauschende Weintrauben“, hierher gehören.

Die theatralische Höflichkeit, das zur mimischen Kunst gesteigerte Gestikulieren, das öffentliche Wäschewaschen und Aufhängen der guten Stücke, quer über die Straße, all das erinnert heute noch an den Maghreb. Und zu böser Letzt die kahle, der Erosion preisgegebene Landschaft, deren lange Kette der Mißhandlungen auch die fatimitsch-kalbidischen Massen-Abholzungen für den Schiffsbau umfaßt.

Das Erbe des Islam ist auf Sizilien insgesamt nur unvollkommen greifbar, da es die Zugehörigkeit dieser Insel zur Christenheit nicht ernsthaft in Frage stellt. Es ist fast eine Gute-Nacht-Geschichte für die moslemische Kultur von Palermo, Syrakus und Agrigent, wenn wir die Erzählung eines ihrer Asketen hören, eines „Sufi“, dessen Mystik aber dieser Welt und damit deren Vergänglichkeit verfallen geblieben zu sein scheint: unser Mann hatte als Glaubenskämpfer gegen die Christen gestritten, doch die waren stärker gewesen, und nun lag er verwundet unter den Leichen der Moslems auf dem Schlachtfeld. Da öffnete sich der Himmel, und schwarzäugige, wunderschöne Mädchen stiegen herab. Die traten besorgt zu den Toten, nahmen deren Haupt in ihren Schoß und wuschen ihnen das Blut von den Wunden. Eine näherte sich auch unserem Mystiker, und sein Herz erbebte, als er ihre Schönheit sah. Doch die Glutäugige rief aus: „Der lebt ja noch!“ und entfernte sich von ihm und stieg wieder zum Himmel empor. Er aber blickte ihr verzückt nach und konnte von da an nichts anderes mehr denken als die Wonnen des islamischen Paradieses, die ihm in diesem Mädchen erschienen waren, und wurde vor Sehnsucht für die noch verbleibenden Jahre seines Lebens zum weltabgewandten Asketen.

Man muß zugeben: dieser ganz besonderen erotischen Note waren Byzantiner, Normannen und Staufer nicht fähig.

Sechstes Kapitel

Triumph der Christen

Die Normannen kommen

Normannen, Nordmänner, auch Wikinger genannt, vielleicht nach einem ihrer Herkunftsgebiete, der Vik, einer Bucht am norwegischen Oslo-Fjord, seit etwa der Mitte des 9. Jahrhunderts von Skandinavien aus über die Meere hinweg vorzugsweise nach Süden unterwegs, um ihren strengen heimischen Fürsten zu entgehen, aus wirtschaftlichen Gründen oder auch einfach, um zu kämpfen, zu plündern, um in der Ferne Abenteuer zu erleben.

Sie waren nicht besser als die sarazenischen Seeräuber: ebensolche verheerende Feinde des Abendlandes, nur von dessen nördlicher Flanke kommend. Über die Kontrolle, die sie über die Ostslawen bekamen, wurden auch sie den Byzantinern sehr lästig, ja sie wurden sogar zu den Begründern des russischen Dranges ins Mittelmeer. Und nachdem sie sich in Unteritalien und Sizilien festgekrallt hatten, wurden sie auch die ersten einer langen Reihe von Eroberern, die vom maritimen Westen aus Konstantinopel bedrohten.

Eine neue Religion und Zivilisation wie die Moslems hatten sie nicht anzubieten, ja ihr heidnischer, alt-germanischer Götter-Glaube befand sich dem Christentum gegenüber schon zu der Zeit auf dem Rückzug, als sie erst auszuschwärmen begannen. Da sie nicht nur mannhafte Räuber und Totschläger, sondern auch politisch ungemein lernfähig waren, erkannten sie bald, daß die staatlichen Strukturen des Abendlandes von ihnen zwar am Rande erschüttert, aber nicht zerbrochen werden konnten. Es war für sie weitaus vorteilhafter, sich durch kalkulierte Einpassung in diese Strukturen und durch die Übernahme des Christentums ihre Zukunft zu sichern, als weiterhin „auf den Wiking zu gehen", und hier und da kurz zuzuschlagen. Dasselbe riet ihnen ihr Handelsgeist, den sie aus der Verwertung ihres Raubgutes heraus entwickelt hatten.

Eine ähnliche Entwicklung, nur zu Lande. machten die Ungarn durch, die um 900 begonnen hatten, von ihren neuen Wohnsitzen in der Theiß-Ebene das christliche Europa mit häufigen Raubzügen heimzusuchen. Es ist davon auszugehen, daß die Ungarn auch ohne ihre große Niederlage auf dem Lechfeld (955) eingesehen hätten, sich dem geplagten, aber kulturell und organisatorisch überlegenen christlichen Kulturkreis rechtzeitig anpassen zu müssen, um in ihm noch eine Zukunft zu haben.

Die Moslems am Mittelmeer wiederum ließen um die Jahrtausendwende beträchtlich in ihrem Angriffsschwung nach, natürlich nicht, um sich dem Abendland anzupassen, sondern weil ihre kriegerische Kraft zum Angriff nicht mehr ausreichte. 1031 brach das Kalifat von Cordoba zusammen, die Ziriden in Ifriqiyah konnten sich wenig später kaum der Banu Hillal erwehren, streifender Beduinen, die der Fatimiden-Kalif aus Ägypten auf sie gehetzt hatte – und die islamischen Herren Siziliens zerstritten sich, wie schon dargestellt, so heillos, daß sie keine Energie mehr aufbrachten, Italien auch weiterhin zu bedrohen. Dazu kam noch das Erstarken der italienischen Handelsstädte Pisa und Genua. 934 waren die Sarazenen bis nach Ligurien vorgedrungen und hatten Genua zerstört. Nun, zu Beginn des 11. Jahrhunderts, verdrängten Genuesen und Pisaner sie von den Küsten Korsikas und Sardiniens, bedrohten Messina und segelten sogar bis an die afrikanische Küste.

So haben alle drei großen Räuber jener Umbruchszeiten zu Beginn des hohen Mittelalters, die Sarazenen, die Ungarn und die Normannen, sich beruhigt, d. h. ihre Aggressionen in die Bahnen überlegter Politik umgeleitet.

Im Jahre 911 räumte der König des Westfrankenreiches dem Normannen Rollo (Rolf) die Gegend rund um den Unterlauf der Seine, die spätere „Normandie", zu erblichem Besitz ein. Die Kämpfer, die sich mit Rollo nun im Lande niederlassen durften, um den König in Zukunft gegen ihresgleichen aus dem Norden abzuschirmen, machten bald dieselbe Erfahrung wie ihre Vorfahren in Norwegen: ihr neuer Landesherr verbot ihnen das freie Wikingerleben. Aber auch wenn sie die Religion der Nächstenliebe angenommen hatten, so wollten sie deswegen noch lange nicht auf ihre Lieblingsbeschäftigung verzichten, die prächtigen Kriegsfahrten, zumal ihre schon viel länger christlichen, nicht-normannischen Nachbarn auf dem Kontinent dies ebenfalls kaum taten. Da blieb als Ausweg nur die Auswanderung oder die Annahme von Kriegsdiensten bei fremden Fürsten, etwa – besonders abenteuerlich – beim Kaiser von Konstantinopel.

Im Jahre 999 kam ein Wikingerschiff mit 40 kampfkräftigen Männern, die an sich eine Pilgerfahrt ins Heilige Land vorgehabt hatten, in die Nähe von Salerno. Dies wurde gerade von einer sarazenischen Streifschar belagert. Die Normannen konnten der kriegerischen Versuchung nicht widerstehen, gingen von Bord und halfen dem langobardischen Herzog von Salerno, sich seiner Feinde zu entledigen.

Knapp zwanzig Jahre später rebellierten die Kaufleute Apuliens und der reichen Handelsstadt Bari gegen die wirtschaftliche Benachteiligung durch die Byzantiner, denn sie wollten sich nicht damit abfinden, daß die Venezianer Zollfreiheit im ganzen byzantinischen Reich genießen sollten, sie aber nicht. Eine Normannenschar unterstützte die Rebellen und erlitten im Jahre 1018 mit ihnen zusammen eine Niederlage auf dem altberühmten Schlachtfeld von Cannae. Die apulischen Verlierer wandten sich an Kaiser Heinrich II. (1002–1024). Der Kaiser konnte Apulien den Byzantinern nach Anfangserfolgen nicht entreißen, doch er setzte bei dieser Gelegenheit den Herzog Pandulf von Capua ab. Sobald die Deutschen wieder über den Brenner waren, errang Pandulf sein Herzogtum mit Hilfe eines normannischen Söldnerführers namens Rainulf wieder zurück. Dann schlug sich Rainulf auf die Seite des Feindes von Pandulf, des Herzogs von Neapel, und bekam von letzterem zur Belohnung die Herrschaft über Aversa, einen Ort zwischen Capua und Neapel. Da Pandulf auch weiterhin keine Ruhe gab, eilte 1038 Kaiser Konrad II. (1024–1039) herbei und gab Capua als Reichslehen an den Herzog Waimar von Salerno. Waimar wurde mit Billigung des Kaisers Lehnsherr auch des Rainulf von Aversa. Damit waren die Normannen in Unteritalien fest etabliert.

Schon diese kurze Skizze zeigt, daß die Normannen in den wirren Verhältnissen Unteritaliens nicht zimperlich waren, wenn es darum ging, sich eine eigene Herrschaft aus dem Chaos, das sie umgab, herauszuschneiden. Sie mußten nur durch ihre kriegerische Tüchtigkeit einen Fetzen des Landes ergattern, den als kleine, aber bestimmende Schicht so organisieren, wie es ihre Verwandten, die Waräger, sogar mit den riesigen Gebieten der Ostslawen geschafft hatten, und von der geschaffenen Grundlage aus weiter nach Beute und Landerwerb suchen. Denn darin waren sie nach wie vor unersättlich, und da aus dem heimischen Norden genügend Männer nachkamen, ruhten sie nicht eher, als bis sie ganz Unteritalien in ihrer Hand hatten, um von dort aus Sizilien anzugreifen, das natürliche Ziel eines jeden, der Unteritalien beherrscht.

Vier äußere Mächte waren für sie dabei maßgebend, vorausgesetzt, daß sie die immer noch bestehenden langobardischen Herzogtümer von Capua, Benevent und Salerno niederwerfen konnten: Byzanz, die sizilisch-nordafrikanischen Moslems, der Papst in Rom und der Kaiser des Heiligen Römischen Reiches in seiner Eigenschaft als König von Italien.

Mit den Moslems und den Byzantinern war ein Taktieren grundsätzlich nicht möglich, denn die normannische Macht konnte sich nur auf deren Kosten bilden. Für den Kaiser hingegen waren sie nützliche Partner in dem Bestreben, die Langobarden in Disziplin und die Byzantiner auf Abstand zu halten. Denn wenn die Kaiser damals auch keine Gelegenheit hatten, für Ottos II. Niederlage gegen die Sarazenen Rache zu nehmen, so hatten sie doch nie den Anspruch auf Oberherrschaft im zersplitterten Süden der Halbinsel aufgegeben.

Heinrich III. (1039–1056) belehnte Rainulf, den Neffen des erwähnten Rainulf von Aversa, direkt mit dieser Herrschaft. Und Drogo von Hauteville, der Häuptling derjenigen Normannen, die den immer wieder ausbrechenden Krieg der apulischen Untertanen gegen Konstantinopel tatkräftig und überaus blutig unterstützten, erhielt im Jahre 1047 von Heinrich III. den volltönenden Titel „Herzog und Heermeister Italiens (d. h. des byzantinischen Teiles), Graf der Normannen in ganz Apulien und Kalabrien".

Drogo war einer der fünf Söhne eines Edelmannes aus der Normandie, des Tancred von Hauteville aus der Gegend von Coutances. Deren berühmtester wurde Robert mit dem Beinamen Guiscard („der Schlaukopf").Er war 1046 im Süden angekommen und zunächst einmal als gefürchteter Straßenräuber im nördlichen Kalabrien tätig. Drogo wurde ermordet, denn die Einwohner haßten die Normannen mittlerweile nicht weniger als sonst die Sarazenen.

Unter seinem gräßlichen Bruder und Nachfolger Humbert erwies es sich, daß das Wohlwollen des fernen Kaisers nicht genügte, solange der Papst sich an die Spitze des Widerstands stellte. Zwar segelte der Papst damals in kaiserlichem Fahrwasser, doch Heinrich III. überhörte seine Hilferufe, vermutlich, weil ihm die Normannen für seine Politik der Einmischung im unteren Italien nach wie vor als taugliche Partner erschienen. Doch mit seiner Weigerung bahnte der Kaiser einer gründlichen Umwälzung der Machtverhältnisse im Süden ungewollt den Weg:

Der im Stich gelassene Papst Leo IX. rief die Byzantiner zu Hilfe und stellte selbst ein Heer auf, mit dem er nach Apulien zog, das neben Aversa das Machtzentrum der Normannen war. Doch die Byzantiner zögerten, und das päpstliche Heer wurde 1053 bei Civitate nahe Foggia vernichtend geschlagen. Die Sieger stellten ihren politischen Verstand im entscheidenden Augenblick unter Beweis, da sie den Papst zwar bei sich behielten, aber mit höchster Ehrerbietung behandelten. Das entsprach einem Christentum, das sie seit jeher zu ihrem Vorteil pflegten.

Im folgenden Jahr – Leo IX. war gestorben – bannten sich Papst und Patriarch von Konstantinopel gegenseitig, und abgesehen von den ungeheuren Folgen, die dieser Schritt bis heute nach sich gezogen hat, bedeutete es für damals, daß der Papst auf keinerlei byzantinische Hilfe mehr zählen durfte. Das brachte Rom in um so größere Verlegenheit, als es sich als Haupt der großen geistlichen Reform zu begreifen begann, die die Kirche vom übermächtigen Einfluß des westlichen Kaisertums befreien sollte.

Im Jahre 1056 starb Heinrich III., sein Sohn und Nachfolger war ein sechsjähriger Knabe, die Kaisermacht blieb also auf Jahre hinaus gelähmt. Die kirchliche Reformpartei unter der Leitung des Kardinal-Subdiakons Hildebrand, des späteren Papstes Gregor VII., mußte nun handeln, um für ihre geistlichen Ideen, die auf nichts geringeres als eine Unterordnung der weltlich-kaiserlichen Gewalt unter die Kirche hinausliefen, einen tauglichen Verbündeten zu finden. Hildebrand machte seinem Beinamen des „Heiligen Satans“ zum ersten Mal alle Ehre, als er den Papst Nikolaus II. dazu überredete, sich auf die Seite der Normannen zu schlagen. In Melfi, der Hauptburg des nunmehr regierenden Grafen Robert Guiscard, hielt Nikolaus II. 1059 eine Synode ab, auf der er den Grafen Richard von Aversa, den Nachkommen der beiden Rainulfe, mit dem ganzen Herzogtum Capua und Robert Guiscard mit Apulien und Kalabrien belehnte – und zusätzlich mit Sizilien, das aber erst zu Gottes Wohlgefallen von den Moslems zurückerobert werden mußte.

Dazu hatte der Papst kein Recht dem Kaiser gegenüber, denn er war nicht der oberste Lehnsherr des Königreichs Italien. Aber er handelte vermutlich in voller Überzeugung seines Rechtes, denn die Kurie glaubte damals an eine der weitreichendsten Fälschungen des an Urkundenfälschungen fruchtbaren Mittelalters, an die der sogenannten „Konstantinischen Schenkung“. Der zufolge hatte der römische Kaiser Konstantin der Große dem Papst Silvester die Herrschaft über „Rom und alle Provinzen, Orte und Städte Italiens und der westlichen Regionen“ übertragen – was als die Überlassung des gesamten Weströmischen Reiches verstanden werden konnte und also auch Sizilien umfaßt hätte. Daß die Kaiser Konrad II. und Heinrich III. im Gegensatz dazu Belehnungen in Unteritalien aus eigenem Recht ausgesprochen hatten, kümmerte den Papst anscheinend nicht, bzw. konnte er als der „Konstantinischen Schenkung“ widersprechend ansehen. Schließlich wurde die Fälschung erst im 15. Jahrhundert nachgewiesen.

Auch war, rein faktisch betrachtet, Salerno noch nicht normannisch, um Benevent gab es zwischen Rom und Melfi immer noch Streit, die Byzantiner saßen noch in Reggio und Bari. Aber nun hatten die Normannen die unerläßliche Rückendeckung durch eine handfeste Autorität, die nach ihrem dynamischen Selbstverständnis die höchste des lateinischen Abendlandes werden wollte, und blickten auf eine großartige Leistung zurück: die dauerhafte Vereinigung des seit einem halben Jahrtausend staatlich zersplitterten Unteritalien. Das war mit der Normannisierung Englands ab 1066 und der Schaffung des ostslawischen Reiches der Rurikiden zusammen ihre größte historische Leistung.

Und der Eroberer Siziliens stand schon bereit: Roger, der achte und jüngste der Brüder aus der Familie der Hauteville, seit 1057 im Lande und von Robert Guiscard als sein Stellvertreter beim Wegelagern und Byzantiner-Jagen in Kalabrien eingesetzt, und, wie sich bald herausstellen sollte, an politischen und militärischen Fähigkeiten dem Guiscard ebenbürtig. Als er im Frühjahr 1061 die Straße von Messina überschritt, war er ungefähr 30 Jahre alt.

Von Messina nach Palermo

Heldenlieder sind aus der Mode. Das heißt jedoch bei näherem und ehrlichem Hinsehen: Jede Epoche, jede Mode hat lediglich ihre besondere Art des Heldenliedes, denn nach starken Individuen oder auch nach starken Kollektiven, die etwas durchsetzen, was besonderer Anstrengung bedarf, besteht immer Nachfrage. Nur Inhalt und Ziel des Heldentums sind je nach Zeitalter unterschiedlich. Für die Normannen auf Sizilien sind Eroberungswille, Zähigkeit, List, strategischer und staatsmännischer Überblick Inhalt und Ziel des Heldenliedes.

Die Protagonisten waren Robert Guiscard und Roger. Roger war jünger, hübscher, von geschliffeneren Sitten als Robert. Der Guiscard war hochgewachsen, streng, blond, eifersüchtig auf den jüngeren, und der mußte mit seinem Bruder rechnen, ohne sich etwas zu vergeben, und beide mußten ihre Qualitäten als Anführer auch in dem besonders delikaten Punkt bewähren, daß sie trotz aller persönlichen Kontroversen doch das Ziel der nur gemeinsam zu schaffenden Machterweiterung nicht aus den Augen verloren. Beide waren Raubtiere in Menschengestalt; doch während die Friedfertigen gemäß der Bergpredigt das Himmelreich erringen, machen die Raubtiere die irdische Geschichte.

Im Frühjahr 1060 zogen sie vor Reggio, das noch von den Byzantinern gehalten wurde und ihnen harten Widerstand leistete. Später ging die Sage, Roger selber habe einen Riesen niedergestreckt, der für die Griechen focht, und daraufhin habe die Stadt kapituliert. Die zwei Obersten der Stadt hätten sich nach „Scillacium“ zurückgezogen. Das darf man nicht mit Squillace gleichsetzen, denn das läge weit nördlich bei Catanzaro. Vielleicht war es das heutige Scilla an der Stelle des antiken Skyllaion nordöstlich gegenüber Messina. Jedenfalls meint Simon aus Lentini im 14. Jahrhundert, der ältere Berichten verwertende Chronist der normannischen Eroberung, daß Roger nach der Beseitigung dieses letzten Nestes der Byzantiner auf dem Festland „Graf von Kalabrien“ genannt worden sei. Und wie Roger im Verhältnis zu Robert Guiscard der Junior-Partner war, so wurde später der Thronfolger im Königreich Neapel stets „Herzog von Kalabrien“ genannt.

Nun war der Weg auf die Insel selbst frei, aber Robert mußte nach Apulien zurück, um den byzantinischen Widerstand rund um Bari niederzukämpfen. Er konnte Roger im Augenblick deshalb keine weitere Hilfe zukommen lassen. Die Eroberung Siziliens verzögerte sich, bis Bari im Jahre 1061 fiel, und auch noch darüber hinaus. Denn Unteritalien ist immer ein Sprungbrett gewesen, das den Weg in zwei unterschiedliche Richtungen wies: über Kalabrien nach Sizilien und Nordafrika auf der einen Seite, und über Apulien und Otranto auf die Balkanhalbinsel auf der anderen Seite. Daß die Normannen mit ihrem Eroberungsinstinkt schon Sizilien ins Auge gefaßt hatten, bevor sie überhaupt Kalabriens sicher waren, hatte die vorsorgliche Belehnung mit der Insel durch den Papst im Jahre 1059 gezeigt. Lehnsleute solchen Kalibers blinzelten andererseits auch über Bari hinweg schon auf die ionischen Inseln und weiter nach Osten, das lag in der Natur der Sache. Es spricht für die politische Könnerschaft der Normannenfürsten, daß sie über derart disparaten Zielen nicht ihre unteritalienische Basis verspielten.

Der erste Ausflug Rogers nach Sizilien war wenig erfolgversprechend, aber für den definitiven Gang der Dinge bei der erwähnten Zähigkeit des Eroberungswillens auch nur Episode. Schon im September 1060 setzte Roger mit „60 Soldaten“, d. h. Rittern, und wohl etwas über 200 Mann, wenn man das übliche Gefolge eines Ritters mitrechnet, über die Meerenge und drang in den Hafen von Messina ein, der damals außerhalb der Stadtmauern lag. Als die Moslems ihm auf den Leib rückten, täuschte er eine Flucht vor, die angesichts seiner geringen Zahl sehr glaubwürdig wirkte, machte kehrt, jagte den völlig überraschten Feind zurück und bemächtigte sich einer Menge Waffen und Ausrüstung, die zurückgelassen worden waren. Dann segelte er schnellstens nach Reggio zurück.

Da im Herbst 1060 eine byzantinische Armee in Apulien landete, die Robert große Schwierigkeiten machte, mußte Roger seinem Bruder um die Jahreswende 1060/61 zu Hilfe eilen. Im Februar 1061 weilte er jedoch wieder in seinem kalabrischen Hauptquartier Mileto, empfing dort den bereits im vorigen Kapitel erwähnten Hilferuf des Ibn Al-Timnah, und landete an der nordöstlichen Spitze Siziliens. Robert gab ihm die wenigen Truppen mit, die er bei Reggio entbehren konnte, und ein Paar Schiffe unter Gottfried Ridel, der als einer der fähigsten Unterführer des Guiscard gerühmt wird. Da Roger nur 160 Ritter aufgebracht hatte, versuchte er gar nicht erst Messina zu belagern, sondern wandte sich entlang der Nordküste nach Milazzo, vielleicht, um mit diesem Hafen und seiner Halbinsel eine zwar bescheidenere, aber ebenfalls in Richtung Palermo offene Alternative zu Messina zu ergreifen. Die Normannen besetzten Milazzo und sehr schnell auch das einst heiß umkämpfte Rometta. Roger soll dabei, als er in der Nacht im Unterholz bei Rometta auf Patrouille war, den Bruder des Ibn Al-Maklati, des Herrn von Catania, in schnellem Zweikampf getötet haben. Eine Menge Beutetiere kam da zusammen, die auf die Schiffe getrieben werden mußten.

Währenddessen rückten die Moslems aus Messina heran und näherten sich im Schutz der Berge dem normannischen Ankerplatz, um die Christen zu überfallen, wenn sie gerade mit dem Verladen der Beute beschäftigt waren. Doch Roger erfuhr rechtzeitig, daß die Feinde nahten, griff sie von der Flanke her an, schnitt ihnen den Rückzug ab und machte sie nieder. Am Abend desselben Tages stand er selbst vor Messina, und am nächsten Morgen begannen seine Männer die Stadt zu stürmen. Doch der Widerstand war unerwartet hartnäckig. In der Stadt lebten kaum noch Christen, und die Moslems legten keinerlei Wert auf Befreiung durch die Schwertmänner aus dem Norden. Sogar die Frauen machten bei der Verteidigung mit. Roger mußte sich zurückziehen. Die Flotte konnte jedoch nicht in See stechen, da ein Sturm aufkam. Drei Tage lagerten die Normannen am Strand, umzingelt und ständig angegriffen von den nachgeeilten Moslems. Nachdem sich der Sturm gelegt und die Einschiffung geklappt hatte, wurde die kleine Flotte auch noch von Schiffen aus Messina verfolgt, eines ging verloren, und der Rest kam gerupft und erschöpft in Reggio wieder an. Ibn Al-Timnah floh nach Catania.

Man würde bei derlei blamablen Niederlagen vielleicht nicht länger verweilen, wenn sie nicht im Kontrast stünden zur schließlich doch erfolgreichen Unterwerfung der ganzen Insel. Ein militärischer Spaziergang wurde dies für die Normanen dennoch nicht, auch wenn sie zur Eroberung Siziliens weniger als die Hälfte der Zeit brauchten, die die Moslems im 9. und 10. Jahrhundert einst hatten aufwenden müssen. Hätte Rogers spontaner Angriff auf Messina geklappt, dann hätte man ihn wohl als genialen Bewegungs-Strategen gepriesen. Doch nun blieb nichts anderes übrig, als sich sorgfältig auf den nächsten Ansturm vorzubereiten.

Robert und Roger gingen im Frühjahr 1061 wieder gemeinsam zur Sache, denn Robert war es mittlerweile gelungen, die Byzantiner in Apulien auf Bari zusammenzudrängen. Anfang Mai kam der Guiscard mit 1000 Mann Kavallerie und 1000 Fußsoldaten nach Kalabrien. Da zeigte es sich, daß Ibn Hawas aus Palermo nicht untätig geblieben war, sondern Verstärkungen nach Messina geschickt und vor allem eine Flotte ausgerüstet hatte, die der normannischen deutlich überlegen war. Roger und Robert hatten sich auf einer Erkundungsfahrt in der Meerenge mit knapper Not vor ihren sarazenischen Verfolgern retten können und dürften es in den nachfolgenden, gründlichen Kriegsräten klar ausgesprochen haben: Wer Unteritalien und Sizilien halten oder sogar als Sprungbrett benutzen wollte, der brauchte eine mindestens gleichstarke Flotte wie die der Sarazenen und Griechen.

Da die nicht aus dem Boden zu stampfen war, konnte man nur übersetzen, wenn es gelang den Feind zu täuschen, und wenn der eigene Kampfgeist dem des Feindes entsprach. Daher setzten die normannischen Führer dem Pathos der Moslems, die für ihre Heimat kämpften, das Pathos der christlichen Glaubenskämpfer entgegen, von „Kreuzfahrern“ sprach man ja erst einige Jahrzehnte später. Aber im Lager an der Straße von Messina kam bereits der Geist der Kreuzfahrer auf. Trotz der verzückten Tonlage des berichtenden Chronisten Malaterra ist nicht daran zu zweifeln, was er niederschrieb: Robert und Roger gelobten ein besonders gottwohlgefälliges Leben, sobald sie Sizilien erobert hätten, alle Soldaten beichteten und nahmen die Kommunion, und Führer und Mannschaft zusammen baten Gott um seinen Beistand.

Mitte Mai 1061 verlud Roger 270 Reiter samt ihren Pferden (ein schwieriges Unterfangen!) und landete in der Nacht zum 18. Mai acht Kilometer südlich von Messina bei dem Ort Tremestieri. Und die Täuschung des Feindes gelang: denn die Moslems erwarteten die normannische Überfahrt noch immer an der engsten Stelle der Meerenge, also nördlich von Messina. Roger schickte seine Schiffe sofort nach der Landung zurück, um aus Kalabrien weitere Truppen zu holen. Am Morgen rückte er auf Messina vor und fing einen Maultiertransport ab, der Versorgungsgüter in die Stadt brachte. Daher blieben die Moslems ahnungslos, bis er mit seiner mittlerweile vollständigen Streitmacht herangerückt war. Er fand die Wälle unverteidigt, anscheinend waren alle zum Kap Peloro ausgerückt, wo sie die Landung des Guiscard mit seiner Hauptmacht erwarteten. Da griff er sofort an, vielleicht nahmen auch die wenigen Christen der Stadt spontan die Waffen in die Hand, und was an kampffähigen Moslems in Messina war, floh fast widerstandslos. Ihre Flotte machte sich nach Palermo davon. Die Normannen plünderten die Stadt, und der Jubel der verbliebenen orthodoxen Christen hielt sich in Grenzen, als Robert Guiscard in diesen wichtigen Brückenkopf einzog.

In der folgenden Woche wurden die Befestigungswerke Messinas ausgebessert. Dann ging es mit Hilfe und Rat Ibn Al-Timnahs nach Rometta, das den Normannen die Tore öffnete, da es Ibn Al-Timnah gehörte und treu geblieben war. Von dort stiegen die Normannen erst entlang der Nordküste und dann über den Bergkamm der Nébrodi (oder Caroníe) hinunter in die Tallandschaft, die das Massiv des Ätna im westlichen Halbkreis umschließt. Warum Robert nicht sofort auf Palermo vorrückte? Weil er keine Flotte hatte, die ihn hinreichend geschützt hätte, und weil im Inneren des östlichen Drittels der Insel, im Val Demone, noch sehr viele Christen lebten, die, obwohl orthodox, erst einmal davon überzeugt werden mußten, daß die Herrschaft der lateinisch-katholischen Normannen für sie ein neuartiger Segen war, und die deswegen den Brückenkopf Messina gegen mögliche Rückeroberer sichern sollten.

Also stiegen die Normannen vom Tal des Alcántara und vom einstigen Schlachtfeld des Maniakes bei Bronte hinunter ins Tal des Simeto, griffen erfolglos die Festung von Centuripe an und zogen dann das Tal des Dittaino aufwärts, bis sie vor Enna ankamen, das nun wieder zum Schlüssel für die Beherrschung des inneren Sizilien werden mußte. Da Robert keine Chancen sah, die starke Festung im Sturm zu nehmen, reizte er die Sarazenen zur offenen Feldschlacht in der umgebenden Ebene, und das gelang ihm auch. Die Moslems waren zahlenmäßig weit überlegen – genauer läßt sich das Verhältnis der Heere aus den Quellen heraus nicht angeben –, doch die Normannen stärkten ihren Kampfgeist durch Beichte und Kommunion und fegten ihre Feinde vom Schlachtfeld.

Dann begann die Belagerung vom Enna, mit den üblichen Verwüstungen ringsum und der Unterwerfung kleinerer moslemischer Potentaten der Umgebung, auch mit einem Plünderungszug Rogers bis nach Agrigent. Doch Anfang August mußte

Robert die Belagerung wieder aufgeben und sich nach Messina zurückziehen, da seine Kräfte zu einer Eroberung Ennas und damit zu einer effektiven Besetzung des Herzens der Insel nicht ausreichten. Er konnte aber einen Stachel im Fleische des Feindes zurücklassen, die Festung San Marco D'Alunzio, nahe dem Küstenweg von Milazzo nach Cefalù, in den Bergen oberhalb von Torrenova.

Robert kehrte aufs Festland zurück, Roger begab sich im Dezember 1061 mit 250 Rittern wiederum nach Sizilien. Neben San Marco d'Alunzio brauchten die Normannen noch einen Stützpunkt mehr im Innern des Landes, und sie gewannen ohne Mühe Troina, das vom Alcántara-Tal aus gut erreichbar war, ebenso von San Marco aus, und von wo aus man in Richtung Enna und Catania bequem plündern konnte.

Anfangs 1062 besetzte Roger Petralia. Dann stockte die Eroberung: Roger und Robert gerieten miteinander in ernsthaften Streit, weil Robert aus Eifersucht auf Rogers Erfolge in Sizilien ihm nicht die Herrschaft in Kalabrien überlassen wollte. Ibn Hawas rückte von Palermo aus vor, Ibn Al-Timnah fiel, und Petralia und Troina wurden von ihren normannischen Garnisonen fluchtartig im Stich gelassen. Robert und Roger mußten sich erst einigen, und zwar im Sinne Rogers, bis dieser im August 1062 wieder nach Sizilien übersetzen konnte.

Roger besetzte Troina erneut, denn die Sarazenen hatten sich dort inzwischen nicht festgesetzt. Dann belagerte er Nicosia und traute seinen Ohren nicht, als ihm gemeldet wurde, die griechischen Einwohner von Troina hätten sich erhoben und seine Gemahlin Judith von Evreux als Geisel genommen, um Roger zu zwingen, die Stadt zu räumen. Das machte jedermann deutlich, daß die Normannen auch unter den Christen der Insel unbeliebt waren, denn sie plünderten gründlicher als die Moslems, waren brutaler und schonten auch die Frauen des Landes nicht, ein Ehrenpunkt, der in Sizilien womöglich noch ernster genommen wird als anderswo auf der Welt. Schon auf dem Kontinent waren die Eroberer damit übel aufgefallen. Roger eilte von Nicosia zurück und mußte zu seinem Entsetzen erkennen, daß auch den Griechen von Troina der Turban lieber war als die Mitra – sie taten sich mit sarazenischen Truppen zusammen und zwangen Roger, schnell seine Gemahlin in Sicherheit zu bringen und sich auf die Burg des Ortes zurückzuziehen.

Der Herbst kam, und Roger und Judith saßen fest. Es wurde bitterkalt im Bergland von Troina, und die Normannen litten Kälte und Hunger, wie wahrscheinlich nur sie ihn durchhalten konnten. Aber anstatt daß die Moslems der ganzen Insel ihre Kräfte vereinigten und Roger den Garaus machten, saßen nur ein paar tausend Mann vor der Burg herum und wetteiferten mit den Normannen in Leiden und Ausdauer. Man soll sich davor hüten, geschichtliche Abläufe über Gebühr zu personalisieren: aber hätte der ferne Robert Guiscard die Eroberung der Insel so wie bisher fortsetzen können, wenn Roger im winterlichen Troina der moslemisch-griechischen Rache zum Opfer gefallen wäre?

Doch die Normannen hatten im entscheidenden Augenblick die besseren Nerven. Roger wartete ab, bis die moslemischen Wachen wieder einmal betrunken waren – den unislamischen Alkohol brauchten sie als Schutzmittel gegen die Kälte –, machte einen Ausfall, überraschte die Belagerer völlig und verhängte ein blutiges Strafgericht. Es war eine günstige Gelegenheit, die Sizilianer durch Terror einzuschüchtern, weit über Troina hinaus, und Roger hat sie wahrgenommen.

Trotz der relativen Schwäche der Normannen war es höchste Zeit für die Sarazenen der Insel, sich in Ifriqiyah nach Hilfe umzusehen. Doch die Ziriden-Emire waren von den einfallenden arabischen Beduinen, den Banu Hillal, in derartige Bedrängnis gebracht worden, daß sie Kairuan hatten räumen müssen und nun in Mahdia eingezwängt residierten. Da es den Emir Al-Muizz Ibn Badis dort nicht lange hielt, besann er sich auf seine noch intakte Flotte, um Ibn Al-Hawas in Palermo zu Hilfe zu kommen. Doch vor Pantelleria ging im Dezember 1061der größte Teil seiner Schiffe im Sturm zugrunde. Es hatte im Rate des Emirs auch Stimmen gegeben, man solle sich mit Ibn Al-Timnah und den Normannen zusammentun und Ibn Al-Hawas den Garaus machen – woraus ersichtlich ist, daß die politischen Kombinationsmöglichkeiten auch damals die religiösen Grenzen nicht respektierten. Im März 1062 starb Ibn Al-Timnah, Al-Muizz im folgenden August.

Tamim, der neue Emir, konnte sich gegenüber den Beduinen etwas mehr Spielraum erkämpfen, und das bedeutete neuen Aufschwung für die Sache der Sarazenen, denn Tamim warb bei den Beduinen auch hartnäckig für den „Heiligen Krieg" gegen die Normannen und bekam damit eventuell eine Menge Störenfriede los, in ähnlicher Taktik, die Ziyadat Allah angewandt hatte, um die moslemische Eroberung Siziliens einzuleiten. Während Roger im Südosten der Insel zwischen Butera und Caltavuturo herumplünderte, aber keinen durchschlagenden Sieg erringen konnte, landeten Tamims Söhne Ayub und Ali bei Palermo und bei Agrigent. Eine Heersäule zog nach Enna, und dorthin brach auch Roger auf.

Der Normanne hatte nicht viel mehr als 100 Ritter samt Fußvolk zur Verfügung, die Mannschaftsstärke der Moslems dürfte ein (nicht präzise überliefertes) Vielfaches betragen haben. Während Roger den Feind vor Enna belauerte, schickte er seinen Neffen Serlo mit 30 Rittern nach Norden, um dort die Sarazenen von der Belagerung des Nestes Cerami (zwölf Kilometer westlich von Troina) abzuhalten. Dann rückte er nach. Die Moslems hatten, von Serlo belästigt, die Belagerung aufgegeben, und griffen Roger mit voller Wucht an, kaum daß dieser seine Schlachtreihen geordnet hatte. Es war unglaublich: die zahlenmäßige Überlegenheit wurde an der normannischen Hartnäckigkeit zuschanden, ein Flankenangriff Serlos brachte neue Bewegung ins Kampfgeschehen, und am Abend waren die Sarazenen so gründlich geschlagen wie selten.

Roger schlachtete dies propagandistisch aus, indem er vier Beutekamele an den Papst in Rom schickte. Aber trotz der großartigen Leistung von Cerami war er noch nicht stark genug, die Entscheidung auf Sizilien zu erzwingen, und das hieß: Palermo einzunehmen.

Daher schlug er auch ein Angebot der Pisaner aus, die im normannischen Fahrwasser Handelsvorteile witterten, zusammen mit ihrer Flotte die Hauptstadt zu belagern. Die Pisaner machten ihrer Enttäuschung Luft, indem sie den Hafen Palermos doch noch angriffen, die große Sperrkette erbeuteten und dann wieder nach Norden davonsegelten.

Als Robert Guiscard im nächsten Jahr mit 500 Rittern und ca. 1000 Mann Fußvolk von Apulien her abkömmlich war, packten die beiden Brüder Palermo doch an – woraus zu schließen ist, daß Rogers Ablehnung vom Vorjahr nicht nur in seiner militärischen Schwäche begründet war, sondern auch in der Rivalität mit den Pisanern, die sich nicht auch noch in Sizilien festsetzen sollten, nachdem sie, ihre maritime Überlegenheit nutzend, schon ihre Krallen in Korsika und Sardinien geschlagen hatten. Ohne Widerstand zu finden, zogen Robert und Roger von Messina aus nach Palermo; und vor den Mauern der Stadt kamen sie nicht weiter. Lieber zusehen, wie die Moslems übers Meer ungehindert Nachschub heranbrachten, so mochten die Brüder denken, als den Fall der Stadt den Pisanern verdanken zu müssen! Die Normannen auf Sizilien waren mit ihrem Latein am Ende. 1064 war Robert Guiscard wieder auf dem Festland, um sich mit dem nicht erlahmenden byzantinischen Widerstand in Apulien herumzuschlagen. Roger hingegen zeigte Frontbewußtsein und schlug in Petralia seine Residenz auf. Die Normannen hatten nichts davon, daß Ibn Al-Hawas, der Herr der Region von Caltanissetta und Agrigent, und die Ziridensöhne sich schon bald nach Cerami in einem Bürgerkrieg aufrieben, und daß Ibn Al-Hawas 1067 im Kampfe fiel, denn das machte den Weg frei zur Konzentration der moslemischen Macht in den Händen des Ziriden Ayub, der im ganzen moslemischen Teil der Insel als Führer anerkannt wurde. Nur Palermo war wieder einmal zu selbstbewußt, um sich von den Emissären der Ziriden kommandieren zu lassen, und zog eine Zukunft als stolze und unabhängige islamische Republik vor.

Dann stürzte Ayub sich im Sommer 1068 bei Misilmeri nahe Palermo auf die Normannen – und wieder war die moslemische Niederlage vollständig. Roger band an die Beine erbeuteter Brieftauben mit Sarazenenblut getränkte Stoffetzen und schickte die Tierchen nach Palermo. Ayub aber nahm seine Krieger mit und floh nach Ifriqiyah, das letzte moslemische Aufbäumen war vergeblich gewesen.

Im selben Jahr bestieg in Konstantinopel Romanos Diogenes den Thron und legte den Schwerpunkt seiner militärischen Anstrengungen weg von Unteritalien nach Kleinasien. Denn dort waren kriegerische Turkstämme unter der Führung der Seldschuken eingedrungen und drohten, die Grundlage der byzantinischen Landmacht zu zerstören – zweifelsohne war die Behauptung Kleinasiens für die Oströmer wichtiger als die Apuliens. Robert Guiscard glaubte daher, sich nun ganz auf die Belagerung von Bari konzentrieren zu können.

Und doch hatte nicht nur Konstantinopel, sondern auch er mit dem Kräfteverschleiß eines Zweifrontenkrieges zu kämpfen. In Apulien brauchte er jeden waffenfähigen Mann und mußte Anfang 1071 daher auch Roger und seine Truppen von Sizilien abziehen. Im Gegensatz dazu zeigte sich Romanos Diogenes entschlossen, an seinen beiden, weit auseinanderliegenden Fronten mit Stärke aufzutreten, und schickte eine Flotte nach Westen, die von Jocelin von Molfetta kommandiert wurde, einem der normannischen Intimfeinde des Guiscard. Dieser eine Name mag in unserem Zusammenhang als Hinweis darauf genügen, daß die Normannen in Unteritalien nicht nur durch die Byzantiner, sondern auch immer wieder durch interne Streitigkeiten aufgehalten wurden.

Roger mußte gegen diesen Jocelin erst eine Seeschlacht gewinnen, bis den Einwohnern von Bari die letzte Hoffnung auf Entsatz dahinschwand. Am 16. April 1071 marschierte das gewaltige Bruderpaar triumphierend in ihre Stadt ein. Und Ende August geriet Romanos Diogenes nach seiner Niederlage bei Manzikert (südlich des Van-Sees) in seldschukische Gefangenschaft.

Schon wenige Wochen vorher hatten Roberts und Rogers Truppen sich in Reggio vereinigt, um den Sommer zur Eroberung Palermos auszunützen. Die Aussichten waren günstig, denn nun war für sie die Belastung des Zweifrontenkrieges endgültig vorbei. Erst nahm Roger mit einer List Catania: er segelte mit wenigen Schiffen heran und bat die Bürger, zur Zwischenstation auf seiner Fahrt nach Malta in den Hafen eingelassen zu werden. Guiscard stieß nach, die gutgläubigen Einwohner wurden überrumpelt, und nach einem zähen viertägigen Straßenkampf gehörte die Stadt den Normannen. Dann zog Roger über Troina nach Palermo, und Robert kam auf dem Seeweg dorthin.

Offensichtlich hatten die Normannen ihre Flotte mittlerweile stark verbessert. Robert hatte von Otranto, seinem Sammelpunkt aus, 58 Schiffe in Bewegung gesetzt, bemannt mit Griechen, Langobarden, Normannen, mit allem, was er kriegen konnte (und manche seiner Landsleute weigerten sich, an Bord zu gehen). Er hatte eine Treppe in den Felsen am Hafen hauen lassen, um Pferde und Lasten besser verladen zu können. Die Flotte bestand aus Galeeren, schnellen Ruderern und einer Ruderbank und sogenannten Kat-Schiffen, kleiner als die Galeeren, eine Art leichter Kreuzer im Verhältnis zu diesen. Es heißt, die Erfahrungen der Normannen mit Pferde- und Materialtransporten zur See in Unteritalien hätten den Normannen Wilhelms des Eroberers auf seiner Überfahrt 1066 nach England gute Dienste geleistet – so daß deren bildhafte Beschreibung auf dem Teppich von Bayeux auch etwas aussagen mag über den Zug von Roberts Flotte zur Belagerung von Palermo.

Roger setzte sich am Ostufer der Mündung des Oreto fest, an der Stelle der heutigen Kirche S. Giovanni dei Lebbrosi. Sein Heer dürfte maximal 10 000 Mann umfaßt haben. Die frühere Erfolglosigkeit schien zunächst anzuhalten, denn mehrere Angriffe zu Lande schlugen fehl; und im Herbst tauchte eine Flotte aus Ifriqiyah auf. Robert hatte seine Schiffe an der Oreto-Mündung konzentriert gehalten, was ihm nun für den geballten Angriff zugutekam. Die Seeschlacht dauerte bis zum Abend, dann flohen die Moslems in den Hafen, legten gerade noch die neue große Kette vor. Doch die Normannen brachen durch und zündeten die Schiffe im Hafen an. Das Desaster zur See hätte nicht größer sein können, aber noch war Palermo nicht eingenommen. Im Dezember erfuhr Robert von einem Aufstand seiner Barone in Unteritalien, der fast das ganze Festland mit sich riß und auch von den noch selbständigen Fürsten von Capua und Salerno unterstützt wurde. Byzantinisches Geld im Hintergrund durfte getrost vermutet werden.

Also mußte Palermo schnell niedergezwungen werden, Aushungern war nun zu langwierig. Am 5. Januar 1072 griff Roger das Herz der Stadt an, den Qasr. Die Verteidiger drängten Rogers Fußvolk zurück, anscheinend bis über die Wälle hinaus, denn Robert konnte die Lage mit einem Kavallerie-Angriff bereinigen. Die Saraze-

Ausschnitt aus dem berühmten „Teppich von Bayeux“: Einschiffung und Überfahrt Wilhelms des Eroberers nach England (1066). Die dabei gesammelten technischen und logistischen Erfahrungen dürften den Normannen bei ihren Fahrten nach Sizilien zugute gekommen sein.

nen, die in der Stadt geblieben waren, verriegelten die Tore, und die Normannen konnten die ausgeschlossenen Angreifer unter aller Augen niedermachen. Ein Angriff mit Sturmleitern brachte trotz der dröhnenden Anfeuerung durch Robert keinen Erfolg, doch konnte Robert noch am selben Tag das separate Viertel Al-Khalesa einnehmen, das zwischen dem Meer und dem Zentrum lag.

Robert begann zu verhandeln. Kreuzzugsidee hin oder her – derlei hat die Normannen nie von diplomatischer Klugheit abgehalten. Robert sagte den Moslems, die ihn am nächsten Tag aufsuchten, um die Kapitulationsbedingungen zu erfahren, daß er nur Loyalität und jährlichen Tribut erwarte, daß er nichts zu plündern oder zu konfiszieren beabsichtige und daß er auch die Religion und die auf dieser basierende Selbstverwaltung der Moslems nicht antasten wolle. Das war ernstgemeint und bedeutete den Anfang der typischen Toleranz, der den Normannenstaat unter den christlichen Staaten des hohen Mittelalters auszeichnen sollte.

Am 10. Januar 1072 zogen die Sieger in Palermo ein. Die alte Basilika Sta. Maria, deren Reste noch in der Kapelle der Incoronata neben der Kathedrale überdauert haben, wurde schnell von einer Moschee in eine Kirche umgeweiht, um den Dankesgottesdienst des plötzlich wieder aufgetauchten Erbzischofs von Palermo namens Nikodemus zu erleben, der den griechischen Ritus bevorzugte. Das mußte in Rom nicht stören, denn der Katholik Robert war nun Oberlehensherr der Insel, mit eigenem Gut Palermo, der Hälfte von Messina und des Val Demone. Der Rest sollte Roger gehören, der Land aus seinem Besitz an seine beiden Stellvertreter Serlo und Arisgot von Pozzuoli weiterverteilen durfte.

Die vergangenen zwölf Jahre waren für die Normannen zwar erfolgreich, aber eigentlich doch kein strahlender Siegeslauf gewesen. Dennoch waren sie bedeutend schneller vorwärtsgekommen als einst die Moslems im 9. Jahrhundert. Woran lag das? Man wird bei aller Anerkennung persönlicher Leistung doch zögern, das ausschlaggebende Verdienst dem überaus tüchtigen Brüderpaar Roger und Robert zuzuschreiben. Eher schon im Verein mit der eisernen Disziplin und der Hartnäckigkeit der normannischen Kämpfer, dem das moslemischen Lager letztlich nichts Gleichwertiges entgegenzusetzen hatte. Die moslemische Zwietracht scheint zudem die normannische noch übertroffen zu haben. Wenn es heißt, die Römer hätten einst Hannibal besiegt, weil ihnen eine stärkere Moral als den Puniern zu eigen war, so mag das parallel auch für Normannen und Sarazenen gelten. Und wenn der sizilianische Kriegsschauplatz stets vom apulischen abhing, der apulische schließlich vom kleinasasiatischen in den Schatten gestellt wurde, dann ist der Sieg der türkischen Moslems bei Manzikert vielleicht zum Vater der moslemischen Niederlage von Palermo geworden. Und ebenso paradox: dann hat das Nachlassen der christlich-byzantinischen Kräfte den Zusammenbruch der Moslems in Sizilien bewirkt oder doch zumindest beschleunigt.

Mazara hatte nach dem Fall Palermos schnell kapituliert, doch blieben Trapani, Enna und Syrakus noch ungebrochene Zentren moslemischen Widerstandes. Ihre Unterwerfung war freilich nur noch eine Frage der Zeit – denn was bedeuten runde 20 Jahre schon in der mittelalterlichen Geschichte!

Daß der Krieg noch nicht beendet, wenn auch schon gewonnen war, merkten die Normannen, als der Kopf des in einem Hinterhalt niedergemachten Serlo in Mahdia aufgespießt durch die Straßen getragen wurde. Die Moslems meinten danach, nun ginge der Krieg mit offenem Ausgang weiter. Doch Roger sprach, als er vom Schicksal seines Neffen erfuhr, daß die Tränen Sache der Weiber seien, den Männern aber die Rache gezieme. Zunächst wurde der Besitz von Palermo durch zwei neuerbaute Kastelle gesichert. Bevor Robert im Herbst 1072 aufs Festland zurückkehrte, erhob er wegen der Kosten der Belagerung eine Sondersteuer, und sie wurde ihm von den Moslems Palermos bereitwillig gewährt, wohl weil diese merkten, wie tolerant ihre neuen Herren waren, sobald erst ihre Oberherrschaft gesichert war: der Chef der neuen normannischen Verwaltung, die neben dem zugestandenen islamischen Bereich der Autonomie eingerichtet wurde, durfte sich „Emir" nennen. Das war eigentlich eine Herabwürdigung dieses Titels, denn die Ziriden-Herrscher in Ifriqiyah nannten sich schließlich auch Emir, aber da in der Politik das Zeichen häufig für die Substanz genommen werden muß, erkannten die Moslems an dieser Benennung, daß die neuen Herren ihre (wie man heute formuliert) kulturelle Identität achteten und gaben Robert auf seinen Rückweg nach Italien sogar freiwillig Geiseln mit. Robert nahm noch mehr von der Insel mit, z. B. eiserne Türen und kunstvolle Säulen mit ihren Kapitellen, die er im apulischen Troia aufstellte. Es war der Anfang des politisch-kulturellen Synkretismus, der das Normannenreich bis hinein in die Stauferzeit auszeichnen sollte, und dies wiederum war der Garant dafür, daß gegen die normannische Herrschaft zwischen den Abruzzen und dem Kap Passero damals kein Kraut gewachsen war.

Roger hatte von den Mannen des abziehenden Guiscard nur wenige bei sich behalten können. Ibn Chaldun, der Historiker des islamischen Westens aus dem 14. Jahrhundert, wirft seinen sizilianischen Glaubensbrüdern vor, sie seien den Christen zum Opfer gefallen, weil sie ihre Kräfte niemals vereinigt hätten. Selbst wenn dies stimmte – und die mißlungene Aktion des Ziriden Ayub spricht eher dagegen –, so hat die moslemische Zersplitterung doch auch bewirkt, daß mit dem Fall der Metropole Palermo der Widerstand noch lange nicht erloschen war. Und Roger wurde umgekehrt beflügelt von der Aussicht, daß ihm Robert in Sizilien nun nicht mehr hineinregierte, weil diesen die zahllosen Aufstände seiner Untergebenen, die ehrgeizige päpstliche Politik und die Aussicht auf die lockende Beute des anscheinend waidwunden byzantinischen Reiches, kurz: eine beträchtliche Menge der damaligen Weltpolitik von nun an mehr als genug in Atem hielt. 1074 rüstete Roger die Festung von Calascibetta aus, um einen Gegenpol gegen das schwierige Enna zu haben. Das war insgesamt nicht viel, aber zu entscheidenden Belagerungen fehlten ihm Mannschaft und Gerät.

Daß er dennoch obsiegte, könnte angesichts seiner knappen Verhältnisse als bewegendes Heldenlied zwischen Morgen- und Abendland besungen werden, nur daß, wie immer bei den normannischen Erfolgen, dabei viel zu viel nüchterne

Strategie mitwirkte, und die zerstört den Reiz eines jeden Heldenliedes. Denn in Syrakus war ein grimmiger Emir aufgestanden, dessen Namen uns nur unter der normannischen Verballhornung „Benavert" überliefert ist, und der sich als fähiger Krieger erwies. 1074 meldeten sich auch wieder die Ziriden, erst mit einem Plünderungszug nach Kalabrien, der entweder von schlechter strategischer Koordination zwischen Mahdia und Syrakus kündet oder von dem untauglichen Versuch, Roger aus Sorge um seine Güter in Kalabrien von der Insel wegzulocken. 1075 landete eine Streitmacht aus Ifriqiyah bei Mazara, doch wurde sie von Roger in offener Feldschlacht vom Strand gefegt. Dasselbe Jahr sah auch eine normannische Niederlage: Roger hatte, nach Unteritalien gerufen, seinem Schwiegersohn Hugo von Jersey das Kommando übertragen mit der strikten Maßgabe, sich auf keine größere Unternehmung einzulassen. Und als Hugo gerade dies tat, wurde er von Benavert vor Catania in einen Hinterhalt gelockt und niedergestreckt.

Roger, der der Meinung war, daß den Männern die Rache gezieme, plünderte daraufhin 1076 im Val di Noto derart herum, daß 1077 dort eine Hungersnot ausbrach. Aber an die Syrakusaner selbst wagte er sich nicht heran, zumal das Val di Noto noch nicht genügend verwüstet worden war und daher für ein Jahr genug an bequemer Rache liefern konnte.

Im nächsten Jahr verlegte Roger sein Aktionsfeld nach Trapani in den äußersten Westen, und vielleicht tat er dies aus Respekt vor Benavert. Sein Heer war nun etwas größer, weshalb der Hof-Chronist Malaterra nicht zögert, den traditionsreichen Unfug um den Namen Alexanders des Großen mit der Bemerkung zu vergrößern, Rogers Armee hätte damals derjenigen des großen Makedoniers geglichen. Trapani fiel durch eine List: Rogers unehelicher Sohn Jordan fing den Moslems die Herden ab, die auf einer Halbinsel vor der Stadt grasten, um die Versorgung der Belagerten sicherzustellen. Dann konnten auch die Festungen in der Umgebung nicht widerstehen, z. B. Erice, das antike Astarte – und Aphrodite-Heiligtum, das man ab dem 12. Jahrhundert Monte San Giuliano nannte. Denn der heilige Julian war Roger während der Belagerung erschienen. War dies noch eine der üblichen Überlieferungen unter Glaubenskämpfern, wie sie wegen ihrer Gleichförmigkeit hier nicht alle erwähnt werden sollen, so kam es mit St. Julian jedoch noch ganz unverwechselbar: der Heilige hetzte Hunde auf die Ungläubigen, um sie in die Flucht zu schlagen, und anscheinend wirkte das.

Mit diesen Erfolgen wuchs Rogers Kriegsmacht, denn je mehr er den Moslems wegnahm, desto mehr hatte er, um es als Belohnung in Geld, Schätzen und Land an seine Gefolgsleute zu verteilen. Deshalb zog er 1078 mit seiner Streitmacht nach Taormina, eine überaus starke Festung, aber eben noch nicht vor Syrakus: dieses systematische Vorgehen war die unromantische Komponente seines Rittertums. Nach fünf Monaten Belagerung kapitulierte Taormina im August 1078.

Das Jahr 1079 und ein großer Teil von 1080 waren ausgefüllt mit moslemischen Revolten in San Giuseppe Jato (das antike Jetai, südwestlich von Palermo) und Cinisi (heute die Autobahnausfahrt Cinisi-Carini zwischen Palermo und Castellamare del Golfo). Der Chronist Malaterra versichert, Roger hätte sich geniert, seinen Untertanen durch Verbrennung der Ernte in ihrer Umgebung Herzleid anzutun. Aber schließlich habe er es doch getan, und San Giuseppe Jato und Cinisi beugten sich ihm daraufhin wieder. Das waren Ereignisse lokaler Natur, soviel Zeit es Roger auch kostete, sie zu bewältigen, und sie änderten nichts daran, daß die Normannen auf dem richtigen Wege waren, die Moslems fest in ihren Herrschaftsbereich einzugliedern.

1081 mußte Roberts Weltpolitik den sizilianischen Roger wiederum bremsen, denn es ging darum, den Bruder in seiner, wie es der Nachwelt erscheint, mehr als ehrgeizigen Unternehmung gegen das byzantinische Reich zu unterstützen. Mehr als ehrgeizig deshalb, weil seine Einflußnahme auf den griechischen, ägäischen und levantinischen Bereich in einer dauerhaften, konstruktiven, reichsgründenen Weise, wie sie die Normannen in den kompakten Grenzen Unteritaliens bis dahin gezeigt hatten, von eben dieser Basis Unteritalien aus kaum möglich war. Für die sizilianischen Verhältnisse jedenfalls hatte Robert Guiscards Ausgreifen über die Straße von Otranto hinaus Folgen, denn er eröffnete eine neue Front, die viele Kräfte band und die Eroberung des Restes der Insel um einige Jahre hinausschob. Konstantinopel war in Messina oder sonstwo nicht mehr präsent, aber es war den Normannen, weil diese es nicht anders wollten, immer noch erheblich im Wege.

Die Sache wurde nicht leichter dadurch, daß Benavert von Syrakus im selben Jahr Catania durch Verrat gewann, und daß im kalabrischen Gerace ein origineller Aufstand ausbrach: dort hatten die revoltierenden Normannen sich ausgerechnet mit den Griechen des Landes gegen ihre Herrschaft verbündet. Catania wurde durch Jordan wiedergewonnen, und Roger setzte sich in Kalabrien schnell durch. Aber bemerkenswert an diesem Punkt bleibt die Unbefangenheit, mit der auch die normannische Opposition ihre Bündnisse einging, eine Unbedenklichkeit, die anfänglichen Erfolg brachte, aber auch das baldige Schicksal der Auflösung und Auslöschung im Getriebe der großen und kulturell vielfarbigen Mittelmeerpolitik, in die sich die Normannen kühn und klug, aber ohne Aussicht auf längeres eigenes Überleben nun einmal gestürzt hatten. Daß Toleranz nach einiger Zeit auch den eigenen Untergang mit sich bringen kann, das ist aus den politischen Heldentaten der Normannen im südlichen Italien zu lernen, während ihre militärischen Heldentaten den Strategen und Taktikern ein zeitloses Vergnügen zu bereiten geeignet sind. Der damalige Zeitpunkt kann dem Historiker für eine solche Reflexion ein ebenso tauglicher Anknüpfungspunkt sein wie irgendein Termin später, etwa derjenige der Übernahme des fast schon „multikulturellen“ Normannenreichs durch die hohenstaufischen Machtpolitiker.

1082 versuchte Jordan selbst den Aufstand gegen seinen Vater. Die normannische Vitalität forderte auch im Politischen ihren Preis, den nämlich des unrationalen Mehraufwandes an Energie, um eigentlich schon gesicherte Positionen neu zu gewinnen. Es gehört zur aufsehenerregenden Leistungsbilanz der Normannen, daß sie diesen Preis zu zahlen imstande waren. Gleichzeitig mit Jordans Aufstand war Rogers Hilfe für Robert und seinen antibyzantinischen Ehrgeiz besonders wichtig, Roger befand sich außerhalb der Insel. Aber gegen Jordan mußte er im Jahre 1083 zurückkehren, am Ende konnte der sich noch mit den Moslems verbünden. Warum nicht, wenn die Normannen Kalabriens, die Gefolgsleute des Lehnsmannes des römischen Papstes, mit den griechischen Ketzern gemeinsame Sache gemacht hatten? Roger wurde auch dieses Aufstandes Herr, für den keine andere Gründe als verletzter persönlicher Ehrgeiz Jordans zu vermuten sind: insofern war das Unternehmen auf der Insel eben doch ein Ritter-Epos, denn kühle Staatsräson und politisches Kalkül kann man Jordan auch bei wohlwollender Interpretation nicht zusprechen.

1084 plünderte Benavert Kalabrien, hauptsächlich Nicotera. Zugrunde lag entweder die schon erwähnte Überlegung, Roger an seinem feudalen Besitzerstolz zu packen, oder eine Umleitung der Aggression auf ein Areal, wo es nicht um Leben und Tod ging. Auffallend ist, daß Benavert nicht versuchte, seine eben erst unterworfenen Glaubensbrüder in Palermo und anderswo aufzuhetzen, und das, obwohl Roger gerade 1084 auf dem Festland bleiben mußte, um dem byzantinischen Unternehmen Roberts den Rücken freizuhalten. Will man Benavert nicht als einen strategischen Hasardeur abtun, dann bleibt für sein Verhalten nur die Erklärung, daß er aus Palermo keine Hilfe erwarten konnte, und dies wiederum spricht für die Solidität der normannischen Besitzergreifung dort.

Roger entschloß sich 1085, das Übel an der Wurzel zu packen, zumal Benavert die Nonnen aus einem kalabrischen Kloster in seinen Harem verschleppt hatte. Das war mehr als eine Gemeinheit, das brachte den moslemisch-christlichen Religionsfrieden in Gefahr, und auf dem ruhte die Stabilität der normannischen Herrschaft. Und außerdem war hier auf christlicher Seite wieder einmal ein handfester Grund gegeben, durch Rache für die armen Nonnen den Feldzügen Rogers den gott- und papstgefälligen Goldgrund zu verleihen, vor dem Roger und auch Robert Guiscard schon seit 1059 alle ihre Eroberungen gerechtfertigt hatten.

Roger marschierte von Messina bis zur Halbinsel des Capo Santa Croce vor, wo er sich mit der Vorausabteilung des – mittlerweile begnadigten – Jordan vereinigte. Die Flotte rückte parallel vor. Am 25. Mai 1085 griffen die normannischen Schiffe die Sarazenen im „Großen Hafen" von Syrakus zwischen Ortygia und der Halbinsel della Maddalena an. Als Benavert mit seinem Schiff auf das Rogers losging, wurde er von einer geschleuderten Lanze verwundet – eine Quelle behauptet, Roger selbst habe den Wurf getan – wollte auf Rogers Schiff springen, stürzte vor dessen Bord ins Wasser und wurde von seiner Rüstung in die Tiefe gezogen. Da wandte sich die sarazenische Flotte zur Flucht bzw. mußte sich von den Normannen kapern lassen. Noch bis Oktober hielten die Moslems in der Stadt aus und konnten die Aushungerung auch nicht durch die Freigabe all ihrer christlichen Gefangenen abwenden. Die Hauptfrau Benaverts, einer ihrer Söhne und einige führende Moslems brachen auf zwei Schiffen mitten in der Nacht durch den Belagerungsring der normannischen Flotte und flohen in die am nächsten gelegene Festung, die den Sarazenen noch geblieben war, nach Noto (das heutige „Noto Antica").

Die anderen festen Plätze waren Butera, Agrigent und Enna. Sie bekamen eine Galgenfrist, denn Roger eilte nach der Kapitulation von Syrakus erneut nach

Unteritalien: im Mai 1085 war Robert Guiscard in dem später nach ihm benannten Städtchen Phiskardo auf Kephallonia durch den Tod von seiner levantinischen Abenteuersucht geheilt worden. Nachfolger als Herzog von Apulien wurde sein Sohn aus zweiter Ehe, Roger Borsa, der bei weitem nicht die Autorität seines Vaters ausstrahlte. Aber Roger, der Sizilianer, huldigte ihm ohne weiteres, weil er für die Behauptung Siziliens keine Nachfolgeraufereien auf dem Kontinent, d. h. in seinem Rücken brauchen konnte. Bohemund hingegen, des Guiscard Sohn aus erster Ehe, lehnte sich gegen Roger Borsa auf, bis ihn dieser mit der Hälfte Unteritaliens rund um Tarent sowie mit dem Titel eines Fürsten von Tarent zufriedenstellte.

1086 begann Roger am 1. April mit der Belagerung von Agrigent. Dort saßen Frau und Kinder des Ibn Hamud fest, der sich nach Ibn Al-Hawas zum Herrn von Enna gemacht hatte. Die Schicksale der Familie des Ibn Hamud, die von den marokkanischen Idrisiden abstammte, die sich ihrerseits des Kalifen Ali als Ahnen rühmten, sind symptomatisch dafür, wie die islamische Macht im westlichen Mittelmeer während der letzten Jahrzehnte niedergegangen war. Von 1015–1027, kurz vor dem Zusammenbruch des Kalifats von Cordoba, hatten die Banu Hamud dort die Kalifen gestellt, dann waren sie Lokalfüsten von Malaga und Algeciras gewesen. In Sizilien taten sie nun auch nichts anderes als in Spanien, nämlich die letzten Fetzen islamischer Herrschaft noch einige Jahre lang zwischen den Zähnen zu halten, bis ihnen die Christen den Garaus machten. Zwar wurde in Spanien der mächtig nach Süden vordringende König von Kastilien durch die Berberdynastie der Almoraviden in der Schlacht von Sagrajas (Zallaca) mit neuem islamischem Schwung ungefähr zu dem Zeitpunkt in die Schranken gewiesen, als Agrigent endgültig in die Hände Rogers fiel. Aber da lag eine reine Koinzidenz vor: die Stabilisierung des spanischen Islam rettete den sizilianischen Islam nicht vor der Unterwerfung unter die Normannen.

1087 gewann Roger das unbezwingliche Enna durch Verrat, indem er den mit Gefolge ausreitenden Ibn Hamud durch eine Übermacht angreifen und gefangennehmen ließ und anschließend die Übergabe der entmutigten Besatzung entgegennahm. Der Urenkel des Kalifen Ali und damit des Propheten selbst ließ sich taufen (!) und nach Kalabrien bringen, wo er seinen Lebensabend machtlos, aber mit standesgemäßer Ausstattung als Herr einer großen Latifundie zubrachte. Seine Gemahlin, die Roger nach der Einnahme von Agrigent sehr sorgsam und höflich behandelt hatte, durfte er behalten, obwohl sie ihm so nahe verwandt war, daß nur der Koran, nicht aber die katholische Kirche die Ehe guthieß.

Pünktlich Anfang April 1089 – im Vorjahr hatte Roger wieder einmal zwischen den Kampfhähnen Bohemund und Roger Borsa vermitteln müssen, und nachdem sogar der im März 1088 neugewählte Papst, Urban II., auf der Insel geweilt hatte – Anfang April 1089 also rückte Roger vor Butera. Die Festung war eine der stärksten, die die Sarazenen auf Sizilien je gehabt hatten. Doch nachdem Roger seine Belagerungsmaschinen hatte spielen lassen, kapitulierte sie. Roger deportierte die führenden Moslems nach Kalabrien. 1091 bekam er Noto auf dem Präsentierteller, denn eine Delegation bot es ihm an, während er gerade in Mileto saß. Er honorierte diese Ersparnis an Blut und Schweiß, indem er Noto für zwei Jahre alle Steuern erließ. Witwe und Sohn Benaverts flohen nach Ifriqiyah, von wo sie in den letzten Jahren keine Hilfe mehr erfahren hatten. Im selben Jahr segelte Roger nach Malta und war auch dort ohne Kampf erfolgreich.

Nicht nur Robert Guiscard, Roger Borsa und Bohemund von Tarent hatten Roger immer wieder in seinen Unternehmungen aufgehalten, auch die Päpste taten dies. Urban II. wäre 1089 nicht nach Sizilien gekommen, wenn er sich damals in Rom gegen die Besetzung durch Kaiser Heinrich IV. (1056–1106) und dessen Gegenpapst hätte durchsetzen können. So war kein geringeres Ereignis als der kaiserlich-päpstliche Investiturstreit, jenes langwierige politisch-geistige Erdbeben des hohen Mittelalters, in die Eroberung Siziliens verwoben gewesen, und zwar in erheblichem Ausmaß.

Sobald nämlich die Normannen sich 1059 zu Lehnsleuten des Papstes erklärt hatten, kamen sie nicht darum herum, im Streit des Heiligen Stuhles mit dem kaiserlichen Herrn des „Römischen Reiches“ Partei zu ergreifen. Sie mußten Weltpolitik treiben; und die mußte von einer Grundsatzentscheidung zugunsten des Papstes ausgehen. Auch das ging nicht anders. Daß Robert Guiscard auf seine aggressiven Abenteuer gegen die Byzantiner östlich der Straße von Otranto nicht verzichtete, zeigt doch, daß die Normannen politisch viel zu klug waren, um sich willenlos ins Schlepptau der antikaiserlichen päpstlichen Politik nehmen zu lassen. Dem Papst war trotz des Schismas von 1054 eine Schwächung der Griechen durch seine katholischen Lehnsleute durchaus unwillkommen, denn auch die Griechen konnten ihm einmal gegen den Deutschen helfen, und außerdem brauchte er die Normannen dringender zu Hause in Italien, im Kampf gegen den Kaiser.

Die Alternative, mit dem Kaiser zusammenzuspannen, wurde von den Normannen zunächst jedoch ebenso sorgsam erwogen. Das solideste Element daran war nicht einmal das Angebot der Kaiserkrone an Robert Guiscard durch einen gegen Papst Gregor VII. opponierenden Kardinal im Jahre 1075, als Heinrich IV. noch in Deutschland beschäftigt war und nur die deutsche Königskrone trug. Papst Gregor VII. hatte nämlich Kreuzzugsambitionen und wollte den bedrängten Byzantinern gegen die seldschukische Gefahr zu Hilfe kommen. Sodann mußte er die Feinde Konstantinopels bekämpfen, die vor seiner südlichen Haustür bedrohlich und unwiderstehlich Macht ansammelten. Robert aber hätte sowohl die Deutschen als auch den Papst verärgert, wenn er das Angebot dieses Kardinals, eines Exponenten der stadtrömischen Aristokratie, die gegen ihren geistlichen Zwingherren stets nach Bewegungsfreiheit suchte, angenommen hätte. Also wies Robert das Angebot der Römer zurück.

Es zeigte aber, in welchen umfassenden Zusammenhängen die Normannen mittlerweile Partner waren. Daher muß auch, als seriöserer Teil der kaiserlichen Alternative, die Gesandtschaft erwähnt werden, die Heinrich IV. im folgenden Jahre 1076 an Robert Guiscard schickte. Da Heinrich dem Papst Unteritalien entziehen wollte, ließ er dem Guiscard, ganz in der normannenfreundlichen Linie Konrads II. und Heinrichs III., die Königskrone über all seine zusammengeraubten Ländereien anbieten. Das war der konsequentere Versuch, durch Anerkennung der in Unteritalien entstandenen Realitäten die deutsche Kontrolle über Italien zu erhalten, die angesichts des bevorstehenden Kampfes mit dem Papst wichtiger als jemals war. Robert lehnte wiederum ab, da er zwischen Kaiser und Papst nicht vorschnell Partei ergreifen wollte, bzw. da ihm, wenn er die Situation auf längere Sicht abschätzte, der deutsche Einfluß in Italien als potentiell übermächtig und daher nicht unterstützungswürdig erscheinen mußte.

Dies war ja auch ganz vordergründig ein Vorteil, denn so entging Robert Guiscard all den weltanschaulichen Gewittern, die der ab 1076 losbrechende, schonungslose Kampf zwischen Heinrich IV. und Gregor VII. entfesselte. Einige Monate, nachdem Heinrich sich in der weltberühmten Appenninen-Burg Canossa vor dem Papst bis in den Staub gedemütigt hatte, besetzte Robert das zwischen dem Papst und ihm strittige Benevent, und der päpstliche Bann, der Heinrich nach Canossa gezwungen hatte, prallte an Robert wirkungslos ab. Gregor mußte Robert ohnehin bald gegen den racheschnaubend auf Rom vorrückenden Heinrich um Hilfe angehen, was kirchenrechtliche Erwägungen zwischen beiden hinfällig machte. Denn im Krieg schweigen nicht nur die Musen, sondern auch die Advokaten – oder auch: das Recht ist eine Waffe, aber das Schwert ist schärfer: In dem immer brutaler geführten Machtkampf zwischen Heinrich und Gregor rückte Robert – nach sehr langem, durch seine byzantinischen Unternehmungen bedingtem Zögern – im Mai 1084 zum Schutz des Papstes in Rom ein. Die Plünderungen der normannischen Armee, in der auch sarazenische Kontingente mitfochten, waren dabei so grauenhaft, daß Gregor sich vor der Lynchjustiz der empörten Stadtrömer in normannischen Schutz nach Salerno flüchten mußte – wo er 1085 in einem Zustand gehässiger Verkrampfung und gleichzeitiger Erschöpfung starb.

Aber welch ein Triumph für Robert: der gesalbte Herrscher der lateinischen Christenheit, Kaiser Heinrich IV., hatte vor seinem Anmarsch auf Rom dort eiligst und kampflos das Feld geräumt! Und nur der unzerstörbare geistliche Charakter des Papsttums hatte diese Institution über die Schmach des Exils in Salerno hinwegretten können! Solche politischen Triumphe konnten die Normannen leicht über ein paar Jahre zusätzlicher Anstrengungen, die dadurch auf Sizilien notwendig wurden, hinwegtrösten. Ihre weltanschauliche Kühle, im Rückblick nicht verdeckt durch ihr erzkatholisches Gehabe jeweils im richtigen Moment, wenn es gegen die Moslems ging, war genau richtig, um unbeschadet über die Runden des Investiturstreites zu kommen, den als titanisch anzustaunen sie den Deutschen, den Gregorianern und dem tiefsinnigeren Teil der Nachwelt getrost überließen.

Roger konnte es sich nach dem Fall von Noto sogar leisten, ohne echtes eigenes Risiko an der Demontage Kaiser Heinrichs IV. mitzuwirken. Und zwar arbeitete die päpstliche Partei darauf hin, dem Kaiser die Königskrone Italiens zu rauben, um ihn endgültig über die Alpen zurückzujagen. Urban II. war verbunden mit der überaus begüterten und fanatisch gregorianischen Markgräfin Mathilde von Tuszien, der auch die berühmte Burg Canossa am Nordabhang des emilianischen Appennin sowie weiteres Land in Oberitalien gehörte und die damit neben den unteritalieni-

Kaiser Heinrich IV. vertreibt Papst Gregor VII. aus Rom (1084) (obere Reihe). Papst Gregor VII. stirbt 1085 in Salerno (untere Reihe), im Schutz der normannischen Waffen und von den Römern selbst mittlerweile ebenso gehaßt wie vom Kaiser (aus einer süddeutschen Handschrift um 1170).

schen Normannen der mächtigste Landesfürst der Halbinsel war. Wichtige lombardische Städte unter der Führung von Mailand schlossen untereinander einen Bund und sich dann der päpstlich-mathildischen Partei an. Mathilde heiratete Welf, „den Dicken", den Sohn des gleichnamigen Herzogs von Bayern, der auch im Schwäbischen reich begütert und damit der bedeutendste Fürst Süddeutschlands war.

Im Frühjahr 1093 kam es für den Kaiser noch schlimmer: sein eigener Sohn Konrad, den der Vater 1087 zum König hatte krönen lassen, in dem er also den Fortsetzer der salischen Dynastie erblickte, wandte sich seinen Feinden zu. Daran dürften sowohl der Papst als auch die umtriebige Markgräfin mitgewirkt haben, obwohl Heinrichs kaisertreuer Biograph in mönchischem, frauenfeindlichem Eifer („welche weibliche Raffinesse nämlich kann nicht alles unterwühlen oder täuschen?“) der Mathilde allein die Schuld an diesem ungeheuerlichen Verrat zuschrieb. Konrad ließ sich vom Erzbischof von Mailand zum König von Italien krönen, entfaltete aber bis zu seinem Tode im Juli 1101 kein eigenständiges politisches Profil. Man kann ihm daher nicht den Kredit einräumen, er habe den unaufhörlichen Kampf des Kaisers mit den Päpsten endlich einmal beilegen wollen, um für die Krone zu retten, was noch zu retten war.

Dann vermittelte der Papst, nachdem Konrad ihm alle nur erdenklichen Ergebenheitsbeteuerungen geleistet hatte, dem Abtrünnigen zur Vollendung der antikaiserlichen Front in Italien die Ehe mit Maximilla, einer der Töchter Rogers von Sizilien und Judith von Evreux: Konrad feierte die Hochzeit in Pisa. Auf diese Weise war auch an die reichen Hilfsquellen Siziliens heranzukommen, um sie für die päpstliche Partei sprudeln zu lassen, d.h. das Heiratsprojekt war ein Kompliment an die Qualität von Rogers Verwaltung. Konrad war zwar persönlich wenig ehrgeizig und unkriegerisch, aber sein Name brachte der päpstlichen Partei neuen Zulauf. Heinrich war dagegen machtlos und mußte sich ins Veneto zurückziehen, wo er, fast vernichtet, ruhig saß und seine Wunden leckte.

Der Investiturstreit, dieser Kampf zwischen geistlicher und weltlicher Gewalt um das Besetzungsrecht der Bistümer, gehört nicht zu unserem Thema. Es soll daher nur noch berichtet werden, daß Heinrich nach Deutschland zurückkehren konnte, sobald Mathilde sich mit dem Welfenhause zerstritten hatte. Im Jahre 1098 setzte er Konrad ab und ließ seinen jüngeren Sohn Heinrich zum König krönen. Daß der ihn dann 1104/1106 noch ärger verriet als Konrad und ihm die Krone tatsächlich raubte, war um die Jahrhundertwende noch nicht vorauszuahnen.

Auch gehört hierher, daß Roger seiner antikaiserlichen Tendenz treu blieb, als er seine Tochter Busilla mit König Koloman von Ungarn verheiratete. Denn der war kirchenfreundlich, weil die Opposition im Lande sich am Kaiser und an dessen nächstgelegenem Gefolgsmann orientierte, dem babenbergischen Markgrafen von Österreich. Eine normannisch-ungarische Zweckgemeinschaft spezifischerer Art folgte daraus nicht weiter, doch die spätere Verknüpfung Unteritaliens mit Ungarn durch die Heiratspolitk der französischen Anjou, natürlich im propäpstlichen und tendenziell antikaiserlichen Sinne, scheint mit Busilla und Koloman zum ersten Male auf.

Da paßte es auch ins Bild, daß Roger seine Tochter Mathilde mit Graf Raimund von Toulouse vermählte, denn der hatte für seine fast ganz Südfrankreich umfassenden Besitzungen dem Papst den Vasalleneid geleistet.

Wie wohlgeordnet Rogers Sizilien war, als er am 22. Juni 1101 in Mileto starb, soll in den folgenden Kapiteln genauer dargestellt werden, zumal Rogers Nachfolger seine Maßnahmen weiterentwickelten und gänzlich neue trafen. Hier nur vorab zwei wesentliche Säulen seines Staates: Das Prinzip der Toleranz hatte Roger schon eine starke muslimische Heeresmacht in seinen Diensten eingebracht, die den Unterworfenen Selbstbewußtsein und die Möglichkeit zu militärischen Abenteuern bot, dem Fürsten aber dadurch ihre Loyalität sicherte, die den Verlockungen päpstlicher und sonstiger fremder christlicher Autorität nicht zugänglich war. Das Normannenreich war von seiner Basis Sizilien aus zur stärksten Militärmacht Italiens aufgestiegen, und damit das so blieb, verbot Roger seinen Moslem-Kriegern den Glaubenswechsel sogar ausdrücklich.

Auch dies brachte ihn nicht in Feindschaft zu dem an Bekehrungen natürlich interessierten Papsttum, und solange der Heilige Petrus zusätzlich zu seinen beiden Schlüsseln nicht auf das normannische Schwert verzichten mochte, konnte Roger sich trotz seines Lehnseides eine Menge Freiheiten gegenüber Rom herausnehmen und diese auch seinen Nachfolgern weiterreichen. Mit dem amtlichen römischen Katholizismus wußte er stets eine sehr kluge, aber eben doch selbstherrliche Schonung der Moslems und der Griechisch-Orthodoxen auf der Insel zu verbinden.

Für ihn galt das Prinzip Toleranz auch im innerchristlichen Bereich. Die orthodoxen Bistümer wurden in lateinische Sprengel umgewandelt, das ging nicht anders. Doch andererseits begünstigte Roger die Gründung basilianischer Klöster und machte den Papst damit besorgt – was taktisch sehr wohltuend wirkte – ob er nicht zum griechischen Christentum umschwenken wollte. Wollte der Papst seine geistliche Oberherrschaft in Sizilien auf Dauer etablieren, mußte er Roger weitestgehende Freiheit bei der Besetzung der Bistümer belassen und damit das genaue Gegenteil dessen tun, worum er mit dem Kaiser in so tödlichem Streit lag. Und Roger wahrte die Form, indem er vorgab, die von ihm verfügten Investituren erfolgten nach dem Willen des Papstes.

Als Urban II. den Bischof von Troina und Messina zum apostolischen Legaten auf der Insel ernannte, ließ Roger diesen allerdings kurzerhand gefangensetzen. Denn er war nicht vorab informiert worden: Man einigte sich zwischen Rom und Palermo, daß in Zukunft kein päpstliche Legat ohne Rogers oder seiner Erben Zustimmung eingesetzt werden dürfe, daß ferner Roger an Stelle eines Legaten amtieren sollte und daß er eine freie Auswahl derjenigen Bischöfe seines Machtbereichs treffen dürfe, die zu kirchlichen Konzilien entsandt werden sollten. Das waren beachtliche Konzessionen Roms, wenn auch der Papst damit das Recht, seinerseits Legaten zu ernennen, nicht aus der Hand gegeben hatte und Roger nur für seine Lebenszeit die Stellung des Fürsten und des Legaten in einer Person hatte erzwingen können.

Über die Persönlichkeit, den Charakter und die Sitten Rogers wissen wir so gut wie nichts. Daß er nicht nur ein begnadeter Krieger – in seiner Hauteville-Generation so gut wie eine Selbstverständlichkeit –, sondern auch ein geschickter Diplomat und weiser Innenpolitiker war, das zeigen seine Taten. Vielleicht war die in Roger sich kundtuende Verfeinerung der nordischen Raufbolde auf Sizilien der Vorbote von umfassender Verfeinerung und Prosperität auf der bis jetzt vom Krieg geplagten Insel – am Ende auch von Dekadenz, die von Raffinesse kaum zu unterscheiden war, bis sich die nächsten Räuber der wieder reich gewordenen Insel bemächtigten.

Siebentes Kapitel

Der Mittelpunkt des Mittelmeeres

Die Vollendung des Königreiches

Als der Normannenfürst Roger starb, war sein gleichnamiger Sohn und Nachfolger noch keine sechs Jahre alt. Als dieser wiederum 1154 starb, nannte er sich Roger II., König von Sizilien und Herzog von Apulien. Falco, Notar und Schreiber des „Sacro Palazzo", der Stadtregierung von Benevent, informiert uns in seiner Chronik über die Erringung der Königswürde durch Roger folgendermaßen:

„In ebendiesem Jahre (gemeint ist 1130) kam der schon erwähnte Anaklet (einer der beiden damals gegeneinander amtierenden Päpste) nach Benevent; dann ging er in die Stadt Avellino und machte mit dem schon erwähnten Herzog Roger aus, daß er ihn zum König Siziliens kröne. Nach dieser Abmachung kehrte jener Anaklet nach Benevent zurück, und der Herzog selbst ging nach Salerno, dann nach Sizilien. Im selben Jahr schickte Anaklet seinen Kardinal namens Comes (das war der Kardinal von Santa Sabina) an jenen Herzog, den er am Tag der Geburt des Herrn in der Stadt Palermo zum König krönte. Der Fürst Robert von Capua setzte ihm die Krone aufs Haupt, der ihm aber dafür keine würdige Belohnung zukommen ließ."

Im Bericht des Alexander von Telese, des Abtes des Klosters San Salvatore bei Telese (westlich von Benevent) lesen wir dasselbe Ereignis, nur wesentlich farbenfreudiger:

„Der Herzog ... geht nach Sizilien und befiehlt den Provinzen seines gesamten Herrschaftsgebietes, allen nach ihrem Range, ihrer Machtfülle und ihrer Ehrenstellung, am Tage seiner Krönung, der auf den der Geburt unseres Herren fallen sollte, in Palermo anwesend zu sein. Als dann zum festgesetzten Tag all diese zugleich und aus dem Volke die Geringen und auch die Großen zahllos zusammengeströmt waren ... wurde zum Ruhm Gottes und zur Mehrung seiner Kirche allgemein beschlossen, daß die königliche Erhöhung in der königlichen Stadt Palermo vorgenommen werden sollte an demjenigen (d. h. Roger II.), dem sogar so große Kraft der Tugend zuerkannt worden ist, daß er zur Ausübung der Vergeltung gegen die Bösen und zur Bewahrung der Gerechtigkeit sein eigenes Geschlecht schon durch weiteren Erwerb von Ländern zu übertreffen schien.

Als demnach der Herzog zur erzbischöflichen Kathedrale gemäß der einem König geziemenden Art geführt und dort, mit der heiligen Salbung versehen, die königliche Würde angenommen hatte, da kann es nicht mit Worten ausgedrückt, sondern nur im Grade abgeschätzt werden, welcher und welch ein großer Ruhm da sein eigen war, wie groß in königlicher Pracht und wie bewunderungswürdig auch in seinem

Überflusse der Reichtümer. Und wahrlich, denen, die ihn erblickten und überhaupt allen schien es, als ob alle Schätze und Ehren dieser Welt auf ihn versammelt wären. Es wurde gewissermaßen der gesamte Staat gekrönt, in dem eitel Freude und Licht herrschten."

Alexander von Telese griff derart in die Saiten, weil Rogers II. Schwester, Mathilde, Gemahlin des Grafen Rainulf von Alife, ihm seine Chronik aufgetragen hatte. Dagegen neigte der eher mürrisch referierende Falco von Benevent zur alten langobardischen Herrenschicht, deren Macht in Benevent, im Herzogtum Salerno und in Apulien von Roger II. nach über einem halben Jahrtausend ihres Bestehens endgültig gebrochen worden war. Die Königskrönung war der Gipfelpunkt der staatlichen Vereinheitlichung Unteritaliens. Abgesehen vom Abruzzengebiet, das großenteils dem ehemaligen langobardischen Herzotum Spoleto entsprach und erst später zum Königreich dazugeschlagen wurde, hatte Roger II. die staatliche Form für die Länder zwischen Garigliano und Kap Passero, zwischen Trapani und Otranto geschaffen, die bis 1860 erhalten bleiben sollte, bis zum Aufgehen des Königreichs Neapel im vereinten Königreich Italien.

Bemerkenswert ist, daß ihm dies ohne seine zuverlässige Basis in Sizilien nicht gelungen wäre. Sein gesamtes Reich nannte sich lediglich „Königreich Sizilien", was darauf hinwies, daß er die politischen Verhältnisse der Insel als ideal auch für den Kontinent ansah, d. h. die direkte, zentrale Gewalt ohne Brechung durch selbstherrliche feudale Zwischengewalten. Auf dem Festland allerdings walteten die normannischen Barone, die durch die schwache Herrschaft des Roger Borsa nur noch selbstbewußter geworden waren. Als 1101 Rogers II. Mutter Adelaide, Tochter Manfreds von Savona, die Regentschaft in Palermo übernommen hatte, gab es hingegen auf Sizilien (noch) keine an die normannischen Eroberer vergebenen Lehen. Es war eines der großen politischen Kunststücke der Familie Hauteville, daß es ihr gelang, die ungebärdigen Feudalherren des Festlandes von Sizilien aus unter Kontrolle zu bringen.

Von Rogers Mutter Adelaide ist zu berichten, daß sie Mileto als Hauptstadt aufgab und die herrscherliche Hofhaltung endgültig nach Palermo verlegte: damit war das alte Zentrum Syrakus endgültig deklassiert und dem Festland gegenüber der Vorrang Siziliens bekräftigt. 1112 wurde Roger II. in Palermo zum Ritter geschlagen. Dadurch gewann Adelaide die Freiheit, im nächsten Jahre der Werbung Balduins von Boulogne zu folgen, des Grafen von Edessa und seit Weihnachten 1100 Königs von Jerusalem.

Der alte Graf Roger hatte am ersten Kreuzzug, der 1099 mit der Einnahme Jerusalems durch die Kreuzfahrer geendet hatte, nicht teilgenommen. Es hätte seiner Toleranzpolitik nicht entsprochen und wahrscheinlich den inneren Frieden mit seinen moslemischen Untertanen schlimm beeinträchtigt, wenn er sich dem allgemeinen Rausch angeschlossen hätte, der damals das ritterliche und auch das weniger ritterliche lateinische Abendland erfaßt hatte. Sizilien war ein „Frontstaat" gegenüber dem Islam. Als ein solcher war es ganz bewußt entstanden, und wenn die offizielle Geschichte das Zeitalter der Kreuzzüge auch erst mit demjenigen beginnen läßt, der zur Eroberung Jerusalems führte, so ist es doch klar, daß in der Substanz die schon seit dem 8. Jahrhundert auf der iberischen Halbinsel stattfindende reconquista nichts anderes als ein Kreuzzug war, und daß Roger I. und Robert Guiscard auf Sizilien ebenfalls schon ihre Kreuzzüge geführt hatten. Nur war der Taumel ab 1095/1096 in der westlichen Christenheit ganz allgemein geworden, aufgeputscht durch anti-islamische Greuelpropaganda und durch die Brandrede Papst Urbans II. auf der Synode von Clermont (1095) – und das Ziel hatte sich auf die Wiedergewinnung just des Heiligen Landes konzentriert.

Damit war das ganze Mittelmeer Konfliktzone geworden, und eben deswegen mußte der sizilische „Frontstaat" sich heraushalten. Er verdankte seine Existenz einem genau abgemessenen Stück Eroberung – die Normannen waren gierig, aber zu klug, um auch noch unersättlich zu werden. Einen mittelmeerweiten Krieg mitzumachen, das hätte die schwer erkämpfte Existenz kosten können, ganz abgesehen davon, daß die Normannen befürchteten, kraft ihrer geographischen Lage dann der weiter entfernt wohnenden Christenheit vielleicht die Kastanien aus dem Feuer holen zu müssen. Erscheinen die normannischen Angriffe auf das byzantinische Reich als Überanstrengung, obwohl sie über kürzere Entfernungen erfolgten als die Kreuzzüge nach Palästina, so blieb Sizilien immerhin von der noch größeren Überanstrengung verschont, an den Kreuzzügen teilzunehmen.

Die amtliche Zurückhaltung war jedoch, wie häufig in der Politik, durchaus damit vereinbar, daß eine große Zahl normannischer Ritter ohne den Auftrag des Hofes das Kreuz nahmen. All die, denen in Unteritalien keine erstrebenswerte Zukunft mehr lachte, kamen für einen Kreuzzug in Frage. Der bedeutendste unter ihnen war Bohemund von Tarent, der sich wegen des ihn an den Rand drängenden Roger Borsa im „Herzogtum Apulien" nach auswärtigen Abenteuern umsah und es durch Tapferkeit, Schläue und solide Griechisch-Kenntnisse zum Fürsten des Kreuzfahrerstaates Antiochia (heute Antakya) brachte.

Bohemund scheint sich jedoch gehörig überschätzt zu haben, denn er schaltete dem Gedanken, das Heilige Land den Moslems zu entreißen, den dazu eigentlich logischen und notwendigen Vorspann hinzu, durch den der lateinische Kreuzfahrerstaat am Rande der arabischen Wüsten erst einmal eine solide logistische Grundlage erhalten hätte: die Eroberung Konstantinopels. Diese aber, so kolossal schätzte er sich selber ein, sollte durch sein eigenes Ritter- und Feldherrentalent erfolgen. Die byzantinischen Staatsmänner waren in großflächigem politischem Denken viel zu erfahren, um in den kampflüsternen Lateinern nicht nur willkommene Hilfe gegen den Islam zu sehen, sondern ihnen auch die erwähnte finstere Absicht zuzutrauen. Bohemunds entweder lächerlich oder gigantisch zu nennender Kampf gegen Konstantinopel (Einzelheiten sollen hier nicht interessieren) endete kläglich damit, daß er sich durch die Byzantiner ein Vasallenverhältnis für Antiochia aufzwingen lassen mußte. Als Adelaide zu ihrem zweiten Gemahl nach Osten segelte, war Bohemund bereits verbittert gestorben, und zwar fern der Levante in Apulien.

Balduin von Jerusalem hoffte, durch Adelaide frische Kräfte für sein ganz besonders auf dauernden Nachschub angewiesenes Wüstenkönigreich sichern zu können sowie, kraft der respektablen normannischen Flotte, eine sichere und kurze maritime Verbindung ins christliche Europa zu bekommen. Die Herren Siziliens konnten durch diese Verbindung sogar hoffen, dort zu ernten, wo sie andere hatten säen lassen, nämlich nichts geringeres als die Königskrone von Jerusalem (was den inneren Frieden mit den Moslems nicht hätte gefährden müssen, sofern diese ohne Kampf errungen war und politisch streng getrennt von Sizilien gehalten wurde). Denn Adelaides Ehevertrag sah vor, daß Roger II. König von Jerusalem werden sollte, falls ihre Ehe mit Balduin kinderlos bliebe. Nun verstieß Balduin aber seine Adelaide (1117), nachdem der Patriarch von Jerusalem nicht müde geworden war, ihn der Bigamie zu beschuldigen, da er sich von seiner vorhergehenden Ehefrau, einer armenischen Prinzessin, noch nicht hatte scheiden lassen. Dadurch war der lukrative Ehevertrag zu einem nutzlosen Fetzen Pergament gworden, und Roger II. begann, seinen Stiefvater und dessen Königreich dauerhaft zu hassen.

Das Schicksal des Grafen von Sizilien lag aber nicht in der Levante, sondern auf dem italienischen Festland. 1111 war Kaiser Heinrich V. (1106-1125) nach Rom marschiert, um dem Papst seine Version einer Lösung des Investiturstreites aufzuzwingen. Paschalis II. hatte den Normannen Unteritaliens zwar einen Eid abgenommen, ihm gegen den Kaiser mit Waffengewalt beizustehen, sonstige Hilfe erhielt er nicht. Die lombardischen Städte rund um Mailand nahmen sich des Papstes nicht an, die alte Markgräfin Mathilde von Tuszien unterwarf sich dem Kaiser auf seinem Vormarsch, und insgesamt waren die Deutschen diesmal viel zu stark, als daß die Normannen nicht lieber untätig abgewartet hätten, wie die von Norden kommenden Dinge sich entwickeln würden. Heinrich nahm den Papst in Rom sogar gefangen, löste den gordischen Knoten des Investiturstreites aber auch durch diese Gewaltmaßnahme nicht, da die Kardinäle alles desavouierten, was Paschalis II. dem Kaiser in seiner Bedrängnis hatte konzedieren müssen.

Also dauerte das Hin und Her an: 1117 zog Heinrich V. abermals nach Rom und behauptete sich mit der Hilfe des Teiles des städtischen Adels, der mit dem Papst und dessen Partei um die Vormacht in der Ewigen Stadt kämpfte. Nach Pfingsten zog der Kaiser wieder nach Norden ab. Für normannische Angelegenheiten blieb ihm schlicht keine Zeit. Wir dürfen allgemein folgern: die Normannen hätten Unteritalien nicht nach ihrem Willen einrichten können, wenn die Kaiser und offiziellen Könige von Italien wegen des Investiturstreits den südlichen Teil der Halbinsel nicht hätten vernachlässigen müssen.

Wenige Tage nach der Gefangennahme des Papstes war Roger Borsa gestorben. Für seinen Sohn Wilhelm regierte die Mutter Alaine, bis sie 1115 starb. Der Hilferuf des Papstes von 1117 an den Herzog von Apulien verhallte ungehört, wohl eher wegen Wilhelms Indolenz als infolge klug berechnender Zurückhaltung. In Apulien brach wieder einmal der Bürgerkrieg der Barone aus, genährt von der Verzweiflung des langobardischen Bevölkerungsteiles, sich endlich ihrer harten normannischen Zwingherren zu entledigen. Dieser Aufstand war für Roger II. der Anlaß, seine Autorität nunmehr auch auf das Festland auszudehnen. Roger stützte sich auf seinen armen Verwandten Wilhelm, dem er natürlich gegen die Anarchie im Lande beistehen mußte, und brachte im Jahre 1122 gegen 60 000 byzantinische Goldmünzen, erst im Wege der Verpfändung, dann durch Besitzergreifung alles in Kalabrien zu sich, was ihm noch fehlte, nebst den Stadthälften von Messina und Palermo, die sich Robert Guiscard einst vorbehalten hatte. 1125 kam der arme Wilhelm nach Messina und erklärte dort Roger zu seinem Nachfolger, da er selbst keinen Erben mehr erwartete. Zwei Jahre später starb er.

Da sein Testament die Abmachung von Messina nicht berücksichtigte, da er ferner ganz Apulien ausgerechnet dem Papst vermacht hatte, und da er sogar mit Bohemund II. von Antiochia, dem Sohn des Konstantinopel-Bekämpfers, einen Erbvertrag auf der Basis der Kinderlosigkeit geschlossen haben soll, mußte Roger mit den Waffen nach dem Rechten sehen. Der Hauptgegner war Papst Honorius II. Dieser brauchte zwar stets einmal normannische Hilfe, aber das vertrug sich sehr gut mit einer aus seiner Oberlehnsherrschaft heraus begründbaren Politik des „divide et impera" zwischen den südlich des Garigliano vorhandenen Machtzentren Capua, Apulien und Sizilien. Kein Normanne durfte all diese unter seiner Herrschaft vereinen. Und wer unter den normannischen Baronen nicht unter dem starken und entschlossenen Roger leben wollte, der stellte dem Papst gerne sein Schwert zur Verfügung.

Roger entschloß sich, erst zu handeln, bevor er verhandelte. Im August 1127 landete er überraschend in Salerno, der Hauptstadt des Herzogtums Apulien, gewann die Unterstützung des Erzbischofs und dadurch am Ende die Anerkennung als Herzog. Der Papst untersagte ihm von Benevent aus sofort die Führung des Titels. Roger rückte vor die Stadt, aber nicht, um Honorius II. auf die Knie zu zwingen, sondern nur um ihm die Anerkennung abzuverhandeln. Seine bisherigen Erfolge hatte er stets mit schmiegsamer Diplomatie und viel Geld errungen, und zu Recht hielt er sich nicht für einen befähigten Feldherren. Als Honorius sich unzugänglich zeigte, ließ Roger daher lieber von ihm ab, ritt nach Apulien davon, wo er sich ausgiebig huldigen ließ, und zog dann zurück nach Sizilien.

Damit überließ er dem Papst das Feld, die ihm feindliche Notabeln-Partei um sich zu sammeln und Roger zu exkommunizieren. Dieser mußte im Frühjahr 1128 mit Heeresmacht wiederkommen. Die päpstliche Armee, nicht weniger qualifiziert als die Rogers, lagerte den Sizilianern am Bradano (heute: etwa parallel zur Grenze zwischen Basilicata und Apulien) monatelang gegenüber, bis die päpstliche Koalition Auflösungserscheinungen zeigte und Honorius II. sich daher mit Roger einigen mußte: Belehnung mit Apulien, Capua bleibt selbständig, der päpstliche Besitz von Benevent wird garantiert.

Im nächsten Jahr warf Roger die Rebellen nieder, die immer noch an der apulischen Adriaküste ihr Unwesen trieben. Im September 1129 rief er die Notabeln Apuliens in Melfi zusammen, nahm ihnen den Treueid ab und ließ sie auch schwören, den Landfrieden gewissenhaft zu halten, Witwen, Waisen, Mönche und Kaufleute zu schützen, also mit der ebenso lästigen wie nutzlosen Fehdewirtschaft endlich aufzuhören. Das war der Anfang der Politik der starken Hand des Normannenherrschers gegenüber seinen Untertanen und besonders gegenüber seinen Feudalherren, um Unteritalien im Gegensatz zu den meisten anderen Regionen des lateinischen Abendlandes durch straffe Zentralverwaltung zu befrieden und ein bißchen mehr zu zivilisieren.

Dann erkannte Robert von Capua unerwartet die Oberherrschaft Rogers an, und Honorius II. konnte nichts dagegen tun, weil er krank darniederlag. Bereits im Februar 1130 verschied er. Roger brauchte nun nichts weiter mehr als die Königskrone, zweifelsohne der Schlußpunkt seines zähen und systematischen Ausgreifens auf dem Kontinent, das allein auf dieses Ziel ausgerichtet gewesen war. Sein verschlagenes und überwiegend friedliches Vorgehen diente dabei der Aufrichtung einer Herrschaft, die eher griechisch-autokratisch und islamisch gedacht war, als abendländisch-locker im Stile der damaligen Feudalität. Nicht umsonst war Roger in Palermo mehr unter Griechen und Moslems als unter Lateinern aufgewachsen.

Was er suchte, war ein Weg, um den neuen Papst zu dieser Konzession zu bewegen. Denn die mußte vom Papst kommen, der Kaiser hätte keine königliche Konkurrenz in Italien dulden können, und die Byzantiner, deren Konflikt mit den Normannen keinesfalls ausgestanden war, ebensowenig. Die Römer wählten nach des Honorius Tod zwei Päpste, woraus sich ein hartnäckiges Schisma ergab, das Roger nutzen konnte, um durch Parteinahme für einen der Kampfhähne als Gegenleistung den Königstitel zu gewinnen. Diese Rechnung ging auch auf, und Alexander von Telese hat uns ihr stolzes Ergebnis einleitend besungen. Nur war sie nicht ganz so simpel, wie sie zunächst aussehen mag, denn der Papst, der Roger die Königskrone kredenzte, unterlag anschließend im Streit mit seinem Rivalen, weshalb Roger am Ende zur Absicherung auch noch die Gunst des anderen erringen mußte.

Die sizilische Politik ist hierbei ein Anhängsel der großen europäischen Politik, bzw. die große europäische Politik erscheint zunächst wie ein Anhängsel der stadtrömischen Politik. Der eine Teil der Kardinäle, unterstützt von den meisten Adligen und den niederen Orden Roms, wählte den Kardinal Pierleoni, aus altem jüdischem Händler- und Wechsler-Geschlecht, das steinreich war, sich 1080 hatte taufen lassen und sich zum eifrigen Anhänger der Reformpolitik Gregors VII. entwickelt hatte. Dagegen stand – angeführt von der Familie Frangipani – der römische Uralt-Adel, dem die Pierleoni als Neureiche und unechte Gregorianer galten. Der Pierleoni-Papst nannte sich Anaklet II., der Mann der Gegenpartei war Gregor, Kardinal-Diakon von St. Angelo, und nannte sich Innozenz II.

Da Anaklet in Rom sehr populär war, flüchtete Innozenz ins Ausland und gewann die Unterstützung Frankreichs sowie des wortgewaltigen und politisch einflußreichen Zisterzienserabtes Bernhard von Clairvaux. Anaklet fand bei dem deutschen König Lothar III. von Supplinburg kein Gehör, hatte das Kloster Cluny und die Prämonstratenser gegen sich, damit die Crème de la crème des damaligen geistlich-politischen Lebens. Die Partei des Innozenz war zu Anaklets Nachteil mit weit mehr als der Hälfte des lateinischen Europa verbunden, und es gab für ihn keinen Ausweg, als sich den Normannen in die Arme zu werfen. Im September 1130 begab sich Anaklet nach Avellino, und es kam mit Roger der Handel zustande: Hilfe gegen

Königskrone. Anaklet verschenkte leichten Herzens natürlich auch, was er gar nicht verschenken durfte, nämlich Neapel, über das die Byzantiner immer noch die Oberhoheit hatten. Roger berief noch die Würdenträger seines Reiches nach Salerno, um sich von ihnen die päpstliche Belehnung bestätigen zu lassen, denn es war für ihn von erstrangiger Bedeutung, daß seine Würde nicht ausschließlich kirchlich abgesegnet war. Einige Beflissene meinten, damit sei das frühere Königreich Sizilien wiederhergestellt, und in der damaligen Euphorie dürfte sie niemand danach gefragt haben, ob es denn schon einmal ein „Königreich Sizilien" gegeben habe.

Aber nun mußte Roger seinen Teil des Handels erfüllen und Anaklet in Rom unterstützen, als König Lothar zu Innozenz II. umschwenkte und 1133 in Rom eindrang. Das Schisma hatte die abendländische Welt in ihren religiösen und politischen Grundfesten aufgewühlt, denn es ging darum, den eben erst errungenen Sieg des Papsttums über das Kaisertum (Kaiser Heinrichs V. „Wormser Konkordat" von 1122, das den leidigen Investiturstreit zugunsten des Papstes beigelegt hatte) nicht durch Uneinigkeit innerhalb der Kirche wieder in Frage zu stellen. Das waren Zusammenhänge, in die der normannische Opportunismus nicht hineinreichte, denn er hatte seinen Weg in Italien gerade dadurch gemacht, daß er alles, was mit dem Konflikt zwischen Kaiser und Papst zusammenhing, im Herzen ignorierte und lediglich taktisch betrachtete. Sollte Roger nun, da er den Gegenpapst unterstützte, dem die öffentliche geistliche Moral und wahrscheinlich auch ein gewisser Antisemitismus der lateinischen Abendländer entgegenschlug, sich verrechnet haben, als er in Entwicklungen eingriff, die ihm niemals viel bedeutet hatten?

Es war Bernhard von Clairvaux gelungen, dem deutschen König die Hilfe für Innozenz als selbstverständliche Folge des „Wormser Konkordats" hinzustellen. Die Situation in Rom spitzte sich dramatisch zu. Die Normannen hielten St. Peter; Lothar mußte sich in San Giovanni in Laterano zum Kaiser krönen lassen.

Doch ob Lothar wollte oder nicht, Bernhard von Clairvaux wies ihm den weiteren Weg: die Normannen mußten geschlagen werden, um Anaklet endlich aus der Welt zu schaffen. Bernhard, dessen politische Energie allenfalls von seiner religiösen Inbrunst übertroffen werden konnte, ruhte und rastete nicht, bis er Kaiser Lothar durch Vorverhandlungen den Weg ins normannische Gebiet gebahnt hatte. Im April 1137 stand Lothar, ohne sich gegen das von Anaklet beherrschte Rom zu wenden, an der Adria auf normannischem Gebiet. War ihm klar, daß er gerade seine Machtmittel im Schlepptau des Papstes verschwendete, um einen Feind anzugreifen, den er hätte vernichten müssen, der aber viel zu stark für ihn war? Es hätte jedoch einer äußerst kühnen Kehrtwendung bedurft, sich deshalb mit ihm zu arrangieren. Dazu war der der klerikal gesteuerte Lothar nicht der richtige Mann. Es blieb ihm ja nichts anderes übrig, als im Erfolgsfall in Unteritalien diejenige Lehnsordnung, die der Papst haben wollte, mit seinen Waffen wieder herzustellen. So nahm das Schicksal seinen Lauf, indem es Lothar scheitern ließ.

Der Kaiser stieß über Capua, Benevent und Troia bis vor Bari. Da die Genuesen und Pisaner kaiserlich gesinnt waren, um den blühenden normannischen Handel in die Levante nach Möglichkeit zu demontieren, blieb die normannische Flotte zwischen Adria und Tyrrhenischem Meer zweigeteilt und daher unfähig, dem kaiserlichen Vormarsch an der Küste entgegenzutreten. Roger, wie bei ihm nicht anders zu erwarten, begann zu verhandeln, aber Kaiser und Papst (Innozenz) sahen die Möglichkeit, ihn vom Festland gänzlich zu verdrängen, und belehnten bereits den Grafen Rainulf von Alife mit dem Herzogtum Apulien.

Keine weiteren Einzelheiten: plötzlich drehte Kaiser Lothar nach Norden um, da seine deutschen Truppen an Unteritalien im allgemeinen und an weiteren päpstlichen Exekutionsdiensten im besonderen immer weniger interessiert waren und da die versprochene Hilfe des byzantinischen Kaisers ausblieb, ohne die Roger und seine unbezwungene Flotte kaum weiter bekämpft werden konnten. Auch Genua und Pisa zogen sich zurück, weil ihre Bedürfnisse nach Beute nicht befriedigt wurden, und so war an eine Landung in Sizilien nicht ernsthaft zu denken. Roger wurde gerettet durch die Uneinigkeit der gegen ihn operierenden Koalition, und er war nicht der erste und der letzte, dem diese Gnade des politischen Lebens zuteil wurde. Nach dem Abzug des Kaisers konnte er sich gratulieren, daß er, seinem Temperament entsprechend, den zweifelhaften Ruhm einer risikobehafteten Entscheidungsschlacht gerade nicht gesucht und seinen Besitz in aller Ruhe erneut zu sichern vermocht hatte.

Blieb die Notwendigkeit des Ausgleichs mit Innozenz II. Denn der gab auch nach Lothars unverhofftem Tod (Ende 1137) das Spiel nicht auf, zumal Anaklet II. inzwischen gestorben war, und stützte sich auf jenen Rainulf von Alife, die Zentralperson jeglicher baronalen Opposition gegen Roger, als er 1139 ein Heer gegen Roger begleitete. Rainulf starb unerwartet, und bei Mignano (südöstlich von Monte Cassino) nahmen die Mannen Rogers den Papst in der Schlacht gefangen, wie einst Leo IX. bei Civitate. Auch Roger II. warf sich dem besiegten Papst heuchlerisch zu Füßen, wie damals seine Vorfahren, und bekam dafür alles, was er brauchte: seine Belehnung mit Sizilien, die seiner Söhne Roger und Alfons mit dem Herzogtum Apulien und dem Fürstentum Capua. Das heißt: es sah wie „divide et impera" aus, damit Innozenz sein Gesicht wahren konnte, aber Rogers II. Rundum-Bestätigung war ganz eindeutig die Substanz des Handels.

Nur wenige geschichtsmächtige Herrscher hatten jemals ihre Karriere mit soviel Glück betrieben. Die Deutschen und Byzantiner waren verschwunden, die Moslems unterworfen, die einheimischen Barone ebenfalls, der Papst zum Segen gezwungen worden, der Kreuzzug kein Thema. Außenpolitisch war das Königreich vollendet.

Ifriqiyah

Da geographische Gegebenheiten eine Menge mit Politik zu tun haben, blickten die Normannen nach Ifriqiyah, seit sie nach Sizilien zu blicken angefangen hatten. Als Roger I. Syrakus belagerte, boten ihm die Pisaner an, dem maroden Staat der Ziriden gemeinsam den Garaus zu machen und dessen Hauptstadt Mahdia zu erobern. Roger weigerte sich, denn er hatte ein Abkommen mit dem Ziriden-Emir Tamim abgeschlossen, und so fuhren Pisaner, Genuesen und Amalfitaner ohne ihn hinüber und erpreßten von Tamim reiche Beute und die Freilassung der Christen, die seine Piraten gefangen und versklavt hatten.

Ifriqiyah lag darnieder, da die Beduinen der Banu Hillal es ausgeplündert hatten und da die Autorität der Ziriden im Landesinnern schon seit Anfang des 11. Jahrhunderts kaum mehr etwas galt; dort hatte Hammad, der Onkel des Emirs Badis, sein eigenes Fürstentum gegründet und es vor der ostalgerischen Küste bis zum Schott el Dscherid ausgedehnt. Da die Ziriden den Kalifen von Bagdad und nicht den von Kairo anerkannten, warf sich Hammad dem letzteren zu Füßen, und es kam ein ungefähres Gleichgewicht zwischen beiden Dynastien in Ifriqiyah zustande. Mit den Banu Hillal wurden auch die Nachfolger des Hammad, die Hammadiden, nicht fertig. So ist die normannische Eroberung Siziliens im Windschatten eines weitgehend machtlosen Ifriqiyah vor sich gegangen. Roger I. machte sogar gute Geschäfte, die ihm die Kolonie normannischer Kaufleute in Mahdia vermittelte, indem er den häufigen Hungersnöten durch sizilianische Getreide-Lieferungen abhalf.

Roger II. dürfte seit seinem Ritterschlag darauf gelauert haben, seinem Reich nach Ifriqiyah hin eine freundliche Gegenküste zu sichern, wenn nicht gar sie zu erobern. Damit hätte er die wichtigste Enge des Mittelmeers kontrolliert. Nur die Eroberung von Konstantinopel wäre noch großartiger gewesen!

Yahya, der Sohn des Emirs Tamim, nahm die Piraterie wieder in altem Umfang auf. Seine Schiffe verfügten sogar über das „Griechische Feuer", was angeblich Kaiser Alexios Komnenos (1081-1118) zu einem Stillhaltevertrag mit Yahya bewegt haben soll.

1116 starb Yahya, und sein Nachfolger Ali geriet schon nach zwei Jahren mit Roger aneinander. Bald trieb die Situation auf eine kriegerische Auseinandersetzung zu.

Es begann zunächst ein diplomatischer Schlagabtausch: Roger drohte mit einem Kriegszug, und Ali malte sein Bündnis mit den spanisch-marokkanischen Almoraviden an die Wand. Dieser Name stand für eine ursprüngliche Berber-Bewegung, die wieder einmal die nüchtern-asketische Reinheit des Islam durchzusetzen versuchte – „Reformation" auf islamisch, wenn man so will. Die Almoraviden waren vom Ufer des Senegal-Flusses nach Norden aufgebrochen, hatten Marokko und das westliche Algerien überrannt und den König von Kastilien und Leon, den hauptsächlichen Träger der damaligen Reconquista, über den Tejo zurückgeworfen. Im Jahre 1115 hatten sie die Genuesen und Pisaner von den Balearen vertrieben. Kein Zweifel, sie boten sich als die dynamischen Vorkämpfer des westlichen Islam dar, als berberische Retter einer Staatenwelt, die von ihrer arabischen Elite immer weniger gegen die Christen gehalten werden konnte. Das westliche Mittelmeer war ohnehin ein einheitlicher Raum der Konfrontation zwischen Christentum und Islam: dem entsprach die Heirat Rogers II. mit Elvira, der Tochter Alfons VI. von Kastilien-León, der sich von den Almoraviden bei Zallaca (oder Sagrajas) 1086 hatte besiegen lassen müssen.

Aber aus dem Bündnis zwischen Almoraviden und Ziriden wurde nichts, und eine unabsehbare Gefahr ging daher an den Normannen vorbei. Geschichte ist immer wieder auch das, was sich nicht ereignet hat – sofern durch Nicht-Ereignisse andere Ereignisse überhaupt erst möglich geworden sind, hier: ein zwei Generationen lang blühendes Königreich Sizilien.

Ali starb 1121, ohne daß es zum offenen Krieg mit Roger gekommen wäre. Seine mittlerweile hochgerüstete Flotte wurde von den Banu Maymun kommandiert, einer Piratensippe aus dem spanisch-almoravidischen Küstenort Denia, die an der Eroberung der Balearen im Jahre 1115 beteiligt gewesen waren. Ein Abu Abdullah Ibn Maymun überfiel 1122 Nicotera in Kalabrien und plünderte es ganz fürchterlich aus. Junge Christen, die geraubt worden waren, steckten die Ziriden in ihre Flotte und hatten an ihnen loyale Seeleute.

Da Ibn Maymun ein Untertan der Almoraviden war, durfte Roger deren Bündnis mit den Ziriden für abgeschlossen halten. Es war demnach höchste Zeit für seine Vorwärts-Verteidigung nach Süden, egal, wie seine Angelegenheiten in Unteritalien gerade standen. Am 21. Juli 1123 tauchte die sizilianische Flotte vor der tunesischen Küste auf und ankerte abends an der Insel Ahasi vor Mahdia. Arabische Quellen sprechen von 300 Schiffen mit 1001 Rittern (welch eine Märchenzahl!) und 30 000 Mann zu Fuß an Bord. Jedenfalls dürfte die normannische Flotte sehr groß gewesen sein.

Sie war ohnehin das wichtigste Machtinstrument des Königreichs Sizilien geworden; denn ohne eine respektgebietende Zahl von Kriegsschiffen wäre die das ganze Mittelmeer umspannende Außenpolitik Rogers II. ja auch absolut unmöglich gewesen. Er hatte die Flotte systematisch aufgebaut, um den Vorteil seiner zentralen Position im Mittelmeer auch ausnutzen zu können, und des Ziriden Ali Rüstung zur See dürfte die Reaktion darauf gewesen sein.

Einer der Schöpfer der normannischen Flotte war Abderrahman an-Nasrani, der auch mit dem christlichen Namen Christodulos oder Christophorus auftaucht. Er war Emir von Palermo (lateinisch *ammiratus*, woraus im Laufe der Zeit dann *Admiral* geworden war), was nicht mehr bedeutete als „Chef der lokalen Verwaltung". Über sein Leben wissen wir kaum etwas, außer daß er ein Moslem gewesen sein dürfte, der die Religion seiner normannischen Herren annahm. Er war Rogers II. erster Admiral und hatte die prunkvolle Flotte ausgerüstet, die des Königs Mutter Adelaide 1113 zu ihrem Bräutigam, dem König Balduin, nach Palästina befördert hatte. 1123 führte er zusammen mit Georg von Antiochia das Kommando über die nach Mahdia auslaufende Flotte.

Diesen Georg, Rogers zweiten Admiral, kennen wir etwas genauer. Er war ein Grieche aus Antiochia und trat als fähiger Finanzmann in die Dienste des Ziriden Tamim. Da Tamims Nachfolger Yahya den Georg nicht übernehmen wollte, ging dieser zu den Normannen über und stellte ihnen mit gutem Erfolg seine Künste als Finanzmann zur Verfügung. Vielleicht trieben ihn finstere Rachegedanken gegen die Ziriden um, denn, wie ein arabischer Chronist bemerkte, Georg von Antiochia gehörte nicht zu den Leuten, mit denen man sich gemeinsam am Ofen wärmt. Roger machte den Griechen, auf den er anläßlich einer glänzend absolvierten Gesandtschaft an den Fatimidenhof in Kairo aufmerksam geworden war, zum Mitglied seiner Marineverwaltung und nach des Christodulos Tod zum Admiral. Georg starb 1151, nachdem er zum Schrecken der Moslems und der Byzantiner geworden war und nachdem er 1148 noch den Fall der Ziriden-Dynastie hatte erleben dürfen.

Auch im juristischen Sinne betrachtete Roger II. das Meer als sein Eigentum. Den Ort Cefalù schenkte er mitsamt dem dortigen Meer an die Kirche! Sizilien hatte damals noch genug Holz, um den Normannen – ebenso wie einige Generationen früher den Moslems – Bauholz für Schiffe zu liefern. Die Könige behielten die Wälder der Insel in ihrem Eigentum und verschenkten sie höchst selten, damit sie stets Herren des Material-Nachschubs blieben. Das sparte dem Fiskus riesige Summen, die sonst für den Ankauf hätten aufgewendet werden müssen. Ebenso behielt Roger die Pechbrennerei unter königlicher Kontrolle.

Die Seesoldaten rekrutierten sich aus der Ritterschaft und aus den jungen Männern, welche Städte, Klöster und Gemeinden gemäß ihrer Untertanenpflicht zu stellen hatten. Die Ritter waren natürlich keine geborenen Seeleute, doch dürfte ihre Lehnspflicht prinzipiell auch den Dienst zur See umfaßt haben. Wieweit diese Pflicht die anderen Bevölkerungsschichten umfaßte, ist mangels Urkundenmaterials nicht feststellbar. Wir erfahren nur punktuell, daß die Mitglieder des Klosters San Giovanni degli Eremiti in Palermo und deren sämtliche Untergebenen vom Seedienst eigens befreit wurden, und daß die Stadt Cefalù weder See- noch Landsoldaten stellen mußte. Roger war an Cefalù durch Bande des Glaubens (oder Aberglaubens) gebunden, denn dort war er 1130 auf der Überfahrt zu seiner Krönung in Palermo aus einem Seesturm gerettet worden und an Land gegangen – er mochte die Stadt seitdem als den Ort der für ihn wirkenden Vorsehung betrachten.

Es dürfte eine allgemeine Pflicht zum Dienst in der Flotte bestanden haben, um der königlichen Kasse so viel Soldzahlungen wie möglich zu sparen. Da Roger II. eine sehr starke Flotte baute, konnte er sie ohne seine dazu gezwungenen Untertanen wohl auch nicht bemannen. Das schloß nicht aus, daß er daneben fachkundige Söldner anwarb, und dabei besonders auf die Sarazenen zurückgriff, die sich in der Mittelmeerwelt schon so lange und so beängstigend gut eingelebt hatten. Und auch im folgenden waren die Normannen lernfähig: sie brachten einen Teil ihrer Mittel zum Flottenbau durch Kaperfahrten auf, nicht anders als ihr islamisches Gegenüber in Afrika.

Welche Schifftstypen die Normannen bauten und fuhren, sagen uns die Chronisten und Urkunden nicht. Die zeitgenössischen Pisaner und Genuesen haben zwar ihr eigenes Material detaillierter beschrieben, aber Rückschlüsse daraus auf die normannische Flotte sind nicht zuverlässig möglich. Am gebräuchlichsten dürften die Galeeren gewesen sein, Eindecker mit 25 Ruderern auf jeder Seite. Technische Einzelheiten sind für jene Zeit nicht rekonstruierbar. Dann gab es noch Pfeilschiffe (Sagittia), die weniger Ruderer hatten als die Galeeren, und Rundschiffe, die nur durch ihre Segel, nicht durch Ruderkraft, vorankamen und zum Transport von Lasten verwendet wurden.

Doch die erste große Bewährungsprobe, der Angriff auf Mahdia, wurde zum Fiasko. Am 22. Juli 1123 kreuzten Georg und Christodulos (Roger war in Palermo geblieben) vor dem Strand von Mahdia hin und her und fanden die Stadt und auch die Küste von so vielen Sarazenen besetzt, daß sie sich mutlos zur Insel Ahasi zurückzogen. Am nächsten Tag kapitulierte die Festung Ad-Dimas am Strand, vermutlich, weil Georg den Kommandanten bestochen hatte. Die Normannen legten 100 Mann Besatzung hinein und dachten darüber nach, wie sie vor Mahdia selbst weiterkommen könnten. Da schlugen in der Nacht vom 25. auf den 26. Juli die Moslems zurück. Mit lautem „Allah-Akbar"-Gebrüll und der Inbrunst, die ihnen die Überzeugung verlieh, einen heiligen Krieg gegen die Ungläubigen zu führen, gingen sie auf die Normannen los, die bei Ad-Dimas lagerten, und zwangen sie zum Rückzug auf die Schiffe. Christodulos wollte Ad-Dimas dennoch retten und kreuzte daher noch eine Woche lang vor dem Kastell. Aber es wurde von den Moslems zu scharf bewacht, deshalb mußte die Flotte abziehen, als ihre Vorräte zur Neige gingen. Die Normannen in dem nun gänzlich isolierten Kastell erhielten keinen freien Abzug gewährt, deshalb verkauften sie ihr Leben so teuer wie möglich und wurden am 10. August bis zum letzten Mann niedergemacht. Zu allem Überfluß geriet die heimkehrende Flotte auch noch in einen Sturm, so daß, wenn wir dem Bericht des Ziriden Hassan, des damals erst 14jährigen Herrn von Mahdia, glauben, von den 300 Schiffen nurmehr 100 Palermo wiedersahen.

Die Moslems gaben auch in den folgenden Jahren keine Ruhe. 1127 tauchten sie, wieder unter der Führung eines Ibn Maymun, vor Catania auf, Patti und Syrakus plünderten sie. Die islamische Welt frohlockte und feierte Hassan als ein Wunderkind. Roger sah dahinter erneut die Hand der Almoraviden, während der Kreuzzugs-Chronist Wilhelm von Tyrus einige Zeit später dabei ausschließlich die Sarazenen von Ifriqiyah am Werke fand. Roger reagierte blitzschnell und eroberte das verlorengegangene Malta zurück. Doch da erfuhr er den Tod des Herzogs Wilhelm von Apulien und wendete dabei ebenso schnell nach Norden, um dessen Erbe antreten zu können.

Gegen Ifriqiyah ging Roger mit derselben unbeirrbaren Zähigkeit vor wie auf dem italienischen Festland. Zunächst sicherte er zur See seinen Rücken. Noch 1128 vereinbarte er mit der ligurischen Seerepublik Savona (die dann schnell von Genua überflügelt wurde), sich bei der Handelsschiffahrt gegenseitig zu unterstützen. 1131 zwang er die Amalfitaner zur Auslieferung der ihnen gehörenden Küstenorte Ravello, Scali, Gerola und Pegerola. 1135 stürzten sich die Pisaner, die Konkurrenten von Genua und Savona und daher die Feinde Rogers, auf Amalfi und verbrannten einen Teil von dessen Flotte. Das war das Ende von Amalfis Rolle in der Geschichte, und es erwies sich für Roger nicht weniger nützlich als für die Pisaner. Denn zur Piraterie und zum Kampf gegen die Moslems brauchte er Amalfi ebensowenig wie Neapel, das sich damals endgültig beugen mußte. Die Kraft der unteritalienischen Seefahrer-Staaten ging auf den König von Sizilien über.

1134 hatte Hassan bei Roger um Hilfe gebeten, als er von seinen hammadidischen Vettern angegriffen wurde. Roger sandte ihm gerne 20 Galeeren, die den

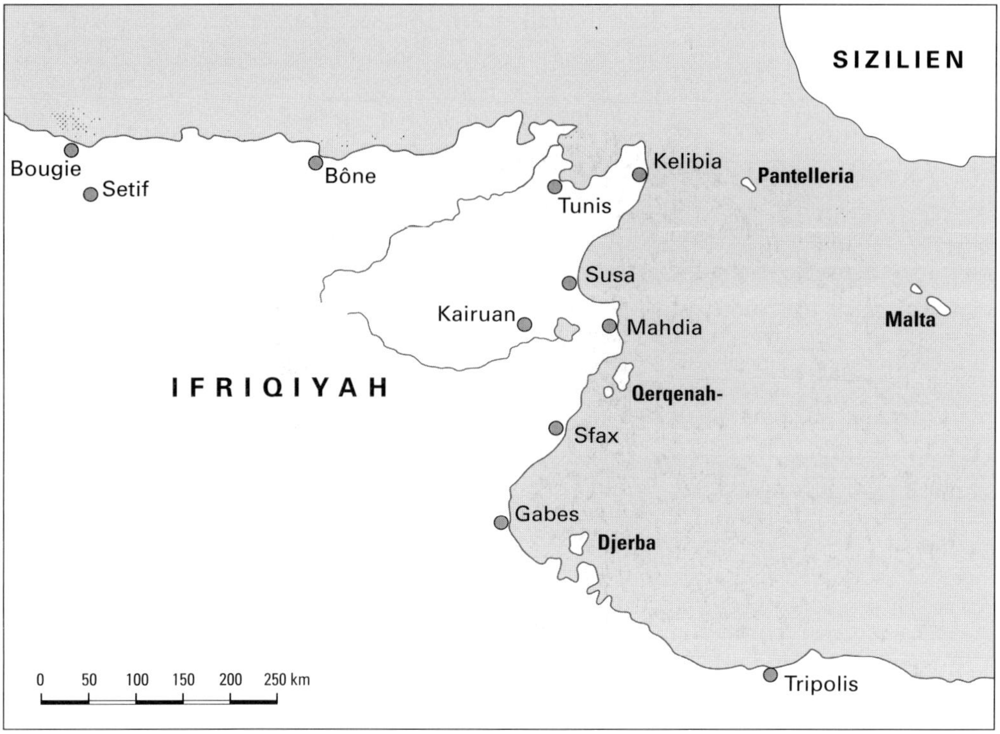

Die afrikanischen Eroberungen Rogers II.

Belagerungsring in Mahdia durchbrachen und so unter ihren Feinden hausten, daß Hassan die Kampfeslust der Sizilianer sogar dämpfen mußte, damit die Ungläubigen nicht allzuviel Blut der Söhne des Propheten vergossen.

Die Sizilianer zogen zunächst ab, doch kurz darauf tauchten sie wieder auf, diesmal vor der Insel Djerba. Dort hausten Berber, die als Piraten gefürchtet waren, und da sie außerdem als charidschitische Ketzer galten, sah Hassan gelassen zu, wie die Normannen im Herbst 1135 die Insel überfielen, ein Massaker anrichteten und ihre Schiffe randvoll mit Sklaven beluden, die dann – die normannische Lernfähigkeit war auch im Bösen groß – den Moslems in Sizilien zum Nutzen von Rogers Staatskasse verkauft wurden. Djerba bekam einen *amil* vorgesetzt, einen Verwalter der königlichen Domänen, und bildete von da an einen praktischen Ausgangspunkt für Operationen sowohl gegen Ifriqiyah als auch gegen die östlich anschließende Flachküste mit dem Hauptort Tripolis (Tarabulus). Hassan sah, daß Roger ihm damit an der Kehle saß, und schloß sich ihm politisch schon fast bedingungslos an. Er brauchte Getreide gegen die Hungersnöte seines Landes und verpfändete Roger die Zolleinnahmen des Hafens von Mahdia, um kreditwürdig zu bleiben. Er versprach seine Hilfe, falls Moslems von der normannischen Herrschaft weg und zurück unter die Banner der Ziriden streben sollten. Eine christliche Kolonie breitete sich in Mahdia aus, und plötzlich sah die einstige Hauptstadt der Fatimiden, die aus Glaubensgründen nicht vor einem Angriff auf den Kalifen von Bagdad zurückgeschreckt waren, christliche Kirchtürme neben den Moscheen und Minaretten in den Himmel wachsen.

Die folgenden Jahre sahen unzählige Angriffe, Plünderungen und Eroberungszüge der Normannen an der nordafrikanischen Küste. Die Normannen scheinen ihren Ehrgeiz darin gesetzt zu haben, die Lieblingsbeschäftigung ihrer Vorväter, den Raub zu Wasser und zu Lande, auf Kosten der Moslems fortzuführen, um diesen endlich ihre jahrhundertelangen Attacken auf christliche Gebiete heimzuzahlen. Im Jahre 1146 brach Georg von Antiochia den Widerstand von Tripolis, und ein Mitglied der Banu Matruh wurde dort zum normannischen Gouverneur eingesetzt, ein Berber als Qadi mit autonomer Befugnis zur Rechtsprechung. Roger warb in Sizilien Auswanderungswillige an, um die heruntergekommene Stadt mit neuem Leben zu erfüllen. In der Tat wurde sie bald zum blühenden Handelszentrum zwischen Nord und Süd – ein beachtlicher Erfolg, geboren aus der normannischen Toleranz und Fairneß, die immer zu herrschen begannen, sobald nur die Herrschaft des Königs gesichert war.

Für die Residenzstadt Mahdia sollte 1148 die letzte Stunde schlagen. Denn nachdem sich im Jahr zuvor der deutsche König Konrad III. (1138–1152) und Manuel Komnenos, Kaiser von Konstatinopel (1143–1180), mit König Ludwig VII. von Frankreich (ebenfalls 1143–1180) zusammengetan hatten, um in Palästina die christliche Ordnung wiederherzustellen, wollte auch Roger einen Kreuzzug führen. Die Normannen durften da nicht abseits stehen, weil die Gefahr bestand, bei dieser Gelegenheit von den höchsten Herren der Christenheit vereint überfallen zu werden, deren jeder seine besonderen Gründe hatte, die Normannen zu hassen. Ohne Rogers Motive also aus dem Glauben heraus erklären zu müssen, den er jedenfalls in politisch naiver Ausprägung nicht besaß, ist doch einzuräumen, daß diese Art von Kreuzzug vor der Haustür in Ifriqiyah nicht nur ihm viel Ruhm und Beute, sondern auch der Christenheit größere Vorteile einbringen mußte als irgendwelche Ritterabenteuer im fernen levantinischen Heidenlande. Es war ähnlich wie später 1270, als Karl von Anjou, der damalige Herr Siziliens, die Kreuzzugsbegeisterung Ludwigs IX., des „Heiligen" unter den Königen Frankreichs, auf Tunis umlenkte, da dies einfach praktischer für ihn, Frankreich und das christliche Abendland war.

Bei Pantelleria fing Georg von Antiochia, der mit 250 Galeeren gesegelt kam, ein Schiff aus Mahdia ab, das ihn beobachten sollte. An Bord fand er einen Käfig voller Brieftauben, und er ließ sie Richtung Mahdia mit der Botschaft aufsteigen, die gesichtete sizilianische Flotte sei gegen die Byzantiner unterwegs. Doch am Morgen des 22. Juni 1148 kreuzte Georgs Flotte völlig überraschend vor Mahdia auf und ruderte gegen widrige Winde an den Strand. Hassan floh mit vielen anderen Moslems, so schnell er nur konnte. Am Nachmittag landeten die Normannen und bemächtigten sich im Nu der Stadt. Anschließend fielen auch Susa und Sfax den Normannen zum Opfer.

Das war das vergleichsweise undramatische Ende des Staates der Ziriden, den die Normannen nun vom Kap Bon bis Tripolis beherrschten – nur Tunis und Kelibia blieben unabhängig –, und sie taten dies auf dieselbe großzügige Weise, die sie bereits in Tripolis übten, indem sie die als ungerecht empfundenen Steuern der früheren Herren abschafften, was auch die islamischen Geschichtsschreiber anerkennend hervorhoben.

Daß in Ifriqiyah dennoch keine Ruhe eintrat, verdankten Roger und seine Nachfolger denjenigen, die die Almoraviden ablösten und sich dabei noch angriffslustiger als diese gebärdeten: den Almohaden. Es wäre den Christen wohl auch ohne deren Auftreten nicht möglich gewesen, die gesamte maghrebinische Küste bis hin zur Straße von Gibraltar unter ihre Kontrolle zu bringen. Doch von nun an mußten sie sogar um ihren Besitz in Ifriqiyah fürchten.

Auch die Almohaden hatten es sich zum Ziel gesetzt, den reinen Islam zu erneuern, und damit zunächst in Marokko die Kräfte um sich geschart, denen die Herrschaft der Almoraviden aus religiösen und auch aus materiellen Gründen lästig geworden war. Träger waren wiederum die Berber, diesmal der Stamm der Masmuda im westlichen Atlas-Gebirge, aus deren Mitte heraus der Gründer und Führer Abu Abdullah Mohammed Ibn Tumart auftrat. 1146 fiel ihm die almoravidische Hauptstadt Marrakesch in die Hände, im Jahre 1152 eroberten seine Mannen unter Abdal Mumin Bougie, den Hauptort der Hammadiden im östlichen Algerien. Zu dem letzten Hammadiden-Fürsten hatte Hassan sich von Mahdia aus geflüchtet.

Roger sah die Gefahr, daß der ganze Maghreb unter eine vereinte islamische Herrschaft zu fallen drohte, was es nicht einmal unter dem Oberherrn der ersten Aghlabiden, dem Kalifen Harun al Raschid gegeben hatte. Er bot den vor Abdal Mumin fliehenden Scheichs 5000 Ritter zur Unterstützung an, doch die lehnten das ab, da sie zu stolz waren, um sich von den Ungläubigen helfen zu lassen. Die Folgen blieben nicht aus. 1153 brach Abdal Mumin in dreitägiger Schlacht im Bergland von Setif den letzten Wiederstand der Clans von Ifriqiyah, und seine Milde nach dem Sieg raubte Roger alle Vorwände, jetzt noch als Retter der Unterworfenen aufzutreten.

Aber er konnte seinen neuen Admiral, Philipp von Mahdia, einen Eunuchen und Konvertiten, nach Bône an die algerische Küste schicken, denn das war gerade von seinem hammadidischen Gouverneur verlassen worden und von den Almohaden noch nicht besetzt. Im Herbst 1153 nahm Philipp die Stadt mit Hilfe der umwohnenden Bevölkerung ein, und ein Sproß der Banu Hammad wurde zum Domänenverwalter Rogers ernannt. Philipp hatte die gehobenen Kreise der islamischen Einwohner von Bône fliehen lassen, ohne etwas dagegen zu unternehmen. Das warf man ihm nach seiner Rückkehr vor: er sei ein Ketzer, im Herzen ein Moslem geblieben, hieß es, und man schickte ihn auf den Scheiterhaufen. Ob Roger hinter diesem Justizmord stand, der den Traditionen normannischer Toleranz so strikt entgegengesetzt war, ist nicht bekannt. Wahrscheinlich wurde der König von der eifernden Christen-Partei am Hofe, die sich um seinen Sohn und Thronfolger Wilhelm geschart hatte, überspielt. 1154 starb Roger II., noch nicht einmal sechzig Jahre alt.

Das normannische Ausgreifen nach Nordafrika ist schließlich doch nur Episode geblieben. Nach Rogers Tod, und noch bevor die Hohenstaufer in Palermo einzogen, gingen alle Besitzungen an der nordafrikanischen Küste wieder verloren.

Dieser Niedergang begann 1156 mit dem Verlust von Sfax, wobei alle christlichen Einwohner ihr Leben verloren. 1160 fielen Djerba und die Qerqenah-Inseln vor Mahdia ab. In Tripolis lockten die moslemischen Verschwörer die Burgbesatzung außerhalb der Stadt in eine Falle; der Gouverneur blieb derselbe; denn die Sitte der Normannen, Einheimische zur lokalen Regierung einzusetzen, begünstigte, wenn es schlimm kam, natürlich die „Wendehälse". Während die Almohaden Tunis einnahmen (1159), warf ein anderer begabter Wendehals, der schon bekannte Mohammed Ibn Raschid, die Normannen aus Gabes hinaus.

Nun ging es noch um Susa (Sousse) und Mahdia. Wilhelm mußte 20 Schiffe zur Verstärkung schicken, um die Aufstände niederzuschlagen. Doch die Moslems, die den normannischen Waffen entronnen waren, flohen zu Abdal Mumin, bei dem auch der Flüchtling Hassan mittlerweile saß. Und der beschloß nun, den Normannen die Gebiete wegzunehmen, die ihm im Maghreb überhaupt noch fehlten. Nach der Eroberung von Tunis schloß er Mahdia ein. 3000 Mann verteidigten sich auf der Burg, die zum Lande hin nur eine einzige Pforte hatte und zum Meer hin auf einem hohen Felsen thronte. Man mußte die Festung aushungern, und Abdal Mumin bereitete sich darauf vor, in Sichtweite der Stadt zu überwintern. Eine normannische Entsatzflotte von 150 Galeeren, die die islamisch besetzte Insel Ibiza ausgeplündert und auf dem Rückweg nach Mahdia umdirigiert worden war, wurde von den Almohaden zurückgeschlagen. Die Besatzung kapitulierte am 21. Januar 1160, und Abdal Mumin, der keine normannische Rache provozieren wollte, ließ sie unbehelligt nach Hause segeln.

Sarkophag Rogers II. (1130 – 1154) in der Kathedrale von Palermo.

Als der große Almohade, wohl der fähigste Staatsmann und effektivste Imperialist, den der Maghreb je hervorgebracht hat, im Jahre 1163 starb, versuchte sich Wilhelm durch einen Angriff auf Sfax schadlos zu halten. Die Stadt wurde dabei so verwüstet, daß sie 200 Jahre lang unbewohnt blieb.

Aber bereits die Normannen wußten, daß man demjenigen, den man nicht zu besiegen vermag, einen Teil seines Wohlstandes durch friedlichen Handel wegnehmen kann, und so bequemte König Wilhelm II. (1166–1189) sich 1180 mit dem Almohaden-Herrscher Abu Yakub, der den ganzen Maghreb mit fester Hand zusammenhielt, zum endgültigen Friedensschluß, d. h. zunächst auf zehn Jahre. Das Haus Hauteville trat jedoch von der Bühne ab, bevor diese Frist auslief. Auch die Almohaden konnten sich nun der Früchte des sizilianischen Getreidehandels erfreuen, nachdem sie die Furcht Rogers II. vor den Almoraviden im nachhinein durch ihre eigenen Taten so wirkungsvoll gerechtfertigt hatten. Die Normannen hatten nie beabsichtigt, von der Küste ausgehend das Innere Ifriqiyahs zu erobern. Doch sie benötigten nicht einmal die wenigen Küstenplätze, die sie gewonnen hatten. Für ihre Machtstellung im Mittelmeer waren diese nicht entscheidend. Das galt so lange, wie die Almohaden ihrerseits die reichlich gewonnene Basis maghrebinischen und spanischen Landes nicht ausnutzten, um von dort einen Generalangriff auf Sizilien oder gar auf die ganze lateinische Christenheit zu starten. Aber dazu waren sie niemals in der Lage; das wußten sie, denn auch sie waren nüchterne Machtpolitiker. Deshalb begnügten sie sich damit, den Kampf gegen die unmittelbar angrenzenden Kastilier und Portugiesen auf der iberischen Halbinsel aufzunehmen, statt ehrgeizige Aktionen übers Meer hinweg zu wagen.

Weltpolitik

Weltpolitik – ein großes Wort für eine Insel des Mittelmeers, und für das 12. Jahrhundert natürlich noch nicht im globalen Sinne zu verstehen. Doch kann die damalige Außenpolitik der gesamten lateinischen Christenheit, des griechischen Ostens sowie des islamischen Kulturkreises, soweit er sich zum Mittelmeer hin orientierte, weitgehend um das Normannenreich herum gruppiert und beschrieben werden; die internationalen Beziehungen trafen sich gewissermaßen in Palermo wie in einem Brennspiegel. Nicht beständig in all den Jahrzehnten zwischen 1130 und 1189, das versteht sich, und auch nicht in dem Sinne, daß die Könige von Sizilien sich zu den wichtigsten Akteuren am Mittelmeer hätten aufschwingen können. Aber sie waren immer mittendrin, und ihr Überleben und ihre Expansion hingen gleichermaßen davon ab, daß sie in dem weiten Halbkreis zwischen dem König von Portugal und dem Kalifen von Bagdad stets die Übersicht behielten und das Gleichgewicht der Kräfte nicht zerstörten.

Die Spannungen mit Konstantinopel hatte Roger II. noch von seinem Großvater Robert Guiscard geerbt. Sein Verhältnis zum Kaiser des Römischen Reiches bzw. zu den Deutschen war prekär, da er die Königskrone errungen hatte. Und zu allem Überfluß verleitete die Kreuzzugsbewegung die abendländischen Potentaten zu immer neuen Aktionen im Mittelmeer und erweiterte das Feld der Außenpolitik der christlichen Staaten erheblich. Da die Franzosen die eifrigsten Teilnehmer am ersten Kreuzzug gewesen waren, mußten auch sie wichtige Partner der Normannen werden. Das alles ließ sich gefährlich und unübersichtlich an.

Es wurde noch weiter kompliziert durch Rogers Ansprüche auf das Königreich Jerusalem und auf das Fürstentum Antiochia, diese beiden aus dem 1. Kreuzzug hervorgegangenen Staaten an der syrisch-palästinensischen Küste. Roger verfolgte diese Ziele aus dynastischen Gründen, denn seine von König Balduin schimpflich nach Sizilien zurückgeschickte Mutter Adelaide hatte in ihrem Ehevertrag nun einmal ein Thronfolgerecht festgesetzt gehabt. Und nach dem Tode des schon erwähnten Bohemund von Tarent, der sich zum Fürsten von Antiochia aufgeschwungen hatte, war dessen Sohn Bohemund II. im Kampf gegen die Moslems 1130 umgekommen, und dessen Gemahlin von ihrem Vater, dem König Balduin II. von Jerusalem, abgesetzt worden. Balduin wurde zusätzlich Regent von Antiochia. Übrig blieben das Kleinkind Konstanze, Bohemunds II. Tochter, und Rogers Anspruch auf das Fürstentum, da er der einzige männliche Erbe aus dem Hause Hauteville war.

Das brachte Roger II. in Widerspruch nicht nur zum König von Jerusalem, sondern fast auch zu den Byzantinern – denn die Mutter Konstanzes bot deren Hand Manuel an, dem Sohn und präsumptiven Erben des Kaisers Johannes Komnenos (1118–1143). Doch diese Idee mißfiel auch den lateinischen Rittern von Jerusalem. König Fulco, ein geborener Graf von Anjou, war sich dazu eine französische Alternative schuldig, und er fand sie in dem Grafen Raimund von Poitiers, dem jüngeren Sohn Herzog Wilhelms IX. von Aquitanien (nebenbei gesagt: Wilhelm war einer der Väter der Troubadour-Lyrik).

Das Angebot wurde Raimund, der gerade in England weilte, unter größter Geheimhaltung überbracht. Aber Roger bekam sofort Wind davon, daß Raimund es angenommen hatte, denn auch England war Normannenland, und daher war die Aufgabe seiner Späher dort leichter als anderswo. Raimund hätte sich in Unteritalien einschiffen müssen. Er schaffte es, den Häschern Rogers zu entgehen, indem er seine Reisegesellschaft in kleine Teile auflöste und sich selbst als Pilger verkleidete.

Im April 1136 langte er in Antiochia an und heiratete die neunjährige Konstanze vom Fleck weg. Das war das Ende von Rogers Anspruch auf Antiochia. 1138 zog Kaiser Johannes Komnenos, den die Kreuzfahrerstaaten als Verbündeten gegen die Moslems dringend brauchten, als Oberherr in Antiochia ein. Denn es wurde Zeit, daß die Lateiner mit den Griechen gegen die Moslems zusammenstanden, um ihren Küstenstreifen auch künftig zu erhalten.

Die Normannen hatten dabei um so mehr das Nachsehen, als die Byzantiner und die kreuzfahrenden Lateiner auch mit dem Kaiser Lothar und mit dessen Nachfolger, Konrad III. von Hohenstaufen (1138–1152) zusammenarbeiteten. Johannes Komnenos war nach Antiochia marschiert mit der diplomatischen Rückendeckung der Deutschen. Konstantinopel, Rom und Supplinburg im Herzogtum Sachsen waren gegen Normannen und Moslems eines Sinnes. Kaiser Lothar war auch deshalb 1137 nach Unteritalien vorgedrungen, um im Einvernehmen mit den Byzantinern Roger daran zu hindern, seine Ansprüche in Antiochia zu aktivieren. Oder auch: damit Roger den groß angelegten Angriff der Byzantiner auf den Islam nicht durch einen Angriff seinerseits auf Griechenland und Konstantinopel zum Scheitern bringen konnte.

So viel Ärger und so wenig Freude Roger dieses Antiochia bereitete, er ließ es doch nicht aus den Augen. Kaiser Johannes hatte, obwohl er das Recht auf die Einsetzung eines griechischen Partriarchen in der alten Patriarchenstadt am Orontes gehabt hätte, den Lateiner Radulf von Domfort dort geduldet. Da Radulf von Gegnern aus dem Domkapitel in Rom verklagt wurde, mußte er dorthin reisen, um sich zu rechtfertigen, und er landete zu diesem Zweck in Unteritalien. Da ließ Roger ihn festnehmen, denn man hatte ihm eingeflüstert, daß Antiochia nur durch Radulfs Machenschaften an Raimund von Poitiers gegangen sei. Das stimmte auch: Alice, die Mutter der Konstanze, hatte keinen Gemahl für ihre Tochter gewollt, um selber herrschen zu können. Deshalb hatte die Gesandtschaft zu Raimund wie ein Staatsgeheimnis abgewickelt werden müssen. Als nun Raimund bei Antiochia landete, hatte Radulf Alice mitgeteilt, ein Freier für sie sei gekommen, und Alice hatte sich darauf in ihren Palast zurückgezogen, um ihm einen gebührenden Empfang vorzubereiten. Währenddessen hatte Radulf die kleine Konstanze entführt und sie Raimund in aller Hast angetraut.

Solche Ränke müssen den Zyniker in Roger II. wohl amüsiert haben, denn er ließ Radulf frei und nach Rom weiterziehen. Es hätte ihm auch schlecht angestanden, Innozenz II., der seine Niederlage von Mignano damals noch vor sich hatte, ausgerechnet mit solchen fernliegenden antiochenischen Affären vor den Kopf zu stoßen. Auf der Rückreise, nach glücklich erreichter Rechtfertigung, wurde Radulf im Königreich Sizilien sehr freundlich empfangen. Sollte doch Raimund von Poitiers mit diesem aalglatten Kirchenmann fertig werden! Es ist auch möglich, daß Roger in Radulf einen potentiellen Fürsprecher der Normannen in Antiochia sah. Denn wer sich so gewandt am Rande des Abgrundes entlang plaudern konnte wie Radulf, dem war zwar nicht zu trauen, aber er war als Partner eines zukünftigen Intrigenspiels zu gebrauchen, jedenfalls besser als ein griechischer Konkurrent um den Patriarchensitz.

Dann kam Rogers Eid von Mignano und die Anerkennung seiner Königskrone durch Innozenz II. im Juli 1139. Aber so wie der Triumph der Eroberung von Mahdia im Schatten der neuen almohadischen Macht gestanden war, so war der diplomatische Sieg über den Papst überschattet vom Machtantritt Konrads von Hohenstaufen in Deutschland. Die klerikale Partei des Bernhard von Clairvaux bejubelte Roger jetzt zwar und akzeptierte ihn als Beschützer des ihr genehmen Papstes. Aber Konrad verwarf Rogers Königstitel, da er sah, daß die Normannen sich nicht nur seinem eigenen Königreich Italien entzogen, sondern das Potential dazu hatten, wenn für die Deutschen alles schief ging, selber Könige von Italien zu werden. Wer das Heilige Land und Antiochia für sich beanspruchte und wessen Flotte stark genug war, um selbst die der Byzantiner in Schach zu halten, dem traute man auch solche Ambitionen zu. Und Konrad glaubte zu wissen, daß die Opposition der Welfen in Deutschland, die er in einem ersten Bürgerkrieg soeben notdürftig gebändigt hatte, keine Skrupel kannte, sich sizilianischen Goldes zu bedienen. Es war wie häufig in den Bitternissen auswärtiger Politk: Konrad nahm Roger seine Unterstützung der Welfen übel, doch Roger half den Welfen nur deshalb, weil er Konrads Ablehnung seiner Königswürde als Vorzeichen eines erneuten deutschen Zuges nach Unteritalien nahm. Nur war Konrad nicht in der Lage, sich gegen den Papst zu stellen, der nunmehr die Normannen deckte.

Da sandte, wahrscheinlich im Jahre 1140, Johannes Komnenos eine Gesandtschaft zu Konrad, um das 1135 mit Lothar geschlossene Bündnis zu erneuern. Die Interessenlage der Byzantiner und Deutschen war ja gleich geblieben: Abdeckung des byzantinischen Angriffes auf die Sarazenen durch gleichzeitigen deutschen Angriff auf die Normannen. Mehr noch: da Johannes' Sohn Manuel in Antiochia nicht hatte unterkommen können, bat der Kaiser den Hohenstaufen um eine Braut für ihn aus königlichem Geblüt. Konrad bot die Hand der Berta von Sulzbach, einer Schwester seiner Gemahlin Gertrud, also gerade keine Blutsverwandte. Johannes nahm die Braut an, obwohl die Auswahl darauf schließen ließ, daß Konrad die Byzantiner als nicht gleichwertig im Rang betrachtete.

Es verwundert nicht, daß an den Gesandtschaften zwischen Schwaben und Konstantinopel Robert von Capua mitwirkte, der letzte Herzog dieses einst selbständigen Normannenfürstentums, der Roger in Palermo gekrönt hatte, dann aber schnell von ihm abgefallen war und den Rest seines Lebens mit Feldzügen und Intrigen gegen ihn verbrachte.

Liest man Konrads Schreiben an Johannes vom 12. Februar 1142, dann findet man zwischen den Zeilen Konrads Wut auf die Normannen: „Sehen und hören wird der ganze Erdkreis, wie die Räuber niedergeschmettert werden, welche sich gegen unsere Monarchien (Plural!) erheben; denn mit Gottes Hilfe werden wir, sobald wir nur unsere Schwingen regen, den Feind im Fluge erhaschen und ihm sein freches Herz aus dem Leibe reißen." Auch meinte Konrad, der Papst, ganz Apulien, Italien und die Lombardei erwarteten sehnlich seine Romfahrt – mit „Apulien" meinte er wohl die unteritalienischen Normannenbarone, die an seinem Hofe im Exil lebten, z. B. Robert von Capua.

Nur machte die Innenpolitik, und in dieser der fortdauernde Kampf Konrads gegen die Welfen, dessen Abrücken nach Süden unmöglich. Hingegen marschierte Johannes Komnenos schon 1142 im seldschukischen Kleinasien ein und überwinterte in Kilikien. Im April 1143 starb er nach einem Jagdunfall im Taurus-Gebirge. Da sein Nachfolger Manuel im Reich nicht unangefochten war, mußte das Heer nach Konstantinopel zurück.

Im September 1143 starb Innozenz II. Da der Papst vor den Stadtrömern, die seine Herrschaft abschüttelten und flugs eine weltliche Republik Rom nach verklärtem antikem Vorbild aufrichteten, gegen Ende seines Lebens nach Tivoli hatte fliehen müssen, war der neue Nachfolger Petri, Cölestin II., an einem Romzug Konrads viel mehr interessiert, und vor allem: er wollte das Bündnis mit den

Normannen auflösen. Doch Konrad wagte keinen Kriegszug, da er nicht sicher war, ob Manuel Komnenos zu den Abmachungen seines Vaters stehen würde. Manuels Verhältnis zu Roger galt als entspannt, und Konrad wußte, daß er in Heiratsverhandlungen mit dem Hause Hauteville stand. Berta von Sulzbach ging vorläufig nicht nach Konstantinopel. Erst 1145 ließ Manuel den Vertrag zwischen Konrad und Johannes bestätigen. Unter den Gesandten an den Bosporus war wiederum Robert von Capua, und im Januar 1146 heiratete Manuel die Berta, die in Irene umgetauft wurde, denn die Gespräche über eine Normannenbraut hatten sich mittlerweile zerschlagen.

Man sieht an diesem Punkt nicht recht, wie die Dinge weiter in Bewegung hätten kommen sollen, denn trotz der bedrängten Lage der Päpste und deren Abrücken von Roger bekam Konrad wegen seiner Querelen in Deutschland die Hände nicht frei, nach Italien zu ziehen. Da bedurfte es des Katalysators der Kreuzzüge, um Konrad aus Deutschland fortzuziehen und damit eine hektische außenpolitische Aktivität zu entfachen, die auch Roger in ihren Strudel riß.

Ende Dezember 1144 war Edessa, eine Kreuzfahrer-Grafschaft östlich des großen syrischen Euphrat-Kreises, in die Hände Zengis, des äußerst rührigen Emirs von Mossul, Aleppo und Hama gefallen. Das konnte der Anfang der Konzentration der islamischen Macht im Rücken des Königreichs Jerusalem sein und damit der Anfang vom Ende der Kreuzfahrerstaaten überhaupt. Die Seldschuken, die im 11. Jahrhundert die Byzantiner in Kleinasien in die Defensive gedrängt und Jerusalem erobert hatten, mochten immer schwächer werden, und ebenso die ägyptischen Fatimiden. Aber dort, wo ihre Kontrolle nachließ, entstand nun die neue, kraftvolle Herrschaft der Zengiden, und das war eine größere Bedrohung für die Lateiner und Griechen als früher. Mit Edessa waren immerhin die Gebeine des Apostels Thomas in die Hände der Moslems gefallen! Daß Zengis 1146 ermordet wurde, nützte den Christen nichts, denn er fand in seinem Sohn Nureddin, der von Aleppo aus regierte, einen kongenialen Nachfolger.

Der Kreuzzug, der zur Rettung des Heiligen Landes aufbrach, stützte sich auf König Ludwig VII. von Frankreich und König Konrad, den Bernhard von Clairvaux in Speyer zu Weihnachten 1146 unter Öffnung sämtlicher Schleusen seiner hinreißenden Beredsamkeit zur Annahme des Kreuzes bewegt hatte. Konrad teilte noch in Speyer den Byzantinern mit, daß er zu Ostern 1147 auf dem Landwege anrücken wolle. Auf dem Landwege, ebenso wie die Franzosen. Das war ein Affront gegen Roger II., der sich dem heiligen Sturm, der ja auch schon die Byzantiner ergriffen hatte, unmöglich widersetzen konnte und ihm gegenüber auch nicht allein auf seine soeben gemachten Eroberungen in Ifriqiyah verweisen konnte: er bot also den hohen Herren des Abendlandes an, sie mit normannischen Schiffen ins Heilige Land zu befördern. Und sie lehnten es ab, weil sie Roger keinen Einfluß auf ihre Kriegsführung gewähren wollten. Dazu kam: Raimund von Poitiers, dem Rogers Sbirren einige Jahre zuvor aufgelauert hatten, war der Onkel von Ludwigs VII. Gattin, der Eleonore von Aquitanien gewesen. Auch das empfahl den Normannenkönig nicht gerade.

Bernhard von Clairvaux, der große Zisterzienser-Abt überredet auf dem Reichstag zu Speyer (1146) König Konrad III. unwiderstehlich zum Kreuzzug. Die relativ statische Anordnung der Figuren auf diesem Glasfenster vermag die legendär gewordene Beredsamkeit Berhards nicht zu versinnbildlichen.

Vielleicht wollte Roger auf diese Weise nur seine alten Ansprüche auf Jerusalem und Antiochia vorwärtsbringen, und weder Konrad noch der französische Adel, der in Jerusalem das Sagen hatte, waren von dieser Aussicht angetan. Roger muß über diese Absage nicht beleidigt gewesen sein, denn es sieht fast so aus, als habe er sie bekommen wollen. Er bot nämlich gleichzeitig an, ein Ritterkontingent auszurüsten, und falls man dies wolle, sich selbst oder einen seiner Söhne an dessen Spitze zu stellen. Er kann nicht geglaubt haben, daß dies Franzosen und Deutschen angenehm sein würde. Kurz gesagt: die Idee eines Kreuzzuges als solche fand nicht seinen Beifall. Dann allerdings mußte er Jerusalem und Antiochia für das Haus Hauteville abschreiben, und es ist schwer vorstellbar, daß er das im innersten nicht gewußt hat.

Daß er aber die Beschäftigung Manuels mit den in seinem Reich ankommenden deutschen und französischen Kreuzfahrern dazu ausnützte, Griechenland zu überfallen, war eine Perfidie, deretwegen ihn aufs schärfste zu tadeln man kein engagierter Kreuzfahrer sein mußte. Manuel hatte schon 1146 den Seldschuken-Sultan von Konya (Ikonion), von den Seinen auch „Sultan von Rum" genannt, angegriffen, und war vor Konya wieder nach Hause zurückgekehrt. Es ist zu vermuten, daß ihn neben taktischen Gründen, die an Ort und Stelle galten, dazu die Sorge veranlaßte, die Normannen könnten einen Angriff auf sein Reich vorbereiten. Hatte er seine Truppen in Kleinasien festliegen, dann konnte er sie nicht in dem am nächsten bedrohten Griechenland einsetzen.

Aber warum sollte Roger ihn überhaupt angreifen? War es nicht auf jeden Fall ein extrem unsicheres Unterfangen – also zur üblichen Nüchternheit Rogers nicht passend – das starke Kaiserreich herauszufordern, so wie es Robert Guiscard und Bohemund von Tarent/Antiochia zu ihrem Nachteil vorexerziert hatten? Die Antwort mag in der üblichen außenpolitischen Bitternis liegen, die am Beispiel der normannischen Unterstützung für die welfische Opposition gegen die Hohenstaufen in Deutschland bereits gezeigt worden ist: das Reich der Komnenen tat alles, um die Machtstellung der goldenen Zeiten von Nikephoros Phokas, Johannes Tzimiskes und Basileios dem „Bulgarentöter" wieder zu errichten. Dann war es nur eine Frage der Zeit, bis es seine Hände wieder nach Italien und Sizilien ausstreckte. Sein Einvernehmen mit Konrad III. mochte leicht als eine Vorbereitung dafür erscheinen. Also benutzte Roger die Verstrickung der Byzantiner in die Kreuzzugsbewegung, um seine Abwehrmaßnahmen zu treffen. Die aber hießen nicht, wie sein Großvater es vorgezogen hätte, direkten Angriff auf Konstantinopel, sondern Erwerb vorgeschobener Stellungen gegen den byzantinischen Koloß. Roger übertraf Robert Guiscard anscheinend an strategischem Kalkül.

Im Herbst 1147 besetzte Georg von Antiochia Korfu, segelte plündernd in die Ägäis, kehrte aber bei Euboä wieder um. Von den ionischen Inseln aus brach er dann in den Golf von Korinth ein, eroberte Korinth selbst und ließ Theben ausplündern, um die Reliquien des heiligen Theodor sowie die Arbeiter der dortigen Seiden-Manufaktur zur Bereicherung der noch in Sizilien von moslemischen Zeiten her bestehenden Seidenindustrie zu verschleppen. Als die Normannen Korfu einnahmen, befand sich Ludwig VII., der den Deutschen hinterhergezogen war, gerade in Konstantinopel. Der Cousin des Bernhard von Clairvaux, Gottfried, Bischof von Langres, schlug dem König vor, er solle sich mit Roger von Sizilien verbinden und die Byzantiner angreifen. Das war nur insofern ein Kreuzzugsvorschlag, als man die Oströmer aus lateinischer Sicht für verächtliche Ketzer ansah. Ludwig lehnte ab, da er an solchen schauerlichen Winkelzügen der Machtpolitik keinen Gefallen fand. Aus den Quellen geht nicht hervor, daß des Bischofs Vorschlag mit dem gerade stattfindenden normannischen Angriff auf Korfu abgestimmt war – aber unmöglich ist es nicht.

Die Byzantiner waren weitaus weniger in der Lage, die Angriffsspitze eines Kreuzzuges gegen einen ihrer christlichen Gegner umzulenken, als die Lateiner dies konnten. Im Unternehmen Rogers gegen Korfu, Korinth und Theben ist hingegen schon die politische Perversion im Keime vorhanden, die 1203/1204 zur Umlenkung des vierten Kreuzzuges durch die Venezianer gegen Konstantinopel führte. Venedig hatte das Prinzip schon früh genug aufgezeigt: 1122 hatte es den Kreuzfahrern zu Hilfe eilen sollen, und es hatte auch eine Flotte ausgerüstet. Doch da Johannes Komnenos die Handelsprivilegien bestritt, die Alexios Komnenos Venedig einst gewährt hatte, segelte die Flotte nicht ins Heilige Land, sondern warf sich auf Korfu. Erst dann ging es weiter nach Palästina. Daß die Venezianer im Jahre 1148 auf byzantinischer Seite standen und die normannische Flotte bekämpften, war nicht das Ergebnis der christlichen Gewissenserforschung, sondern der normannischen Eroberung Korfus, das nicht nur ein passender Stützpunkt zur Landung an der griechisch-balkanischen Küste war, sondern auch ein Sperrfort am Ausgang der Adria und daher nicht in den Händen derer bleiben durfte, deren Verhalten für Vendig noch unkalkulierbarer war als das Konstantinopels. 1149 räumten die Normannen Korfu.

Aber eins ist sicher: wenn der zweite Kreuzzug insgesamt ein beschämendes Fiasko wurde, so ist das kaum dem Umstand zuzuschreiben, daß die Normannen den Byzantinern in den Rücken fielen, als Deutsche und Franzosen nach Kleinasien übersetzten. Die Kreuzfahrer scheiterten wegen ihrer falschen strategischen Entscheidungen; und die wichtigste davon war, nicht das feindliche Zentrum Aleppo anzugreifen, sondern Damaskus, und das mit so ungenügendem Kampfgeist, daß man sich schon nach vier Tagen an die Küste zurückziehen mußte. Roger hatte damit sicherlich nichts zu tun.

Das unausrottbare Mißtrauen zwischen West und Ost genügt bei weitem nicht, um Rogers Angriff zu entschuldigen, es zeigt nur, daß auch für das Mittelalter der Satz gilt, wonach es in der Politik stets mehr Probleme als Lösungen gibt, zumal jede Lösung nur wieder neue Probleme aus sich heraus gebiert.

Das Problem, das aus Rogers Angriff heraus geboren wurde, war der leidenschaftliche Wille Manuels, mit dem Normannenstaate überhaupt aufzuräumen. Er begab sich in den Westen, um 1148 zusammen mit den Venezianern gegen Roger vorzugehen; da hielt ihn eine Attacke der Polowzer aus dem Norden auf, und Manuel kam in den Winter hinein, konnte sein Schwert also nicht mehr ziehen und verweilte in Saloniki. Dort traf er den gründlich geschlagenen Konrad auf dem Rückweg. Die beiden Monarchen verstanden sich trotz aller Ärgernisse der Vergangenheit sehr gut. Manuel verheiratete gar seine Nichte Theodora an Heinrich, den babenbergischen Markgrafen von Österreich und Herzog von Bayern, den Stiefbruder Konrads. Sie kamen überein, im nächsten Frühjahr Roger gemeinsam anzugreifen. Apulien und Kalabrien sollten Manuel übergeben werden und als Mitgift für dessen Gemahlin Berta-Irene dienen.

Ludwig VII. kehrte im Sommer 1149 auf normannnischen Schiffen aus Palästina zurück. Anscheinend konnte er sich der vom Bischof von Langres artikulierten Denkweise doch nicht ganz entziehen, zumal er byzantinischen Kaperern unterwegs nur knapp entgangen war, Roger verhandelte im Oktober 1149 in Potenza drei Tage lang mit dem französischen König und schlug offen vor, sich gemeinsam an dem verräterischen Manuel zu rächen, der mit den Moslems paktiert, die Kreuzfahrer im Stich gelassen und soeben Korfu zurückgewonnen hatte: das war nichts anderes als die Umkehrung der Kreuzzugsidee gegen die Byzantiner! So ist Roger von der Schuld nicht freizusprechen, der Ungeheuerlichkeit des späteren 4. Kreuzzuges den Weg in die Köpfe der europäischen Staatsmänner gebahnt zu haben. Auch Bernhard von Clairvaux sah in Manuel den geeigneten Sündenbock, um nicht an der Gerechtigkeit seines Gottes zweifeln zu müssen, der seine Kreuzzugspredigt so wenig erhört und deren Anhänger so gewaltig in die Irre geführt hatte.

Aber Konrad, auf dessen Mitwirkung es angekommen wäre, verweigerte sich dieser Idee, weil sie Roger begünstigt hätte, den der König in seinen Schreiben immer noch verächtlich „den Sizilianer“ nannte. Bernhard von Clairvaux verstand dies und erbot sich dem König gegenüber, ihn mit Roger auszusöhnen, was sich jedoch als illusorisch erwies.

Dafür kam Konrad nunmehr mit dem Papst überein, ihm endlich gegen die republikanisierenden Stadtrömer beizustehen, ein Heerzug, der sich – Manuel Komnenos erinnerte ihn im Sommer 1151 eigens daran – nicht nur zur Kaiserkrönung, sondern auch zum Krieg gegen Roger erweitern ließ. Doch am 15. Februar 1152 starb Konrad, im August 1153 folgte ihm Bernhard von Clairvaux. Die Idee eines französisch-normannischen Feldzuges gegen Konstantinopel sank mit dem großen Zisterzienser ins Grab.

Der einzige, dem dieses Durcheinander wenigstens ein wenig nützte, war Roger. 1144 hatte der die Abruzzen besetzt, um dem Papst Angst einzujagen, und 1150 legte er zu demselben Zweck Rieti bei Spoleto in Schutt und Asche. Wenn er die byzantinische Notlage im Kreuzzug ausnützte, warum nicht die des Papstes, der sich seiner städtischen Römer gerade nicht erwehren konnte. So fallen mitunter höchste politische Rechenkunst und höchste Gemeinheit zusammen.

Es war nicht die Regel gewesen, daß Deutsche und Byzantiner gegen die Normannen zusammenstanden. Nachdem der hoffnungsvolle Ansatzpunkt zu einem solchen Vorgehen unter Lothar und Konrad III. keine praktischen Ergebnisse gezeitigt hatte, war Konrads Neffe und Nachfolger, Friedrich I. von Hohenstaufen, genannt Barbarossa (1152–1190), entschlossen, den Byzantinern in Italien überhaupt nichts mehr zu gönnen und das Normannenproblem aus eigener Kraft zu lösen. Denn er hatte sein Königtum mit dem erklärten Willen angetreten, die Herrlichkeit der Ottonen und Salier wiederherzustellen, die weltliche Macht des Kaisertums, die durch den Investiturstreit so sehr gelitten hatte, erneut herbeizuführen, gerade und besonders auch in Italien.

Das fürchtete Wilhelm I., seit 1154 König von Sizilien, nicht weniger als Manuel Komnenos, doch beide zogen verschiedene Konsequenzen daraus: Während Wilhelm dem Byzantiner die Herausgabe des Piratengutes von 1147/48 anbot und damit ein Einverständnis gegen Barbarossa anzubahnen suchte, lehnte Manuel dies ab: der Normanne sollte nicht gerettet werden, aber dem Deutschen mußte er in Unteritalien rechtzeitig in den Arm fallen. Wie das geschehen sollte, wollte Manuel ganz pragmatisch der zukünftigen Entwicklung überlassen.

Die nächsten Jahrzehnte standen also für die Normannen in erheblichem Ausmaße unter dem Stern bzw. Unstern Friedrich Barbarossas. Der Hohenstaufe wurde für sie wichtiger als die Byzantiner, das heilige Land, die Almohaden, der Papst, die Könige von Frankreich und England. Es wird immer eines der großartigsten biographischen Epen der Geschichte bilden, wie Barbarossa sein Leben lang kämpfte, sich erst in Italien verstrickte und lernen mußte, daß er den Papst und die oberitalienischen Städte nicht niederzwingen konnte, dann mit unerwarteter diplomatischer Meisterschaft seinen Rückzug einleitete und aus ihm heraus am Abend seines Lebens zum allgemein anerkannten, ganz Europa (und sogar Deutschland) umfassenden Führer der lateinischen Christenheit aufstieg – und wie er dabei auch noch das Normannenreich seiner Dynastie gewann und sie dadurch als die mächtigste des Abendlandes festigte.

Im Jahre 1155 zog er zunächst nach Rom, um den Papst gegen die rebellierenden Stadtrömer zu retten und die Kaiserkrone zu gewinnen. Bei Sutri trafen sich beide Potentaten und vereinbarten, daß sie mit drei Menschen niemals getrennt verhandeln wollten: mit Kaiser Manuel, mit Arnold von Brescia, dem predigenden Oberhaupt der aufsässigen Römer, und mit Wilhelm I. von Sizilien.

Am Vormittag des 18. Juni 1155 wurde Friedrich I. von Papst Hadrian IV. in der Petersbasilika gekrönt – und schon am Nachmittag standen die deutschen Ritter im Straßenkampf gegen die römischen Bürger, die sich erst nach einem Blutbad geschlagen gaben: „Da konnte man die unseren sehen", schreibt schwungvoll Bischof Otto von Freising, Friedrichs Onkel und Chronist seiner Anfangsjahre, „wie sie ebenso wild wie kühn die Römer hinstreckten und niederwälzten, als ob sie sagen wollten: „Nimm nun, Rom, für dein arabisches Gold das deutsche Eisen . . ."

Diese Rede ergibt nur einen Sinn, wenn man anstatt „arabisch" das Wort „normannisch" setzt, da die sizilianischen Münzen international gebräuchlich waren und auch mit arabischen Schriftzeichen geprägt wurden. Die Deutschen meinten offensichtlich, hinter den republikanisch gesinnten Römern, die dem Kaiser wegen seiner Nichtachtung ihres aus der Antike herüber angemaßten Rechtes zur Kaiserwahl spinnefeind waren, steckten die Agenten Wilhelms I. Das war nicht beweisbar, aber es war politisch wahrscheinlich.

Unmittelbar nach Friedrich I. Barbarossas Kaiserkrönung in Rom (18. Juni 1155) brach ein Aufstand der Stadtrömer gegen die Deutschen los. (Nach einem Gemälde von Franz und Johannes Riepenhausen von 1825)

Der Papst erwartete auch, daß Barbarossa zur Gegenleistung für seine hastige Krönung nun nach Unteritalien marschierte. Doch dieser meinte genug getan zu haben, indem er für Hadrian IV. den Erzketzer Arnold von Brescia an den Galgen lieferte, zumal seine Ritterschaft nicht in der lähmenden und gefährlichen Sommerhitze weiter nach Süden rücken wollte. Barbarossa, der lebenslange Kämpfer, gab nach und zog zur Enttäuschung des Papstes nach Norden ab, nicht ohne ihm seinen festen Willen kundzutun, eines Tages mit den Normannen doch noch aufzuräumen. Als er in Ancona anlangte, traf er auf eine byzantinische Gesandtschaft, die ihm reiche Geschenke mitbrachte sowie Berge von Gold und ihm die Nichte Kaiser Manuels als Gemahlin anbot, wenn er nach Apulien umkehre und dort mit den aufständischen Baronen Fühlung aufnehme. Friedrich war nicht abgeneigt, doch sein Heer drohte sich in der Sommerhitze aufzulösen, und so marschierte er weiter nach Deutschland zurück.

Da handelten Byzantiner und Barone ohne ihn. Die Oströmer brachten gefälschte Briefe Friedrichs vor, die sein Einverständnis mit ihrem Vorgehen beweisen sollten. Bis Jahresende waren Bari und ein großer Teil Apuliens sowie Kampanien in der Hand der Aufständischen. Wilhelm konnte nicht sofort reagieren, da ihn auf der Insel selbst eine Rebellion seiner Lehnsleute festhielt. Unter Führung des Bartholomäus von Garsiliato verschanzten sie sich in dem alten Sarazenennest Butera. Es gelang Wilhelm, sie durch ein großzügiges Kapitulationsangebot zur Räson zu bringen, und dann ließ er (denn er selbst liebte es nicht, ins Feld zu ziehen) Armee und Flotte das Festland angreifen. Im Mai 1156 schlug er bei Brindisi die Byzantiner, die zu wenig Truppen zur Verfügung hatten und denen die meisten Barone beim Herannahen der Strafexpedition davongelaufen waren; Bari wurde zerstört, und der Aufstand war zu Ende. Auch der alte Robert von Capua, der anstelle der Deutschen nun Manuel Komnenos als Retter angesehen hatte, wurde gefangengenommen, und er starb in Palermo, nachdem ihn der König hatte blenden lassen.

Logischerweise schwächte der Mißerfolg dieser Unternehmung, die auf den Treibsand der unzufriedenen Feudalherren gebaut worden war, auch die Stellung des deutschen Kaisers. Denn nun schwenkte der Papst auf Wilhelms Seite über und erkannte ihn erneut als König an, diesmal auch im Abruzzen-Gebiet. Und als ab 1157 der große Konflikt zwischen Papst und Barbarossa ausbrach, hielten Kurie und Normannen fest zusammen, weil sie beide keine andere Wahl hatten.

Wichtigstes politisches Ziel der Normannen war, die Deutschen aus Italien herauszuhalten, und so unterstützten sie ab 1159 Papst Alexander III. gegen dessen verschiedene, vom Kaiser favorisierte, Gegenpäpste. Und sie ließen ihr Gold spielen, um den langwierigen Kampf der lombardischen Städte, Mailand voran, gegen Barbarossa nicht einschlafen zu lassen. Das große Bündnis lombardischer Städte mit dem Papst wurde im August 1159 in Anagni geschlossen, und normannische Emissäre waren dabei anwesend. Dann verstrickte sich der Kaiser derart in Schisma und Städtekampf, daß er seine Abrechnung mit Sizilien viele Jahre lang verschieben mußte. Zu seinem Unglück kamen Manuel und Wilhelm ebenfalls zum Ausgleich. Sie schlossen einen dreißigjährigen Frieden.

Alexander III. kämpfte seitdem mit der byzantinischen Bedrohung im Rücken, doch mußte er sie als eine Konsequenz aus seinem guten Verhältnis zu König Wilhelm eben hinnehmen: da Manuel immer noch daran dachte, Italien zurückzugewinnen, jetzt allerdings nur gegen Barbarossa und mit Wilhelm und dem Papst, denn dies erschien angesichts von Barbarossas verbissenem Kampf gegen die lombardischen Städte erfolgversprechender, verband er die prekäre Lage des Papstes mit der Vorstellung, er könne das abendländische Schisma nutzen, um die Einheit der Christenheit wiederherstellen, doch unter der Ägide des orthodoxen oströmischen Kaisers und nicht nach den Bedingungen der Lateiner. Daß Manuel den Papst wieder zum Patriarchen von Rom machen wollte, der von Konstantinopel abhing, lag ganz auf der Linie der seit Kaiser Justinian (527–565) verfolgten restaurativen Absicht, Italien wieder an seinen rechtmäßigen Kaiser zu bringen, der sich den Kaisern aus Deutschland immer als historisch, kulturell und moralisch überlegen betrachtete.

Interessanterweise war Manuels Politik in diesem Punkt eigentlich nur das östliche Gegenstück zu der Barbarossas in Italien, denn der Westkaiser wollte seine Stellung dort in seinem Sinne restaurieren und berief sich dabei ebenfalls auf die vom antiken römischen Kaiserreich geschaffenen Rechtsgrundlagen.

Wilhelm scheint die Gefahr dieser kolossalen Restauration in Kauf genommen zu haben, um gegen Barbarossa abgesichert zu bleiben. Er nahm auch grundsätzlich Manuels Angebot an, seinen Sohn Wilhelm mit Maria zu verheiraten, der Tochter des Kaisers und der Berta-Irene von Sulzbach (die 1160 gestorben war). Vielleicht ergab sich so ein normannisches Erbrecht auf den Thron von Konstantinopel! Höher hätte Sizilien nun wirklich nicht mehr steigen können.

Ende 1166 stürmte der Hohenstaufe erneut gegen Rom. Auf seinem Weg, und noch in seinem Reich, lag Ancona, das die Byzantiner besetzt hatten. Friedrich konnte die Stadt nicht nehmen, aber das hielt seinen Marsch nach Süden nur kurz auf. Er hatte vor, die oberitalienischen Städte zunächst noch zu schonen und ihnen erst einmal ihren Rückhalt zu entziehen, den der Papst und der König von Sizilien ihnen gaben. Solange er davon ausging, alle seine italienischen Feinde mit Waffengewalt bezwingen zu müssen, war das eine vernünftige Strategie. Der Papst hatte sich in Frankreich im Exil befunden, 1165 war er über Messina nach Rom zurückgekehrt, und die Stadtrömer hatten ihren Frieden mit ihm geschlossen.

Erzbischof Christian von Mainz schlug die Römer bei Tusculum äußerst blutig, und Barbarossa stieß von Ancona aus nach und eroberte ohne Umschweife seine kaiserliche Hauptstadt. Es war eine Demonstration der Gewalt. In Sizilien regierte nach dem Tod ihres Gemahls Wilhelm I. (1166) Margarete, die Tochter des Garcia Ramirez, des Königs von Navarra, für ihren minderjährigen Sohn Wilhelm (den Zweiten, 1166–1189). Der Augenblick schien für Barbarossa günstig, von Rom aus weiter nach Süden vorzustoßen.

Da wurde die Gewalt der Waffen von der des Todes abgelöst. Die römische Sommerhitze wich einem sintflutartigen Gewitter, und in der anschließenden feuchten Treibhausluft brach unter den Deutschen eine Seuche aus, die den größten Teil ihres Heeres dahinraffte. Barbarossa mußte sich schleunigst in das getreue Pavia zurückziehen und den Kampf mit den oberitalienischen Städten von neuem beginnen, wie Sisyphus, und in heilsamer Entfernung von den normannischen Grenzen. Noch immer war es keinem Kaiser gelungen, auch nur in die Nähe des Schlachtfeldes Ottos II. gegen die Sarazenen in Kalabrien vorzustoßen!

Friedrich Barbarossa mochte den Gegnern und Neutralen mitunter als ein Berserker erscheinen. Doch er war nur genügend vital, um einer sein zu können, wenn er es für notwendig hielt. Daß seine Stellung in Deutschland nach dem römischen Desaster nicht unhaltbar wurde, verdankte er nicht seinem Schwert, sondern seiner Fähigkeit zum klugen Lavieren zwischen den Fürsten des Reiches.

Im Juni 1171 verhandelte er mit Kaiser Manuel, um dessen Tochter Maria für seinen Sohn Heinrich zu gewinnen. Das Pikante dabei war, daß Manuel sie auch dem jungen König von Sizilien anbot, und daß Wilhelm II. im nächsten Jahr dennoch vergeblich an der Küste von Apulien auf sie wartete. Seitdem haßte Wilhelm die Byzantiner abgrundtief, und der Hohenstaufe, selbst wenn sein Heinrich die Maria ebenfalls nicht bekam, hatte den Vorteil davon.

Wenn Manuel so zwischen seinen beiden westlichen Partnern frei spielen konnte, dann sollte das Barbarossa auch möglich sein. 1173 bot er Wilhelm eine seiner Töchter an, um auszuloten, ob man die Normannen vom Papst und von den oberitalienischen Städten trennen konnte. Wilhelm lehnte ab, zur Erleichterung des Papstes und der Byzantiner. Drei Jahre später heiratete er Johanna, die Tochter Heinrichs II. Plantagenet von England, des mit Abstand mächtigsten Königs des europäischen Westens. Das war eine Wahl, die im Dreick Palermo-Konstantinopel-Hohenstaufen nichts vorwegnahm und auch die berechtigte Scheu der Normannen verriet, von den beiden Kaisern, die es auf Sizilien abgesehen hatten, den einen für vertrauenswürdiger zu halten als den anderen.

Das Ende der Hauteville

Das Ende der Normannenherrschaft über Sizilien und Unteritalien begann, wie sich allerdings erst später erwies, mit der Niederlage Friedrich Barbarossas gegen die lombardischen Städte in der Schlacht bei Legnano am 29. Mai 1176. Tagelang irrte der Kaiser anschließend umher, ohne daß seine Leute wußten, wo er sich befand. Und nachdem er in Pavia wieder aufgetaucht war, seine verbliebene Gefolgschaft musterte und fand, daß sie doch noch sehr stattlich war – da begann dieser unglaubliche Mann, mit den Lombarden eindringlich vom Frieden zu reden und mit seinem Hauptfeind, dem Papst, ernsthaft über die faire Beilegung des Kampfes zu verhandeln, der nun schon 17 Jahre andauerte. Burchard von Ursperg, ein kaisertreuer Chronist vom Anfang des 13. Jahrhunderts, begründet dies mit den Worten: „Denn die Partei Alexanders begann, in Rom und in ganz Italien das Übergewicht zu haben, weil sie von dem Sizilianer Wilhelm unterstützt wurde." So genau wußte das Burchard wohl nicht, und er vergißt daher auch die Erwähnung des byzantinischen Goldes, das ebenfalls reichlich in die Kassen der Gegner Barbarossas floß. Aber die Stelle erhellt zumindest, was man den normannischen Agenten alles zutraute.

Der Kaiser bot dem Papst so gute Bedinungen, daß Alexander III. glauben mochte, er habe sogar das große Kirchenschisma überwunden. Da wollte Wilhelm II. dabeisein, sonst verbanden sich Papst und Kaiser womöglich noch auf seine Kosten. Nach allem, was vorgefallen war, blieb er weiterhin mißtrauisch. Zu Unrecht, wie sich zeigte. Denn Barbarossa hatte sich Alexander gegenüber ausdrücklich verpflichtet, gleichzeitig auch mit den Normannen Frieden zu schließen. Bei den Verhandlungen, die mit dem Papst in Venedig zum Abschluß gebracht werden sollten, waren Gesandte Wilhelms II. ständig anwesend.

Erzbischof Romuald von Salerno, dessen Chronik die Teilnahme der Normannen am grundlegenden Friedenswerk sehr ausführlich behandelt, durfte vor Barbarossa eine Rede des Wohlwollens halten, ohne sich von seinem Platze erheben zu müssen. Romuald erklärte, sein Herr hasse keinen christlichen Fürsten, sondern nur die Feinde des Kreuzes und tue nichts lieber, als die Pilger ins Heilige Land zu befördern. Andere Fürsten freilich scheuten sich nicht, mit den Ungläubigen Frieden zu schließen, und stellten sich damit gegen den Kaiser. Aber eben weil König Wilhelm diesen Standpunkt verabscheue, habe er seinerseits keinen Streit mit dem Kaiser und könne sich von der Eintracht beider für die Kirche und den gesamten Erdkreis nur den größten Vorteil versprechen.

Nun ist Diplomatie zweifellos die Kunst, Worte an Taten zu messen – und umgekehrt – und dabei möglichst beide meisterlich zu beherrschen. Romualds Sermon wies auf die für die Normannen wichtigsten Themen beim Friedensschluß zwischen Kaiser und Papst hin, nämlich die nunmehr erreichten drei Freiheiten, sich dem Kreuzfahrergeschäft unbeeinträchtigt zu widmen, die Byzantiner anzugreifen, da man mit Barbarossa ins Einvernehmen gekommen war und deshalb den Rücken frei hatte, und mit den Deutschen endlich ins reine gekommen zu sein.

Alle drei Freiheiten brachten den Normannen nichts als Niederlagen ein, und die dritte kostete die Hauteville – wohlgemerkt auf friedliche Weise – sogar den Thron. Es ist schon fast eine Untertreibung, sich angesichts solcher Ergebnisse auf das etwas abgegriffene Wort von der „List der Geschichte“ zurückzuziehen. Jedenfalls ist eines klar: Wäre Barbarossa bei Legnano nicht unterlegen, dann hätte er nicht mit seinen bisherigen Erbfeinden und Widersachern unerwarteten Frieden geschlossen, dann hätte Romuald von Salerno nicht vor dem Kaiser die beziehungsreiche Rede gehalten, und dann wären die Hauteville nicht angesichts der Hohenstaufen aus der Geschichte verschwunden.

Wir können also die Ausmalung des zeremoniellen Friedensschlusses von Venedig zwischen Kaiser und Papst, ebenso die des anschließenden mühsamen, aber konsequenten Friedensschlusses des Kaisers mit den lombardischen Städten und die normannische Beteiligung daran getrost übergehen, um lediglich das Ergebnis der drei Freiheiten zu betrachten, die Romuald von Salerno in Venedig 1177 rhetorisch-diplomatisch umschrieben hatte.

Was die normannischen Aktivitäten für das Heilige Land betraf, so waren sie zum Zeitpunkt des Friedensschlusses von Venedig bereits gescheitert, ohne deswegen für die Zukunft aufgegeben zu sein. Wilhelm II. schloß zwar kurz nach Venedig mit den

Almohaden endgültigen Frieden, doch verbot das nicht, im Heiligen Land den Kampf mit dem Islam weiterzuführen. Maghreb und Palästina, diese beiden Bereiche bildeten ja selbst im moslemischen Bewußtsein keine Einheit, wie ihre antagonistische Geschichte der letzten Jahrhunderte immer wieder bewies, und deshalb mußten sie es auch nicht für die christlichen Herren von Sizilien tun. Für Wilhelm II. galt ebenfalls nicht, daß er aus Rücksicht auf seine moslemischen Untertanen in Sizilien auf den Kreuzzug verzichtete. Der Zusammenstoß zwischen den Kulturen, diese Horrorvision redlicher Grundsatzdenker, wurde in der Praxis des 12. Jahrhunderts durch die große Entfernung von den Schauplätzen des Zusammenstoßes auf lokale, also politisch beherrschbare Auseinandersetzungen reduziert.

Denn mittlerweile war das Fatimiden-Kalifat in Ägypten zusammengebrochen, und der König von Jerusalem hielt es zu Recht für seine strategische Pflicht, zur Absicherung des Heiligen Landes daraufhin in Kairo einzugreifen. Kairo war eine vom Himmel gesandte Alternative zu Damaskus, in dem Zengis Sohn Nureddin unangreifbar herrschte. Da Nureddin seinerseits das christliche Palästina einkesseln wollte, sandte er seinen besten General, den Kurden Schirku, und im Gefolge auch dessen Neffen Saladin mehrere Male nach Ägypten, um die Fatimiden zu beerben, bevor die Kreuzfahrer das taten. 1167 schlug Schirku in der Nähe des antiken Hermupolis in Mittelägypten die Ritter und ihren König Amalrich zum ersten Mal. 1169 zog er in Kairo ein. Nach seinem Tod im März dieses Jahres übernahm Saladin die Herrschaft. Amalrich

Sultan Saladin (1171 – 1193), der Erbe der Fatimidenmacht in Ägypten.

schickte nach Europa um Hilfe, und auch die Königin-Witwe von Sizilien erhielt ein Bittschreiben. Doch während Margarete von Navarra nicht reagierte, empfand Manuel Komnenos die Bedrohung des Heiligen Landes nun auch als eine Bedrohung seiner selbst und als einen Anschlag auf das christlich-islamische Gleichgewicht in der Levante überhaupt und sandte Flotten- und Geldhilfe nach Jerusalem. Eine gemeinsame Unternehmung noch im Jahr 1169 scheiterte allerdings, und 1170 schlug Saladin zu Lande zurück. 1171 weilte Amalrich bei Manuel in Konstantinopel, um die guten Beziehungen zum pragmatischsten seiner Verbündeten zu pflegen, und 1172 kam sogar Heinrich der Löwe, Partner der hohenstaufischen Macht im deutschen Bereich, als Pilger nach Jerusalem gezogen. Aber er war weit davon entfernt, dem König Amalrich seine sächsischen Ritter zur Verfügung zu stellen.

Anders König Wilhelm II.: Der wollte im Jahre 1173 das Feld in Ägypten den Byzantinern nicht überlassen, sondern zusammen mit Amalrich eingreifen. Dabei fand er vielleicht einen Ersatz für die Verluste in Ifriqiyah, das er den übermächtigen Almohaden nicht mehr streitig machen konnte. Ende Juli 1174 erschien eine normannische Flotte unter Tankred von Lecce, dem Bastard des Herzogs Roger von Apulien, vor Alexandria, 30 000 Mann auf 200 Schiffen. Doch war König Amalrich inzwischen gestorben, und war die fatimidische Gegenwehr von Saladin bereits im Blut erstickt worden. Die Normannen zogen ab, bevor Saladin herangerückt war, und die Ritter, die sich nicht hatten retten können, wurden niedergemacht. Dazu ließ sich insgesamt nichts besseres sagen, als daß die Armee wenigstens nicht vernichtet worden war.

Saladin hatte in gespanntem Verhältnis zu seinem Oberherrn Nureddin gestanden. Als auch dieser 1174 gestorben war, und als der Tod Amalrichs es den Kreuzfahrern unmöglich machte, die Streitigkeiten der moslemischen Nachfolger Nureddins rund um Damaskus zu einem Befreiungsschlag eben in diese Richtung zu nutzen, da wurde der tüchtige Saladin zur tödlichen Gefahr für das Heilige Land. Dies um so eher, als – nicht zuletzt wegen der Normannen – von den Byzantinern keine Hilfe mehr zu erwarten war.

Denn Wilhelm II. nutzte den Ausgleich mit Barbarossa zu einem Schlag gegen Konstantinopel. Im Jahr 1180 war Manuel Komnenos gestorben, nachdem er 1176 das Reich durch einen letzten vergeblichen Versuch, die türkischen Seldschuken in Kleinasien zurückzudrängen, noch einmal gründlich geschwächt hatte. Die Normannen zeigten für diese Niederlage der christlichen Byzantiner gegen die islamischen Seldschuken bei Myriokephalon ebensowenig Mitgefühl wie alle anderen Christen des Westens. Das war kurzsichtig, entsprach aber lateinischer Tradition. Und Wilhelm II. wurde von dem politischen Aasgeruch vom Bosporus womöglich besonders angelockt, zumal die byzantinische Innenpolitik diesen nur noch verstärkte: Manuels minderjähriger Sohn Alexios war 1182 von seinem Verwandten Andronikos gestürzt und umgebracht worden. Ein anderer Alexios, Manuels Cousin, war an den Hof von Palermo geflohen – und im Winter 1184–85 hatte Tankred von Lecce in Messina abermals eine gewaltige Flotte zusammenzustellen, womöglich noch größer als diejenige, die gegen Alexandria gesegelt war.

Am 11. Juni 1185 verließ diese Flotte Messina, und schon am 24. Juni kapitulierte Dyrrhachion (Durazzo) vor den Normannen. Am 6. August lagerte das Heer von 80 000 Mann nach einem Marsch über die schon von den Römern angelegte Via Egnatia quer durch Makedonien vor Thessaloniki, und am 15. August tauchte die Flotte im gleichnamigen Golf auf. Die Belagerung war nur kurz und auf byzantinischer Seite durch die Unfähigkeit des Kommandanten David Komnenos gekennzeichnet. Am 24. August fiel die Stadt, und die anschließende Plünderung war mehr als fürchterlich. 5000 Menschen wurden von der marodierenden Soldateska umgebracht, Plünderungen, Vergewaltigungen, Brandstiftungen, Sakrilegien vereinigten sich zu einem unvorstellbaren Inferno. In der langen Liste normannischer Eroberungen war dies die schlimmste der Ausschreitungen, und das überall herrschende Chaos wurde noch gesteigert durch Seuchen, die inmitten der Leichenhaufen und sinnlos prassenden Soldaten ausbrachen. Man machte sich nicht die Mühe, religiöse Gründe für den Vandalismus zu bemühen, auch wenn man Ikonen zu Brennholz zerhackte und auf den Altären der orthodoxen Kirchen unzüchtige Tänze aufführte. Es regierte einfach die Freude an der Zerstörung, und die Entsatztruppen, die Andronikos aus dem Osten heranschickte, wurden mit geringer Mühe in die Flucht geschlagen.

Der weitere Verlauf des Feldzuges könnte als gerechte Vergeltung für diese Greuel bewertet werden, wenn nicht Andronikos selber sich mittlerweile zum sadistischen Tyrannen entwickelt hätte. Mit der Begründung, eingerissene Mißbräuche in der Verwaltung Thessalonikis ausräumen zu müssen, wütete er nicht weniger als manche osmanische Sultane nach ihm am selben Ort. Die Untertanen hatten für kurze Zeit, als die normannische Armee die Stadt verließ, um Konstantinopel zu erobern, nur die Wahl zwischen ihrem angestammten Peiniger und dem Normannenkönig, den seine lateinischen Chronisten „den Guten“ zu nennen wagten.

Die Flotte der Normannen drang nun entlang der thrakischen Küste und durch die Dardanellen bis ins Marmara-Meer vor, während das Heer bei Mosynopolis verweilte, das halbwegs zwischen Nestos und Mariza lag (heute zwischen Xanthi und Komotini).

Inzwischen fiel der grausame und daher verhaßte Andronikos einem Aufstand seiner hauptstädtischen Bevölkerung zum Opfer, und Isaak Angelos, ein Cousin des Andronikos, folgte ihm tumultuarisch auf dem Thron nach. Sein Friedensangebot lehnten die Normannen ab, da sie nach den bisherigen leichten Erfolgen meinen mochten, die Erledigung der Byzantiner sei für sie eine Angelegenheit von ein bißchen Blitzkrieg. Doch diese nützten die Sorglosigkeit ihrer Feinde eilends aus, überfielen sie bei Mosynopolis und warfen sie im Nu über den Nestos bis nach Christupolis (das antike Amphipolis) am Strymon zurück. Dort begannen die Normannen erneut zu verhandeln. Die Byzantiner konnten nicht glauben, daß es den Normannen damit ernst war, denn das Treffen bei Mosynopolis war nicht verlustreich gewesen, und außerdem war Thessaloniki, die zweitwichtigste Stadt des Reiches, noch unangefochten in ihren Händen. Und auch in diesem Fall zeigte es sich, daß die traditionelle Doppelzüngigkeit der Oströmer, von der die mittelalterlichen Annalen des Westens immer wieder künden, eine äußerst praktische Seite hatte: um nicht zum Opfer der befürchteten lateinischen Doppelzüngigkeit zu werden, griffen sie die Normannen vorsorglich an, und der Erfolg war noch besser als bei Mosynopolis. Die Mannen Wilhelms II. stürzten sich auf der Flucht in den von Regenfluten angeschwollenen Strymon, Alexios, der Thronprätendent, der alle Dummheiten seiner Verbündeten bis jetzt in deren Lager mitgemacht hatte, wurde gefangengenommen und von Isaak Angelos geblendet, wie das nun einmal Tradition war. Ein Teil der übriggebliebenen Flüchtlinge verfiel der Rache der Zivilisten von Thessaloniki, denn die Flotte konnte nicht rechtzeitig aus dem Marmara-Meer zurücksein. Wer sich über die Via Egnatia an die Adria zurückrettete, war froh, wenn ihm die Herbstnebel die Schande eines der am schlechtesten geführten Kriege verdeckten, den das Reich Rogers II. jemals vom Zaune gebrochen hatte.

Die katastrophale Leistung der Armee war offensichtlich ein Zeichen dafür, wie die harten, gerissenen und staatsmännischen Eroberer von einst sich zu ihrem Nachteil ihrer mediterranen Umgebung angepaßt hatten, da sie einheimische Truppen einsetzten, deren militärisches Zusammenwirken darunter litt, daß sie aus verschiedenen Nationen, Weltanschauungen und Traditionen kamen. Wie bei den späteren, verweichlichten Osmanen-Sultanen spielte wohl auch eine Rolle, daß die bisherigen Könige seit Roger II. keine Neigung zeigten, sich als Feldherren zu betätigen, denn eine mutige Herrscher-Persönlichkeit war für Staaten, deren Wirkung nach außen von ihrer militärischen Stärke abhing, unverzichtbar und durch alle Tricks der Diplomaten und durch Bestechung nicht auf Dauer zu ersetzen.

Dann noch das endgültige Verhängnis: die Heirat von Wilhelms II. Tante Konstanze mit Heinrich, dem Erstgeborenen Barbarossas aus dessen zweiter Ehe mit Beatrix von Burgund. Heinrich hatte erst sein drittes Lebensjahr vollendet, als er im Juli 1169, mitten im großen Kampf mit dem Papst, von den Reichsfürsten zum König gewählt und damit zum Nachfolger des Kaisers ausersehen worden war. Der Ausgleich mit dem Papst (1177) und den lombardischen Städten (1183) sowie – dem deutschen Leser nicht unbekannt und daher hier nur beiläufig zu erwähnen – die Entmachtung des Rivalen Heinrichs des Löwen in Deutschland (1180) hatten die Position des Thronfolgers noch stabilisieren können.

Konstanze war die jüngste Tochter Rogers II. und kurz nach dessen Tod 1154 geboren worden, mithin etwa elf Jahre älter als Heinrich. Am 29. Oktober 1184 wurde zu Augsburg die Verlobung von Konstanze und Heinrich verkündet. Konstanze war Erbin des Normannenreiches, in dem, anders als im Reich des deutschen Königs, die weibliche Linie erbberechtigt war. Sofern Wilhelm II. erbenlos starb, war seine Weggabe Konstanzes an die Hohenstaufen nachgerade fahrlässig. Nur konnte der König trotz der bisherigen Kinderlosigkeit seiner damaligen Ehe mit Johanna, der Tochter von Heinrich II. von England, nicht voraussehen, daß es dabei bleiben würde, weil er bald sterben würde, denn er war 1184 erst 31 Jahre, Johanna erst 20, und eine weitere Ehe zwecks Fortpflanzung des Hauses Hauteville war ebenfalls noch nicht unmöglich. Schließlich bot die Eheverbindung mit dem deutschen Kaiserhaus umgekehrt auch die Chance, daß ein Sizilianer Kaiser des Reiches wurde,

Friedrich I. Barbarossa (1152 – 1190) mit seinen Söhnen Heinrich VI. (deutscher König und Kaiser 1190 – 1197) und Friedrich, Herzog von Schwaben (nach einer Miniatur aus der Welfenchronik, letztes Viertel 12. Jahrhundert).

das seit Barbarossa „Heiliges Römisches Reich“ hieß. Für die Hohenstaufen war natürlich die Erbaussicht auf Palermo ausschlaggebend. Daß diese sich tatsächlich erfüllte, war 1184 keinesfalls sicher, wenngleich das Glück, das Barbarossa ab der Besinnungspause nach der Schlacht von Legnano viel mehr lächelte als vorher, ihm diesen Wunsch erfüllte und damit wesentlich zu seinem Nachruhm beitrug.

Wer die Heiratsidee aufbrachte, ist unbekannt. Kaiser, Papst, Wilhelm II. – auch Heinrich II. Plantagenet von England kann vermutet werden. Er nämlich suchte die alte normannische Verbundenheit zwischen den Erben Wilhelms des Eroberers und denen des Robert Guiscard zu erweitern, indem er die Hohenstaufen darin einbezog, um den französischen König zu isolieren, damit er nicht die sehr großen englischen Lehnsbesitzungen in Frankreich zurückerobern konnte. Auch Heinrich der Löwe, der von Barbarossa zu seinem königlichen Schwiegervater nach England verbannt worden war, hoffte davon zu profitieren und seine Rückkehr nach Deutschland beschleunigen zu können. In denselben Zusammenhang paßt das gleichzeitige Projekt einer Ehe zwischen einer Tochter Barbarossas und Richard Löwenherz, dem Sohn Heinrichs II. Plantagenet.

Die deutsch-englisch-normannische Kombination ist verführerisch einleuchtend, kann aber leider nicht aus den Quellen belegt werden, ganz anders als bei den umfassenden diplomatischen Aktionen des späteren Mittelalters und der Neuzeit.

Dem Papst war diese Verlobung natürlich unheimlich, denn er hatte gegen den Verlust seines normannischen Schwertarmes nichts als sein Recht, dem etwaigen neuen König Siziliens als dessen Lehnsherr die Belehnung zu verweigern. Es wäre plausibel gewesen, wenn der Papst aus Furcht vor einer deutsch-normannischen Umklammerung seines Kirchenstaates Ende 1184 dem Kaiser den Wunsch verweigerte, Heinrich schon zu Lebzeiten des Vaters zum Kaiser zu krönen.

Aber in das hocharistokratische Familienleben einzugreifen, hatte er keine Handhabe. Im Sommer 1185 reiste Konstanze nach Norden, wurde in Rieti von den Kaiserlichen in Empfang genommen und am 27. Januar 1186 in der Kirche des Heiligen Ambrosius zu Mailand Heinrich angetraut. Der Ort der Eheschließung sollte darauf hinweisen, daß Staufer und Langobarden nunmehr in festem Frieden miteinander lebten, und war daher zusätzlich zu der Eheschließung eine Demonstration gegen den Papst, daß er auf seine ehemaligen oberitalienischen Verbündeten nicht mehr hoffen konnte. Barbarossa, dessen kaiserliche Restaurationspolitik in Italien eine Nachfolge der Deutschen im antiken römischen Kaiserreich zur Grundlage hatte, ernannte Heinrich zum *Caesar*, d. h. nach antiker Terminologie zum Nachfolger – ein Anspruch, angesichts dessen anscheinend die päpstliche Lehnsherrschaft über Sizilien als moderne Usurpation verblassen sollte.

Der allerletzte Akt für das selbständige Königreich Sizilien brach mit dem 4. Juli 1187 an. An diesem Tag schlug Saladin von Ägypten das Heer des Königs von Jerusalem bei Hattin, nahe dem See Genezareth, vernichtend. Es folgte die Einnahme von Jerusalem. Von nun an kannten alle lateinischen Fürsten Europas, und das widerspenstige Papsttum mit ihnen, nur noch ein Ziel: Die Wiedereroberung des Heiligen Landes. Die Welle der Solidarität mit den an den Rand des Abgrundes

Szene aus dem Historiendrama „Heinrich VI.“ von Christian Dietrich Grabbe: hinter dem Kaiser (Fritz Reiff) Friedrich Domin als Heinrich (München 1942).

geratenen Kreuzfahrerstaaten war umfassender als nach der Synode von Clermont und nach dem Fall von Edessa.

König Wilhelm II. selbst sandte Briefe an die Herrscher des Abendlandes, um sie für den Kreuzzug zu entflammen und schickte seinen Admiral Margaritus an die Küsten des Heiligen Landes, um dort die Häfen zu beschützen, die noch in christlicher Hand waren. 1188 und 1189 war Margaritus in dieser Aufgabe sehr erfolgreich. Nach den Niederlagen gegen die Almohaden, gegen Ägypten und gegen die Byzantiner ging es den Normannen nun darum, endlich ebenfalls Lorbeeren in der Levante zu erringen, und das im Einklang mit dem Abendland und ohne Einverständnis zwischen den Deutschen und Konstantinopel, wie es 1147 für Roger II. so gefährlich gewesen war. Wilhelm II. konnte nun seine Dienste als Herr einer gewaltigen Flotte viel besser anbieten als damals Roger, und er durfte die Könige von Frankreich und England sowie den Kaiser zur Zwischenstation nach Sizilien einladen.

Im März 1188 arrangierte Barbarossa in Mainz seinen „Hoftag Jesu Christi", denn die hohenstaufische Zelebrierung des „Heiligen Römischen Reiches" hatte einen für mittelalterliche Verhältnisse bemerkenswerten Aufschwung der Propaganda mit sich gebracht, und ließ sich vom Bischof von Würzburg das Kreuz anheften. Im Mai 1189 brach der Kaiser an der Spitze eines umfangreichen und erlauchten deutschen Ritterheeres von Regensburg aus donauabwärts in die Levante auf. Man hatte ihm geraten, dem Angebot König Wilhelms zu folgen und den Seeweg zu nehmen. Die Genuesen und Pisaner hätten Schiffe zur Verfügung gestellt, und Wilhelms Leistungsbereitschaft stand außer Frage. Doch scheuten sich die deutschen Ritter, und der Kaiser mit ihnen, ein so gewaltiges Heer über viele hunderte von Kilometern dem Flottentransport anzuvertrauen, denn schließlich war so etwas noch nie dagewesen. Außerdem konnte man nicht wissen, ob die von Margaritus noch freigehaltenen Häfen in Palästina nicht doch schon in die Hände Saladins gefallen wären, wenn die Kreuzfahrer dort landen würden.

Barbarossa und der Seldschukensultan von Konya, der zu verhindern suchte, daß Saladin auch nach Palästina und Syrien ausgriff, hatten aufrichtige Sympathiebekundungen ausgetauscht; die Kreuzfahrer durften auf einen friedlichen Zug durch Kleinasien hoffen. Und mit Ungarn und den Byzantinern würde man vorher schon klarkommen, dafür bürgte das Prestige des Kaisers. Also hatten sich die Deutschen entschlossen, den Landweg einzuschlagen. Heinrich blieb als Sachwalter seines Vaters, als „Caesar" (auch „Augustus" ließ er sich in Urkunden nennen) in Deutschland zurück.

Die deutschen Kreuzfahrer näherten sich gerade Adrianopel, und Heinrich rückte gegen Braunschweig vor, denn der verbannte Löwe war wieder in Sachsen gelandet und versuchte die Abwesenheit des alten Kaisers auszunutzen, da starb Wilhelm II. unerwartet am 18. November 1189. Und was dabei das wichtigste war: er starb ohne erbberechtigte Nachkommen. Nun war das Ende der Hauteville da. Nach altem Kaiserrecht und nach erst 1184/86 eingefädeltem Erbrecht gehörte das Normannenreich den Hohenstaufen.

Achtes Kapitel

Normannische Blüte

Einheit in Vielfalt

Die Formel der Überschrift ist suggestiv, denn in ihr schwingt das Versprechen mit, daß politische Harmonie auch unter den disparatesten Bedingungen machbar ist. Wären die beiden Rogers von Hauteville, erst der sizilianische Graf und dann der König, nicht eben davon ausgegangen, dann hätten sie ihre Eroberungen allerdings gar nicht erst beginnen dürfen. Um das Ergebnis vorwegzunehmen: sie schafften tatsächlich die politische Harmonie, indem sie Einheit aus der Vielfalt schufen, ohne dabei – denn auch diese Voraussetzung ist wesentlich – der Vielfalt Gewalt anzutun. Sie hätten es nicht geschafft, wenn sie nur Unteritalien und nicht auch Sizilien besessen hätten, denn nicht Neapel wie in späteren Jahrhunderten, sondern Sizilien mit Palermo war das Zentrum ihrer Herrschaft, und von dort aus bekamen sie auch Unteritalien fest in den Griff.

Diese notwendige geographische Unterteilung weist bereits auf die Elemente der Vielfalt hin: während auf dem Kontinent das damalige in Westeuropa sich entwikkelnde Feudalwesen blühte, d. h. ein latentes Gegeneinander des königlichen Oberherrn und seiner mächtigen Vasallen, die das Land unter sich aufgeteilt besaßen, spielte es in Kalabrien kaum eine und in Sizilien überhaupt keine Rolle. Dort also war die Macht des Königs als notwendige Garantie der Einheit viel leichter durchzusetzen. Dort bestand die politisch interessante Welt aus der griechischsprachigen Bevölkerung, die durch die vorausgegangene byzantinische Herrschaft geprägt worden war, sowie aus den Moslems, die aus Ifriqiyah und Arabien gekommen waren bzw. aus den christlichen Renegaten. Dazu kam mit der normannischen Eroberung keine aus dem lateinischen Abendland importierte Herrenschicht, sondern eine kirchliche Struktur, die sich neben der weiterbestehenden griechisch-katholischen Kirche allmählich etablierte. Zählt man für Unteritalien noch die langobardischen Traditionen um Capua, Benevent und Salerno hinzu, ergibt sich ein Bild der Vielfalt, wie es im damaligen Mittelmeerraum nicht bunter sein konnte.

Der König durfte keines der zitierten Elemente beseitigen, ohne den inneren Frieden seines Reiches zu zerstören. Er beabsichtigte dies auch gar nicht, da er sich niemals als Glaubens- oder als Weltanschauungskämpfer verstand. Aber der König mußte, um die zusammengezwungenen Elemente unter Kontrolle zu behalten, in seiner Person eine kraftvolle Einheit schaffen, der Moslems, Christen verschiedener Konfession, Juden (die jedoch keine politische Rolle zu spielen versuchten) und auch die importierten lateinischen Kirchenfürsten untertan waren. Dies ging nur, wenn er ein Gleichgewicht unter den vielfältigen Gruppen seiner Untertanen herstellte und sich selbst als absoluter, keiner anderen Autorität unterworfener Herrscher etablierte: Weder der Papst und seine im Investiturstreit mit dem Kaiser aus Deutschland siegreiche Kirche noch die Aggressivität der lateinischen Kreuzzügler durften also für den König von Sizilien Richtschnur sein. Damit fiel sein Reich auf höchst originelle Weise aus dem damaligen „mainstream" der abendländischen Geschichte heraus.

Er durfte indessen seine Abkoppelung von dieser, die durch seine mediterrane Randlage natürlich begünstigt wurde, nicht so weit treiben, daß er sich als islamischer Sultan installierte, um auf solche Weise das lateinische Feudalwesen und die machthungrige kirchliche Hierarchie von sich fern zu halten. Denn sein Reich beruhte nun einmal auf christlicher Eroberung, und insgesamt waren die Moslems darin nur die respektable Minderheit. Auch Kaiser Friedrich II. von Hohenstaufen (1212–1250), dessen Sympathisieren mit dem Islam ihm gar den bösen Beinamen des „getauften Sultans" eintrug, war sich dieser Grenzen seines Machtfundaments stets bewußt. Das sei hier vorausgeschickt, um diesen Kaiser gewissermaßen vorbeugend zu entdämonisieren und um die Grenzen der sizilisch-staufisch-normannischen Multi-Kulturalität auf politischem Gebiet gebührend zu betonen.

Aber der König von Sizilien konnte sich eine Freiheit gestatten, die den lateinischen Königen und Kaisern abging, nämlich sein absolutes Herrschertum frei nach dem byzantinischem Vorbild zu gestalten. Der Kaiser von Konstantinopel brauchte keine Feudalherren zu berücksichtigen, war der Herr auch der kirchlichen Organisation, und mit den Moslems verhandelte er ebenso häufig, wie er mit ihnen Krieg führte. Nationale und kulturelle Unterschiede innerhalb seines Reiches spielten keine entscheidende Rolle. Die Normannen waren von Byzanz fasziniert gewesen, seit sie mit ihm um Apulien zu kämpfen begonnen hatten, und ihre militärischen Eskapaden gegenüber dem Osten lassen sich auch aus dieser Faszination heraus erklären. Da der Glanz der alten Kaiserstadt auf handfesten organisatorischen Grundlagen beruhte, war die Faszination, die zur Nacheiferung führte, auch innenpolitisch fruchtbar.

Die Assisen von Ariano, ein umfassendes Gesetzbuch, das Roger II. im Jahre 1140 erließ, demonstrieren in ihrem Vorspruch die irdische Voraussetzungslosigkeit des sizilischen Königtums, d. h. seine Verleihung unmittelbar durch Gott. Der Bibelspruch „durch mich herrschen die Könige und gewährleisten die Begründer der Gesetze die Gerechtigkeit" wird plakativ angeführt, die Gottähnlichkeit des Herrschers auf Erden unmittelbar anschließend angedeutet: „Nichts nämlich halten wir bei Gott für willkommen, als wenn wir auf einfache Weise dasjenige bieten, von dem wir wissen, daß er selbst es ist, nämlich Erbarmen und Gerechtigkeit." Gott ist der Herr der Gerechtigkeit, im christlichen Bereich gbemildert durch das Erbarmen, und der König handelt wie Gott, indem er seinerseits die Gerechtigkeit auf Erden gewährleistet, „weshalb ein weiser und gesetzeskundiger Mann die Deuter des Rechtes auch die Priester des Rechtes nennt."

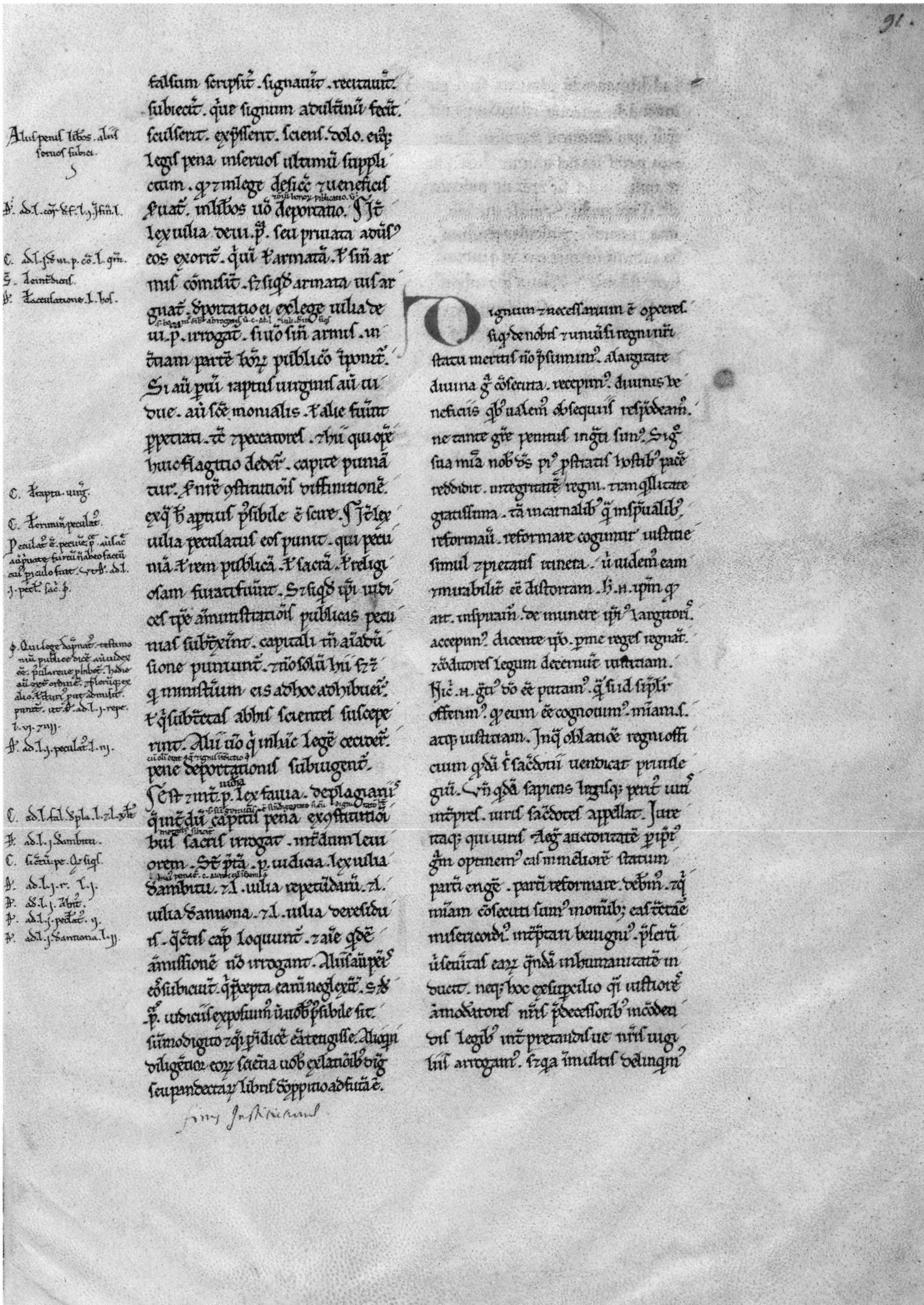

Die Einleitung der Assisen von Ariano, Rogers II. große Gesetzessammlung (nach der Handschrift in der Biblioteca Vaticana). Der schmuck- und titellose Anfang des Textes in der rechten Spalte steht in merkwürdigem Gegensatz zu der politischen Bedeutung dieses normannischen Grundgesetzes.

Damit kommt dem König kraft seiner Rechtswahrung sakrale Würde zu. Er ist Priester, ohne von der Kirche eigens dazu bestimmt worden zu sein. Deshalb hat Gott ihm seine Erfolge und auch seine Krone unmittelbar verliehen, ohne daß es kirchlicher Vermittlung dazu bedurft hätte. Diese Auffassung atmet den Geist der griechischen Berater des Königs, denn sie wurde in Sizilien formuliert, als der Papst dem lateinischen Kaiser seine sakrale Würde gerade im Investiturstreit weitgehend geraubt hatte, der griechische Kaiser aber von diesem Kampf zwischen weltlicher und geistlicher Gewalt völlig unberührt blieb. Die Nutzanwendung der so erhabenen Position des Königs zeigt sich sofort darin, daß eine Beleidigung des Königs ein Sakrileg ist, und daß dementsprechend das – um es modern auszudrücken – Strafrecht des Staatsschutzes zu einer mächtigen Waffe ausgebaut wird. Das crimen laesae maiestatis, kurz: das Majestätsverbrechen, gilt nicht nur für Verschwörungen gegen den König selber, sondern auch gegen seine zentrale Regierungsabteilung, die curia regis. Jegliche Beeinträchtigung der Schlagkraft der königlichen Armee fällt unter die Todesstrafe des Majestätsverbrechens. Um den König wurde eine Aura der Unantastbarkeit geschaffen. Roger II. verschmähte, bei allem Realismus seiner Denkweise, das Herrschaftsmittel der Jovialität und blieb im persönlichen Umgang unnahbar. Und es entspricht dem ausgeprägten normannischen Machtinstinkt, daß Roger im diplomatischen Verkehr mit dem Kaiser von Konstantinopel Wert auf Gleichstellung legte, seinem Vorbild gegenüber also keinerlei die politische Praxis hemmende Ehrfurcht an den Tag legte.

Der Bogen der königlichen Hochstilisierung kann nicht viel weiter gespannt werden, und es gehört zu den bewunderungswürdigen Leistungen der sizilischen Könige bzw. ihrer Kanzlei, daß sie ihr erräubertes Reich in solch weite Zusammenhänge einzuordnen verstanden: der König als Priester des Rechtes, das gemahnt trotz christlicher Einkleidung an die Rechtskultur des antiken Römischen Reiches, des Vorbildes aller europäischen Staaten. In diesen entspricht es der besten römischen Tradition, das Staatshandeln der Willkür möglichst zu entziehen und in den Rahmen einer allgemein-verbindlichen Rechtsordnung einzuspannen – der moderne Begriff des „Rechtsstaates“ bereitet sich hier vor, hat aber natürlich eine spezifischere Bedeutung als oben angegeben. Die große Schlußleistung der antiken Jurisprudenz, das Corpus juris Kaiser Justinians, war in Konstantinopel – mit den erforderlichen Abänderungen – geltendes Gesetz. Rogers II. Berater, die aus dem griechischen Kulturkreis kamen, vermittelten die römisch-byzantinische Rechtskultur nach Sizilien.

Daß man durch Rückgriff auf die alten Römer den Ansprüchen der kirchlichen Hierarchie entgehen konnte, und daß damit die Gewalt des Herrschers geradezu verabsolutiert werden konnte, bemerkten die Deutschen, die doch seit Karl dem Großen die alte römische Kaiserherrlichkeit für sich beanspruchten, erst später als die Normannen, nämlich erst 1158. Da hielt Barbarossa seinen Reichstag auf den Ronkalischen Feldern (am Po nahe Piacenza) ab, proklamierte sich als den Rechtserben der römischen Kaiser und leitete daraus die Einheitlichkeit der ihm zustehenden Staatsgewalt ab. Er wollte für sich die Fülle der Souveränität, aus der alle

Kirche „La Cattolica“ in Stilo, Kalabrien. Die Stadt, das Zentrum des byzantinischen Süd-Kalabrien, wurde nach Kaiser Ottos II. Niederlage bei Capo Colonna (982) von den Moslems vollständig zerstört. „La Cattolica“ blieb erhalten, ein Muster byzantinischer Kirchenbaukunst.

Mathilde, Markgräfin von Tuszien (aus der Handschrift „Vita Mathildis" des Donizo von Canossa), 1046 – 1115. Sie war die mächtigste Parteigängerin des Reformpapstes Gregor VII. in Italien. Auf ihrem Territorium lag die Burg Canossa, in der Kaiser Heinrich IV. sich vor dem Papst demütigen mußte.

Dom von Amalfi. Die islamischen Anregungen, die diese Baukunst empfangen hat, sind unverkennbar. Die kleine, aber mittelmeerweit operierende Seefahrerstadt, wurde ab dem 11. Jahrhundert neben seinen Konkurrentinnen Genua, Pisa und Venedig bedeutungslos.

Die Straße von Messina.

Oben: Blick auf Taormina, arabisch: Al-Muizziyah, nach dem Fatimiden-Kalifen Al-Muizz, in dessen Regierungszeit die endgültige Eroberung durch die Moslems fiel. Unten: Das Kastell von Caccamo, in das Matteo Bonnello, der Anführer der gescheiterten Verschwörung gegen Wilhelm I., flüchtete. Von hier brach Bonnello zum zweiten Mal auf, und er scheiterte zum zweiten Mal.

Oben: Der Burgberg von Milazzo. Wegen der günstigen Lage auf einer Halbinsel und wegen der Nähe zur Straße von Messina war Milazzo bis in die Neuzeit einer der wichtigsten Stützpunkte an der Nordküste Siziliens.
Unten: Erice auf einem erratisch in der Ebene aufragenden Berg. Die Normannen nannten die Stadt Monte San Giuliano, da der heilige Julian dem Grafen Roger während der Belagerung der Moslems auf dem Berg erschienen sein soll.

Palermo, La Martorana – Krönung Rogers II. (1130). Mit dieser weitaus mehr durch List und Diplomatie als durch Machtentfaltung herbeigeführten Krönung fand die dauerhafte Leistung der Normannen und der Familie Hauteville ihre Bestätigung: die Zusammenfassung Unteritaliens in einen einheitlichen Staat nach mehr als 500 Jahren der Zersplitterung.

Palermo, Cappella Palatina, Innenraum mit Christus Pantokrator. Dieses Paradewerk des unvergleichlichen abendländisch-morgenländischen Mischstils der normannischen Prunkarchitektur wurde unter Roger II. im Jahre 1143 fertiggestellt und dem heiligen Petrus geweiht.

Krönungsmantel Rogers II. – in seinen Motiven eine Kreuzung aus orientalischer und westlicher Symbolik. Ebenso symbolisch mutet es an, daß Kaiser Heinrich VI. den Mantel als Teil seiner großen Normannenbeute nach Deutschland auf die Burg Trifels bringen ließ: mit der Stauferherrschaft begann das Ende der sizilianischen Mischkultur zwischen Christentum und Islam.

Monreale, Kreuzgang mit Turm des Domes. Politisch betrachtet: Das Kloster sollte nach dem Wunsch Wilhelms II. die Macht des Erzbischofs von Palermo einschränken.

Monreale, Fontanella monumentale: arabisch anmutende Wasserspiele (man denke an die Alhambra in Granada und ihren Löwenhof!) in einer römisch-katholischen Gottesburg.

Monreale, Säulenkapitell und Säulenreihe aus dem Kreuzgang. Kein Kapitell gleicht dem anderen, keine Säule ist wie die andere; hier hatte die weltliche Phantasie der Künstler mit geistlichem Auftrag ein legitimes Betätigungsfeld.

Monreale, Mosaik mit Krönung Wilhelms II., des „Guten“. So nannte ihn die Kirche, da er ihren Interessen gefügiger war.

Oben: Cefalù: Der mächtige Bergrücken, griechisch: kephalé = Haupt, gab der darunter liegenden Stadt ihren Namen.
Unten: Christus Pantokrator in der Apsis der Kathedrale von Cefalù, feierlich und streng und byzantinisch – ganz der Herr des Himmels und der Erde, nicht der milde Erlöser -, man glaubt den Geist des byzantinischen Herrscherideals hier in die religiöse Sphäre übertragen.

Verhältnisse des Staates abzuleiten waren, denselben Gedanken zur Vereinheitlichung seines Reiches folgend, wie sie Roger II. von Sizilien geleitet hatten.

Dieses Konzept römisch-byzantinischer Herrscherherrlichkeit hatte zwei Hauptgegner: die römische Kirche und den feudalen Adel. Die europäische Geschichte hat den weltlichen Herrschern gegen beide Elemente nach einigen Jahrhunderten Recht gegeben, doch Roger II. und seine Nachfolger hatten gegen beide Gegner noch einen Kampf auszustehen, der nicht weniger wichtig war als der gegen die Byzantiner und die Sarazenen.

Im selben Jahr, in dem die Assisen von Ariano erlassen wurden, hatte die lateinische Kirche sich im Decretum Gratiani ihr eigenes umfassendes Gesetzbuch gegeben, und sie war es ihrem universalen Anspruch schuldig, daß auch sie sich der Nachfolgeschaft des römischen Rechtes berühmte, nunmehr geadelt durch die Stellvertreterschaft Christi auf Erden. Nur betrachtete sich der König von Sizilien selber als Statthalter Christi, und da sein Vater von Papst Urban II. als apostolischer Legat mit dem Recht, diese Würde zu vererben, anerkannt worden war, blieb vom Einfluß des Papstes im Königreich nur der leere Titel des Oberlehnsherrn übrig. Selbst in geistlichen Angelegenheiten, wie der Bestrafung der Ketzer und Abtrünnigen vom Christentum, gewährten die Assisen von Ariano dem König den Zugriff, und gleichzeitig das Recht, von seinen eigenen Bestimmungen auch abzugehen. Das war mehr als der übliche Dienst des weltlichen Armes für die Kirche; das war Selbstherrlichkeit.

Erst nachdem der Papst in den Jahren 1155 und 1156 auf die angreifenden Byzantiner und auf die Rebellion der Vasallen gegen Wilhelm I. gesetzt und verloren hatte, war der Weg zur endgültigen Verständigung zwischen König und Apostelfürsten geebnet. In Benevent einigte man sich. Wilhelm erhielt die Anerkennung der unter schismatischen Umständen von seinem Vater erworbenen Königswürde und der Belehnung mit Sizilien, Apulien, Capua und dem „Marserland", d. h. mit den Abruzzen, deren Besitz zwischen Rom und Palermo bisher strittig gewesen war. Die Belehnung war als erblich festgesetzt, also durfte der Papst bei einer zukünftigen Thronvakanz kein Eingriffsrecht als Oberlehnsherr geltend machen, wie er es den deutschen Königen gegenüber beanspruchte. Wilhelm hatte für Unteritalien jährlich 1000 Goldstücke Lehnszins zu zahlen, Sizilien blieb zinsfrei. Auf dem Festland blieb die Bestellung von Bischöfen der königlichen Bestätigung unterworfen, Berufungen in geistlichen Angelegenheiten nach Rom waren erlaubt, und bis Reggio durfte der Papst in Sonderfällen auch apostolische Legaten entsenden. Sowohl Berufungen als auch Legationen im Zusammenhang mit Sizilien hingegen unterstanden dem Antragsrecht des Königs. Wilhelm war auf der Insel also weiterhin Meister seiner kirchlichen Belange, und für das Festland hatte er auf das Recht der Investitur im Endergebnis nicht verzichtet. Das war mehr, als die lateinischen Kaiser aus dem Investiturstreit hatten retten können. Der Papst seinerseits mochte glauben, Wilhelms Reich wenigstens für die römische Kirche gerettet zu haben, denn dieser hatte, ebenso wie seine Vorgänger, für römischen Geschmack viel zu sehr auf die Mehrung des griechischen Kirchenbesitzes geachtet, natürlich, um die beiden

Glaubensgemeinschaften gegeneinander auszuspielen. Der Papst hätte ruhiger schlafen können: denn wenn der König die Griechen gegen die Lateiner ausspielte, dann konnte dies auch umgekehrt geschehen, zumal der König den lateinischen Klerus zur Sicherung seiner Herrschaft eher brauchte als den griechischen. Lateinische Geistlichkeit, das hieß straffe Organisation und ein Mönchtum, das seinen Ehrgeiz ebenso in der Kultivierung des Landes und in der Ausstattung der Klöster als wirtschaftlicher Zentren sah wie in der Pflege der Vervollkommnung des Menschen durch geistliche Kontemplation. Die lateinischen Kleriker waren eher Kultivatoren des Landes und verlängerte Arme des königlichen Macht- und Kulturwillens als ihre griechischen Kollegen. Zudem hielten sich Bischöfe und Äbte gegenseitig in Schach, wenn man bei ihrer Förderung nur gehörig aufpaßte; auch im kirchlichen Bereich unterstützte die Einheit in Vielfalt das nun einmal unerläßliche „divide et impera" des Königs.

Unter Roger II. war ein gewisser Neilos Doxopatros aus Konstantinopel nach Palermo gekommen und hatte dort eine Schrift verfaßt über die Patriarchen der christlichen Kirche. Der Witz der Abhandlung war die im Westen bekannte, aber als anstößig empfundene, traditionell byzantinische Auffassung, daß der Patriarch von Rom seinen Vorrang vor denen von Konstantinopel, Alexandria, Konstantinopel und Jerusalem nur daraus habe herleiten können, daß Rom die Hauptstadt des Imperiums gewesen sei. Nachdem Konstantin der Große die Hauptstadt an den Bosporus verlegt habe, besitze der dortige Patriarch den Vorrang. Und in der Tat hatte ja die Kirche Siziliens Konstantinopel unterstanden, bis die Normannen eingebrochen waren. Dabei war dem Papst die These teuer, daß er kraft seines Vorranges sogar das byzantinische Kaisertum rechtmäßig an die Lateiner, d. h. an die Franken Karls des Großen und anschließend an die Deutschen übertragen habe. Es spricht für die Toleranz Rogers, die auch zuließ, daß man den römischen Papst ärgern durfte, solche Traktate in Palermo zu dulden. Aber das kirchliche Sizilien wieder den Byzantinern zu unterwerfen, das kann er unmöglich ernst gemeint haben!

Die Assisen von Ariano mußten auch zum Feudalismus Stellung nehmen, und sie mußten dies, ungeachtet der postulierten Gottesnähe des Herrschers, in einer den gewachsenen Umständen entsprechenden und wohldosierten Form tun. Denn in Unteritalien waren die Hauteville zu Herren des Landes unter anderem nur dadurch aufgestiegen, daß sie die Grafen von Capua zunächst unangetastet ließen und damit auch deren interne Ordnung der Verteilung von Lehen. Dies mußten sie berücksichtigen, auch als sie Ober-Lehnsherren in Capua wurden. Denn die Gefolgsleute aus den langobardischen Fürstentümern von Salerno und Benevent, die keine Lehnsleute im Sinne des feudalen Treueschwures waren: warum sollten die den eingedrungenen Hauteville mehr Respekt entgegenbringen als ihren alteingesessenen, ehemaligen Herzögen? Auch die Hauteville hatten ja als Lehnsleute dieser Herzöge angefangen. Sogar in der Familie Robert Guiscards selbst hatte einst Bohemund von Tarent sich wenig um Roger Borsa geschert. Wem man dort oben (von Sizilien aus gesehen) eine Burg und noch eine gab, der hatte sein eigenes

Selbstbewußtsein als kämpfender Krieger, zumal er immer wieder gebraucht wurde, und dagegen half dem Herrscher nichts als dessen irgendwann einmal erfolgter Treueschwur und die politische Opportunität. Wir müssen die Feinheiten des abendländischen Lehnswesen hier nicht ausbreiten, um zu erkennen, daß eine auf bloße Treueschwüre gegründete Staatsordnung nicht besonders stabil sein konnte. Denn zwischen dem Gedeihen der Landschaft und dem Faustrecht und der Anarchie stand nicht mehr als das germanische Gemüt in Gestalt des feudalen Treueids. Das hat dem westlichen Abendland im Verhältnis zur Rationalität römischer Administration einen deutlichen Rückschritt gebracht.

An den *Assisen von Ariano* war erstens bemerkenswert, daß sie nicht in Sizilien, sondern mitten im feudalisierten Unteritalien erlassen wurden. Denn Ariano ist das heutige Ariano Irpino östlich von Benevent. Zweitens sollten die Assisen im ganzen Königreich einheitlich gelten, waren also eine Demonstration von Rogers Zentralisierungswillen. Sie tasteten sich an das Problem der Einheit in feudaler Vielfalt heran, indem sie sich nur als subsidiär geltend erklärten, sofern also lokal geltende Rechtstraditionen nicht entgegenstanden. Es folgte die Deklaration, daß ein Lehen rechtens nicht durch Eroberung von den früheren normannischen Fürsten erworben worden war, sondern ausschließlich kraft gnadenvoller Verteilung durch König Roger II. Das war eine Fiktion, denn dem König blieb anno 1140 nichts anderes übrig, als den bestehenden Zustand in Unteritalien zu bestätigen, aber jetzt konnte niemand mehr den Herrscher bei Lehnsentzug – etwa wegen Untreue oder Hochverrats des Vasallen – zwingen, das Lehen an ein Mitglied derselben unzuverlässigen Familie neu zu übertragen. Die Anzahl der ritterlichen Lehnsträger wurde begrenzt, um sie überschaubar und damit kontrollierbar zu halten. Auch wurde den Lehnsherren deutlich gemacht, welche Verantwortung sie gegenüber ihren Untergebenen hatten.

Ein weiteres Mittel zur Disziplinierung der Feudalherren war die präzise Festlegung ihrer militärischen Dienstpflichten gegenüber dem König. Denn gegen Willkür und Anarchie galt Schriftlichkeit schon immer als ein gutes Gegengift. Für den Bereich Apulien ist uns aus der Zeit Rogers II. ein *catalogus baronum* erhalten, für die Bereiche Sizilien und Kalabrien darf eine ähnliche Aufstellung vermutet werden. Dort war die untere Grenze der Dienstpflicht festgelegt, wohingegen in Notfällen der König seine Vasallen zur Gestellung von so vielen Männern, Pferden und Material anhalten durfte, wie diese überhaupt nur aufbringen konnten. Die Pflichten der Untervasallen gegenüber den Kronvasallen, also den in der Lehnskette dem König unmittelbar nachgeordneten *Baronen* (von mittelalterlich-lateinisch baro = Großer des Reiches), konnte der *catalogus* nicht festsetzen, das hätte den Regeln des Feudalstaates widersprochen. Daher diente er dem Zweck, die königlichen Rechte rechtzeitig vor der Aushöhlung durch Unter-Beleihungen zu schützen.

Beide Elemente des *catalogus*, die Präzisierung und dadurch die Sicherung der Vasallenpflichten, hatten im damaligen Europa den Charakter von großartigen Neuerungen. In England imitierte die dortige Normannendynastie Wilhelms des Eroberers den *catalogus* durch eine *inquesta* von 1166, und König Philipp II. August von Frankreich (1180–1223) erließ nach denselben Grundsätzen seine *scripta de feodis*. Es gibt in dieser Hinsicht noch andere Parallelen zwischen Sizilien und dem Normannenstaat am Ärmelkanal, denn in beiden Reichen versuchten die Herrscher ihre Lehnsleute mit der gleichen Energie zu bändigen, zeitlich gefolgt von den Königen Frankreichs. Trotz aller Stauferherrlichkeit: in Deutschland gelang dies den Oberlehnsherren niemals, und deshalb ist Rogers II. *catalogus baronum* als ein Meilenstein auf dem Weg zur Zentralisierung und Rationalisierung der europäischen Staatlichkeit insgesamt anzusehen, während in Deutschland die Uhren unerbittlich anders gingen.

Bei der Vergabe von Lehen und Ländereien auf der Insel hatten die Hauteville alle Möglichkeiten, das Entstehen einer allzu selbständigen Feudalaristokratie zu verhindern. Unter dem Grafen Roger bekam kein Festländer ein Lehen auf Sizilien. Sofern lateinische Bistümer und Klöster neu gegründet wurden, trug man Sorge, ihnen die Städte und wichtigeren Siedlungen anzuvertrauen, um diese Zentren vom Lehnswesen auszuschließen. Denn ein Abt und Bischof war kein Mann der Waffen und hatte niemals legitime Nachkommenschaft, bei Wiedervergabe konnte also der Fürst stets eingreifen. Nur Noto und Syrakus wurden vergeben, aber an einen Sohn des Grafen Roger, das Lehnswesen blieb damit wenigstens in der Familie.

Adelaide, die Witwe Rogers I., stattete ihren Bruder Heinrich mit umfangreichem Landbesitz aus, dessen Zentren in Palermo und Butera lagen. Von einer der Stützen ihrer Witwenherrschaft, einem Herrn Robert Aranel, stammen die Grafen von Adernó und Golisano ab. All dies blieb im weitesten Sinne noch in der Familie. Bei Hofe hatten andere Kreise als die Feudalherren das Ohr des Königs, und man konnte letztere ja wirklich besser zum Kriegführen brauchen als zum gewandten und gebildeten Umgang mit weltläufigen Sarazenen, lateinischen Kirchenfürsten und griechischen Verwaltungsspezialisten.

Aber ohne die dreinhauenden Eisenmänner war das Reich auch nicht zusammenzuhalten. Das wußten diese, und sie witterten daher Morgenluft, als Roger II. gestorben war und Wilhelm I. in Palermo krank darniederlag, während Byzantiner und rebellische Barone auf dem Festland ganz Apulien in ihre Hand brachten. Anfang 1156 verschanzte sich ein Adliger namens Bartholomäus von Garsiliato in der Burg von Butera und ließ Wilhelm erklären, nicht gegen ihn richte sich der Aufstand, sondern gegen seinen wichtigsten Ratgeber, den „Emir der Emire“ von Palermo, der unter Roger II. schon einmal Kanzler gewesen war, den Maio von Bari. Wilhelm antwortete auf diese Herausforderung zunächst nicht, denn er und Maio folgten weiterhin der Ansicht des verblichenen Königs Roger, daß man den Baronen keinen bestimmenden Einfluß einräumen dürfe.

Da brachen Ende März 1156 Unruhen in Palermo selbst aus, die mit der Besetzung von Butera in Zusammenhang standen, denn auch die Palermitaner forderten die Entlassung Maios. Ferner sollte Simon von Policastro aus dem Kerker entlassen werden, einer der Drahtzieher der anhaltenden baronalen Empörung auf dem Festland. Wilhelm hatte die Kunst der Diplomatie offensichtlich von seinem Vater geerbt, denn er ließ Simon von Policastro frei, bekam damit den Mob in

Palermo von den Straßen, und rückte nun mit diesem Simon endlich vor Butera, damit er bei den Verhandlungen mit den Baronen vermittle. Da Wilhelm den Aufrührern milde Bedingungen gewährte, nämlich bloß Verbannung ohne weiteren Schaden an Leben und Besitz, übergaben sie Butera, und der König konnte sich nach Apulien wenden. Es war zwar das erste Mal, daß sich in Sizilien die Barone erhoben hatten, aber auch ein Beweis dafür, wie berechtigt das bisherige Mißtrauen der Könige gegenüber ihren Lehnsmannen war.

Die baronalen Rebellen in Apulien hingegen behandelte Wilhelm nach seinem Sieg über die Byzantiner mit rücksichtsloser Grausamkeit, denn nach der Schau der Versöhnlichkeit vor Butera wäre sonst sein Anspruch als gottgegebener Herrscher, der Lehen ausschließlich nach seiner Gnade verteilte, ins Lächerliche abgerutscht. Wer von den Rebellen nicht fliehen konnte, wurde eingekerkert, gehängt, geblendet oder mit schweren Gewichten an Händen und Füßen in die Adria geworfen. Die Stadt Bari wurde erst entvölkert und dann bis auf die Grundfesten zerstört. Robert von Capua, der Lehnsmann, dem man hätte zutrauen können, als Sachwalter der Könige auf dem Festland für Ordnung zu sorgen wie Maio von Sizilien, verschwand schmachvoll und für immer im Kerker. Ja, Hochverrat sollte gleichbedeutend sein mit Gotteslästerung.

Das mochte konsequent sein, aber populär machte es Wilhelm I. nicht. Mit der Niederwerfung dieses Aufstandes hatte er den Beinamen „der Böse" weg. Im Kontrast dazu bürgerte sich für Wilhelm II. „der Gute" ein. Arabesken dieser Art sind weit davon entfernt, eine historische Persönlichkeit umfassend zu erklären. Das gilt auch für Beinamen, die keine Wertung enthalten, wie Karl „der Kahle", Philipp „der Schöne" etc. Die „Großen" sind ebenso schwierig aus ihrem Beinamen heraus zu beschreiben wie die „Guten" und die „Bösen". Der eine war gut, weil er die Feudalherren nicht bekämpfte und freigebig zur Kirche war, der andere war böse, weil er die Barone manchmal blenden und aufhängen ließ. Was kann man auf knappem Raum dazu noch sagen? Nichts, als daß die gute und die schlechte „Presse" im Mittelalter ebenso flott und ohne viel Suche nach Substanz zustandekam wie heutzutage.

Aber es sollte für Wilhelm I. alles noch viel schlimmer kommen. Die Dynastie selbst kam in Gefahr und sogar der unverzichtbare Religionsfrieden, als die Barone im Jahre 1160 noch einmal zuschlugen. Der Haß gegen Maio, dem sie sogar zutrauten, mit Hilfe des Papstes und unter Vermittlung seines fähigen Notars Matteo von Aiello den König zu stürzen und sich zu seinem Nachfolger aufzuschwingen, bewog die Barone schließlich, ihn zu töten. Die damit zusammenhängenden chaotischen Wirren sind politisch sehr aufschlußreich und haben die dramatische Verve einer Verdi-Oper, weshalb sie hier ausführlicher erzählt werden sollen.

Die Väter der Verschwörung saßen allesamt auf dem Festland: Richard von Aquila, Roger von Acerra, Bohemund von Manopello, der Graf von Gravina. Die baronale Opposition speiste sich von dort, wo sie seit jeher größere Entfaltungsfreiheit hatte. Da Maio auf Sizilien ein hervorragendes Netz von Spitzeln hatte, mußte ein Baron, der leichten Zugang zu ihm bekam, die Tat ausführen: man wählte Matteo Bonnello aus altem normannischem Geschlecht, diesseits und jenseits der Straße von Messina reich begütert. Maio blieb ahnungslos und sandte daher, als in Kalabrien Unruhen unter den dortigen Baronen ausbrachen, Matteo Bonnello, den er sehr schätzte, zur Beruhigung hinüber. Es hieß sogar, Matteo hätte Maios Schwiegersohn werden sollen. Als er aber in Catanzaro weilte, verfiel er dem Liebreiz der dortigen Grafentochter Clementia, berichtete aber Maio heuchlerich, Kalabrien sei zur Ruhe gebracht, und man möge in Palermo die Heirat mit der Tochter des Emirs der Emire ausrichten. Dann kehrte er nach Palermo zurück.

Am Abend des 10. November 1160 wurde Maio von Bonnellos Komplizen zum Palast des Erzbischofs gelockt, auf dem Wege von seinem Hause dorthin von Bonnello und dessen Bande überfallen und niedergemacht. Matteo von Aiello entkam verwundet. Während die Mörder flohen, strömte der Pöbel jeglicher Konfession herbei und schändete Maios Leichnam: Das Regiment des Emirs der Emire war wohl für alle Bevölkerungsgruppen hart gewesen, und sein Tod wurde zum Menetekel dafür, wie schwer die notwendige Einheit in Vielfalt aufrechtzuerhalten war, ein Balance-Akt, der nicht lange Erfolg haben konnte.

Am nächsten Tag ernannte König Wilhelm seinen alten Freund Heinrich, Archidiakon von Catania mit dem Beinamen Aristippus, zum Chef einer Zwischenregierung, zusammen mit seinem Verwandten Silvester von Marsico und dem Engländer Richard Palmer, dem designierten Bischof von Syrakus, einem der eingewanderten Lateiner, die die königlich-römische Kirche im Lande stützten. Bonnello war in seine Burg Caccamo entkommen. So verhaßt war Maio gewesen, daß Wilhelm den Bonnello nach Palermo zurückrufen mußte, um wieder Ruhe herzustellen, in seinen eigenen Palast, und der Mörder wurde vom Volke jubelnd gefeiert.

Doch die Situation war so spannungsgeladen, daß Bonnello nun auf seinem Pfad der Rebellion weiter voranschritt: er mußte den König selbst beseitigen, nicht unbedingt töten, um die Königstreuen und deren unkalkulierbar großen Anhang nicht zu sehr zu empören, aber absetzen, dann auf seiner Burg Mistretta gefangenhalten und jemanden aus der königlichen Familie als Marionette auf den Thron befördern. In Bonnellos Abwesenheit ergriffen seine Mitverschwörer in Palermo die Initiative. Sie befreiten die politischen Gefangenen, deren es reichlich gab, drangen mit diesen in den Palast ein und nahmen den König und seine Gemahlin gefangen. Dann wurde der Palast gnadenlos geplündert, des Königs Harem gewalttätig geräumt, und alle Eunuchen, derer man habhaft werden konnte, streckte man nieder. Daran schloß sich eine Hetzjagd auf die Moslems in Palermo insgesamt an: der Haß der Lateiner gegen die Toleranz und die morgenländischen Sitten des Hofes brach sich Bahn, das Reich war noch nie so gefährdet gewesen.

Doch der lateinische Klerus selbst, der die Moslems auch nicht liebte, empfand sich nicht nur als Vertreter der allein seligmachenden Religion, sondern auch als staatstragend und nahm daher nun die Sache des Königs kräftig in seine Hände. Richard Palmer von Syrakus, die Bischöfe von Messina und Mazara sowie Erzbischof Romuald von Salerno, der jene Tage später als Chronist festgehalten hat, hetzten das Volk gegen die Verschwörer auf, und es befreite den in seinem Palast gefangenen König. Die Barone und ihr Anhang flohen nach Caccamo, wo Bonnello sich immer noch aufhielt.

Wilhelm sandte ihm Botschaft, denn er hatte im Augenblick zu wenig Truppen, um ihn in Caccamo zu belagern. In seiner Antwort an den König sagte Bonnello, die Adligen hätten aus Verzweiflung gehandelt, denn sie seien im Reiche übel unterdrückt: sie dürften ja nicht einmal ohne königliche Erlaubnis ihre Töchter verheiraten! Man solle zum Zustand unter Robert Guiscard zurückkehren, d. h. zum Zustand vor den Assisen von Ariano! Wilhelm sah die Gefahr, sich an die Feudalherren auszuliefern und die Einheit seines Reiches aufs ernsthafteste zu gefährden; nur noch das Schwert konnte die Aufständischen aufhalten.

Bonnello marschierte auf Palermo. Als er die Zufuhr abschnitt, brach in der Stadt Panik aus. Wilhelm war militärisch so schwach, daß er Bonnello sogar wieder in Gnaden bei Hofe aufnehmen mußte. Aber von Verhandlungen war keine Rede. Als die Aufrührer Tankred von Lecce und Roger Sclavo sich in Piazza (heute: Piazza Armerina) und Butera verschanzten, um den Aufstand fortzusetzen, ließ der König Bonnello kurz entschlossen ins Gefängnis werfen und rückte mit den Verstärkungen, die inzwischen von Messina herangekommen waren, gegen Piazza und Butera. Die Barone des Festlandes schlossen sich in großer Zahl den Aufständischen an, Salerno und Tarent fielen von Wilhelm ab, und Bonnellos Gräfin Clementia von Catanzaro brachte auch noch Kalabrien in Aufruhr.

Doch nun begann des Königs Rache, und sie tat der Einheit des Reiches durchaus nicht gut. Tankred und Roger Sclavo hetzten im Landesinneren die vom Festland her eingewanderte, als „lombardisch" bezeichnete, christliche Bevölkerung gegen ihre moslemischen Nachbarn auf. Es kam zu Pogromen, die die Moslems den Christen nie vergaßen. Wilhelm nahm Piazza und zerstörte es, die feudalen Verteidiger von Butera ließ er ziehen und zerstörte diesen Platz dann auch. Im März 1162 setzte er aufs Festland über und trieb die Rebellen vor sich her, ließ hängen, ertränken und blenden, konfiszierte und erpreßte, was immer er bekommen konnte.

Wenn das Problem der feudalen Zwischengewalt nur mit Feuer und Schwert gelöst werden konnte, dann litt der Staat darunter ebenso wie unter deren Selbstherrlichkeit. Denn wenn es nun den lateinischen Oberherren an den Kragen ging, dann mußten auch die gereizten Moslems ihren Anteil an der Sache haben. Wilhelm hatte, als er in Unteritalien unterwegs war, die Verfolgung der noch in Sizilien verbliebenen Aufsässigen einem getauften Eunuchen namens Martin als Qaid (arabisch: Meister, Führer, Bezeichnung hoher moslemischer Palastbeamter) übertragen, einem Mann, der in dem Moslem-Massaker von Palermo seinen Bruder verloren hatte. Martin wütete auf der Insel so, daß es aller königlichen Gerechtigkeit, wie sie die Assisen von Ariano verkündeten, ins Gesicht schlug. Sogar der hochgelehrte und politisch eher harmlose Heinrich Aristippus wurde unter dem Vorwand, sich gegen den König verschworen zu haben, eingekerkert und kam nie wieder frei.

Nach dem Tod Wilhelms I. im Mai 1166 zeigte die Feudalaristokratie in den Intrigen des Hofes, daß ihre Macht noch immer nicht gebrochen war. Nur kam es nicht mehr zu kriegerischen Verwicklungen zwischen König und Baronen, bis das Reich an die Hohenstaufen fiel. Weiterhin machten die Barone Front gegen die Moslems. Da der neue König, Wilhelm II., beim Tode seines Vaters erst 12 Jahre zählte, mußte die Königinwitwe mit einem Regentschaftsrat regieren, und schließlich verfiel sie in ihrer Angst vor der Partei der Barone auf den Ausweg, den getauften Eunuchen Peter zum Emir der Emire zu machen. Das war Wasser auf die Mühlen des baronalen Unwillens. Ein dem Islam entstammender Eunuch solle über normannische Ritter herrschen dürfen? Das war ein Ausmaß an Orientalismus und ein Versuch, die eine Bevölkerungsgruppe gegen die andere auszuspielen, den die Herren des Schwertes nicht hinnahmen. Das Reich brach deswegen nicht auseinander, denn es hatte ja sogar den Aufstand des Bonnello verkraftet. Aber ein Hort multikultureller Harmonie war es deswegen auch wieder nicht. Der Eunuch Peter verlor angesichts des Zorns und der Drohungen der Barone die Nerven, floh nach Tunis, warf das Christentum von sich und trat in die Dienste des Almohadensultans Yusuf. Die intoleranten Lateiner hatten gesiegt, und die geängstigte Witwe Margarete mußte sich nach einem neuen Gegengewicht gegen die Barone umsehen. Immerhin: anderswo im Abendland hatten die von ihren Baronen geplagten Herrscher diese Möglichkeit nicht.

Im November 1166 machte Margarete den aus der Normandie herbeigerufenen Stephan du Perche, von dem man munkelte, er sei mit König Ludwig VII. von Frankreich verwandt, zum Kanzler des Reiches, später auch zu dessen wichtigstem Kirchenfürsten, zum Erzbischof von Palermo. Stephan war ein tüchtiger Verwalter, ein rigoroser Gerichtsherr, und er machte sich schon sehr bald unbeliebt. Denn er hatte eine Menge Franzosen in seinem Gefolge mitgebracht, so daß ihm die einheimischen Barone vorwarfen, er wolle Sizilien überfremden.

Das war so etwas wie der Anfang eines sizilianischen Regionalbewußtseins, beschränkt allerdings auf die höchsten feudalen Kreise bei Hofe. Denn aus der Bevölkerung aus der Zeit vor den Normannen war kein einziger zum Feudalherrn aufgestiegen, auf dieser Basis konnte sich also überhaupt kein Regionalismus artikulieren.

Stephan brachte auch die Moslems gegen sich auf, da er verschiedene von ihnen anklagte, sie wären vom Christentum abgefallen – vermutlich Menschen, die als Moslems geboren, dann christianisiert worden waren und, ähnlich Peter dem Eunuchen, den Glauben ihrer Väter dennoch nicht hatten vergessen können. Die Christen ihrerseits klagten einen Robert von Calatabiano an, dieser schleppe Christenkinder in ein Bordell, um sie dort an lüsterne Moslems zu vermieten – gegenüber den einheimischen Moslems konnte der keimende sizilianische Regionalismus also sehr aggressiv sein. Das war ein Anzeichen dafür, daß die Integration der Konfessionen jedenfalls nicht in wenigen Jahrzehnten zu erreichen war, denn die Barone hatten kein Interesse an ihr und waren unempfindlich für das Argument, daß sie damit die Grundfesten des Reiches gefährdeten, also auch ihre eigene Macht.

Die Barone wollten Stephan loswerden und brachten zunächst einmal alle Franzosen um, derer sie in Messina habhaft werden konnten – eine unheimliche

Vorahnung der „sizilianischen Vesper“ von 1282! Christen, Barone und Moslems gleicherweise belagerten dann Stephan im März 1168 in seinem erzbischöflichen Palast in Palermo. Er entkam in die Kathedrale und verschanzte sich mit seinen Anhängern im Glockenturm; die Meute ließ ihn von dort abziehen, setzte ihn auf ein Schiff und ließ ihn ins Heilige Land absegeln. Von den 37 hochgeborenen Franzosen, die zwei Jahre früher mit ihm gekommen waren, lebten nur noch zwei. Stephan starb an einer Krankheit im Heiligen Land.

Die „regionale Partei“, in der sich Matteo von Aiello profilierte, hatte gewonnen, und den Moslems, die bei Hofe repäsentiert waren, war es recht so. Nachdem Wilhelm II. das Alter der Volljährigkeit erreicht hatte (1171), wurde der Engländer Gualtiero Offamilio (oder Walter of the Mill), ehemaliger Erzieher des Königs, Erzbischof von Palermo und Kanzler des Reiches. Walter machte seinen Frieden mit der baronalen Partei, was staatspolitisch bedenklich, aber dem inneren Frieden zumindest nicht hinderlich war.

Doch er machte sich beim Klerus so beliebt, daß er für den König und für Matteo von Aiello zu selbständig wurde. Die letzte Parteiung im Innern Siziliens, von der hier die Rede sein soll, war also die der vereinigten Kirchenfürsten, die ihrem Oberhaupt wohl ein Widerlager gegen den Einfluß der baronalen Partei verschaffen sollte. Wilhelm II. und Matteo ruhten nicht, bis sie dem Erzbischof von Palermo auf friedlichem Wege Zügel anlegten – indem sie seine Dözese empfindlich verkleinerten. Ein neuer Erzbischofssitz mußte her, und zwar nahe bei Palermo, und ferner durch Gründung eines benediktinischen Klosters, dessen Abt ohne Walters Mitwirkung vom König berufen werden konnte und dem kirchenrechtlich der Rang eines Erzbischofs zustand.

Also gründete Wilhelm an der Stelle der Kapelle, die zur Zeit der moslemischen Herrschaft Amtssitz des griechischen Erzbischofs von Palermo gewesen war, im Jahre 1174 das Kloster Monreale, fast in Sichtweite der Hauptstadt und über dem Tal des Oreto gelegen. 1176 rückten die ersten Mönche ein, und Walter of the Mill mußte machtlos zusehen, da Papst Alexander III. den König unterstützte. Wilhelm bestimmte, daß im Dom von Monreale und nicht etwa in der Kathedrale von Palermo seine Grablege errichtet werde. Das war ein zusätzlicher Schlag gegen Walter. Dem Abt von Monreale unterstanden die Kirchengemeinden bis hinunter in die Gegend von Corleone, ein großes Gebiet Westsiziliens, das ansonsten von Trapani bis über Agrigent hinaus dem Erzbischof von Palermo unterstand.

Islamische, byzantinische und romanische Elemente in ihrem Zusammenspiel machen den unvergleichlichen Reiz des Domes von Monreale aus. Wenn man sich vergegenwärtigt, wie dieses Wunderwerk quasi aus dem Sumpf der Palermitaner Hofkabalen aufgestiegen ist und wie es die verschiedenen politischen Elemente der Insel, denen die kulturellen Ausdruckformen zugeordnet werden können, zur Einheit im Bereich der bildenden Kunst verbindet, dann ist man geneigt, jenen deutschen Idealisten Recht zu geben, die das Reich der Harmonie nicht im Leben, und schon gar nicht im politischen Leben, sondern nur in der Kunst verwirklicht und auf Dauer bestehend sahen.

Da der normannische Staat die Leistung seiner Könige war, darf auch dieser Abschnitt wieder hierarchisch beginnen, von der königlichen Regierung her.

Ein feudaler Staat konnte nur effektiv arbeiten, wenn über all seinen Baronen ein zentralisierter, bürokratisierter Beamtenapparat stand, der dem König unmittelbar gehorchte. Was in modernen Zeiten den Bürgern zur Qual werden kann, wurde es damals wohl auch, doch waren Zentralisierung und Bürokratisierung im 12. Jahrhundert noch ein unerhört kühner, zukunftsträchtiger Fortschritt, zumal seine Lehrmeister, die Byzantiner, im westlichen Abendland kaum Anklang fanden, dieses also die staatliche Modernisierung sich neu erarbeiten mußte. Der König schuf sich als zentrale Behörden eine Kanzlei unter einem Proto-Notar (z. B. Matteo von Aiello), der später *Kanzellar* hieß. Ferner hatte er eine oberste Finanzbehörde, der die Beamten des Reiches alljährlich Rechnung zu legen hatten. Dieses Amt hieß *dogana*, ein Wort, das im modernen Italienisch unter der Bedeutung „Zoll, Zollamt" fortlebt. Es stammt vom persisch-arabischen *diwan* ab und bezeichnete im moslemischen Sizilien alle Behörden. Da die italienischen Kaufleute des Festlandes bei ihren Kontakten mit moslemischen staatlichen Stellen ganz überwiegend mit der Zollverwaltung zu tun hatten, verengte sich bei ihnen die Bedeutung des Wortes in der erwähnten Weise. Für die königlichen Ländereien und für die Einkünfte aus dem Besitz des Adels bestanden in der Dogana zwei verschiedene Kammern. Zur Rechnungslegung kam den Normannen die ausgebildete arabische Rechenkunst sehr zustatten, und ihre Vettern aus England und der Normandie schickten häufig Beamte des Exechequer, d. h. ihrer heimischen Finanzverwaltung, die ähnlich arbeitete, nach Sizilien, um an der dortigen Sachkunde teilzuhaben.

Die Dogana arbeitete ausgezeichnet, der Staatsschatz war auf Konfiskationen und Operationen am Rande der Ungerechtigkeit kaum angewiesen. Die geschilderten feudalen Wirren konnten ihn nur wenig beeinträchtigen. Grundlage der Besteuerung war ein genauer Kataster. Dieses Prinzip hatten die Normannen von den Moslems übernommen. Nach der Eroberung ließen sie besonders geschulte Griechen aus Kalabrien kommen, die mit ihrer Sprach- und Sachkunde die verlorengegangenen Kataster wieder herstellten. Schon Roger I. hatte die Untertanen allen Landes in Steuerlisten zusammenfassen lassen, und eine Landschenkungsurkunde von 1090 bezog sich ausdrücklich auf den – nicht bis heute erhaltenen – sarazenischen Kataster. Die Dogana arbeitete mit *defetarii*, einem Wort, das an die *Defterdare*, die Leiter der Finanzverwaltung des späteren Osmanischen Reiches erinnert: doch stammt der Ausdruck aus dem Griechischen, wo er soviel wie die Haut, auf der man schreiben kann, besagt. Also waren die *defetarii* die Vermögensverzeichnisse.

Die Landleute zahlten ihre Abgaben in Geld oder in den von ihnen produzierten Nahrungsmitteln, die Stadtleute ausschließlich in Geld. Die Feudalisierung des Landes, die nach der Eroberung allmählich eintrat, führte zu verschiedenen neuen Arten von Abgaben und Dienstleistungen, die von der Bevölkerung nicht immer angenommen wurden. Und der Staat selber beteiligte sich an der steigenden fiskalischen Belastung, indem er neue Steuern, z. B. auf das Betreiben von Mühlen, Backöfen und kleinen Läden erfand. Die Juden zahlten Kopfsteuer, wie schon unter den Moslems. Die Toleranz der neuen christlichen Herren ging eben so weit, daß sie von den Fatimiden und Kalbiden die Kopfsteuer auf die Andersgläubigen übernahmen und sie nun ihrerseits auf die Moslems anwandten. Ergab das zusammen einen Steuerdruck, wie er für den spätrömisch-byzantinischen Staat leidvoll und typisch gewesen war? Die Quellen jedenfalls lassen keine Rückschlüsse auf entsprechende Klagen der Untertanen zu.

Seit 1136 gab es einen obersten Gerichtsbeamten (justiciarius, z. B. Maio von Bari), der reisende Richter beauftragte, in den einzelnen Provinzen Recht zu sprechen. Diese Reiserichter wandten das Inquisitionsverfahren an, was in unserem Zusammenhang nur so viel sagt, daß die Richter die Rechtsfälle in eigener Initiative untersuchten, ohne sich auf die Mitwirkung der Streitparteien zu verlassen. Die Reiserichter amtierten so erfolgreich, daß gegen Ende der Normannenherrschaft der König die Blutgerichtsbarkeit allein ausübte und die den Feudalherren verbliebene Gerichtsbarkeit nicht mehr als selbständig, sondern als vom König verliehen angesehen wurde. Es scheint der Wirksamkeit der Reiserichter nicht geschadet zu haben, daß diese im Laufe der Zeit nicht mehr reisten, sondern seßhaft wurden. Bei Hofe bestand als Instanz ein oberster Gerichtshof, und der König konnte alle wichtigen Fälle an diesen Hof ziehen. Das alte römische Recht, fußend auf Justinians Corpus juris, war in den Städten teilweise noch im Schwange und gelangte so auch an den königlichen Hof. Vollstreckungsbeamte, die ihr Amt pachteten, hießen *baiuli*, was genau den *bailiffs* im normannischen England entsprach. Erst in hohenstaufischer Zeit wurden sie zu Staatsbeamten.

Nun zur Organisation des Hofes. Neben den christlich inspirierten Hofämtern wie dem Protonotarius etc. gab es auch fatimidische *hadschib*, d. h. allgemein Diener und speziell Gerichtsvollzieher (die *baiuli* des Hofgerichtes), den *dschanib*, eine Art militärischer Adjutant des Königs, wenn er zu Felde zog, und in seinen Aufgaben dem byzantinischen *protospatarius* ähnlich, die *dschaudar*, dem byzantinischen *vestiarius* vergleichbar, d. h. die Hüter der königlichen Kleiderkammer, der *dawadar* oder erste Sekretär, der *ustadar* oder Verwalter des königlichen Haushaltes – und noch manche andere Chargen, die die ursprüngliche Wikinger-Atmosphäre am Hofe von Palermo nachhaltig und endgültig veränderten und nicht nur auf arabische und byzantinische, sondern auch auf sassanidisch-persische Vorbilder zurückgingen.

Wir nähern uns der geheiligten Person des Königs selbst. Ein Moslem wachte über eine Institution mit dem persischen Namen *tiraz*, d. h. die Kammer mit den Kleidern aus Seide, die dem König gehörten und die er, seinen fatimidischen Vorgängern nacheifernd, den Würdenträgern des Reiches zum Zeichen seiner Wertschätzung und ihrer Investitur in sorgsam abgestufter Qualität zu verleihen beliebte. Vielleicht war auch der Sonnenschirm, den er sich in der glühenden sizilianischen Sommersonne nicht versagte und der überdies, wiederum nach fatimidischem Vorbild, ein markantes Zeichen seiner königlichen Würde bedeutete, aus feiner Seide, gewoben von den aus Theben verschleppten Spezialistinnen.

Doch das prächtigste Produkt des *tiraz* war der Königsmantel aus dem Jahre 1133, im Halbkreis zum Legen um die Schulter geformt, mit einem Löwen, der ein Kamel schlägt, in symmetrisch zweifacher Ausfertigung, und mit goldener arabisch-kufischer Zierschrift König Roger II. preisend, durchaus kein abendländisches Schmuckstück.

Die von einem Sekretär gefertigte, formelhafte Unterschrift unter eine königliche Urkunde Rogers II. war ebenfalls in arabischer Sprache und bedeutete „Gott sei Lob und Dank für seine Wohltaten", ähnlich der typischen arabischen Formel „Ilhamdulillah", „Gelobt sei Gott". Die Urkunden waren oft zweisprachig abgefaßt, arabisch und griechisch oder arabisch und lateinisch. In einem bebilderten Manuskript des 13. Jahrhunderts (es handelt sich um das „Carmen" des Pietro von Eboli) zeigt eine Miniatur sechs Schreiber nebeneinander, durch kleine Säulen in drei Gruppen getrennt: zwei Griechen, zwei Sarazenen und zwei Lateiner. Ohne solide Sprachkenntnisse konnte man offenbar kein qualifizierter Mitarbeiter der königlichen Kanzlei werden.

Der König ließ sich auf seinen Münzen, deren zentrale Prägung er ebenfalls eher den moslemischen als den christlichen Herrschern nachmachte, „Verteidiger des Christentums" nennen, aber in der äußerst dekorativ wirkenden arabischen Schrift. Sein Siegel zog eine griechische Version vor: „Roger, in Christus, dem Gott, frommer und mächtiger König, Verteidiger der Christen". Das einzige abendländisch-lateinische Element dabei war „Rex", in griechischer Schrift für „König" verwendet. Zog er die lateinische Amtssprache vor, dann klang das nüchterner: „Roger, von Gottes Gnaden König von Sizilien, Herzog von Apulien und Fürst von Capua." Daß er mit roter Tinte unterschrieb, dabei die griechische Schrift wählte und hinter den Namen drei Kreuze setzte, hatte er der byzantinischen Hofkanzlei abgeschaut.

Die Normannen hatten die ethnische Zusammensetzung Siziliens nicht wesentlich verändert. Die faszinierende Kulturmischung bei Hofe bedeutete nicht, daß sich Christen verschiender Obödienz, Moslems und Juden auf der Ebene der Untertanen ebenso amalgamisieren ließen, und bei den normannischen Feudalherren war dies, wie oben gezeigt, ebenfalls nicht zu beobachten. Wenn der Staat multikulturell war, dann allenfalls in seiner obersten Spitze, und das genügt nicht, um ihn zu einem positiven Vorbild der Apostel der Multikulturalität von heute zu machen, die von demokratischen, die ganze Bevölkerung umfassenden Prämissen ausgehen müssen. Der Staat ist auch nicht deswegen untergegangen, weil seine Integrationsleistung ungenügend war und nach damaligen Voraussetzungen bleiben mußte; er ist bis zum Aufgehen im Königreich Italien (1860) überhaupt niemals untergegangen. Dafür sorgte die Kontinuität des dynastischen Gedankens, von den Normannen eingepflanzt, von den Staufern übernommen und von allen anderen ausländischen Königsfamilien bis 1860 auf ganz selbstverständliche Weise weitergetragen. Dafür sorgte auch die feudale Gesellschaft der allezeit lästigen Barone, denn sie konnte allenfalls im Personal ausgewechselt werden, blieb aber das Prinzip auf zweiter, unmittelbar unterhalb des Königs rangierender staatlicher Ebene. Was auch immer sie an wie immer zu definierendem Fortschritt verhindert hat: mit der normannischen Eroberung wird sie zum (krummen?) Rückgrat Siziliens.

Vor diesem stabilen Hintergrund verliert der sizilianische Schmelztiegel der Völker und Kulturen etwas von seiner Aura des Wundersamen, Exotisch-Unvergleichlichen. Als die Normannen kamen, brachten sie sehr wenige ihresgleichen auf die Insel mit, denn schon auf dem Festland hatte die Masse ihrer Heere aus überwiegend Italien entstammenden Söldnern bestanden. Überall in Europa, wo ihre unmittelbaren Vorfahren, die Wikinger, ausgeschwärmt waren, hatte es sich nicht mehr um die Art von Völkerwanderung gehandelt, die einst das Weströmische Reich hatte einstürzen lassen. Masse wurde durch dominierende Organisationskraft ersetzt. Sizilien konnten die Normannen schon deshalb nicht in größeren Zahlen besiedeln, weil etwa gleichzeitig zu der Eroberung der Insel diejenige Englands durch Wilhelm den Eroberer von der Normandie aus stattfand. Auch sonstige Glücksritter aus dem französischen Bereich blieben entweder in Unteritalien hängen, wo sie sich von der Woge der Kreuzzüge erfassen ließen, oder sie waren auf der Insel viel zu wenige, um einen demographischen Faktor darzustellen. Und mit den Klerikern aus der lateinischen Welt, die nach Süden strebten, verhielt es sich – ganz abgesehen von ihrem Zölibat – ebenso. Franzosen gab es nur in den hohen Spitzen der Gesellschaft. Deren Namen überstanden urkundlich nicht einmal das Ende der Dynastie Hauteville.

An Einwohnern Italiens vom Festland (denn der Ausdruck „Italiener“ dürfte für das 12. Jahrhundert noch anachronistisch sein) kamen schon mehr im Gefolge und auf Einladung der neuen Herren. Aus arabischen Quellen erfahren wir, daß „Franken und Leute aus Rum“ eintrafen, d. h. Franzosen und Bewohner des italienischen Festlandes. Man kann dies aus offensichtlich vom Kontinent importierten Ortsnamen auf Sizilien heute noch ablesen: Acquaviva bei Caltanissetta verweist auf Acquaviva in Molise, bei Bari und bei Ascoli Piceno; Bivona bei Agrigent auf Bibbona in der Provinz Livorno; Vicari bei Palermo auf Biccari bei Foggia; Chiaramonte bei Syrakus deutet auf Chiaramonti bei Sassari. Besonders deutlich: Novara bei Messina und Novara in Piemont; dem Weinkenner vertraut ist Sala Paruta in der Provinz Trapani, das auf die diversen Sala in Oberitalien hinweist. Daß diese Namen nicht schon vor der normannischen Eroberung bestanden haben dürften, ergibt sich daraus, daß das lateinische Element in der Bevölkerung vor 1060 eine sehr geringe Rolle spielte. Alle Ortsbezeichnungen, die die Elemente Casale, castello, castro, massa, monte, rocca, terra, torre, valle etc. enthalten, deuten ebenso auf die neue Einwanderung.

Die Menschen kamen eher aus Ober- und Mittelitalien als aus Unteritalien, denn dort wurden sie von den Feudalherren nach Kräften auf ihrer heimischen Scholle festgehalten. Aber Oberitalien erlebte im 12. Jahrhundert einen Aufbruch an Bürgerfreiheit, dem auch Barbarossa nicht mehr beikommen konnte und der eine größere Mobilität und damit Auswanderungsfreudigkeit mit sich brachte. Es müssen nicht alles Menschen aus der heute so genannten Region Lombardei gewesen sein, die dann in sizilianischen Quellen als „Lombarden“ auftauchen. Schon die

Byzantiner hatten ihre restlichen unteritalienischen Besitzungen pauschal als „Langobardei" bezeichnet. Die von den Moslems gehaltenen Küstenstädte wie Palermo, Catania, Mazara und Trapani bekamen neue Bürger (die Moslems wurden jedoch nicht vertrieben) aus den „kongenialen" Seestädten des Festlandes: Pisa, Genua, Amalfi, Salerno, Bari, Ancona etc. Der auf dem Festland blühende selbständige Geist der Kommunen konnte wegen der eisernen Hand der Herrscher auf der Insel aber nicht ernsthaft Fuß fassen. Das wurde charakteristisch für die nächsten Jahrhunderte und paßte nach dem Ende dieser starken normannischen Macht ganz gut zu der oben erwähnten Kontinuität der Herrschaft der großen Feudalherren.

Zahlenangaben über die „italienische" Zuwanderung sind präzise kaum zu machen. Aber zusammen mit den ausgewählten Franzosen wirkten diese Festländer an der allmählichen Latinisierung der Insel wesentlich mit. Einen griechisch oder islamisch-arabisch-berberischen Bevölkerungsanteil in Sizilien gibt es schon lange nicht mehr, ebensowenig hat die griechische und arabische Sprache überlebt. Die Grundlage zu dieser politisch-kulturellen Kolonisierung und Vereinheitlichung wurde in normannischer Zeit gelegt.

Doch es bleiben die auch noch für die Hohenstaufenzeit wichtigen „Relikte" zu betrachten, die Moslems und die Griechen. Auch hier sind seriöse Zahlenangaben über die Bevölkerungsstärke nicht möglich. Für die beiden größten Städte, Palermo und Catania, dürfen nach dem Palermitaner Mediävisten Illuminato Peri 100 000 bzw. 150 000 Einwohner geschätzt werden. Insgesamt hätten (nach Peri) die Einwohner aller Städte 200 000 bis 250 000 erreicht, die Landbewohner 325 000 – 390 000. Das macht eine Gesamtzahl von nicht über 640 000 Sizilianern, stets unter dem Vorbehalt der ungenügenden Quellen.

1184 wollte ein Moslem aus Andalusien, wo die Herrschaft der Almohaden gerade in voller Blüte stand, von seiner Pilgerfahrt nach Mekka zur See zurückkehren, doch in der Straße von Messina geriet sein Schiff in einen der dort üblichen Stürme, und der christliche Rettungsdienst Messinas mußte den Moslem an Land holen. Ibn Dschubayr reiste an der tyrrhenischen Küste von Messina nach Trapani und liebte die Christen nicht. Um so aufschlußreicher ist sein überlieferter Reisebericht zur Lage der Moslems auf der Insel, wie sie sich gegen Ende der Regierungszeit Wilhelms II. darstellte:

„Ganz Sizilien fließt über vor Anbetern des Kreuzes, dennoch leben die Moslems mit diesen auf ihren Ländereien und in ihren Werkstätten und werden von den Christen gut behandelt, die sich ihrer bedienen, um sie für sich arbeiten zu lassen . . .". Denn Moslems waren nicht nur feudale Untertanen, sondern mitunter auch Sklaven – ein Schicksal, das sie allerdings mit manchen Christen teilten. Aber sie waren nicht grundsätzlich in die Rolle von Heloten gedrängt worden. Die moslemischen Städte behielten ihre Magistratur, und ihnen übergeordnet blieb der Emir als Oberhaupt der aus fatimidischer Zeit herrührenden Provinzen. Den schon erwähnten Titel Qaid trugen reiche Landbesitzer und Führer sarazenischer Militärabteilungen, die teils aus Söldnern bestanden, teils die Tradition des guten alten Dschund fortsetzten, sofern nämlich der Qaid der Anführer seiner Sippenmitglieder und Untergebenen im Kriege war. Nach dem Tode Wilhelms I. kam es im Val di Mazara zu Unruhen von fünf Qaids, die eine zelotisch-christliche Politik der Regentschaft befürchteten. Die Qaids konnten also eine Bedeutung entfalten, die der der großen christlichen Feudalherren gleichkam. Das war, auch wenn regional begrenzt, ein größerer Machtfaktor, als ihn die ganze griechische Bevölkerungsgruppe darstellte.

Ibn Dschubayr fand auch in Cefalù und Termini Imerese moslemische Gemeinschaften vor, prozentual wohl mehr als in dem fast ausschließlich christlichen Messina, und beide großen Konfessionen lebten zwar getrennt, aber nicht im Sinne einer diskriminierenden Ghettoisierung, sondern in konfliktfreier Nachbarschaft. Daß dem so war, wird erhellt aus der Gehässigkeit, die Ibn Dschubayr in der Toleranz der Christen sieht: durch freundliche Behandlung sollten möglichst viele Moslems zum Glaubenswechsel verführt werden.

Auch Ibn Dschubayrs islamische Nostalgie gereicht letztlich der christlichen Duldsamkeit zur Ehre: er berichtet von einer Burg namens Qasr Sad, vielleicht nahe Villabate zwischen Bagheria und Palermo gelegen, „die auf die Zeit der islamischen Herrschaft auf der Insel zurückging und zum Aufenthalt für fromme Gläubige diente. Sie wurde von zahlreichen Gräbern von Moslems umgeben, die ein asketisches und gottesfürchtiges Leben geführt hatten, und war berühmt als Ort von Allahs Gnade und Segen, weshalb die Gläubigen dorthin von überallher zusammenströmen." Im oberen Teil der Burg befand sich eine reich ausgestattete Moschee, und wäre der Gottesdienst dort von den Christen gestört worden, der Andalusier hätte es sicherlich berichtet.

Wenn er Wilhelm II. und dessen Hofleben beschreibt, muß er ihn wegen seines raffinierten Luxus und Reichtums mit einem moslemischen Herrscher vergleichen. Der König spricht und schreibt auch arabisch, in seinem Harem sind fast nur moslemische Mädchen. Wir erfahren dabei nicht ohne Erstaunen, daß sich Wilhelm II. auch einige christliche Mädchen hielt, und sehen es Ibn Dschubayr nach, wenn er meint, die islamischen Kameradinnen seien den Christinnen so überlegen, daß sie diese zum Islam hinüberzogen. Der Ruf des Muezzin sei an Wilhelms Hof beständig zu hören, ja der König habe die Parole ausgegeben: „Jeder rufe das anbetungswerte Wesen an, an das er glaubt!"

Der Andalusier beobachtet aufmerksam, wie die Christen den Weihnachtstag vor den Toren der von Georg von Antiochia erbauten Kirche „Santa Maria dell'Ammiraglio" (auch „La Martorana" genannt) begehen und vergleicht den Prunk der vornehmen Damen mit dem reichen Putz moslemischer Frauen. Daß er sich gleich anschließend im Text derlei Betrachtungen selbst verbietet, weil sie zu frivol sein könnten, muß nicht weiter stören. Palermo erscheint ihm nicht weniger glanzvoll als Cordoba, kurz: Sizilien hat vor dem verwöhnten Auge des Weitgereisten, aber auch vor dem strengen Blick des Mekka-Pilgers seine zivilisatorische und religiöse Probe bestanden. Da Ibn Dschubayr innerhalb der normannischen Epoche keine Vergleichsmöglichkeit hatte, konnte er nicht feststellen, daß das islamische Element sich insgesamt betrachtet auf dem Rückzug befand. Die beiden Könige mit Namen

Wilhelm hatten nicht mehr dasselbe starke Interesse an der moslemischen Welt wie Roger II.

Wo auch anders als in dieser Atmosphäre, wenn sie auch anfällig für Zerstörung sein mochte fast wie eine bunte Seifenblase, wäre folgende Anekdote möglich gewesen, die im Jahre 1144 spielt und auf deren Wahrheitsgehalt es nicht ankommt: König Roger II. pflegte gerne Umgang mit einem moslemischen Weisen, den er mehr schätzte als seine christlichen Vertrauensleute, und mit dem er eines Tages in einem Vorhof des Palastes saß, der aufs Meer hinausblickte. Da kam eine Kriegsflotte in den Hafen zurück, und bald erfuhr man, daß sie die Küsten des libyschen Tripolis erfolgreich geplündert hatte. Da fragte der König seinen moslemischen Freund: „Wo war Mohammed, als die Christen sein Volk so bedrängten?“ Der Weise antwortete: „Soll ich dir das wirklich sagen? Der Prophet war in Edessa, wo gerade in diesem Augenblick die Gläubigen eingedrungen sind!“ Da lachten die umstehenden Christen über diese Anmaßung. Aber Roger war abergläubisch und wies die Christen zurecht: dieser Moslem habe noch nie etwas vorausgesagt, was später nicht wahr geworden wäre. Und nach einigen Tagen erfuhr man, daß Edessa tatsächlich von den Anhängern des Propheten eingenommen worden war.

Byzantinische Lebensluft war anders. Der Priester Scholarios, Kaplan im Palast des Grafen Roger im kalabrischen Reggio, hatte sich um die Sache des Eroberers große Verdienste erworben und dabei mannigfache Ländereien zwischen Palermo und Rossano erworben. Kaum hatte ihm Graf Roger zum Dank auf der Insel noch die Güter Fragalá (zwischen dem Hauptkamm der Caronie bzw. Nebrodi und der Nordküste nahe San Marco d'Alunzio) und Ferla (am Ostabhang der Monti Iblei) dazugeschenkt, teilte Scholarios seine Güter unter seinen Brüdern und Söhnen auf und gründete vom Rest des Vermögens nahe Messina, dem Hauptort der Griechen in Sizilien, ein Kloster, in das er als Mönch eintrat, und nahm den Namen Saba an. Ein anderer Bruder machte es ebenso. In seinem Kloster sammelte er Schätze der orthodoxen Sakralkunst, die er teilweise aus Konstantinopel heranschaffen ließ, und 300 griechische Handschriften. Dann verfügte er noch, daß jeder seiner Söhne den Rang eines Abtes bekleiden dürfe, wenn er es wolle. Und er tat dies alles nicht etwa am späten Abend seines Lebens, sondern lebte dem mönchischen Ideal der Kontemplation noch manches Jahrzehnt.

Solche Leute waren wichtig und fruchtbar im Kulturellen und Regionalen – aber an der Spitze des Staates waren sie nicht zu gebrauchen, und vielleicht wollten das die meisten der gebildeten Griechen auch gar nicht. Sie waren loyal, standen aber abseits. Vielleicht ist die Vermutung nicht zu weit hergeholt, daß der byzantinische Staat mit seiner effektiven, umfassenden Kontrolle und nachhaltigen Prägung auch der kulturellen Anschauungen seiner griechischen Untertanen gerade bei den Bewußteren unter diesen eine solche tiefgehende Wirkung hinterlassen hat, daß es ihnen später kaum mehr möglich war, einem anderen als ihrem alten Kaiser vom Bosporus mit Überzeugung zu dienen.

Als Roger I. starb (1101), gab es im nordöstlichen Drittel der Insel, im Val Demone, bereits wieder 17 griechische Klöster in Betrieb, zum Großteil wohl von

Kalabrien her bevölkert, das den Griechen Siziliens in islamischer Zeit als Zuflucht gedient hatte. Roger I. förderte die Griechen bewußt, da er noch zu wenig Lateiner zur Verfügung hatte, um den besiegten Moslems auch die kulturelle und demographische Dominanz auf der Insel zu nehmen, und da das griechische Element von den Moslems zwar nicht verfolgt, aber doch in den Hintergrund gedrängt worden war. Roger II. wird als ausgesprochen philobyzantinisch bezeichnet, was ihn als Vollblutpolitiker selbstverständlich nicht davon abhielt, mit Konstantinopel Krieg zu führen. Wegen seiner cäsaro-papistischen Herrscherideologie wurde ihm auch schon attestiert, er habe einen bedeutenderen byzantinischen Staat gegründet als Bohemund von Tarent in Antiochia.

Die Griechen der Eroberungszeit waren überwiegend Landleute. Die *adscripticii*, griechisch *enapographoi*, waren an die Scholle gefesselte Sklaven, die freien Siedler hießen *tributarii* bzw. *exographoi*. Die Sklaverei der Scholle war erblich, und die Normannen schafften sie nicht ab, da auch sie davon ausgingen, daß so die landwirtschaftliche Versorgung stabilisiert werden konnte. Das Land war insgesamt zu dünn besiedelt und hatte unter der Eroberung gelitten. Die Sklaven freizulassen, hätte den Zusammenbruch des Agrarwesens bedeuten können. Daher ließen die Normannen Sarazenen und Griechen gleichermaßen unter dem Joch.

Über solche Art von Toleranz kann sich nur wundern, wer diese nicht als politisches Instrument versteht. Den Ausdruck „Staatsräson" gab es im 11./12. Jahrhundert noch nicht. Doch den Königen Palermos war klar, daß Toleranz zu wesentlichen Teilen von ihrer Staatsräson definiert wurde und dadurch notfalls auch weniger menschenfreundliche Inhalte haben konnte.

Die nächsthöhere Stufe der griechischen Bevölkerung war die der Kommunalbeamten, die *Veteres* (griechisch: *gerontes, archontes, kaloi anthropoi*). Sie hatten, allerdings lokal streng begrenzt, in moslemischer Zeit ihre Funktionen weiter ausüben dürfen und hatten damit, bei aller Provinzialität, zu der sie damals verdammt waren, dem Vordringen der arabisch-islamischen Kultur zähen Widerstand entgegengesetzt. Nun halfen sie den christlichen „Befreiern", dem Land in den von ihnen kontrollierten Gemeinden allererste Verwaltungsstrukturen zu geben.

Bei Hofe aber brauchte man andere Leute. Die Griechen brachten nicht nur weltflüchtige Ikonensammler hervor, sondern auch tüchtige Verwaltungsbeamte, auf die die Eroberer dringend angewiesen waren. Die allerdings entstammten nicht der ansässigen griechischen Bevölkerung, sondern mußten erst vom unteritalienischen Festland herangeholt werden. Ein Nikolaus, *Ostiarius* und *Mystolektos* genannt, leitete bis 1105 die gesamte Wirtschafts- und Finanzverwaltung von Roger I. und dessen Witwe Adelaide. In Sizilien besorgte der Protonotar Johannes die Neuzusammenstellung des Katasters. In der Kanzlei Rogers I. arbeiteten Johannes der Kalabrier, Nikolaos von Mesa und ein gewisser Eugenios, Admiral betitelt, was identisch ist mit der Bezeichnung „Emir der Emire" für Palermo.

Die hohen Hofbeamten empfanden sich als Protektoren ihrer Landsleute und belebten damit das dahindämmernde griechische Element der Insel. Unter Wilhelm I. spielte Maio, aus einer griechischen Handelsfamilie Baris stammend, seine kurze, aber großartige Rolle. Es war sein Verdienst, daß der Aufstand 1155/56 nicht auch Sizilien überschwemmte, und daß durch das Konkordat von Benevent (1156) der Papst aus der antinormannischen Front herausgebrochen werden konnte. Er wurde umgebracht, weil er zu tüchtig war und schon fast mit der Machtfülle eines Diktators handelte.

Heinrich Aristippus aus Santa Severina in Kalabrien, der durch den Mord an Maio von Bari emporgekommen war, verkörperte eher den profund gelehrten Schöngeist als den Politiker oder Administrator. Er war den Lateinern und Normannen schon dadurch himmelweit überlegen, daß er die antike Literatur der Griechen präsent hatte. Heinrich Aristippus diente zunächst als der wichtigste Botschafter des Königs, denn er wurde an den päpstlichen Hof nach Rom geschickt und anschließend zu Kaiser Manuel Komnenos nach Konstantinopel. Da bei ihm die kulturelle Neigung die politische übertroffen haben dürfte, tat er kaum etwas, als Wilhelm I. gefangengenommen wurde, und das kostete ihn sein Amt und seine Freiheit.

Unter Wilhelm II. amtierte in Kalabrien zwar der Logothet Nikolaos weiter, den Maio von Bari dorthin gesetzt hatte, aber ansonsten spielten die Griechen und Römer im Staate keine führende Rolle mehr. Nur auf Margaritus von Brindisi soll hier aufmerksam gemacht werden, einen tüchtigen Seemann unbekannter (aber jedenfalls griechischer) Herkunft, der vom König wegen seiner hervorragenden Leistungen während des byzantinischen Krieges (1185) zum Admiral gemacht wurde und die normannische Flotte kommandierte, die an Barbarossas Kreuzzug teilnehmen sollte. Wir werden Margaritus von Brindisi noch begegnen.

Die fortschreitende Latinisierung begann die griechische ebenso wie die arabische Sprache aus den Urkunden zu verdrängen. Noch im 14. Jahrhundert wurde im Val Demone allerorten griechisch gesprochen. Aber mit dem Anbruch der Hohenstaufenherrschaft war es endgültig vorbei mit der politischen Bedeutung des byzantinischen Elementes. Es hatte den Normannen in den Sattel geholfen, die Deutschen wollten und brauchten es nicht – damit hatte es auf Sizilien historisch ausgespielt.

Ein einheitliches Volk hat sich aus Normannen, Engländern, „Italienern", Franzosen, Griechen, Arabern, Berbern und Juden im 12. Jahrhundert noch nicht gebildet. Die kulturellen und politischen Faktoren standen meistens nebeneinander, selten gegeneinander, aber sie vereinigten sich niemals. Das war wohl auch nicht möglich, und die Könige versuchten es auch nur in formaler und damit letztlich oberflächlicher Weise. Ein Normanne wird nicht schon dadurch zum Griechen, daß er auf Griechisch unterschreibt, und Moslems und Lateiner verlieren ihre Unterschiede nicht dadurch, daß die ihren Besitz abgrenzende Urkunde in lateinischer und arabischer Sprache nebeneinander abgefaßt wird. Es war schon beachtlich, daß sie jahrzehntelang mehr oder weniger friedlich und ohne Kreuzzugsbedürfnisse zusammenlebten. Das ist sozusagen das Negativ-Konzept von Multikulturalität, dem Negativ-Konzept von Frieden vergleichbar, wenn man diesen als Abwesenheit von Krieg und nicht als Inbegriff von Frucht und Fülle definiert.

Doch es dürfte verfehlt sein, zur Diskussion von Multikulturalität das normannische Sizilien des 12. Jahrhunderts heranzuziehen. Denn dazu hätten die prinzipiell toleranten Hauteville länger herrschen müssen. Ferner deutet manches darauf hin, daß eine schleichende, unauffällige Latinisierung ihren langfristigen Interessen am meisten entsprach, denn sie entschärfte das Risiko des Gleichgewichtsverlustes zwischen den kulturellen und politischen Gruppen, wenn sie nicht etwa mit der typisch westlich-lateinischen „Errungenschaft“ des Mittelalters bezahlt werden mußte, der Feudal-Anarchie, und damit nur ein Risiko durch ein anderes, gleich schlimmes, ersetzte. Doch in dieser Latinisierung lag die Zukunft Siziliens beschlossen.

Kunst und Wissenschaft

Die Architektur ist den Herrschenden die liebste aller Künste, denn sie ist unübersehbar, dauerhaft und fähig, politischen Grundsatzprogrammen auf ästhetische, also akzeptable Weise Ausdruck zu verleihen. Außerdem verleiht sie ihrem Finanzier und Mäzen ebensolchen Ruhm wie dem ausführenden Künstler. San Giovanni degli Eremiti etwa, in Palermo nahe am Königspalast gelegen, bewahrt den Namen des Stifters Roger II. Der König ließ die Kirche an der Stelle eines Gregorianer-Klosters errichten und bestimmte, daß der Abt des neugegründeten Klosters stets Hofkaplan und Beichtvater des Königs sein sollte. Und auf dem dazugehörigen Friedhof waren alle Mitglieder der Dynastie außer dem König sowie die würdigsten unter den hohen Hofchargen zu begraben. Man hielt sich dann aber nicht an diese Regelung.

Das historisch Interessante an San Giovanni degli Eremiti liegt in den islamisch inspirierten Kuppeln, die auf dem würfelartigen Kirchenkörper ruhen und von Moslems ausgeführt worden sein dürften. Auch der Kreuzgang stammt aus islamischer Herrschaft. Wäre nicht der relativ massive Kirchturm, man würde beim Anblick dieses Bauwerkes an die Fatimiden und nicht an die Hauteville denken. So ist San Giovanni eine steingewordene Symbiose und damit der entscheidende Schritt zu dem einzigartigen Mischstil normannischer Architektur, der sie auch für den Laien innerhalb der gesamten mittelalterlichen Baukunst unverwechselbar macht.

Bei Graf Roger war die Zeit dafür noch nicht reif gewesen. Die Ende des 11. Jahrhunderts erbaute Chiesa Matrice in Troina, sowie die damals als Festungskirche geplante Kathedrale von Catania haben nichts islamisches an sich, ihre ältesten Bauelemente sind romanisch. In der Kathedrale von Mazara, deren Grundstein 1093 gelegt wurde, begegnet man immerhin schon dem typisch arabischen, spitz zulaufenden Fensterbogen. Als weiteres islamisches Element können anderswo hinzutreten, neben den großen Kuppeln, kleine Kuppeln und runde Hohlformen, die in viele Baldachine unterteilt sind, etwa nach Art einer geometrisch durchkonstruierten Stalaktiten-Decke, und ein Überfluß an unfigürlichen Ornamenten, die gestützt sein können auf die überaus dekorative arabische Schrift. Es kann sogar vorkommen, daß auf diese Weise Koran-Zitate dem Schmuck einer christlichen Kirche zugute kommen, so in Santa Maria dell'Ammiraglio, benannt nach dem Stifter-Admiral, Georg von Antiochia.

Der übliche Name für diese Prachtkirche ist „La Martorana", nach Eloisa Martorana, die 1194 neben der Kirche ein Benediktinerkloster errichtete, dem im 15. Jahrhundert, unter der Herrschaft der Aragonesen, Santa Maria dell'Ammiraglio zugeteilt wurde. Neben den islamischen Einflüssen ist auch auf die byzantinischen Elemente hinzuweisen. Sie bestehen bei der Martorana in der verschwenderischen Ausschmückung mit Mosaiken, die biblische Themen zum Inhalt haben und das ganz und gar im Stile der den Hauteville parallel laufenden Komnenen-Zeit. Man fand auch Reste einer Inschrift in arabischen Lettern – doch der Text ist eine byzantinische Marien-Hymne. Zwei Mosaiken mischen Geistliches und Weltliches: Christus selbst, der König Roger II. die Krone aufs Haupt setzt. Der König steht zwar niedriger als Christus, wie es sich gebührt, aber hat fast genau die gleiche Körpergröße wie dieser – und zwischen beiden ist kein Papst zu sehen. Das ist byzantinisierender Cäsaro-Papismus, ins Mosaik gebannt!

Man verschmerzt es angesichts solcher Bauwerke etwas leichter, daß Palermo keine Architektur aus islamischer Zeit bewahrt hat. Die Künstler, hauptsächlich unter Roger II., haben sozusagen genug Islamisches hinterlassen. Es ist fatimidische Tradition, wenn in der Martorana die Wand durch ein flaches Relief schmaler Nischen gegliedert wird, und wenn das königliche Lustschloß La Zisa einen von Stalaktiten-Decken überwölbten Brunnensaal aufweist. Dasselbe ist auch am Chor des Domes festzustellen, der im übrigen alle möglichen späteren, aber keine sonstigen islamischen Merkmale aufweist. Auch in den Königspalast, den die Normannen mächtig an die Stelle des ehemaligen fatimidischen Qasr setzten, war der Islam eingedrungen, z. B. in die Hofkapelle, die „Cappella Palatina". Über den mit byzantinischen Mosaiken übersäten Wänden, über dem Christus Pantokrator (dessen großartigste Ausformung in Sizilien allerdings in der Kathedrale von Cefalù zu finden ist), wölbt sich eine unverkennbar islamische Stalaktitendecke aus Holz. Die höfischen Szenen und Symbole, die sie zeigt, kennt man aus der Malerei der Fatimiden und auch der abbasidischen Kalifen.

Daneben sind Zisa und Palast auch eine Schatzkammer von Mosaiken mit ausschließlich weltlichen Themen. Die Leoparden, Pfauen, Palmen und bogenschießenden Kentauren im „Saal Rogers" verraten zwar orientalische, aber nicht spezifisch islamische Einflüsse. Denn der Pfau, im alten Orient wegen seines Rades ein Symbol der Sonne, galt Christen als ein Symbol der Auferstehung, zumal der hl. Augustinus zu wissen meinte, daß das Fleisch des Pfaues unverweslich sei. Der Kentaur wiederum hat im Mittelalter nichts mehr mit der antiken Mythologie zu tun, sondern weist auf das tierisch-brutale, gottesferne Element im Menschen hin. Da er dementsprechend auch als Symbol für den Hochmut gelten kann, zeigt seine Verwendung ausgerechnet im königlichen Repräsentationssaal, daß die Normannen geistig recht weit vom damaligen christlichen Europa entfernt waren. Denn entweder war ihnen diese symbolische Bedeutung nicht bekannt, oder sie war ihnen gleichgültig.

Es gehört zu dem normannischen Kulturwunder, daß die Hauteville bei aller Hinneigung zum Islam sich von diesem doch nicht vereinnahmen ließen. Verführerisch war die Atmosphäre an der Conca d'Oro, und ein Romanautor müßte schwelgen in der Beschreibung von linden Lüften, sinnlichen Abenteuern, kosmisch berauschenden Sonnenuntergängen und silbrig glitzernden Mondnächten, wenn er diese Atmosphäre bannen wollte, bereichert um die Schatten von nadelspitzen Minaretten und die rätselhaften, gutturalen, der fernen arabischen Wüste entstammenden Rufe des turbangeschmückten Muezzins aus der Höhe. Die Normannen erlagen dem nicht. Auf dem schon erwähnten Mantel Rogers II. schlägt ein Löwe ein Kamel. Nach moslemischer Tradition bedeutet dies, daß der Islam seine Feinde überwindet, und die Ornamente in arabischer Schrift am Saum des Mantels widersprechen dieser Deutung optisch nicht. Aber Roger II. hätte sich diesen Mantel nicht dedizieren lassen, wenn er auf ihm nicht das genaue Gegenteil abgebildet gesehen hätte, nämlich den Sieg des normannischen Löwen über ein Tier aus der Wüste, also seine islamischen Gegner!

Keiner der normannischen Könige stand dem Islam so aufgeschlossen gegenüber wie Roger II. Die fatimidische La Zisa (von arabisch aziz = schön) jedoch wurde von Wilhelm I. begonnen und unter Wilhelm II. beendet. Und das andere fatimidische Lustschloß, die Cuba, entstand erst 1180. Daß die lateinische Sprache im Vordringen war, erkennt man auch aus den Inschriften im Dom von Monreale. Hatte die Madonna zu Häupten des Georg von Antiochia in der Martorana noch eine griechische Schriftrolle in der Hand gehalten, auf der sie ihren Sohn Christus um Vergebung für Georgs Sünden bat, und war Roger noch mit griechischer Überschrift gekrönt, so weisen uns in Monreale lateinische Lettern auf einen lateinischen und sogar zeitgenössischen Heiligen hin: Thomas Beckett, Erzbischof von Canterbury, von den Mannen König Heinrichs II. am Altar seiner Kathedrale am Weihnachtstag 1170 ermordet. Wie kommt der Feind des Schwiegervaters von Wilhelm II. zur Ehre der Mosaiken in der königlichen Grablege Monreale? Das ist erklärungsbedürftig, auch wenn Beckett schon 1173, mehr als ein Jahrzehnt vor der Schaffung seines Mosaiks, von der Kirche heilig gesprochen worden war.

In Palermo gingen die Uhren offensichtlich schneller als anderswo im christlichen Europa, denn das Mosaik Becketts ist das erste Porträt, das wir von ihm besitzen. Da Heinrich II. nach der Ermordung des Thomas schon hinreichende Bußübungen absolviert hatte, um wieder als ein gehorsamer Sohn der römischen Kirche gelten zu dürfen, war an der Präsentation des Thomas auch in dynastischer Hinsicht nicht Verwerfliches mehr. Beckett war ein guter Bekannter des Richard Palmer, des Bischofs von Syrakus, gewesen, und hatte sich, nachdem er 1162 Erzbischof von Canterbury geworden war, diplomatisch darum bemüht, Sizilien im Bündnis mit dem Papst und den lombardischen Städten gegen den Kirchenfeind Barbarossa zu halten. Er war die Klammer von geistlicher Seite gewesen, die das normannische England und das normannische Sizilien verband. Er hatte sich seinen prominenten Platz in Monreale wohl verdient.

Bleibt die weiterführende Frage: welche abendländisch-lateinischen Elemente haben kulturell unterhalb von Staat und Verwaltung eine Rolle gespielt? Allgemein ist wohl die gedrungen-trutzige Bauweise des Palastes und auch der Kirchen als etwas typisch Normannisches anzusehen. Die beiden Bronzetüren am Dom von Monreale wurden von Barisanus aus Trani und Bonannus aus Pisa hergestellt. Dieses Handwerk war früher eine Domäne der Byzantiner gewesen, ab Monreale wurden die Italiener darin führend. Und die Mosaiken von Monreale sind vom frischen Wind lebendiger Dramatik durchweht. Die heilige byzantinische Starrheit wird aufgebrochen. Das ist ein typisch westliches Kunstmittel, und es findet seine Parallele in den Werken der Maler Cimabue und Giotto di Bondone am Anfang der Renaissance, die allmählich Schluß machten mit der formelhaften Ikonographie und mit der freien, natürlichen Darstellungsweise begannen, die charakteristisch ist für die Malkunst des lateinischen Europa. Zwischen Giotto und den Mosaiken von Monreale besteht, so gesehen, der Zusammenhang vergleichbarer Mentalität.

In der Literatur verschwand die islamische Tradition der Geschichtsschreibung von der Insel, und die Historiker griechischer Zunge wohnten nicht im Val Demone, sondern in Konstantinopel. Die besten zeitgenössischen Quellen zur normannischen Königszeit sind lateinisch gehalten. Sie stehen an Qualität den anderen europäischen Chroniken des 12. Jahrhunderts nicht nach. Beschränken wir uns auf vier Namen, die die drei Generationen widerspiegeln, die dem Normannenreich auf Sizilien gegeben waren: dem Aufbau bis zur Erringung der Königskrone, dem staatsmännischen Wirken in den Konflikten, in denen das Reich Stellung beziehen mußte, und schließlich der Reminiszenz im Abgesang, bevor die Staufer die Insel in ihre Fänge bekamen.

Abt Alexander von Telese verfaßte auf Anweisung von Rogers II. Schwester Mathilde eine Chronik Vier Bücher über die Taten Rogers, des Königs von Sizilien, die um seine Krönung 1130 kreisen und mit dem Jahr 1135 enden. Wegen des höfischen Auftrags ist der Ton Alexanders auf üppiges Lob gestimmt, was aber seinen überragenden Quellenwert und die literarische Qualität kaum mindert. Immerhin wagt er es, Roger II. zur Menschlichkeit und Milde zu ermahnen, und berichtet uns so durch die Blume, daß der König an diesen beiden Eigenschaften zu wünschen übrig ließ.

Bloß fünf Jahre weiter kommen wir mit der Chronik des Falco von Benevent. Dieser ist – als eben unterworfener Unteritaliener – Roger II. ausgesprochen feindlich gesinnt, und erwähnt daher dessen Krönung nur in einem mürrischen Satz, dessen Subjekt der König nicht einmal ist. Anderswo vergleicht er Roger II. mit dem bösen Nero. Sein Stil ist einfach, aber sehr lebhaft, und deshalb wurde ihm von dem italienischen Historiker Mireo auch schon das höchste Lob zuteil, das ein Chronist überhaupt ernten kann: „Wer seine Chronik liest, scheint nicht zu lesen, sondern dabei zu sein!“

Romuald Guarna, ab 1153 Erzbischof von Salerno, in den Aufstand der Barone gegen Wilhelm I. als königlicher Parteigänger verwickelt, bietet uns in seiner Chronik den genauesten Bericht über die normannische Beteiligung an den Friedensverhandlungen zwischen Papst und Kaiser in Venedig 1177. Anschließend war er es, der Frieden zwischen Barbarossa und Wilhelm II. schloß. Es hat große Vorteile, wenn diejenigen, die die Geschichte mitgestaltet haben, sie dann nachher auch selbst beschreiben: die Darstellung bleibt konkret und hebt die entscheidenden politischen Punkte heraus, ohne sich in Spekulationen zu verlieren, die für die Handelnden keine Rolle gespielt haben. Der Nachteil solcher Autoren besteht darin, daß sie sich selbst zu sehr hervorheben und alles verschweigen, was ihrer glänzenden Rolle widersprechen könnte. Nach diesen beiden Gesichtspunkten ist auch der Erzbischof Romuald von Salerno zu messen – mit anderen Worten: seine Lektüre lohnt sich, sofern man Geschichte weniger als interpretatorischen Irrgarten denn als vergangene Politik authentisch mitgeteilt bekommen will.

Und wer den großen Tacitus auch als recht einseitigen Sensations-Schriftsteller zu schätzen weiß, der sich keinen Knalleffekt versagt, wenn er in sein vorgeformtes Bild paßt (denn auch das ist ein Aspekt des großen Tacitus), der muß sein Vergnügen haben an Hugo Falcandus, dem letzten Chronisten unserer repräsentativen Reihe. Tatsächlich hat Hugo Falcandus den Ehrentitel des „Tacitus des Mittelalters" geerntet. Das bedeutet: Außenpolitik findet bei ihm nicht statt, die Innenpolitik ist intrigant und höchst psychologisiert, genauer gesagt: der Scharfsinn des Autors bewährt sich darin, den Handelnden die jeweils übelsten Motive zu unterstellen. Beredt ist Hugo Falcandus im höchsten Maße, nur sagt das noch nichts über seine Genauigkeit aus und auch nichts über die Eleganz seines Stiles. Er behandelt die Geschichte von 1146 bis 1169 und ist damit die ausführlichste Quelle für den feudalen Aufstand, dem Wilhelm I. fast zum Opfer gefallen wäre. Der seiner Chronik vorangestellte Widmungsbrief an Peter, den *thesaurarius*, etwa Schatzmeister oder Finanzverwalter, der Kirche von Palermo, hat den Titel „Über das Unglück Siziliens", und meint damit den Tod Wilhelms II. 1189. Denn Hugo Falcandus sieht nun einen „Sturm feindlichen Einfalls" oder „schwere Erschütterung innerer Unruhen" voraus. Das gibt den richtigen tragischen Hintergrund, vor dem Hugo seine darstellerische Profilierungskunst voll entfalten kann, im fahlen Licht der Blitze des Schicksals. Tatsächlich, dieser Mann, von dessen Person wir nur erschließen können, daß er auf dem italienischen Festland geboren und bald in Sizilien heimisch wurde, hat das gallige Temperament des Tacitus.

Überhaupt wurde die Insel im Laufe des Jahrhunderts immer lateinischer. Dieses Element war auf lange Sicht das vitalste, und es entwickelte sich auf Kosten der Griechen. Die brachten in ihrem erneuten Aufblühen nur wenig mehr zuwege als geistliche Betrachtungen und Lobpreisungen des Herrschers in einem Atemzug, in einem Stil, der je artifizieller, desto lebloser wurde und damit die geisttötende Wirkung des Cäsaro-Papismus auf diejenigen Untertanen verriet, die diesen als ihr politisches Ideal ansahen. Nehmen wir die Predigt des Philagathos Kerameus zum Palmsonntag, als der König im Gotteshause anwesend war:

„Freudenvoll das Zusammentreffen zum gegenwärtigen Fest, erhebend, diese Versammlung zu empfangen, der das Kommen des Königs besonderen Schmuck verleiht! Jetzt seht ihr ihn, wie er vor euch sitzt, er glänzt nicht so sehr durch den Glanz seiner Krone als durch den Ruhm der von ihm unternommenen Taten. Oder, besser, er erscheint nicht sosehr gestärkt von seinen wundersamen Taten als vielmehr von seinem Glauben an Gott, durch den er seine erhabenen Taten vollbringen konnte. Dieses Fest glänzt wider von doppeltem Schein: von dem Gottes und dem des Königs ...“

Der König besuchte also auch orthodoxe Gottesdienste. Die moslemischen Literaten besangen ihn ebenfalls, aber lieber in gebundener Rede, und vermutlich so devot, daß spätere christenfeindliche Herausgeber von Anthologien in der islamischen Welt viel vernichtet haben, was ihre sizilianischen Glaubensbrüder den drei Normannenkönigen gewidmet hatten. Umgekehrt blieb ihnen jedoch nichts anderes übrig als Nostalgie. Sie ist spürbar im sizilianischen Reisebericht des Ibn Dschubayr, der sich formelhaft bei jeder bedeutenderen Siedlung wünscht, daß Allah sie den Gläubigen wieder zurückgeben möge. Und sie ist eine beständige Melodie in der Lyrik des bedeutendsten sizilianischen Dichters arabischer Zunge, des bereits vorgestellten Ibn Hamdis.

Mit der islamischen Wissenschaft ging es ebenfalls abwärts. Es waren zuviel Gelehrte vor den Normannen geflohen. Grammatikalische und lexikalische Werke aus arabischer Feder entstanden im 12. Jahrhundert kaum mehr, und auch die juristische Literatur verkümmerte. Da noch viele Moscheen in Betrieb waren, wird man andererseits davon ausgehen können, daß die Auslegung des Koran und sonstige theologische Disziplinen ein gewisses Niveau nach wie vor nicht unterschritten. Um 1150 läßt sich aus der dürftigen Überlieferung ein Mohammed Ibn Isa Ibn Abd al-Munim feststellen, ein Geometer und Astronom. Man nimmt an, daß in diesen Wissenschaften, die von den Moslems bis in die Zeit des Hohenstaufen Friedrich II. hinein gepflegt wurden, auch Juden wirkten, doch schrieben diese nicht in Hebräisch, sondern in Arabisch.

Exakte Sternenkunde war damals von Astrologie noch nicht zu trennen. Was die Araber an Aberglauben nicht von zu Hause mitbrachten, das lernten sie ausgiebig nach ihrer Eroberung Mesopotamiens und des Iran. Auch Roger II. zollte der Astrologie seinen Tribut. Ein englischer Astrologe habe ihm bei Neapel die Gebeine Vergils gewiesen, des großen Zauberers nach mittelalterlichem Verständnis, der noch von Dante Alighieri aus diesem Grunde zum sicheren Führer durch die Hölle gewählt wurde. Roger habe gehofft, die Gebeine wieder zum Leben erwecken zu können, um von Vergil die Geheimnisse der Nekromantie, der Wahrsagung durch Tote, zu erlernen. Das scheint bei Roger mehr gewesen zu sein als die Erholung des Staatsmannes vom Sachzwang der Geschäfte, denn der Mönch Theodoros versichert, die Astrologie habe den König unter allen Wissenschaften am meisten beschäftigt. Am Sterbebett Wilhelms II. saß neben dem Arzt ein Astrologe, wenn wir der bildlichen Darstellung in einer der Ausgaben des Werkes des Pietro von Eboli trauen dürfen! Und als Wilhelm I. die feudalen Rebellen in Butera belagerte, berechneten diese den günstigsten Zeitpunkt zum Ausfall aus der Festung nach den Sternen. Das nützte ihnen aber nichts, denn auch der König verließ sich auf den militärischen Rat seiner Sterngucker, und daher wußte er, wo und wann der astrologische Feind angreifen würde.

Ferner ist davon auszugehen, daß die europäische Mathematik von der arabischen, auch über Sizilien vermittelten Rechenkunst profitiert hat. Greifen wir

Leonardo Fibonacci heraus, um 1180 in Pisa geboren, den Sohn eines Handelsmannes, der über den Hafen von Bougie mit dem Maghreb und der Sahara Kontakt hatte. Schon mit 23 Jahren schrieb Leonardo sein *Liber abaci*, das *Buch des Prunktisches*, worunter der Rechentisch zu verstehen ist. Damit finden die „arabischen", aus Indien übernommenen Ziffern ihren Eingang in Europa. Auch Bruchrechnen, Multiplizieren und Dividieren, Gleichungen mit mehreren Unbekannten, Potenzen und Wurzeln führt Leonardo dem Abendland zum ersten Mal vor Augen. Das sind Neuerungen, die er an vielen Orten der islamischen Welt und teilweise auch von den moslemischen Mathematikern Siziliens aufgenommen hat. Doch da nicht nachweisbar ist, was er in Palermo und was er eher in Kairo oder Damaskus gelernt hat, soll es mit diesem Hinweis genug sein.

Es ist auch im moslemisch gebliebenen Sizilien von einem respektablen Grad der Medizin auszugehen. Die in Europa einmalige Hohe Schule der Heilkunde in Salerno, die schon blühte, als Robert Guiscard die Stadt seinem Reiche einverleibte, war sicher nicht ohne Verbindung mit den Ärzten Siziliens, unter denen dann auch Christen auftraten. Aber obwohl die Hohe Schule durch Übersetzungen aus dem Arabischen ihre Kenntnisse großartig voranbrachte, war sie doch eine Gründung aller sich hier berührender Kulturen, nämlich angeblich eines Griechen, eines Lateiners, eines Juden und eines Arabers, der den moslemischen Teil der Hörerschaft unterrichtete. Ein Jude namens Donnolo hatte im kalbidischen Palermo Arabisch gelernt, und dann auf dem Festland die medizinische Literatur von einem aus Bagdad eingewanderten Araber vermittelt bekommen. „Sizilianisch" ist dies nur in dem Sinne, daß moslemische Mitwirkung von der Insel zu vermuten, aber nicht genau nachzuweisen ist.

Mit dem kulturellen Reichtum des moslemischen Andalusien hatte Sizilien jedoch nie wetteifern können, und das kann nicht an dem Einfluß der unbeweglichen, berberisch-rustikalen Maghrebiner gelegen haben, denn die wirkten stets auch nach Andalusien hinein und haben dort das philosophische Genie des Ibn Ruschd (Averroes, sagen die Lateiner) zwar aufhalten, aber nicht verhindern können. Das Eifern der ismailitischen Fatimiden kann die geistige Landschaft in Sizilien auch nicht zu Verdorren gebracht haben. Es lag wohl eher daran, daß die Insel zu klein war und zu nahe am Erbfeind aller Erbfeinde der Moslems lag, am Papst in Rom, als daß man von ihr eine besondere Blüte islamischer Geistigkeit hätte erwarten dürfen. Nichts ist ungerechter, als von der Kulturgeschichte mehr Wunder zu verlangen, als sie ohnehin hervorgebracht hat.

Und es blieb auch genug an Substanz übrig, an der die abendländischen Vampire sich bereichern konnten. Die Optik des Ptolemaios, des Alexandriners aus der Zeit der römischen Adoptivkaiser, ein Werk, das das Sehen des menschlichen Auges auf modern-naturwissenschaftliche Weise experimentell zu analysieren versucht, war von den Arabern aus dem Griechischen übersetzt worden. Das Original blieb verschollen. Unter Roger II. hat der Admiral Eugenius seine Bücher 2 bis 5 ins Lateinische rückübersetzt, nicht ohne ehrlichen Hinweis darauf, welche objektiven Schwierigkeiten es bereitet, den Geist der einen, der semitischen Sprache, in den der anderen, der indogermanischen, überzuführen. So wurde auch Sizilien durch arabische Dolmetscher zum Umschlagplatz der griechischen Klassiker ins Westeuropäische. Die Lateiner fielen als Vermittler aus, da sie den Kontakt zu den Byzantinern bewußt vernachlässigten. Positiv gewendet: die Moslems glichen auf kulturellem Gebiet einen Teil der lateinisch-griechischen Entfremdung aus, indem sie unter den Schwertern des Abendlandes griechische Texte ins Arabische übersetzten.

Unter den so vermittelten Schätzen war sogar eine Version des Pantschatantra, einer halbwegs sarkastischen Fabelsammlung, die, ähnlich dem altgriechischen Äsop, Lebenslehren in Geschichtenform vermitteln will, und im nordindischen Gupta-Reich des 4. nachchristlichen Jahrhunderts auftauchte. Am Hof der iranischen Sassaniden war das Werk im 6. Jahrhundert ins Persische übersetzt worden, von dort ins Arabische, dann ins Griechische, und zu guter Letzt von Admiral Eugenius ins Lateinische. Dies illustriert, ebenso wie die indischen Quellen der von Leonardo Fibonacci erschlossenen arabischen Mathematik, daß die Moslems in ihrer Glanzzeit große Lernende waren, die dadurch erst zu großen Lehrenden des Abendlandes werden konnten, aber daß ihre originäre Leistung in den Wissenschaft wahrscheinlich geringer ist als ihre reproduzierende.

Doch zum guten Ende nun das Prachtwerk islamisch- sizilianischer Wissenschaft: „Die Lust dessen, der eine Leidenschaft dafür hat, die Welt zu durchwandern“. So wurde die geographische Erdbeschreibung des Al-Idrisi mit orientalischem Pomp betitelt, die unter der tatkräftigen Anleitung des Königs Roger II. selbst in den letzten Wochen von dessen Leben das Licht der Welt erblickte. Die wissenschaftliche Geographie war bei den Arabern aus der Notwendigkeit erwachsen, die riesigen Räume des Kalifenreiches systematisch zu erschließen, um sie besser verwalten zu können. Bald stieß man auf die Texte der antiken Geographie, allen voran den auch auf diesem Gebiet brillierenden Ptolemaios aus Alexandria, und auf Strabon, den Autor aus augusteischer Zeit, der die umfangreichste Zusammenstellung antiker Weltkenntnis hinterlassen hat. Den Byzantinern blieb er bekannt, das Abendland vergaß ihn im frühen Mittelalter.

Abu Abdallah Mohammed Ibn Mohammed Ibn Idris, unser „Al-Idrisi“, stammte aus Ceuta und zeigt durch seinen Beinamen, daß er aus der Dynastie der Idrisiden herstammte, die den heutigen Bereich von Marokko am Ende des 8. Jahrhundert vom Kalifat von Bagdad unabhängig gemacht und die neue Hauptstadt Fes gegründet hatten. Al-Idrisi studierte im Cordoba der Almoraviden, lernte die ganze iberische Halbinsel, den Maghreb sowie die britische und französische Atlantikküste kennen. Vermutlich war er auch im seldschukischen Kleinasien. Vor 1145 landete er in Palermo und blieb, wir wissen nicht unter welchen Begleitumständen, dem Hofe Rogers II. verbunden.

Zieht man von der Einleitung des Werkes den üppigen literarischen Schwulst ab, den Al-Idrisi sich schuldig war, bleibt immer noch einmalige Ehre für den königlichen Anreger übrig, und zwar intellektuelle Ehre: „Es ist kein Zweifel, daß, was nur an Erhabenstem das Interesse eines Beobachters auf sich ziehen und dessen Reflexionen und Betrachtungen erwecken kann, daß dies die herausragende Stellung ist, die mit größtem Eifer von dem erhabenen König Roger erreicht worden ist ... er ist von der Art, daß seine Träume soviel wert sind wie das Wachen der gemeinen Sterblichen ... Was nun die Erkenntnisse des Herrschers auf dem Gebiet der mathematischen und praktischen Wissenschaften angeht, so übersteigt es jedes Ermessen und jede Grenze, wenn man den Umfang seiner Errungenschaften in jeglichem Zweig dieser Disziplinen betrachtet, wo er höchste Qualifikationen mit sensationellen Entdeckungen und Erfindungen erreicht hat: das ist ein Privileg, in dem er keinen einzigen Herrscher als Vorläufer hat ... Eine Auswirkung der wunderbaren Kenntnisse des Herrschers und seiner edlen und erhabenen Bemühungen ist folgende Tatsache: als sich die Provinzen seines Reiches ausweiteten und die Tätigkeiten seiner Untertanen neuen Aufschwung nahmen, gefiel es Roger, die wirkliche Lage seiner Besitzungen klarzustellen und davon klare und genaue Nachricht zu bekommen: die Grenzen kennenzulernen, die Wege zu Wasser und zu Lande, die Lage jegliches Territoriums in Bezug zu seinem Klima, und die Meere und Meeresbuchten, die dazugehören. Von allen anderen Ländern der sieben Klimazonen wollte er wissen: die Daten, in denen die Gelehrten übereinstimmen und die Berichterstatter und Kompilatoren in ihren Werken festgehalten haben, welche Teile jeder Region zu welchem Klima gehörten, welche Regionen alle zu einer Klimazone zu zählen und als sein integrierender Teil zu betrachten sind.“

Also: Roger hatte lebhaftes geographisches Interesse. Die Kompilation des Al-Idrisi sollte die schon bestehenden Kompilatoren zusammenfassen, die alle angegeben werden: nur zwei Autoren davon sind Nicht-Moslems. Das ist keine Einseitigkeit, sondern kennzeichnet den Stand der damaligen Geographie.

„Sobald der König Roger ... fand, daß diese Texte ein Thema nicht richtig behandelten, rief er Fachgelehrte an seinen Hof; aber nachdem er mit ihnen diskutiert hatte, fand er, daß ihre Erkenntnisse nicht besser waren als diejenigen in den zitierten Werken. Hatte er das gemerkt, ließ er aus all seinen Provinzen die Leute holen, die über diese Gebiete sichere Kenntnis und Reiseerfahrung hatten. Nachdem er sie in Gruppen und einzeln über diese Länder durch einen Dolmetscher befragt hatte, gab er schriftliche Form nur dem Teil ihrer Aussagen, in dem alle übereingestimmt hatten, ... und wies jeglichen kontroversen Punkt zurück.“

Roger wandte also geradezu kriminalistische Genauigkeit an, um vorliegende Texte anhand der Realität zu überprüfen. Dazu brauchte er eine beständig tagende und systematisch vorgehende Kommission; allein schon der erforderliche Übersetzungsdienst muß beträchtlich gewesen sein. Um die genauen Entfernungen der geographischen Punkte und die Größe der Länder überprüfen zu können, ließ er eine eiserne Windrose auf die entstehende Kartenskizze legen und verglich noch einmal die Richtungs- und Entfernungsangaben aus den verschiedenen Quellen.

Dann „ließ er eine große Scheibe aus purem Silber anfertigen, ungefähr 150 kg schwer, und in Abschnitte unterteilen“. Unter diesen Abschnitten sind die Äquatorlinie zu verstehen, ferner die horizontalen Linien der sieben Klimazonen nördlich des Äquators, und vertikal dazu die 10 Vertikal-Linien pro Klimazone, in die jede von West nach Ost einzuteilen war. In dieses Gerüst wurden die erschlossenen Erkennt-

San Vito lo Capo
P. di Saraceno
Erice
TRAPANI
PALERMO
C. Zafferano
Montelepre
Villabate
Monreale
Bagheria
Misilmeri
Partinico
Alcamo
S. Giuseppe Jato
Piana dei Greci
(Piana degli Albanesi)
Termini
Imerese
Calatafimi
Belice
Caccamo
Salemi
Caltavu
Marsala
Gibellina
Corleone
Vícari
Santa
Ninfa
Lercara
Friddi
Chiusa Sclafani
Castronuovo
Castelvetrano
Mazara
Villalba
Bivona
Selinunte
Menfi
Caltabellotta
Mussom
Casteltermini
C. Granitola
Sciacca
Verdura
Ribera
Siculiana
Favara
GIRGENTI
(Agrigento)
Porto
Empedocle
Palma
Monte
SIZILIEN
0
25
50 km

Punta
del Faro
Straße von Messina
Milazzo
Spadafora
MESSINA
KALABRIEN
Capo d'Orlando
Patti
Tindari
Rometta
Reggio
San Filippo
di Fragalà
S. Stefano di Camastro
Monti Peloritani
Mistretta
Nébrodi
Francavilla
Letojanni
S. Mariadi
Maniage
Randazzo
Maniace
Taormina
Cerami
R. Alcantara
Bronte
Nicosia
Troina
Gagliano
Ätna
Adrano
Agira
Biancavilla
Acireale
Centuripe
ENNA
(Castrogiovanni)
Paternò
Dittaino
Simeto
CATANIA
Piazza
Armerina
Mazzarino
Palagonia
Lentini
Caltagirone
Augusta
Francofonte
Butera
Niscemi
Vizzini
Priolo
Monti
Iblei
Anapo
Gela
(Terranova)
SIRACUSA
Vittoria
Ragusa
Noto Antica
Scoglitti
Cómiso
Avola
Modica
Noto
S. Croce
Camerina
Scicli
Íspica
Pozzallo
Marzamemi
Capo Pássero

nisse Land um Land, Stadt um Stadt eingraviert. Diese Weltkarte wurde auch in einer Beschreibung festgehalten, ergänzt um die gesammelten Informationen, die auch viel Landeskunde umfaßten, wie Sprache, Sitten, Kleidung, Religion, und nicht graphisch festgehalten werden konnten. 15 Jahre soll Roger auf dieses Werk verwendet und engagiert in die Arbeit von Al-Idrisis Kommission eingegriffen haben. Flüchtigkeiten der Darstellung mag man daraus erklären, daß das Werk noch vor dem Tod des Königs fertigwerden mußte, denn Rogers lange Krankheit im Jahre 1153 war ein unmißverständliches Signal, daß es mit ihm zu Ende ging.

Sein reges Interesse ging weit über den praktischen Ertrag einer solchen Enzyklopädie für seine Politik hinaus. Der König muß einen weltoffenen, durch Astrologie nur mäßig vernebelten Geist gehabt haben, nicht nur für die islamische Kultur, sondern mit ihrer Hilfe auch für die realen Phänomene der Welt, ganz unbeeinflußt von einer Scholastik, wie sie im nördlicheren Abendland damals zu wuchern begann. Diese klare, empirische, unbelastet forschende Sinnesweise macht Roger II. zu nichts Geringerem als zum Vorläufer des universal und vorurteilsfrei interessierten Friedrich II. von Hohenstaufen, isoliert von den religiös gebundenen Hauptströmungen des damaligen Abendlandes und desto erstaunlicher.

Es ist in diesem weiten Zusammenhang daher sinnlos, die Informationen im „Buch des Roger", wie man es in wohltuender Abkürzung zu nennen begann, an moderner Wissenschaft messen zu wollen und sich über die falschen Entfernungen, legendenhaften Entstellungen und anderen Defizite lang aufzuhalten. Die Beschreibung Roms etwa ist so diffus ausgefallen, daß Rogers Spione wahrscheinlich präzisere Kenntnisse hatten. Nicht alle europäischen Namen sind aus der arabischen Umschrift leicht zu erkennen. Amerika gibt es noch nicht, die Welt ist eine Scheibe, und der Südteil Afrikas schwingt weit und riesengroß in den Indischen Ozean hinein, was erst durch die portugiesische Entdeckung des Seeweges nach Indien widerlegt worden ist. Dennoch wurde das Werk noch zu Beginn des 17. Jahrhunderts, also sehr lange nach Vasco da Gama, ins Lateinische übersetzt und in Rom herausgebracht. Aber bis Vasco da Gama ist in Europa nichts Besseres erschienen. Erst die portugiesischen Aktivitäten seit Heinrich „dem Seefahrer" im 15. Jahrhundert brachten die Europäer in der Geographie weiter. Die Investitionen an Zeit, Geld, Material und Menschen, die das am offenen Atlantik gelegene, Europa weitgehend abgewandte Portugal aufbrachte, waren für das glorreich im Mittelpunkt des mittelländischen Binnenmeeres eingeschlossene Sizilien der Normannen mit seinen von überallher andrängenden Konflikten nicht denkbar.

Und so ist die Feststellung nicht abwegig, daß der in den Portugiesen fortwirkende, intolerante Kreuzzugsgeist auf dem Gebiet der Geographie weiter geführt hat als die weltoffene, islamische wissenschaftliche Fortschritte frei aufnehmende Toleranz König Rogers II.

NEUNTES KAPITEL

Das staufische Imperium

Heinrich VI.

Ende Oktober 1194 war Heinrich VI., Kaiser des Heiligen Römischen Reiches, in Messina gelandet. Er war überhaupt der erste Herrscher aus Deutschland, der seinen Fuß auf die Insel setzte. Ihm voraus und in seinem Gefolge marschierte ein gewaltiges Heer, von der Flotte der Genuesen und Pisaner sowie von 50 Schiffen unterstützt, die der englische König Richard Löwenherz hatte zur Verfügung stellen müssen. Heinrich rückte kampflos auf Palermo vor, Mitte Oktober ließ er sich vor den Toren Palermos, in dem heutigen Vorort Brancaccio am Ufer des Flüßchens Papireto, in dem Lustschloß Favara nieder. Dies hatten schon die Araber (Favara leitet sich ab aus Qasr Dschaafar) am Ufer eines künstlichen Sees angelegt, mit einer Insel in dessen Mitte, um im Sommer Kühlung zu finden. Roger II. hatte das Schloß ausbauen lassen, und Kaiser Heinrich wanderte in der Anlage herum und bewunderte die Raffinesse, die sein Schwiegervater hier entfaltet hatte, als sein Vater noch klobige Königspfalzen bauen ließ. Im Park um den See wurden wilde Tiere gehalten. Der Kaiser gab sie als Mundvorrat an die Palermo allmählich einschließende Armee weiter.

Bald suchten ihn die Abgesandten der Bürgerschaft Palermos auf und sprachen ihn an: „Du bist die Sonne, du bist das Licht der Welt, du bist der erwartete Tag, der ohne Nacht kommt.“ Sie berichteten auch, daß ihr kleiner König Wilhelm III. samt seiner Mutter Sibylle nicht mehr in der Hauptstadt weile und nach Caltabellotta im tiefen Süden der Insel geflohen sei. Am 20. November bereitete sich der Kaiser vor, mit größter Pracht in Palermo einzuziehen. Seine Fahnen flatterten überall von den Wällen. Das Heer hatte sich mit seiner Ritterzier und auch mit den erbeuteten Seidengewändern und Edelsteinen prächtig herausgeputzt, und die Einwohner, um ihre freudige Aufnahme des Kaisers recht zu unterstreichen, sparten nicht mit Prunkteppichen, die sie über die Balkons ihrer Häuser hängten, verbrannten wohlriechende Kräuter auf den Straßen und Plätzen, besonders dort, wo der Heereszug des Kaisers erwartet wurde. Sie gliederten sich nach Alt und Jung und nach ihrem ständischen Rang, nahmen auch Musikanten mit und zogen dem Kaiser entgegen.

Dieser hatte seinen Truppen strengste Weisung gegeben, die Disziplin zu wahren, Plünderern sollten die Hände abgehackt werden. Dann zogen die Truppen in Zweierreihen ein, der Kaiser mit seinen hohen Würdenträgern hinterher. Das Volk begann zu jubeln und sich vor Heinrich zu Boden zu werfen, mit der Stirn in den Staub, wie es morgenländische Sitte war. Man überreicht ihm prachtvolle

Im oberen Bildstreifen empfängt Heinrich VI. Abgesandte Palermos, während rechts Königin Sibylle den Verlust ihrer Krone beweint. Der untere Teil zeigt Kaiser Heinrich VI. bei seinem Einzug in Palermo (Illustrationen aus dem „Liber ad honorem Augusti" des Pietro von Eboli).

Geschenke: arabische Zuchtpferde mit goldenen Zügeln, Silber und Seide. Er schenkte alles weiter, den Hochstehenden in seinem Heer ebenso wie den einfachen Soldaten. Dann betrat er den Königspalast seiner normannischen Vorfahren und begab sich dort zur Ruhe.

Er hatte schon Verhandlungen mit der Königin Sibylle in Caltabellotta aufgenommen und die Auslieferung Wilhelms und der Kroninsignien gefordert. Dafür versprach er ihnen die Grafschaft Lecce und das Fürstentum Tarent als erbliche Lehen, und Sibylle mußte auf diesen Handel eingehen.

Am Sonntag, dem 25. Dezember 1194, fand in der von Walter of the Mill erbauten Kathedrale die Krönung Heinrichs zum König von Sizilien statt. Walters Bruder Bartholomäus, neuer Erzbischof von Palermo, war mit dabei. Noch weitere sieben Tage zeigte sich der Kaiser seinen neuen Untertanen mit der Krone. Am 26. Dezember gebar ihm Konstanze im fernen Jesi bei Ancona den doppelten Thronerben, der für wenige Jahrzehnte der mächtigste aller Hohenstaufen-Kaiser werden sollte. Die Mutter wollte angeblich für ihn den Namen Konstantin, doch getauft wurde er allem Anschein nach auf die Namen seiner beiden Großväter, Friedrich und Roger. Die Hohenstaufen hatten sich endgültig den Helm der Hauteville aufgesetzt.

Soweit Heinrichs VI. Triumph, frei nach der Darstellung des Mönches Otto von St. Blasien, der einen Augenzeugenbericht vom Einzug Heinrichs in Palermo verarbeitet haben dürfte, und nach Pietro d'Eboli, der ein überschwengliches, metrisches Loblied auf den Kaiser verfaßt hat. Endlich hatten die Kaiser ihren Anspruch auf das ganze Königreich Italien einlösen können, nachdem sie die normannische Herrschaft und auch die byzantinischen Rechte dort niemals anerkannt hatten. Wo Otto II., Heinrich II., Lothar von Supplinburg, Konrad III. und schließlich sogar Barbarossa gescheitert waren, war Heinrich VI. siegreich geblieben. Und er hatte sich damit auch über die päpstliche Lehensherrschaft über Sizilien und Unteritalien hinweggesetzt, ganz, wie sein Vater es gewollt hatte. Es war gleichzeitig der größte Triumph seiner kurzen Regierungszeit (1190–1197).

Aus seinem Recht allein, infolge der Ehe mit Rogers II. Tochter Konstanze, hätte er nicht vorgehen können. Denn als deren Gemahl wäre er weiterhin dem Papst unterworfen gewesen, und außerdem hatte ihn die überwiegende Anzahl der Barone Siziliens nicht akzeptiert. Die Rechtslage war so strittig, daß das Schwert entscheiden mußte – ein Hinweis darauf, daß der normannische Staat sich schon so weit feudalisiert und dem anderen Abendland angeglichen hatte, daß Heinrichs Kaiserrecht nur durch die Niederringung der Feudalherren zu verwirklichen war.

König Wilhelm II. hatte kein Testament hinterlassen, in dem er seine Nachfolge regelte. Allerdings hatten die Barone Siziliens irgendwann zwischen Herbst 1184 und Mai 1185, kurz nachdem die Verheiratung Konstanzes mit Heinrich zwischen Papst und Kaiser besprochen und offiziell bekannt gegeben worden war, im apulischen Troia einen Treueid auf Konstanze abgelegt. Doch als Wilhelm II. unerwartet bald gestorben war, da „verlangte jeder für sich denjenigen zum König, den er als seinen Freund kannte", wie Pietro d'Eboli sagt, und der Treueid von Troia war auf einmal für sehr viele uninteressant geworden. Man mochte die Deutschen einfach nicht, und das böse Schlagwort vom *furor teutonicus*, den barbarischen Mordbrennern aus dem Norden, denen man auf Sizilien doch sicherlich kulturell überlegen war, machte die Runde. Walter of the Mill war dennoch für Heinrich, und deshalb mußte sein beständiger Gegenspieler, der Vizekanzler Matteo d'Aiello, gegen Heinrich sein. Nach Ugo Falcandus war Matteo „mehr durch Verstand und Emsigkeit als durch körperliche Schönheit hervorragend", nach Pietro d'Eboli, der ihn als kaiserlicher Loyalist gründlich haßte, ein „unseliger Embryo und ein fluchwürdiges Monstrum", ein Zwerg, ein Affe, nur ein halber Mann, ein scheußliches Verbrechen der Natur. Also war er klein, häßlich und intelligent.

Matteo brauchte einen Kandidaten, der baronale und königliche Partei in sich vereinigen konnte und fand ihn in Tankred, dem Grafen von Lecce. Dieser war ein illegitimer Sohn Herzog Rogers von Apulien, des Sohnes des Königs Roger II. Die Mutter Tankreds läßt sich nicht zweifelsfrei feststellen. Nach einer romantischen Version, die aber vereinzelt dasteht, war Tankreds Mutter eine Magd im Palast Rogers, die von diesem gegen den Willen des Vaters geheiratet wurde. Andere Hinweise nennen eine Tochter des Grafen von Lecce.

Als Tankred von Matteo aus Lecce nach Palermo gerufen wurde, war er schon über 50 Jahre alt (sein genaues Geburtsjahr ist unbekannt) und hatte sich im Dienste des Reiches bewährt – abgesehen von seiner Festsetzung im Königspalast wegen vermuteter Teilnahme an der feudalen Rebellion 1155/56 gegen Wilhelm I., und abgesehen von seiner Verstrickung in die Verschwörung gegen Maio von Bari. Anschließend ging er ins Exil nach Konstantinopel, was seinen Griechisch-Kenntnissen aufhalf, und zu Beginn der Regierung Wilhelms II. wurde er Graf von Lecce. Dann wurde er Großkomestabel, d. h. militärischer Oberbefehlshaber und oberster Gerichtsherr des Königs in Apulien und im ehemaligen Fürstentum Capua. 1174 kommandierte er die Flotte, die vor Alexandria scheiterte. 1185 führte er die normannische Flotte gegen die Byzantiner, doch das Desaster dieser Unternehmungen war ihm anscheinend nicht persönlich angelastet worden.

Die beiden Parteien scheinen sich Straßenschlachten geliefert zu haben. Es war also nicht nur eine Angelegenheit der Nobilität, sondern auch der Schichten darunter: die Handelsleute standen zu Walter, denn sie fürchteten die von den Staufern begünstigte Konkurrenz der Genuesen und Pisaner. Dem Pöbel konnte man einreden, die Deutschen seien ungeschlachte Barbaren, denn dem Pöbel kann man immer einreden, daß andere noch primitiver sind. Aber es war nicht einzusehen, warum eine deutsche Herrschaft für Sizilien schlechter sein sollte als eine normannische. Denn beide Herren waren ortsfremd, und wenn die Normannen zwischen Griechen und Moslems nicht an ihrer lateinischen Exklusivität festgehalten hätten, dann hätten sie die Insel nicht durch Gleichgewichtspolitik und *divide et impera* so lange beherrschen können.

Am 8. Dezember 1189 wählte die Partei des Matteo Tankred zum Nachfolger Wilhelms II. Hinter ihm standen alle Erzbischöfe, Bischöfe, Äbte und wichtigen Hofleute. Natürlich, die wollten von dem Hohenstaufen bei Hofe nicht gegen deutsche Parteigänger ausgetauscht werden. Walter of the Mill weigerte sich

Szenen aus Tankred von Lecces kurzer Karriere als König (1190 – 1193). Gezeigt wird der Triumphzug des „spurii regis", d. h. des Bastard-Königs, der in der oberen Sequenz unmittelbar vor seinen Söhnen reitet (aus dem „Liber ad honorem Augusti" des Pietro von Eboli).

zunächst, den Kandidaten seines Konkurrenten zu krönen, doch als vom Papste die Zustimmung zu der Wahl Tankreds eintraf, mußte er die Krönung am 18. Januar 1190 vollziehen. Damit hatte der Papst demonstriert, daß ihm als Lehnsherren des Königreichs die Bestätigung des Nachfolgers zustand.

Konstanze machte dagegen ihr Erbrecht sowie das kaiserliche Recht auf Sizilien geltend. Roger II. war von einem automatischen byzantinischen Erbrecht ausgegangen, die päpstliche Belehnung bedeutete nichts weiter als eine an sich überflüssige Bestätigung seines von Gottes unmittelbaren Gnaden und von der Eroberung herrührenden eigenen Rechtes. Konstanze nahm die weibliche Erbfolge wahr, wie sie im Normannenreich zulässig war, und war daher selbst Königin, ohne dies erst von ihrer Verbindung mit Heinrich VI. herleiten zu müssen. Nach salischem Recht, wie es für das deutsche Königreich verbindlich war, hätte eine Frau nicht auf dem Thron nachfolgen dürfen. Doch bei den Normannen galt dies nicht, sofern der verstorbene König keine unehelichen Nachkommen hatte. Und das Königreich war Konstanzes Mitgift, die sie Heinrich mit in die Ehe brachte. Man konnte Tankred zwar nicht vorwerfen, daß er unehelicher Geburt war, denn das hatte weder bei den englisch-französischen Normannen noch bei denen Siziliens jemals den Weg zu höchsten Würden verschlossen. Wilhelm der Eroberer, der mit Guiscard berühmteste aller Normannenfürsten, war schließlich der Sohn einer Gerbertochter gewesen!

Aber konnte man Tankred nicht vorwerfen, daß die Notabelnversammlung, die ihn auf den Schild hob, dazu kein Recht hatte? Wenn die Könige von Gottes Gnaden regierten, dann durften die Barone die Bestimmung der Nachfolger ja wohl nicht in ihre irdischen Hände nehmen! Aber klare Bestimmungen gab es damals nun einmal nicht, und deshalb durfte Tankred sich nicht beklagen, sondern mußte handeln, als die meisten Barone des Festlandes einen eigenen Kandidaten hervorzogen, den Grafen Roger von Andria, der einst mit Tankred gemeinsam Apulien und den Bereich von Capua verwaltet hatte. Roger war ein Abkömmling des Drogo, eines Bruders von Robert Guiscard, er war nicht unehelich und konnte Tankred daher nicht akzeptieren. 1177 hatte er gemeinsam mit Tankred bei Carsoli in Mittelitalien eine Niederlage gegen die kaiserlichen Truppen erlitten, kurz vor dem rettenden Frieden von Venedig. Da er nicht gleichzeitig gegen Tankred und Heinrich kämpfen konnte, dessen Marsch nach Süditalien nur noch eine Frage der Zeit war, stellte er sich lauthals als Sachwalter der staufischen Ansprüche hin.

In der Entwicklung eines eigenständigen politischen Selbstbewußtseins Siziliens gegenüber dem Kontinent hat auch der Ärger Tankreds mit Roger von Andria eine gewisse Bedeutung, denn er weist auf eine unterschiedliche Interessenlage in ein und demselben Königreich dies- und jenseits der Meerenge von Messina hin. Roger von Andria hatte persönliche Gründe, Tankred als König abzulehnen. Aber seine Nachbarn auf dem Festland wären ihm nicht gefolgt, wenn sie nicht ganz allgemein eine kräftige Abneigung gegen die Hofkamarilla im fernen Palermo gehegt hätten. Sie waren ja schon unter Roger II. und Wilhelm I. kaum zu bändigen gewesen. Auf die Dauer sollte sich die Beherrschung ganz Unteritaliens von dem ziemlich am Rande gelegenen Palermo aus als nicht durchführbar erweisen.

Nachdem Tankred den Matteo vom Vizekanzler zum Kanzler befördert hatte und bevor er sich gegen Roger von Andria wenden konnte, erntete er erst einmal die Früchte der Zwietracht, die zwischen Christen und Moslems nach dem Tode Wilhelms II. ausgebrochen war. Die Straßenschlachten zwischen Hohenstaufen- und Tankred-Anhängern hatten auch die Moslems in Mitleidenschaft gezogen, und es hatte Tote in Palermo gegeben.

Dieser Haßausbruch war symptomatisch dafür, daß die Gleichgewichtspolitik gescheitert war; die Christen begannen, die Moslems als eine unerwünschte Minderheit anzusehen. Er war letzten Endes ein Zeichen tiefer Unsicherheit und der Angst vor dem Neuen, das mit dem Hohenstaufen vom Norden herankam, und das man sich mit dem wohlfeilen Gerede vom *furor teutonicus* psychologisch vom Leibe halten wollte. Zur Erklärung mag auch die eher vordergründige Verschwörungstheorie dienen, Matteo sei den Moslems freundlich gesinnt gewesen, um den Widerstand gegen die Hohenstaufen zusammenzufassen und deswegen hätten seine politischen Gegner die Christen mit ihren schon unter Wilhelm I. gezeigten Vorurteilen mobilisiert, um die Moslems zu reizen und damit ein Chaos zu schaffen, in dem Matteo seiner Partei keine stabilen Grundlagen im Land verschaffen konnte. Wären solche zerstörerischen Zynismen nicht weltweit Teil des politischen Geschäftes, man könnte sie für typisch sizilianisch und folglich mafios halten.

Die Moslems verließen die Hauptstadt und zogen in die Berge des Val Mazara. Mehr als 100 000 sollen es gewesen sein, mit Sack und Pack und Frau und Kind. Sie richteten sich in den Bergen als halbe Nomaden ein und machten das Val Mazara unregierbar. Die christlichen Gegenden litten unter ihren blutigen Räubereien. Fünf *Königlein* (reguli) gehorchten sie, den Qaids dieser Gegend, d. h. sie wahrten auch in dieser gespannten Situation Disziplin und gemeinsamen Willen, wie sie es von ihrer Religion, ihren Imamen und der Tradition ihres Sippen-Zusammenhaltes gelernt hatten. Wären Christen so geschlossen von ihren Wohnsitzen ausgezogen?

Tankred erkannte, daß die Moslems von ihm nichts Gutes erwarteten, obwohl die politisch Bewußteren von ihnen seine Wahl unterstützt hatten, da sie unsicher waren, wie tolerant die Deutschen ihnen gegenüber sein würden. Andere wiederum erkannten die Nachfolge Heinrichs VI. ausdrücklich an, und das dürften die Sprecher der armen, teilweise versklavten Landbevölkerung gewesen sein, die von den neuen Herren eine gerechtere Bemessung ihrer Arbeitspflicht erhofften. Die Moslems waren uneins wie die Barone, und Tankred mußte versuchen, sie zu beruhigen, bevor die Deutschen kamen. Es ist nicht bekannt, wie Tankred dies erreichte. Aber bis zum Oktober 1190 schaffte er es. Er mag sie davon überzeugt haben, daß die Deutschen die gefährlicheren, weil unbekannten Feinde seien, und den Moslems selbst dürfte allmählich das unbequeme Leben in den Bergen ohne entspannten Blick auf die Conca d'Oro zuviel geworden sein.

Möglicherweise war der englische König Richard Löwenherz der bedrohlichere Gegner. Dieser hatte sich mit seinem Kreuzfahrerheer einfach in Messina niedergelassen, das zu den Truppen Barbarossas und seiner Nachfolger stoßen sollte (der „Kaiser Rotbart Lobesam" war ja am 10. Juni 1190 im kleinasiatischen Saleph oder

Kalykadnos umgekommen). Bevor Tankred die Moslems beruhigte, einigte er sich auch mit dem unberechenbaren und brutalen Löwenherz darauf, daß sich die Hauteville und Plantagenet durch eine Heirat verschwägerten, wofür Richard dem König seinen starken Arm versprach, immerhin den tapfersten Arm unter den damaligen Königen Europas, falls er von irgendjemandem angegriffen würde – gemeint war natürlich Heinrich VI.

Aber Tankred hatte umsonst die Beleidigung des in und um Messina wenig ritterlich wütenden Richard hingenommen, denn Anfang April 1191 segelte der Engländer unverdrossen seiner eigentlichen Bestimmung entgegen, dem Kampf im Heiligen Land. Auch die Franzosen unter König Philipp II. August, die bei Messina gelagert und Tankred zunächst Hilfe angeboten hatten, um die Engländer gemeinsam niederzuringen, waren über das Meer verschwunden. Und gleichzeitig stand König Heinrich schon kurz vor Rom.

Er hatte alles getan, um sich den Weg nach Unteritalien so rasch wie möglich zu ebnen. Er war kein guter Ritter und Feldherr, aber von größter Entschlossenheit und ohne Skrupel, dabei diplomatisch so wendig, wie er es jeweils für opportun hielt – ein Vollblut-Politiker.

Er ist häufig dämonisiert worden als unbeirrbar konsequenter, irreligiöser, gefühlloser Machtmensch, verschlagen und treulos, ohne die ritterlich-joviale Ausstrahlung seines Vaters, kalt gegenüber seiner Gemahlin Konstanze, so kalt, daß zur Vergeltung das Gerücht auftauchte, der 1194 geborene Sohn stamme gar nicht von ihm. Am Ende war er grausam bis hin zum Sadismus und schlicht größenwahnsinnig, von Sizilien aus die Weltherrschaft erträumend.

Das sind zum großen Teil phantasievolle Übersteigerungen des 19. Jahrhunderts, die dürftiges Quellenmaterial frei interpretierten. Ebenso wie wir kein klar zuweisbares, charakteristisches Porträt von Heinrich besitzen, sind uns seine höchst persönlichen Verhaltensweisen nicht bekannt. Und was seinen Größenwahn angeht, ausgebrochen auf der wichtigsten und kulturträchtigsten Insel des Mittelmeeres, so hatte der, wie zu zeigen sein wird, jedenfalls eine höchst reale Grundlage und war einer Idee verpflichtet, die nicht Heinrichs eigene war.

Um Weihnachten 1189 herum erfuhr Heinrich in seiner (damals noch nicht böhmischen, sondern staufischen) Pfalz zu Eger vom Tode Wilhelms II., bald darauf auch von der Nachfolge Tankreds von Lecce. Das ganze Jahr 1190 verging, ohne daß Heinrich hätte nach Süden abrücken können, denn die nach dem Kreuzzugs-Tod Barbarossas neu aufflammende Opposition des alten Herzogs Heinrich des Löwen mußte erst beruhigt werden; andere Geschäfte wie die versuchte Übernahme der Landgrafschaft Thüringen in staufischen Besitz, also die leidige und notwendige Vergrößerung königlicher Hausmacht, hielten zusätzlich auf. Heinrich schickte im Herbst 1190 den kriegerischen Erzbischof Philipp von Köln, Erzkanzler des Reiches für Italien, mit Truppen über die Alpen voraus, und um Neujahr 1190/91 folgte er selbst nach. Mit einem Gewaltritt gelangte er bis zum 18. Januar ins lombardische Lodi. Er verteilte unter den lombardischen Städten, mit denen er den unter Barbarossa schließlich zustandegekommenen Frieden unbedingt wahren mußte,

Kaiser Heinrich VI. fand auch Aufnahme in der Großen Manessischen Liederhandschrift – einer Sammlung mit 140 Minnesängern -, da man ihm einige Minnelieder zuschreibt.

großzügige Privilegien und ließ sie sich gut bezahlen – die Kriegskasse brauchte Geld, und mit der Heeresdienstpflicht seiner deutschen Vasallen allein kam kein genügend großes Aufgebot zusammen, man mußte auch Söldner anwerben. Den Pisanern mußte er Handelsprivilegien in Unteritalien gewähren, um ihre Flotte zu bekommen, ohne die er Neapel und Palermo nicht niederzwingen konnte. Gleichzeitig waren auch die Genuesen einzubeziehen, um sie und die Pisaner wechselseitig durch Beteiligung an der Beute im Interesse kaiserlicher Oberherrschaft in Schach zu halten.

Dann war vom Papst die Kaiserkrone zu holen, und da dieser Heinrichs Machtentfaltung zwar nichts entgegenzusetzen hatte, aber dennoch gewonnen werden mußte, bot Heinrich ihm an, eine Verpflichtung einzulösen, die dessen Vorgänger den Stadtrömern gemacht hatte: die Vernichtung von Tusculum vor den Toren Roms. Die Grafen von Tusculum waren die Feinde der Stadtrömer. Im Gedenken daran, daß die Stadtrömer auch die Feinde seines Vaters gewesen waren, hatte Heinrich eine Garnison nach Tusculum verlegt. Der König zog jetzt die Garnison ab und empfahl sich damit den Stadtrömern, ebenso dem Papst Cölestin III., der auf diese elegante Weise seine Verpflichtung ihnen gegenüber losgeworden war. Denn nun konnten die Stadtrömer vorrücken und Tusculum zerstören und das von dort weggeschleppte Gut dem Papst überlassen – auch das entsprechend der früheren Abmachung.

Am Tag bevor Tusculum niedergebrannt und seine Mauern geschleift worden waren, am 15. April 1191, hatte Cölestin Heinrich und Konstanze gekrönt.

Es war ein exemplarisch zynischer Handel, der Heinrich den Weg nach Süden freimachte. Und er nützte nicht einmal etwas, da das kaiserliche Heer sich vor Neapel festrannte, der reichen Hafenstadt mit dicken Mauern noch aus der Zeit, da sie unter byzantinscher Botmäßigkeit gestanden hatte, und die sich weigerte, sich der pisanischen und genuesischen Konkurrenz auszuliefern. Außerdem half den Neapolitanern der Zauberer Vergil, der – so berichtete Konrad von Hildesheim, Heinrichs Kanzler, – die Mauern der Stadt errichtet und ein Modell der Stadt in eine gläserne Ampulle eingeschlossen hatte. Solange dieses Modell unversehrt bestand, konnte Neapel nichts geschehen. Wenn man die Gebeine Vergils ausgrub, dann brach ein Gewitter los und ein unerhörter Seesturm. Konrad von Hildesheim konnte dies aus eigener Anschauung bestätigen!

Gegen Ende August 1191 mußte Heinrich, nachdem sein Heer und auch er selber durch Malaria, Dysenterie und andere Lagerkrankheiten arg mitgenommen war, nach Monte Cassino abziehen. Das Heer Tankreds unter dessen Schwiegervater Richard von Acerra hatte den Zusammenstoß mit der deutschen Kriegsmaschine vermieden und gewartet, bis sie sich im ungünstigen Sonnenklima vor einer starken Festung verschliß. So ähnlich war es den früheren Kaisern südlich von Rom auch stets gegangen.

Die Trostlosigkeit steigerte sich noch, als Heinrich in Monte Cassino erfuhr, daß seine Gemahlin vom Feind gefangengenommen worden war. Konstanze war nach Salerno gegangen, um die dortigen weltberühmten Ärzte zu konsultieren, vielleicht

Kaiser Heinrich VI. belagert Neapel (1191). Da der Kaiser ergebnislos abziehen mußte, verschob sich sein Einmarsch in Sizilien um drei Jahre (aus dem „Liber ad honorem Augusti“ des Pietro von Eboli).

wegen ihrer hartnäckigen Kinderlosigkeit. Als Heinrich den Belagerungsring um Neapel aufhob, verbreitete sich das Gerücht, der Kaiser sei umgekommen, und der Erzbischof von Salerno, ein Parteigänger Tankreds, der zunächst geflohen war, befahl die Gefangennahme der Kaiserin. Man fing sie also und brachte sie nach Messina. Tankred behandelte sie ehrenvoll und führte sie nach Palermo.

Es ist nicht einzusehen, was ihm dieses Brigantenstück genützt haben sollte, denn Heinrich blieb der Rechtstitel der ehelichen Mitgift, auch wenn Tankred, was kaum vorstellbar war, Konstanze umbrachte. Und ob Heinrich sich mit der Drohung der Ermordung Konstanzes erpressen ließ, und ob es ihn beeindruckte, wenn sie unter Druck auf ihre königlichen Rechte verzichtete, das war von Anfang an sehr zweifelhaft. Er hätte mit ihr seine Verbindung zum Normannenreich und entsprechende Loyalitäten verloren, doch er war nicht der Mann, von seinem originären Kaiserrecht abzugehen, das er ja auch besaß, zumal es seiner Überzeugung nach alle früheren Kaiser, die Könige von Italien waren, ebenfalls besessen hatten.

Papst Cölestin III. machte der Peinlichkeit ein Ende, um den vor Neapel gescheiterten Kaiser nicht zum Rachefeldzug zu motivieren, und erreichte (wie Pietro von Eboli berichtet) bei Tankred, daß dieser die Kaiserin im Frühsommer 1192 wieder ziehen ließ. Er soll sie um Fürsprache beim Kaiser gebeten haben, was eine aussichtslose Sache war, seine Gemahlin Sibylle hingegen soll Konstanze (wieder gemäß Pietro von Eboli) nach dem Leben getrachtet haben. Aber Tankred konnte sie nicht anders als schonend behandeln, denn sie war nicht nur die Kaiserin, sondern durch ihre Herkunft ein lebendiger Teil politischen Selbstbewußtseins des Normannenreiches, das er in seiner Unabhängigkeit bewahren wollte, und dessen Repräsentantin, die noch dazu seine Tante war und die er daher nicht ernsthaft kränken durfte.

Und Heinrich VI. kam wieder. Er hatte seine Truppen in Kampanien stehen lassen, um den Eingang ins Königreich zu behalten und um, falls er zurückkam, sofort die Initiative ergreifen zu können. Gegen die Kaiserlichen in Sora, Capua und Rocca d'Arce (bei Ceprano am Liri) marschierte Tankreds Schwiegervater Richard von Acerra auf, und es ergab sich ein Kleinkrieg, der zu keiner Entscheidung kam. Tankred war, nachdem der Schwiegervater den Roger von Andria aus der Burg Ascoli (Ascoli Satriano in Apulien) herausgeholt und anschließend umgebracht hatte, aufs Festland übergesetzt, aber die baronale Opposition dort hatte er trotz einiger Einzelerfolge nicht erledigen können. Es fehlte ihm auch gegenüber dem abwesenden Hohenstaufen an Charisma, und die militärische Technik der Ritterzeit war nicht geeignet, ihm dennoch einen schnellen Erfolg durch einen kühnen Angriff möglich zu machen. Im Juli 1193 stand er dem kaiserlichen Befehlshaber Berthold von Kühnsberg bei Montefusco (zwischen Benevent und Avellino) entgegen, und eine Entscheidungsschlacht lag in der Luft. Aber, wie der Chronist Richard von San Germano berichtet, Berthold war für Tankred kein so würdiger Gegner, daß er ihm gegenüber das Risiko einer Schlacht einging, und Berthold seinerseits fühlte sich an Truppen unterlegen. Nach den Annalen von Monte Cassino war Tankred sich nicht zu schade, Berthold anzugreifen, aber seine Berater hielten ihn zurück. Denn im offenen Kampf waren die deutschen Ritter sicher überlegen; wenn man ihnen den aber verweigerte, dann, so zeigte die Erfahrung, würden sie das südliche Klima und die ringsum lauernden Unsicherheiten allmählich zermürben. So war es seit Otto II. immer wieder gewesen, und so würde der Norden im Süden wieder scheitern. Am Ende zogen beide Kampfhähne wieder auseinander, und die Entscheidung hing weiterhin vom Eingreifen des Kaisers ab.

Tankred hatte auch den diplomatischen Kampf aufgenommen und seinen älteren Sohn Roger mit Irene (Richard von San Germano nennt sie Urania – der Fehler beleuchtet die fortschreitende kulturelle Entfremdung zwischen lateinischer und griechischer Welt), der Tochter des Kaisers Isaak II. (Angelos) von Konstantinopel verheiratet. Für Tankred war es ein Prestigegewinn, weniger ein materieller Vorteil, denn die Byzantiner konnten ihm keine militärische Hilfe bringen.

Der Papst hatte nichts dagegen, denn er wollte das Normannenreich als selbständige Herrschaft erhalten, und seine Vermittlungsversuche zwischen dem Kaiser und Tankred hatten aus eben diesen Gründen auch zu keinem Ergebnis geführt. Dann setzte eine dramatische Wende ein: Im Juli 1193 verschied Matteo d'Aiello, zu Weihnachten erkrankte Margaritus von Brindisi, der Admiral, auf den es gegen Genuesen und Pisaner ankam, und kurz darauf starb Roger, Irenes Gemahl und Tankreds Hoffnung für die Zukunft. Das muß den häßlichen Alten zutiefst getroffen haben. Gerade, daß er seinem Sohn Wilhelm, das kleine Kind, noch mit eigener Hand krönte. Dann starb er am 20. Februar 1194 Roger nach.

Das feudale Chaos des Mittelalters war auf Personen fixiert, mit denen die Machtverhältnisse standen und fielen. Der Vorteil für Heinrich war dabei, daß im Normannenreich der Widerstand nach Tankreds Tod merklich erlahmte. Heinrich hatte zudem noch einen anderen Glücksfall für sich verwerten können, nämlich die Gefangennahme des Königs Richard Löwenherz von England.

Dieses Vorbild aller Ritterschaft war ein cholerischer, beutegieriger und ruhmsüchtiger Haudegen. Als das Kreuzfahrerheer, in dem er penetrant tonangebend gewesen war, im Juli 1191 endlich Akkon erobert hatte, befahl Richard in einem seiner Wutanfälle, das Banner des Herzogs Leopold V. von Österreich von dem Turm herunterzureißen, den dessen Mannen erobert hatten, um den Triumph des Sieges für sich allein zu beanspruchen. Seitdem war Herzog Leopold sein Todfeind. Als Richard das Heilige Land verließ und dabei von der Adriaküste aus inkognito nahe Wien verweilte, wurde er erkannt und von Herzog Leopold voller Wonne gefangengenommen. Diese Rache war den Bann des Papstes wert, der Gewalt eines christlichen Fürsten gegen einen Kreuzfahrer nicht gutheißen konnte. Richard wurde an den Kaiser ausgeliefert, und der ließ ihn zahlen, wie noch nie ein König gezahlt hatte, um seine Freiheit wieder zu erringen: 100 000 Mark Silber und ein jährlicher Zins von 5000 Pfund, gestützt auf die nunmehr etablierte Lehnsherrschaft des Kaisers über England. Dazu noch 50 Schiffe und 20 Ritter auf ein Jahr, um das Lehnsverhältnis zu betonen und um dem Kaiser mit Flotte und Geld bei der Eroberung Siziliens zu helfen. Richard mußte vermeiden, daß Heinrich sich mit dem König von Frankreich zusammentat, und empfahl daher der niederrheinischen

Opposition gegen den Kaiser (Einzelheiten sollen hier nichts zur Sache tun), sich mit diesem zu vertragen. Auch das diente der Vorbereitung und Absicherung des Zuges nach Sizilien. Am 12. Mai 1194 verließ Heinrich mit Konstanze seine Burg Trifels im Pfälzer Wald, um sich den Süden endlich zu unterwerfen.

Zu Pfingsten war er in Mailand, um dort programmatisch seiner Heirat mit Konstanze zu gedenken und um das erforderliche gute Einvernehmen mit den lombardischen Städten wieder zu pflegen. Dann ging er über die Heerschau im Feld von Roncaglia nach Genua und nach Pisa. Dort erfuhr Heinrich, daß Neapel ihm nunmehr die Tore öffnen wollte, wofür es keinen anderen Grund geben konnte, als daß die Neapolitaner nach Tankreds Tod die normannische Selbständigkeit als erledigt ansahen. Erst Mitte August brach der Kaiser über die Grenzen des Kirchenstaates vor, um sich und seinem Heer möglichst viel des malariaträchtigen Klimas im Süden zu ersparen.

Schon am 1. September 1194 hatte die Flotte Messina erreicht. Die Genuesen zogen gegen Catania weiter, um Syrakus einzunehmen, das Heinrich ihnen als Handelsplatz eingeräumt hatte. Bei Catania schlugen sie ein Heer aus dem Felde, das auch aus Sarazenen bestand, und anschließend nahmen sie Syrakus selbst ein.

Das war schon der ganze militärische Teil von Heinrichs Eroberung, denn daß er mittlerweile auf dem Festland zur Rache für Konstanzes Entführung Salerno in Schutt und Asche legte, das war zwar wichtig für ihn, aber strategisch nur eine Kleinigkeit. Er siegte so leicht, weil sein Heer, angeführt vom Markgrafen Bonifaz von Montferrat und von des Kaisers Dienstmannen Markward von Annweiler und Arnold von Hornberg furchterregend groß war. Mit dem Ritteraufgebot allein, das dem Kaiser zur Heerfahrt verpflichtet war, hätte er die Normannen nicht schrecken können. Er ergänzte es daher durch ein Söldneraufgebot und Truppen seiner Ministerialen.

Diese Ministerialen waren so etwas wie militärische und zivile Funktionsträger der kaiserlichen Macht und ohne die Selbständigkeit, die das Lehnsrecht den Fürsten gegenüber dem Kaiser gab. Wenn der moderne Staat seine Befehle durch abhängige Beamte direkt durchsetzt, so waren die Ministerialen Kaiser Heinrichs VI. diesem Stande in gewisser Weise ähnlich, denn sie stammten aus unfreien Verhältnissen und konnten daher nur emporkommen, indem sie den Willen des Herrschers zu ihrem eigenen machten. Für sie galt ein eigenes Dienstrecht und eben nicht das Lehnsrecht des Reiches. Schon unter Karl dem Großen hatte es diese Leute gegeben, und die den Staufern vorangehende Dynastie, die der Salier, hatte sie im Kampf gegen die mannigfachen Feinde des Kaisers eingesetzt. Die Staufer nützten die hervorragenden Dienste, die ihnen die Ministerialen leisten konnten, konsequenter als ihre Vorgänger und schufen sich aus ihnen den Kern ihrer gepanzerten Faust, denen die feudalen Unteritaliener und auch die Sizilianer, ohne König und im Hader mit den Moslems befangen, keine gleichstarke entgegensetzen konnten. Hinzuzufügen ist: die Griechen der Insel waren schon seit Generationen als unkriegerisch verschrien und bedeuteten daher für die militärische Machtbalance sehr wenig. Dem *furor teutonicus* war, militärisch betrachtet, südlich von Rom nichts gewachsen.

Die Verschwörung gegen Kaiser Heinrich VI. (1194/95): Im oberen Bild berichtet ein Mönch dem Kaiser von der Verschwörung; die Missetäter sitzen bereits im Kerker. Im unteren Bild werden die gefangenen Verschwörer dem Kaiser mit einem Seil um den Hals vorgeführt. Links vom kaiserlichen Thron verliest ein Engel (?) das Verdammungsurteil (aus dem „Liber ad honorem Augusti“ des Pietro von Eboli).

Noch bevor das Jahr 1194 zu Ende ging, erklärte der Kaiser den Baronen, die bei Hofe weilten, daß er von einer Verschwörung gegen sein Leben informiert worden sei, und schlug zu: der kleine Normannenkönig Wilhelm, seine Mutter Sibylle und seine drei Schwestern wurden gefangengenommen, ferner der Erzbischof von Salerno, der Verräter an Konstanze, sowie Margaritus von Brindisi und andere wichtige Köpfe, die zu Tankred gehalten hatten. Man brachte die Gefangenen nach Apulien und von dort nach Deutschland. Keiner wurde vom Leben zum Tode befördert, doch Wilhelm blendete man, um ihn untauglich für den Thron zu machen – eine Grausamkeit, die die Deutschen der byzantinischen Regierungspraxis abgeschaut hatten. Die Verschwörung kam Heinrich so zupaß, daß er beschuldigt wurde, sie selbst erfunden zu haben. Hatte er in seiner Wildheit nicht auch dem Leichnam Tankreds und dessen Sohnes Roger die Kronen und Szepter entreißen lassen, mit denen sie begraben worden waren, ja, es ging sogar das Gerücht, er habe ihre Gebeine verstreuen lassen! Jedenfalls wütete Heinrich nicht gegen seine Gefangenen, denn die Deportation war bei weitem nicht das Schlimmste, was er ihnen antun konnte, und schon während des Marsches auf Palermo hatte er allerorten eher Versöhnlichkeit gezeigt. Neben Salerno waren in Unteritalien nur Spinazzola und Policoro zerstört worden, letzteres, weil es dem Erzpiraten und Kaiserfeind Margaritus von Brindisi gehörte.

Dann machte Heinrich Inventur, prüfte, was in der königlichen Kasse noch vorhanden war und welche Kostbarkeiten im Königspalast, in der Favara und anderswo lagerten. 150 Saumtiere sollen vollbeladen über die Alpen auf den Trifels gezogen sein, und vielleicht kam bei dieser Gelegenheit auch der Königsmantel Rogers II. in dauerhaften kaiserlichen Besitz. Die Aktion war nichts anderes als eine Plünderung der fabelhaften normannischen Schätze, und dafür gab es vier gute Gründe: bevor den lokalen Baronen etwas in die Hände fiel, mußte es für Heinrich gesichert werden, denn der sah klar, daß diese seine natürlichen Gegner waren. Zweitens brauchte Heinrich Unmengen von Geld für seine Söldner, Ministerialen und anderen Getreuen, um sie zu belohnen. Denn ein mittelalterlicher Herrscher hatte die Tugend der Freigebigkeit zu üben, wenn er auf Loyalität hoffen wollte – das gehörte zur irdischen Seite seiner sakralen Würde. Nur wenn er mit vollen Händen spendete, überzeugte er die Menschen von dem gold- und fruchtbarkeitsreichen Königsheil, das er nun einmal zu besitzen hatte. Spätere Zeiten nennen das dann *Charisma*, und die erweiterte Freigebigkeit *Wahlgeschenke*. Drittens mußte Heinrich die deutschen Fürsten bearbeiten, um ihnen seinen großen Plan schmackhaft zu machen, die Wahlmonarchie des Heiligen Römischen Reiches in eine Erbmonarchie der Dynastie Hohenstaufen umzuwandeln.

Und viertens, für Sizilien das wichtigste, Heinrich gedachte den Kreuzzug wieder aufzunehmen, der nach dem unerwarteten Tod seines Vaters Barbarossa in Kleinasien nicht mehr als die Eroberung von Akkon und dabei die häßlichen Szenen zwischen den Österreichern und Richard Löwenherz gebracht hatte. Die Basis des Kreuzzuges aber mußte Sizilien sein.

Ende Januar 1195 weilte der Kaiser wieder in Messina, das er mit neuen Privilegien ausgestattet hatte, um dessen Eifersucht gegen Palermo auszunutzen, und das er beauftragt hatte, verschiedene mißliebige Bürger aus der Stadt zu verbannen, um es zu einem zuverlässigen kaiserlichen Stützpunkt zu machen. Von Bari aus machte Heinrich seinen Parteigänger Walter von Palearia, Bischof von Troia, zum Kanzler von Sizilien und Apulien. Vicarius des Königreichs, d. h. Heinrichs Stellvertreter, wurde Konrad von Urslingen, Markward von Annweiler bekam die Markgrafschaft Ancona, die Grafschaft Romagna und das Herzogtum Ravenna gleichzeitig zum Lehen, und die Kaiserin, der Heinrich in Bari wieder begegnete, wurde für die Zeiten seiner Abwesenheit seine Regentin im Süden. Das kleine Söhnchen jedoch blieb unter Urslingens Obhut im umbrischen Foligno zurück, denn den Sizilianern traute der Kaiser nicht.

Übergehen wir die nun folgenden Versuche des Papstes, seine kirchenrechtlichen Eingriffe im Königreich über das im Konkordat von Benevent vorgesehene auszudehnen. Der mit dem Rücken zur Wand stehende Tankred hatte ihm die Oberlehnsherrschaft konzedieren müssen. Das hoffte der Papst, wenngleich vergeblich, nun vom Kaiser und von dessen ebenso hartnäckiger Gemahlin garantiert zu bekommen. Auch die Versuche Heinrichs in Deutschland, seinen Erbreichsplan voranzutreiben, sollen hier nur insofern interessieren, als die widerstrebenden Fürsten mit ihrer Zurückhaltung gegenüber dem Kreuzzug ein Mittel in die Hand bekamen, den Plan aufzuhalten. Schließlich gab der Kaiser seine ehrgeizigen Absichten auf, um wenigstens die Zustimmung zur Krönung seines Söhnchens zum deutschen König noch zu Lebzeiten des Vaters zu erhalten. Das war die Schwundstufe der Erbmonarchie, denn sie sicherte die Nachfolge nur für die nächste Generation.

Schon 1195 hatte Heinrich in Deutschland den Kreuzzug predigen lassen. Im Juli 1196 brach er erneut nach Italien auf. Sein Kanzler Konrad von Hildesheim untersuchte die Häfen Apuliens sowie Messina und Syrakus auf ihre Tauglichkeit zur Einschiffung von Kreuzfahrerflotten. Im September schlug Heinrich dem Papst vor, er solle Friedrich-Roger taufen und zum König salben, dafür werde sich der Kaiser öffentlich zum Kreuzzug verpflichten. Er mußte sich mit dem Papst verständigen, sonst wäre seine italienische Machtbasis für den Kreuzzug brüchig geworden. Das Angebot sah aus wie ein Handel: Sicherung der Nachfolge gegen den für die Kirche wichtigen Kreuzzug. Aber damit kam der Papst seinem Ziel – Oberhoheit über Sizilien – nicht näher, denn da er weder der berechtigte deutsche Kirchenfürst zur Krönung war (das wäre der Erzbischof von Köln gewesen) noch der berechtigte sizilianische (der Erzbischof von Palermo), hätte die Salbung des kleinen Friedrich durch ihn einen universalen Charakter gehabt, so, als ob er die Verbindung beider Kronen im Hause Hohenstaufen billigte; das konnte er nicht wollen. Außerdem war Heinrich zu mächtig, als daß ihn die Übernahme des Kreuzzugsgelöbnisses zu einem Werkzeug des Papstes gemacht hätte. Im Gegenteil: indem Heinrich den Kreuzzug von sich aus auf seine Fahnen schrieb, hatte er die Initiative ergriffen, die ihn zum Herrn der europäischen Politik machte.

Denn es hatte noch nie ein Kaiser aus Deutschland eine derart beeindruckende Stellung an den Gestaden des Mittelmeeres eingenommen wie Heinrich VI. Ein Kreuzzug unter seinem Kommando mußte demnach zu einem beispiellosen

Triumph werden. Mit der Macht über Sizilien übte er zugleich Druck auf den Maghreb aus; Ibn Yusuf Yakub, der Kalif der Almohaden, die sich aus einer Position der Stärke heraus einst mit Wilhelm II. vertragen hatten, fand die staufische Machtergreifung in Sizilien so überzeugend und seine eigene Stellung in Tunesien mittlerweile durch die unstillbare Rebellion der Banu Ghaniyah, der letzten almoravidischen Gouverneure der Balearen, die im östlichen Maghreb eine neue Herrschaft gründen wollten, so unterminiert, daß er Heinrich vorsorglich 25 Saumtiere mit kostbaren Geschenken schickte. Tribut oder nicht – die Almohaden waren keine Gefahr. Wäre der Kaiser ein Normanne gewesen, dann hätte er den Maghreb angegriffen; doch in der Levante war für ihn mehr zu holen.

Die Byzantiner waren nicht mehr zu fürchten, und dieser Umstand allein schon mußte dem Deutschen ein Machtvakuum im östlichen Mittelmeer anzeigen, das unbedingt auszunutzen war. Heinrich hatte in Palermo die Kaisertochter Irene, die Witwe von Tankreds Sohn Roger, vorgefunden, sie in Maria umtaufen lassen und mit seinem jüngsten Bruder, dem Herzog Philipp von Schwaben verheiratet. Nun war Irenes Vater Isaak von seinem Bruder Alexios 1195 abgesetzt und geblendet worden; dieses Ungemach mußte gerächt werden – sofern die Situation einen Feldzug gegen Konstantinopel erlaubte. Auch hier wieder das Lauern auf die Beute am Bosporus, während doch jedermann nur vom Heiligen Lande sprach! Da traten die Schwaben in die unedelsten der Fußstapfen ihrer normannischen Vorgänger.

Aber der Besitz Siziliens lud nun einmal dazu ein, das ganze Mittelmeer zu kontrollieren, und schon die alten Römer hätten nicht daran gedacht, all seine Küsten beherrschen zu wollen, wenn sie nicht Sizilien als erste außeritalische Provinz errungen hätten. Die Staufer waren nicht die letzten, die von Syrakus und Messina aus in die Levante blickten. Auch sie unterlagen also den Gesetzlichkeiten der Geopolitik, die allerdings schon deswegen keinen Fatalismus erzeugt, weil sie nicht die Unternehmungen determinieren kann, die auf ihrer Grundlage gestartet werden. Geopolitik neutralisiert beileibe nicht alle militärischen und diplomatischen Risiken.

Zu Pfingsten 1194 hatte Leo II., König von Klein-Armenien, also dem antiken Kilikien, dem Kaiser seinen Lehnseid angeboten. Das hätte er nicht gemacht, wenn er die Byzantiner noch gefürchtet hätte. Doch nun, nach Myriokephalon, nach dem Ausscheiden der Oströmer aus dem Machtkarussell in Syrien und Kleinasien, war dieser Lehnseid eine Aufforderung zum Kreuzzug gegen die umwohnenden Moslems, und Heinrich nahm ihn daher an. Im Herbst 1195 folgte Amalrich de Lusignan, der Herr von Zypern, mit seinem Lehnsangebot. Heinrich würde alle christlichen Herrschaften im Orient anscheinend nach seinem Gutdünken ordnen können, falls er die Sarazenen dort besiegte. Die Lehnshohheit auf so weite Entfernung war ein leerer Titel, doch Heinrich besaß die Machtmittel, um ihn mit Leben zu erfüllen. Kaiser Alexios selbst trug dazu bei, indem er Heinrich 16 Zentner Gold als „Deutschensteuer" lieferte.

Ab März 1197 begann die Einschiffung der ersten Kreuzfahrer in den Häfen Apuliens, Anfang September brach der Kern des Heeres von dem Sammelpunkt

Messina aus auf. Heinrich fuhr nicht selbst mit, auch deshalb, weil er im August schwer erkrankt war. Doch die Entfaltung seiner Macht bedurfte seiner persönlichen Anwesenheit im Kriege nicht. Er war ohnehin der erste Herrscher der Christenheit auf Erden, denn für die verrücktesten unter seinen Anhängern galt er wegen seiner Erfolge gar schon als Kaiser der Endzeit, der das Volk Christi einte, um es dem Erlöser zum Jüngsten Gericht zuzuführen. Die Skeptiker, wie der Abt Joachim von Fiore, der vom Übergang der sündigen Weltgeschichte in ein neues Reich des Heiligen Geistes träumte, hielten ihn eher für den bösen König der alten Hure Babylon, aber auch in dieser finsteren Perspektive diente Heinrich der Heraufführung der Endzeit, denn der gute Herrscher mußte den König von Babylon erst niederwerfen, bevor er das Volk Christi einigen konnte.

Solide katholische Kirchenlehre war das freilich alles nicht. Aber es wurde noch nie ein Herrscherhaus derart ins Übernatürliche und Religiöse hochstilisiert wie das der Hohenstaufen, und im Glück Heinrichs VI. schienen sich alle Erwartungen zu erfüllen, die man auch schon an Barbarossa herangetragen hatte. Hier kommen wir zum Kern der Legende von Heinrichs Größenwahn: da das Abendland und Morgenland eine solche Machtentfaltung eines westlichen Kaisers noch nicht erlebt hatten, und da der Kaiser in West und Ost genügend Feinde hatte, also polarisierend wirken mußte, setzte man sein Glück mit freventlicher Vermessenheit gleich. Ein sakraler Kaiser war ja auf Goldgrund gut und schön und für die Theologie ebenso tauglich wie für die Politik; doch sobald er so große irdische Machtmittel besaß wie Heinrich VI., strapazierte er das Vorstellungsvermögen so sehr, daß er mit dem Teufel im Bunde schien. Das Zeitalter war noch nicht gewohnt, Politik eher nach ihren materiellen als nach ihren geistigen oder auch spirituellen Faktoren zu begreifen.

Heinrichs VI. Kreuzzugsmaschinerie war den Zeitgenossen zu rational, um mit der üblichen Schwärmerei erfaßt zu werden. Der nüchterne, funktionale Zug des normannischen Staatswesens stieß bei den Hohenstaufen auf eine verwandte Ader, zumal bei Heinrich VI. Der hatte versucht, seinen Erbreichsplan den deutschen Fürsten mit materiellen Konzessionen schmackhaft zu machen, und den Papst wollte er in diesem Zusammenhang offenbar kaufen, indem er ihm Pfründen bei den deutschen Domkapiteln einzurichten versprach, ganz zu schweigen von seiner krämerhaften Idee, seine eigenen Privilegienurkunden zu kassieren, wenn es ihm paßte – was hilft es gegen diese Manifestation ausgeprägten Geschäftssinns, daß man ihn auch mit einigen, angeblich von ihm stammenden Reimen für den feinen Minnesang und die zeitgemäße Ritterkultur reklamieren kann? Darum sollte nicht der ganze Ruhm und alles Lob der quasi-modernen, kühl berechnenden staufischen Auffassung vom Staatsapparat seinem Sohn Friedrich II. zufallen, wie es üblicherweise und der Einfachheit halber geschieht.

Daß jedoch auch Heinrich den Kreuzzug als eine religiöse ebenso wie eine machtpolitische Pflicht ansah, daß er also mit beiden Beinen in der Vorstellungswelt seiner Zeit stand, die auch in der Politik das Diesseits stets mit dem Jenseits in Zusammenhang sah, versteht sich von selbst. Der „Modernitätsverdacht“ sollte nicht übertrieben werden. Der Kaiser war der geborene Führer der Christenheit ins Heilige Land, da sein vornehmstes Amt im kriegerischen Schutze der Christenheit bestand. Wie hätte Heinrich da den Spuren seines Vaters nicht folgen sollen!

Aber vielleicht war er doch ein Satan, denn seine Rationalität ging einher mit abgefeimter Grausamkeit. Einem von Heinrichs Ministerialen, dem Bayern Diepold von Schweinspeunt, war es 1196 gelungen, Richard von Acerra zu fangen. Der Kaiser ließ Richard von Pferden durch Capua schleifen, gerade als er in der Stadt verweilte, deren Mauern er hatte niederreißen lassen, um ihre Parteinahme für Tankred von Lecce zu bestrafen. Dann wurde der Körper kopfunter aufgehängt, zwei Tage lang, und Richard von Acerra lebte immer noch. Da kam ein Hofnarr des Kaisers und hängte ihm einen schweren Stein um den Hals, woran er schließlich zugrunde ging.

Im Mai 1197, als Heinrich nahe Messina der Jagd nachging, einer seiner wenigen Vergnügungen, erfuhr er von einer neuen Verschwörung, und zog sich rechtzeitig hinter die Stadtmauern zurück. Markward von Annweiler und Heinrich von Kalden sammelten die gerade anwesenden deutschen Kreuzfahrer, um den Kaiser zu schützen und den Rebellen ans Leder zu gehen, die ihrerseits nicht unerhebliche Truppen gesammelt hatten und darauf bauten, Konstanze auf ihre Seite zu zwingen. Es wurde sogar behauptet, die Kaiserin sei in die Verschwörung eingeweiht, und am Ende wußte der Papst auch davon.

Das war eine größere Dimension des Aufstandes als zur Jahreswende 1194/95 in Palermo. Die Rebellen mußten bei Catania in offener Feldschlacht niedergemacht werden, anschließend drangen die deutschen Ritter in Catania ein und brannten die Kirche St. Agatha nieder, ohne Rücksicht auf die hineingeflüchteten Einwohner. Der „König" der Aufrührer, der einmal Wilhelmus Monachus, einmal Jordanes genannt wird und den man daher nicht mehr identifizieren kann, warf sich in die Bergfestung Enna, wo er sich bis Ende Juni hielt.

Nun begann eine rasende Vergeltung. Der Wilhelmus Monachus bekam im Beisein der Kaiserin eine glühende Krone auf den Kopf genagelt, andere Rebellen wurden ersäuft oder lebend verbrannt. Margaritus von Brindisi und Richard von Aiello, der Sohn des Kanzlers Tankreds, die auf dem Trifels schmachteten, wurden geblendet. Auch Wilhelm II. hatte gegen seine Barone gewütet, aber solche Exzesse sind von ihm nicht überliefert. Der Kaiser fühlte den Boden unter seiner Kreuzzugsbasis schwanken, und dementsprechend hart griff er durch. Auch Barbarossa hatte die rebellischen lombardischen Bürger einst nicht verschont, allerdings ohne Erfolg. In Sizilien lagen die Dinge anders: hier bestand die Chance, sich durch Grausamkeit Respekt zu verschaffen, bis genügend deutsche Vertrauensleute des Kaisers auf der Insel etabliert waren. Die Zeiten waren so rauh, daß das Königsheil sich auch in der gründlichen Vernichtung der Feinde des Königs manifestierte. *Furor teutonicus*? Heinrich wußte, daß er den zur Sicherung seiner Herrschaft ebenso brauchte wie die Sympathie seiner neuen Untertanen. Die Fremdheit zwischen Deutschen und Südländern, eine Art gegenseitigen Kulturschocks, verschärfte die Auseinandersetzung noch.

Und dann war auch diese Raserei umsonst. Heinrich erkrankte Anfang August 1197 bei einem Jagdausflug unweit Messinas schwer (Malaria? Erkältung?). Sein Zustand besserte sich im September, er wollte sich nach Palermo bringen lassen. Konstanze weilte bei ihm, aber da sich die beiden schon länger nicht besonders gut verstanden, kam bald die Mär in Umlauf, sie habe ihn vergiftet. Am 28. September 1197 starb der Kaiser, von der Kirche exkommuniziert, weil er sich an dem Kreuzfahrer Richard Löwenherz vergriffen hatte. Anfang Mai 1198 ließ Konstanze ihren – von dem neuen Papst Innozenz III. inzwischen wieder in den Schoß der Kirche aufgenommenen – Gemahl in der Kathedrale von Palermo beisetzen, in einem eigens für ihn angefertigten Porphyr-Sarkophag.

Es ist fraglich, ob die deutsche Herrschaft über Sizilien ohne des Kaisers kurz vorangegangenes Strafgericht erhalten geblieben wäre. Aber sie wurde nun nicht ernsthaft in Frage gestellt. Auch die Kreuzzugsaktivitäten liefen weiter – Heinrich war ohnehin nicht ein militärisches Talent wie Richard Löwenherz gewesen, auf dessen persönliches Eingreifen es dabei angekommen wäre. Aber in Deutschland flammte erneut der Bürgerkrieg der Welfen gegen die Hohenstaufen auf, und damit waren alle Weltreichsphantasien mit einem Schlage zusammengebrochen. Das Schicksal Siziliens, das am Leben Tankreds von Lecce gehangen hatte, wiederholte sich in spektakulärer Vergrößerung, nun für das Heilige Römische Reich, da sein Mittelpunkt, der Kaiser, sein Leben ausgehaucht hatte, ohne für eine stabile Nachfolge zu sorgen.

Der Niedergang der Moslems

Heinrich VI. hatte in seinem Testament seinen Truchseß Markward von Annweiler zur Regentschaft für seinen noch nicht dreijährigen Sohn Friedrich bestimmt, da er glaubte, Sizilien sei ohne das Heer der deutschen Ministerialen nicht zu halten. Markward kommandierte, wie erwähnt, am Wege von der Grenze des sizilischen Reiches nach Oberitalien, und der jähe Tod seines Herrn machte ihn schon fast zu einem Vorläufer der späteren Condottieri der Renaissance. Denn nun hatte er in Mittelitalien gewissermaßen sein eigenes Fürstentum zu verteidigen, und mußte sich daher hauptsächlich auf seine Waffen verlassen, solange Philipp in Deutschland gebunden und der neue König und zukünftige Kaiser minderjährig war. Dies führt zum Unterschied zwischen ihm und den späteren Condottieri: er war bedeutend, sofern er kaiserliche Rechte wahrte und solange er nicht aus dem Schatten der staufischen Ansprüche heraustrat, und er hat das auch nie versucht.

Des Wohlwollens Philipps von Schwaben, des nunmehrigen Oberhauptes der staufischen Partei, war er sicher. Aber dem Eigenwillen der Kaiserin-Witwe Konstanze mußte er weichen. Sie wollte ihn, entgegen Heinrichs Testament, in Palermo nicht sehen, und er mußte die Insel verlassen, um die staufische Partei nicht durch Zwietracht noch weiter zu schwächen. Konstanze hatte als Regentin Siziliens zwischen 1195 und 1197 besonderes Selbstbewußtsein entwickelt. Nach dem Tode des Kaisers wollte sie selber regieren: sie ließ den kleinen Friedrich aus Foligno nach

Palermo holen und ihn am 17. Mai 1198 zum König von Sizilien krönen. Sie nannte ihn auch schon römischen König, also Anwärter auf die Kaiserkrone, bevor der neue Papst beide Titel bestätigt hatte.

Der seit 8. Januar 1198 amtierende Papst war einer der gewaltigsten, die je auf dem Stuhle Petri saßen: Lothar, Graf von Segni, der sich nun Innozenz III. nannte. Sofort begann er, bei Konstanze die päpstliche Oberherrschaft über Sizilien anzumahnen. Heinrich VI. hatte in seinem Testament angeordnet, daß dem Papst für Sizilien zu huldigen sei, mehr noch: daß die zwischen dem Papst und dem Reich strittigen Gebiete Mittelitaliens an Rom zurückgegeben werden sollten. Alles hatte zu geschehen, um zwischen Kaiser und Papst ein gedeihliches Verhältnis zu bewahren, denn nur von dieser sicheren Grundlage aus konnte Heinrich seine ausgreifende Mittelmeer-Politik verfolgen. Um so eher hätte Markward in Sizilien bleiben müssen, um die normannische Nostalgie dort nicht bis zum Hinauswurf der Staufer anwachsen zu lassen. Als er im Sommer 1198 in seiner Mark Ancona eintraf, versuchte er zu verhindern, daß das Land unter päpstliche Herrschaft kam und damit die kaiserliche Position in Italien in sich zusammenfiel. Die Deutschen waren hier nicht beliebter als auf Sizilien, Markwards Stellung gegen Innozenz III. wohl unhaltbar.

Da starb Kaiserin Konstanze im November 1198, nachdem sie den Papst zum Vormund Friedrichs bestimmt hatte. Wollte sie die Deutschen loswerden, mußte sie wohl so handeln, ähnlich wie einst Tankred. Wenn sie den Papst zu brauchen meinte, mußte sie auch die aus dem Konkordat von Benevent (1156) herrührende kirchenrechtliche Sonderstellung des Königreiches aufgeben. Es blieb davon nichts als das königliche Recht der Zustimmung zu den Bischofswahlen, die im übrigen noch der Bestätigung durch den Papst unterlagen. Nun bestand ein Regentschaftsrat aus vier Würdenträgern. Eines der Mitglieder, Bartholomäus of the Mill, der Erzbischof von Palermo, hielt sich zunächst bedeckt in seinen Präferenzen; der Kanzler Walter von Troia neigte zur normannischen Aristokratie und war daher dem Papst feindlich. Erzbischof Carus von Monreale hingegen trat für Innozenz III. ein, und der vierte der Regentschaft, der Erzbischof von Capua, starb schon recht bald. Klare Verhältnisse ergab das keinesfalls.

Der Papst war nicht nur ein unermüdlicher, systematischer und gründlicher Arbeiter, scharfsinniger Jurist bis hin zur Rabulistik und öliger Prediger, sondern auch ein ausgeprägter Machtmensch. Da Ermahnungen übers Meer hinweg an den kleinen und sehr ungebunden aufwachsenden Friedrich zu wenig waren, um das Königreich in die Hand zu bekommen, begünstigte Innozenz den Franzosen Walter von Brienne, der eine Tochter König Tankreds geheiratet hatte und nun in dessen Nachfolge Fürst von Tarent und Lecce werden sollte. Das riß Walter von Troia zu einem Wutausbruch hin, denn einst hatte er für Heinrich gegen Tankred gestanden, und seither war er strikt anti-päpstlich eingestellt. Innozenz exkommunizierte Walter und bot ihm an, ihn wieder in den Schoß der Kirche aufzunehmen, wenn er den Brienne akzeptiere. Doch der Kanzler rief aus, selbst wenn der Heilige Petrus vom Himmel herabstiege und es ihm im Auftrag von Jesus Christus befehlen wollte, wäre er dagegen. Es fehlte noch sehr viel, ehe Innozenz sich im Königreich durchsetzte.

Als er im Sommer 1198 eine Kollekte unter den Kirchenfürsten der Insel zur Finanzierung des Kreuzzugs ausschrieb, bekam er nichts. Da schlugen die Kreuzzugskommissare, der Bischof von Syrakus und ein Zisterzienserabt, dem Papst vor, alle kirchlichen Einkünfte zu beschlagnahmen und nur das zum Lebensunterhalt und zur Bestreitung des Gottesdienstes Notwendige zu verschonen. Und der Papst stimmte zu. Die hohen Herren gaben ihre Belastung natürlich an die Untertanen weiter, so daß vor allem die zinspflichtige Landbevölkerung aufbegehrte und gleich in Gruppen von der Scholle ging. Besonders die moslemischen Untertanen wollten für die Bekämpfung ihrer Glaubensbrüder nicht herangezogen werden. Es ist zu vermuten, daß sie in großen Scharen in die Berge zogen, besonders ins Val Mazara, wo der Erzbischof von Monreale ihr wenig freundlicher Herr war. Dem Bischof von Agrigent, diesem alten Berber-Nest, spielten sie besonders übel mit. Sie nahmen ihn gefangen auf der Burg Guastanella (die heute nicht mehr steht) und ließen ihn erst nach 14 Monaten gegen Lösegeld wieder laufen. Auch rund um die Bischofskirche trieben sie ihr Wesen und kein Christ wagte sie zu betreten. Hätten wir mehr zuverlässige Quellen, ließen sich die Räubergeschichten sicherlich fortsetzen.

Es gärte allerorten. Nicht alle Moslems des Aufstandes von 1189/90 waren wohl nach Palermo zurückgekehrt, da König Tankred sie dazu nicht hatte zwingen können. Als Konstanze starb, schwanden ihre Hoffnungen, daß die Staatsmacht sie fair behandeln würde, denn die Regentschaft bestand aus christlichen Kirchenfürsten, und dem Papst in Rom wollten sie schon gar nicht dienen!

Es liegt unter dem Datum des 5. Januar 1199 ein Schreiben Innozenz' III. an den Bischof von Syrakus vor, das aufhorchen läßt: die konvertierten Heiden fielen in ihre Irrtümer zurück, heißt es da. Die Ketzer müßten alle exkommuniziert werden, das müsse an jedem Festtag unter dem Geläut der Glocken und mit angezündeten Kirchenlichtern bekanntgemacht werden, und der Bischof solle darauf achten, daß die anderen getauften Sarazenen nicht dem bösen Beispiel folgten. Da kam der Religionsfrieden erneut in größte Gefahr, weil viele Moslems ihr geducktes Verhalten gegenüber den Christen aufgaben.

Das war für Markward die Ausgangslage, um nach Sizilien zurückzukehren. Er hatte versucht, sich in den Abruzzen gegen den Papst zu halten, ihm seine Lehnsunterwerfung angeboten, hin- und herverhandelt, war exkommuniziert worden – doch nun tauchte er in Salerno auf und setzte auf Schiffen, die ihm die Pisaner zur Verfügung stellten, im Oktober 1199 von dort nach Trapani über. Sofort ging die Regentschaft den Papst um Hilfe an. Die Moslems mochten Markward als Sachwalter des verstorbenen Kaisers begrüßen, und es war ihnen egal, falls die päpstliche Propaganda stimmte, die Markward bezichtigte, sich zum König von Sizilien machen zu wollen. Markward soll sich sogar dazu verstiegen haben, Friedrichs eheliche Geburt anzuzweifeln, um Konstanze zu verjagen und sich selber zum Herrn Siziliens machen zu können. Das ist aber nicht glaubhaft. Denn wie konnte ein deutscher Ministerialer hoffen, ohne die Autorität seines Herrscherhauses im Rücken so fern vom Reich eine eigene Herrschaft zu begründen? Sollte ihn die exotische Atmosphäre des Südens, die damals auch noch mit den Reizen des Morgenlandes durchtränkt war, derart zum Abenteurertum hingerissen haben, nur, weil er die normannisch denkende Konstanze im Namen seiner deutschen Loyalität haßte? Das gäbe Stoff zu schwülen Romanen, zumal die historische Wahrheit in diesem Punkt nicht zweifelsfrei feststellbar ist; aber im übrigen sollte man sich der Spekulationen enthalten.

Innozenz wollte Sizilien nicht im Bürgerkrieg versinken lassen, denn dann hätte er die Idee eines Kreuzzugs aufgeben müssen. Deswegen band er dem Kardinallegaten und seinem Vetter Jakob, den er mit 200 Reitern nach Süden schickte, sowie den Erzbischöfen von Tarent und Neapel, die Fußtruppen besorgten, besonders aufs Herz, zu den Moslems freundlich zu sein und ihnen vor allem keine neuen Abgaben aufzuerlegen. Aber die Päpstlichen konnten nicht verhindern, daß Markward im Val Mazara allmählich Fuß faßte und Christen und Sarazenen gleichermaßen an sich zog. Wie letztere organisiert waren, ist nicht überliefert, doch darf man unterstellen, daß sie zu großen Teilen, also abgesehen von ihren Räuberbanden, wie sie in solchen Zeitläuften stets auftauchen, wieder unter einzelnen Qaids standen, wie schon 1189, und damit ihre Kräfte zu einer ernstzunehmenden politischen und militärischen Macht bündelten.

Im Sommer 1200 war Markward stark genug geworden, um auf Palermo zu marschieren. Friedrich wurde eilends nach Messina in Sicherheit gebracht. Nach 17 Tagen der Belagerung war das päpstliche Heer heran. Markward bot Verhandlungen an, und Walter von Troia wollte schon darauf eingehen, da verkündete ein Sekretär des Papstes, dies sei strikt untersagt, und so kam es am 21. Juli 1200 vor den Toren der Hauptstadt im Tal des Oreto, nahe Monreale, zur Schlacht. Auf Markwards Seite fochten u. a. auch 500 Pisaner, die wohl hofften, auf Sizilien, ebenso wie schon unter Heinrich VI. die Genuesen, ins Geschäft zu kommen. Am frühen Nachmittag war Markward gründlich geschlagen, der Anführer der Moslems war im Kampf gefallen, auch die Pisaner hatten hohe Verluste erlitten. Die Sieger fanden unter reicher Beute auch ein Kästchen, das Kaiser Heinrichs Testament enthielt.

Doch Konstanzes Kanzler Walter ließ sich das Verhandeln mit Markward nicht verbieten, obwohl berichtet wird, daß er ihn bei Randazzo ein zweites Mal geschlagen habe. Denn da Walter von Brienne sich rüstete, Tarent und Lecce einzunehmen, war Markward als Bündnispartner gegen diesen unverzichtbar. Den Päpstlichen ging das Geld aus, und es bestätigte sich, daß der Reichstruchseß von der Woge breiter Unzufriedenheit im Volke aller Konfessionen getragen war, ihm seine Niederlagen also nicht den Hals brachen. Da die Päpstlichen für ihre geringe Streitmacht keinen Nachschub erhielten, zogen sie bald ab, und Walter hatte freie Hand, sich nun die Macht auf der Insel mit Markward zu teilen. Friedrich war schon nach Palermo zurückgebracht worden, wo er sich nun dem Feinde seines Vormundes fügen mußte.

Walter von Brienne drang auf dem Festland vor, doch die deutschen Barone dort, auch sie wie Markward Sachwalter der hohenstaufischen Sache, hielten ihn in

Schach, und er starb im Juni 1205 schließlich in deutscher Gefangenschaft. Das glich für den Papst den Tod Markwards aus (September 1202). Aber alle seine Versuche, Sizilien tatsächlich in die Hand zu bekommen, schlugen dennoch fehl. Er hat am Ende sogar versucht, mit deutschen Befehlshabern, die aus den Scharen Markwards auf der Insel verblieben waren, zu paktieren. Wilhelm von Capparone, Markwards Nachfolger als Hüter Friedrichs, war ja von dem Vorwurf frei, die legitime Geburt des Staufers anzuzweifeln. Doch das nützte ihm auch nichts. Die Pisaner überrumpelten sogar Syrakus, um sich für ihren Einsatz bezahlen zu lassen, und im Jahre 1204 wurden sie von den eifersüchtigen Genuesen vertrieben. Der Hafenplatz lag gar zu praktisch der Levante zugewendet! Es war keine Rede davon, daß den gierigen Krämern bei all diesem eine königlich sizilianische Flotte in den Arm gefallen wäre, denn eine solche gab es in einsatzfähiger Größe nicht mehr. Das ist ein weiterer Hinweis darauf, wie die stolze normannisch-staufische Macht seit dem Tod Heinrichs VI. verfallen war.

Eine Frage drängt sich hier auf: Hätten Walter von Troia, Markward von Annweiler und Wilhem von Capparone nicht versucht, die deutsche Macht auf der Insel festzuhalten, wäre sie dann ruhiger und glücklicher gewesen, wenn sie sich einfach unter den Schutz des Papstes gestellt hätte? Das erscheint zumindest fraglich, denn die Autorität des Papstes war ebensowenig unangefochten wie die der deutschen Condottieri, konnte es schon wegen dessen dauernder Abwesenheit nicht sein und traf zudem auf die Opposition der moslemischen und christlichen Landbewohner. Wenn die Moslems die Insel auch nicht mehr beherrschen konnten, ein erhebliches Störpotential bildeten sie immer noch.

Innozenz hatte den Krieg gegen Markward als einen Kreuzzug bezeichnet, aber er hütete sich beständig, ihn als einen solchen auch gegen die Moslems zu verstehen, und zollte damit dem Machtfaktor, den sie auf der Insel darstellten, gebührend Rechnung. Er warf einigen Mönchen von Monreale vor, sie hätten mit den Deutschen gemeinsame Sache gemacht, aber daß sie dann notwendigerweise auch mit den Sarazenen zusammengearbeitet hatten, verschwieg er wohlweislich. Bis zu einem gewissen Grad machte er sich sogar die alte normannische Aufgeschlossenheit zu eigen, denn im September 1206 schrieb er „an den Qadi und an alle Qaids von Entella, Platani, Giato und Celsi und an alle anderen Qadis und Sarazenen Siziliens, mit den besten Wünschen, die Wahrheit, die Gott selbst ist, zu lieben und zu verstehen." Das war schon eine Formulierung, die gütig darauf anspielte, daß sowohl Christentum als auch Islam monotheistische Religionen waren – im Zeitalter der Kreuzzüge durchaus keine selbstverständliche Rede an der Schwelle der Apostel. Und dann ermahnte er sie, weiterhin ihrem König so treu zu sein wie bisher und sprach kein Wort über ihre einstige Unterstützung für Markward.

Man hat vermutet, daß die Regentschaft diesen Brief bestellt hat, um die Moslems zu besänftigen, die das Vertrauen zu ihren christlichen Herren anscheinend noch nicht zurückgewonnen hatten und nach wie vor unruhig waren. Denn wenn die deutschen Barone und die Regentschaft miteinander auskommen wollten, ging das nicht ohne Handsalbe – wie man die Bestechungsgelder nannte – und Verschiebung größerer Güter, und die Leidtragenden aller damit verbundenen Belastungen waren wiederum die Christen und Moslems auf dem Lande. Wobei letztere offensichtlich den stärkeren politischen Willen hatten, sich nicht beliebig rupfen zu lassen. Im Jahre 1208 besetzten sie die Burg Corleone, die im Gebiet des Erzbischofs von Monreale lag, und drohten von dort herab, sie würden die Christen mit Krieg überziehen.

An seinem 14. Geburtstag, am 26. Dezember 1208, war Friedrich von seinem Vormund für volljährig erklärt worden, da „der Cäsaren Mannheit vor der Zeit eintritt." Im November 1210 marschierte Kaiser Otto IV. aus dem Welfenhause, der nach der Ermordung Philipps von Schwaben (1208) in Deutschland als König anerkannt und 1209 vom Papst zum Kaiser gekrönt worden war, ins unteritalienische Königreich ein. Manche der deutschen Barone im Süden traten für ihn ein, und insgesamt schienen nun unter welfischen Vorzeichen die glorreichen Tage zurückzukehren, da das Reich und Sizilien eine Einheit gebildet hatten. Der Ministeriale Diepold von Schweinspeunt, der sich auf Sizilien nach Markwards Tod herumgeschlagen hatte und der seit Heinrichs VI. Tagen Graf von Acerra war, also den schmählich zu Tode gebrachten Richard von Acerra beerbt hatte, suchte Otto IV. im umbrischen Terni auf und bat ihn, das hohenstaufische Erbe im Süden anzutreten.

Aber Innozenz III. sorgte dafür, daß diese Art von Loyalität schnell durch neue Tatsachen überholt wurde. Denn nichts war ihm widerlicher, als der Versuch des Welfen, dem er im deutschen Bürgerkrieg nach 1197 die Stange gegen die Hohenstaufen gehalten hatte, nun genau in deren Fußstapfen zu treten, Sizilien zu übernehmen und damit den Kirchenstaat in Mittelitalien erneut von allen Seiten her einzuschließen. Dagegen half nur, den jungen Friedrich von Hohenstaufen als Gegenkönig gegen Otto IV. aufzustellen. Es spricht für die manipulativen Fähigkeiten des Papstes und gleichermaßen für Friedrichs Bereitschaft, den Spuren seiner Vorfahren zu folgen, wenn auch zunächst unter päpstlicher Kuratel, daß diese Gegenintrige Erfolg hatte. Im März 1212 segelte Friedrich von Messina ab nach Gaeta, von dort zog er auf dem Landweg über die Alpen nach Deutschland, übernahm die Führung der päpstlich inspirierten staufischen Partei und ließ sich im Dezember 1212 zum deutschen König wählen und krönen.

Otto IV. hatte im Vorjahr das zum Königreich Sizilien gehörende Festland mehr besetzt als erobert und stand schon in Kalabrien, um über die Meerenge zu setzen, als er im Oktober 1211 erfuhr, daß einige deutsche Fürsten unter der Führung des Erzbischofs von Mainz ihn als Ketzer bezeichnet hatten, denn exkommuniziert war er schon, und Friedrich zum rechtmäßigen Kaiser erklärt hatten. 1214 unterlagen Otto und seine Verbündeten, die Engländer, dem französischen König Philipp II. August in der Schlacht von Bouvines. Damit war die Nachfolge Friedrichs im Reich gesichert.

Er nannte sich, den wahren Umständen entsprechend, König „von Gottes und des Papstes Gnaden" und unterstellte die Kirche des Reiches der verbindlichen Kontrolle des Papstes (das war der Kern der in der sogenannten Goldbulle von Eger 1213 niedergelegten Bestimmungen). Im November 1220 wurde er von Innozenz'

Kaiser Otto IV. (1208 – 1212), der Sohn Heinrichs des Löwen; einmal als Siegelbild und einmal als typisches Monument des 19. Jahrhunderts. Kaum zum Kaiser gekrönt nahm der Welfe die Sizilien-Politik der Staufer wieder auf und versuchte, das Normannenreich mit Deutschland und dem Königreich Italien zu verbinden.

Nachfolger Honorius III. in Rom zum Kaiser gekrönt, und im Mai 1221 setzte er nach Sizilien über, um dort die Ordnung wiederherzustellen, die seit Heinrichs VI. Tod nicht mehr gewährleistet gewesen war.

Die Christen huldigten ihm. Die Moslems konnte der Kaiser jedoch nicht beruhigen. Jahrzehnte der Anarchie hatten die Sarazenen vergessen lassen, wer ihr rechtmäßiger Herr war, und sie gelehrt, daß sie sich mit Gewalt von den Christen alles holen konnten, was sie wollten. Ihre Räuberbanden machten besonders das Val Mazara unsicher. Man muß dahinter keinen ausgeprägten Kampf der Weltanschauungen vermuten, der durch die normannische Toleranz nun nicht mehr gezügelt wurde. Die gewalttätigen Zeiten allein hatten so viel Haß und Verbitterung ausgelöst, daß es auf Religion und Kultur als Konfliktgrund mittlerweile weniger ankam. Es gab auch genügend materielle Gründe. Wenn der Kaiser nun die Besitzverhältnisse von 1197 wiederherstellen wollte, dann würden alle diejenigen die Verlierer sein, die sich seitdem bereichert hatten, z. B. die bischofsfeindlichen Moslems von Agrigent. Deren Glaubensbrüder hatten nicht Corleone, Entella, Giato und andere Orte besetzt, um jetzt ohne weiteres wieder aufs Land zurückzuziehen und brav ihren Zins zu entrichten. Schließlich mußte Friedrich seine restaurative Gerechtigkeit dazu benutzen, alte Schulden zu bezahlen und um sich unter dem grundbesitzenden Klerus und Adel der Insel eine zuverlässige Klientel zu schaffen, wie auch anderswo in seinem Reich. Das konnte nur auf Kosten der Moslems geschehen, und ins Unrecht gesetzt hatten sie sich bis 1220/21 genügend.

Es war also ein schwerer Bandenkrieg zu führen, denn die Moslems hatten sich die gebirgigen Regionen im Westen der Insel und entlang der tyrrhenischen Küste ausgesucht, um ihren Widerstand zu organisieren. Riccardo von San Germano nennt als ihren Anführer einen gewissen Mirabetto, was entweder eine Verballhornung von Ibn Abbad ist oder von arabisch *murabit* stammt, was soviel bedeutet wie klösterliche Gemeinschaft, aus der die Glaubenskrieger hervorbrachen, die *murabitun* (vgl. auch die Bezeichnung der maghrebinisch-spanischen Almoraviden, von *al-murabitun*). Letztere Version ist die stimmungsvollere. Friedrich machte während des ganzen Jahres 1221 von Messina aus seine Runde auf der Insel, um die Aktion gegen die Moslems vorzubereiten. Er scheint jedoch Mirabetto unterschätzt zu haben, denn er befand sich im nächsten Jahr auf dem Festland, um den Grafen von Celano abzustrafen, und mußte von dort Hals über Kopf nach Sizilien zurück, denn nun war der Aufstand mit voller Wucht losgebrochen. Vielleicht hatten die Syrakusaner Genuesen, mit denen Friedrich schlecht stand, ihre Hände im Spiel – ein Grund mehr, um dem folgenden Kampf die Aura eines Glaubenskrieges abzusprechen.

Juli/August 1222 belagerte der Kaiser Giato und fing zur gleichen Zeit den Mirabetto, dessen zwei Söhne, den Genuesen Guglielmo Porco und den Ugo Fer aus Marseille, der einst Kinder aus Frankreich und Deutschland zum Kreuzzug angelockt und dann als Sklaven in die arabische Welt verschachert hatte. Mirabetto wurde in Palermo aufgehängt. Nach einer arabischen Quelle trat Friedrich ihm dabei in die Seite und riß ihm mit dem Sporn seines Ritterschuhs den Leib auf. Nach einer

Totenkrone der Kaiserin Konstanze, Tochter Königs Alfons' II. von Aragon, die erste Gemahlin Friedrichs. Sie starb 1222. Die Heirat (1209) war von Papst Innozenz III. eingefädelt, der auf die Hilfe Aragons zurückgriff, um seinem Mündel Friedrich Sizilien zu erhalten.

anderen Version hatte Mirabetto unter der Bedingung kapituliert, unbehelligt nach Afrika davonfahren zu dürfen. Der Kaiser habe ihn darauf höhnisch ins Meer werfen lassen.

Mit solchen und manchen anderen Berichten hat die arabische Phantasie den Todeskampf der sizilischen Moslems ausgemalt. Die Ritter- und Sarazenenpuppen sind noch heute ein beliebter touristischer Artikel auf Sizilien. Doch sie beschwören eher die Heldensagen um Karl den Großen, der mit seinen Paladinen erfolglos auszog, das islamische Spanien zu erobern, weniger den Kampf der Normannen mit den Sizilianern und gar nicht die mühseligen Wegelagereien und die Scharmützel, die Friedrich von Hohenstaufen mit den letzten kampfkräftigen Moslems der Insel ausfocht.

Im folgenden Jahr, 1224, ging der Bandenkrieg immer noch weiter. Die Gegend um Platani war noch nicht unterworfen. Es ist verständlich, daß Friedrich sich davon nur sehr ungern fesseln ließ, und daß er deshalb zu der radikalsten Maßnahme griff, die sein Zeitalter kannte: die Moslem-Gruppen, die sich ihm ergeben hatten, ließ er aufs Festland deportieren. Der erste Zug wurde aus Bewohnern des Gebietes von Agrigent zusammengestellt. Und der Guerrilla-Krieg brachte als Steigerungsmaßnahme auch mit sich, daß die kaiserlichen Befehlshaber die Moslems nicht mehr in ihren starken Befestigungen angriffen, sondern die Ernten vernichteten und das Kampfgebiet so abriegelten, daß der Hunger erzielte, was mit den Waffen anzustreben zu unsicher war. Dadurch zog sich der Krieg in die Länge, aber nach der Gefangennahme des Mirabetto und der Eroberung von Giato dürfte er dafür auch begrenzter geworden sein. Er war aber immer noch ein geeigneter Anlaß, unsichere Feudalherren des Festlandes an ihre Lehnspflicht zu erinnern und zum Feldzug heranzuziehen. Waren sie auf Sizilien eingetroffen, wurden sie gefangengenommen und ihre Güter konfisziert.

Noch einen Vorteil bot der lästige Krieg: Friedrich hatte im Jahre 1215, da er „von Papstes Gnaden" herrschte, ein Kreuzzugsgelübde abgelegt, und Honorius forderte 1224 dringend, es einzulösen. Friedrich antwortete aus Catania, daß soeben moslemische Anführer und Sippenhäupter vor ihn gebracht worden seien, und daß er mit ihnen dringend die Befriedung des Landes beraten müsse und gerade jetzt sich nicht ins Heilige Land entfernen dürfe. 1224 wurden die Moslems auch von Malta vertrieben sowie von anderen Inseln im Bannkreis Siziliens. In Malta siedelte Friedrich die christlichen Bewohner Celanos an, die infolge der Rebellion ihres Herren zunächst von dort vertrieben und dann nur deshalb nach Celano zurückbefohlen worden waren, um sie für den Abtransport nach Malta zu sammeln. Das darf man Deportation im größten Stil nennen, und mit den alten Assyrern vergleichen, die dieses Herrschaftsmittel großzügig eingesetzt hatten. Dahinter lauerte der Zweck, Unteritalien so homogen wie möglich zu machen, um es besser in den Griff zentraler Verwaltung zu bekommen.

Für 1225 wird berichtet, daß der Kaiser alle Barone des Festlandes zum Kriegsdienst auf Sizilien rief, und daß vor diesem Aufgebot der sarazenische Widerstand bis auf weiteres zusammenbrach. 1229 gab es Unruhen im Gebiet von Giato und

Entella, denen Friedrich gleich nach der Rückkehr von seinem Kreuzzug (siehe weiter unten) entgegentreten mußte. Die Banden mochten ihre Durchschlagskraft verloren haben, aber mehr als ein Polizei- Problem waren sie immer noch. Friedrich deportierte, befahl die Rückkehr in die Ebene, preßte die Gefangenen in seine Heere: nichts half endgültig. Die Macht des für seine effiziente und durchgreifende Staatsorganisation in die Geschichte eingehenden Herrschers war demnach nicht die einzige, die mit dem Banditenunwesen im unteritalienischen Bereich nicht fertig wurde. 1245 zog der Graf Richard von Caserta gegen die Moslems erneut zu Felde. Im August 1246 ließ Friedrich ihnen verkünden, sie sollten innerhalb eines Monats die Waffen niederlegen, sonst hätten sie sich die Folgen selber zuzuschreiben. Im November 1246 schrieb der Kaiser an seinen Gefolgsmann Ezzelino da Romano, den Tyrannen von Verona, endlich könne er seinen Freunden zu Hilfe eilen, denn endlich seien die Sarazenen aus ihren Bergen herabgestiegen, um Erbarmen zu erbitten. Das ist überhaupt der letzte Hinweis auf die Nachfahren der einstigen Eroberer der Insel. Was von ihnen übrigblieb, assimilierte sich recht bald. Im 13. Jahrhundert verschwanden die arabischen Grabinschriften fast völlig, auch in der islamischen Hochburg Palermo. Viele arabische Ortsnamen blieben, doch die Straßennamen Palermos christianisierten sich schnell.

Die Moslems mußten zwar ihre Berge verlassen, wurden aber nicht alle deportiert, sondern angewiesen, Geiseln für ihr Wohlverhalten zu stellen und wieder in den Ebenen zu siedeln. Das kam den Interessen der Landbesitzer entgegen, die nicht auf ihre Arbeitskräfte verzichten wollten, und auch denen des Kaisers und Königs, der sich nicht leisten konnte, die Insel zu entvölkern und damit als Steuerquelle zu schädigen. Alle Bevölkerungsverluste waren ohnehin nicht wettzumachen. Die Deportierten wurden in Apulien und der Basilicata angesiedelt, in Lucera, Girifalco und Acerenza, also genügend weit auseinander. Ab 1239 wurden sie in Lucera konzentriert, da dies am entferntesten zu Sizilien lag und manche schon versucht hatten, heimlich in die Heimat zurückzukehren.

Man kann aber nicht genau angeben, wieviele Moslems nun die Insel verlassen mußten. Riccardo von San Germano gibt für das Jahr 1237 an, daß sie dem Kaiser 10 000 Bewaffnete mit Gefolge zur Verfügung stellten, was hochgerechnet etwa 60 000 Menschen ergäbe. Andere Zahlenangaben sind höher, aber nicht weniger ungewiß (10 000 kann ja einfach eine runde Zahl sein) und auch nicht wahrscheinlicher. Neben dem kleinen und verfallenen Landstädtchen Lucera, das aber Bischofssitz war, ließ der Kaiser eine Kolonie der Sarazenen mit interner Selbstverwaltung anlegen und außerdem die gewaltige Burg, in der die Krieger kaserniert waren. Sie dienten dem Kaiser als eine Prätorianergarde, die von der Propaganda seiner späteren Feinde, besonders des Papstes, nicht erreichbar war, obwohl die Moslems die lokale Sprache des Volkes beherrschten. (Das hat sogar zu der Vermutung geführt, daß die Deportierten von Lucera keine Araber oder Berber waren, die einst nach Sizilien gekommen waren, sondern islamisierte Landleute, die dann freilich das heimische Ur-Italienisch oder Spät-Griechisch sprachen. Zwingend ist diese Vermutung jedoch nicht.)

Das Kastell von Lucera (Apulien) mit den wuchtigen Befestigungsanlagen, die es unter Kaiser Friedrich II. (1212 – 1250) und später unter den Anjou-Herrschern erhalten hat. Friedrich siedelte hier die aus Sizilien deportierten Sarazenen an. Daher nannten es die Zeitgenossen „Luceria Saracenorum". Manfred, Friedrichs Bastard, bemächtigte sich 1254 der Stadt und der darin verwahrten Staatskasse. Die Sarazenen blieben der hohenstaufischen Sache noch lange treu. Erst Karl II. von Anjou rottete sie aus (1300) und taufte die Stadt – ohne dauernden Erfolg – in „Città di Santa Maria" um.

Friedrich wachte eifersüchtig darüber, daß die Leute von Lucera keinen christlichen Bekehrungsversuchen ausgesetzt wurden. Sie zerstörten sogar die Kathedrale von Lucera, und der Kaiser zog sie deswegen nicht zur Verantwortung. Dann hatten sie auch einmal die Erlaubnis, den gefangenen Bischof von Arezzo an ein Pferd zu binden und durch ihr Lager zu schleifen, bevor er auf Friedrichs Befehl geköpft wurde. Die den Kaiser manchmal packende Grausamkeit berührte sie vertraut; so einen nannten sie liebevoll in Verballhornung seines lateinischen Titels Al-Imbiratur. Sie trugen es dem Kaiser anscheinend nicht nach, daß er sie deportiert hatte, und mitten in der christlichen Diaspora blieb ihnen keine andere Wahl, als ihm allezeit bedingungslos treu zu sein.

Die Kolonie Lucera verfügte auch über mancherlei Werkstätten, die sich aufs Weben und aufs Tischlern verlegten. Die Händler, die von hier aus herumreisten, gehörten wohl zu denen, die versuchten, nach Sizilien zurückzukehren. Es gab auch Pferdegestüte und Kamelzucht sowie die Abrichtung von Leoparden zur Jagd – daneben auch einen der kaiserlichen Harems, von Eunuchen bewacht, wie es Großvater Roger II. einst in Palermo gehalten hatte. Der zweite Harem blühte in Messina, der dritte stand auf Reisen zu Gebot, und womöglich gab es noch einen anderen. Auch die Schatzkammer befand sich in Lucera.

Das war dem Abendland ein rechter Greuel, und einer der Zwecke der sarazenischen Kolonie von Lucera dürfte es denn auch gewesen sein, den Papst und alle Frommen weidlich zu ärgern. Doch Lucera erwies sich als lebensfähig über Friedrichs Tod hinaus. Des Kaisers Sohn Manfred, kurzer Erbe seiner unteritalienischen Macht, fühlte sich in Lucera ebenso wohl wie sein Vater, weshalb er zwar nicht „gekrönter Sultan" beschimpft wurde wie sein Vater, aber doch „Sultan von Lucera". Als Manfred im Februar 1266 gegen Karl von Anjou in der Schlacht bei Benevent fiel, da gingen ihm viele Männer aus Lucera im Tod voraus.

Karl von Anjou respektierte die Sarazenen, und als der junge Staufer Konradin nach Italien zog, um das Reich seiner Väter in Besitz zu nehmen, da jubelten sie ihm in Lucera sofort zu. Eine Belagerung durch den Anjou war erfolglos, und nach Konradins Hinrichtung im Jahre 1268 mußten sie kapitulieren, aber ihre Kolonie ging deswegen nicht unter. 1271 jubelten sie einem falschen Konradin zu. Karl von Anjou zwang sie zum Gehorsam zurück, doch ließ er sie wohnen, baute ihre Burg sogar noch weiter aus und lagerte seinen Schatz ebenfalls dort. Unter dessen Nachfolger, Karl II., reihten sie sich sogar in die französische Armee ein, die auf Sizilien gegen die Aragonesen kämpfte. Da waren sie wohl nur noch eine Söldnerbande in zweiter oder dritter Generation, aber da sie nun die dem Papst lästig gewordenen Franzosen unterstützten, ruhte dieser nicht, bis Karl II. im Jahre 1300 Lucera überfallen, alle Einwohner niedergemacht und alles Islamische, besonders die Moscheen, dort zerstört hatte. Die Stadt verlor ihren ehrlichen antiken Namen und sollte von nun an Città di Santa Maria heißen, doch hielt sich diese Art von Exorzismus nicht lange.

Es ist bekannt, daß Kaiser Friedrich große Sympathie für den islamischen Kulturkreis hatte, denn er war in Palermo ja weitgehend unter Moslems aufgewachsen, hatte Arabisch gelernt und wußte nicht nur mit Haremsdamen, Kamelen und Leoparden, sondern auch mit den geistigen Genüssen der islamischen Kultur mehr anzufangen als irgendein christlicher Herrscher vor oder nach ihm. Trotzdem zertrat er das moslemische Element auf Sizilien, denn es war zur Landplage herabgekommen, und er konnte es für die Ordnung seines Staates nicht mehr verwenden. Alles, was Friedrich tat, mußte in sein politisches Kalkül passen. Schwärmerei war seine Sache nicht. Man gewinnt wohl einen nüchternen und sehr hilfreichen Zugang zum Wesen dieses so verwirrend vielseitigen Mannes, wenn man ihn zunächst und vor allem als selbstbewußten Herrscher sieht, der zerstörte, manipulierte und unter sich zwang, wann immer er es seiner Majestät schuldig zu sein glaubte.

Waren für die Normannen die Beziehungen zu den Herrschern des Maghreb von großer Bedeutung gewesen, so galt das für Friedrich nicht mehr. Im Jahre 1212 hatten die Almohaden bei Las Navas in der Sierra Morena gegen die vereinigten Portugiesen, Kastilier, Aragonesen und Navarresen die entscheidende Niederlage der gesamten Reconquista erlebt und hatten anschließend Mühe, sich gegen die Christen noch länger in Andalusien und gegen die einheimischen Opponenten im Maghreb zu halten. Dieser moslemische Niedergang jenseits des Meeres machte es für die sizilianischen Moslems von Anfang an aussichtslos, bei ihren nahen Glaubensbrüdern Hilfe zu bekommen. Tunesien war den Almohaden ohnehin schon entglitten, und die Sippe der Banu Hafs, die sich auf den Berberstamm der Masmudah stützte und die Dynastie der Hafsiden begründete, begann ab 1228 im Lande zu walten. Die sizilianische Flotte suchte 1224 die Insel Djerba zu einem Plünderungszug heim, ohne daß dahinter Friedrichs Plan erkennbar wäre, das normannische Ausgreifen nach Ifriqiyah wieder aufzunehmen. Er hatte in Mitteleuropa und im Heiligen Land genügend andere Sorgen. Im Jahre 1236 floh Abd-Al-Aziz, ein Verwandter des hafsidischen Emirs von Tunis nach Apulien, und der Kaiser nahm ihn großzügig auf und weigerte sich sogar, ihn an den Papst weiterzureichen, der behauptete, Abd-Al-Aziz sei nach Italien gekommen, um sich taufen zu lassen. Aber politische Folgen hatte Friedrichs Gastfreundschaft nicht. Die Herrschaft über die Insel Pantelleria war originell aufgeteilt: die Christen dort hatten keine amtliche Gewalt über die Moslems, aber ein moslemischer Präfekt, der vom Kaiser zu ernennen war, regierte seine Glaubensbrüder, und die Steuereinnahmen der Insel wurden zwischen Hafsiden und Hohenstaufen hälftig geteilt. Aus dem Jahr 1231 existiert ein Vertrag mit den Hafsiden, der die gegenseitige Piraterie zwischen Christen und Moslems notdürftig regelte und bemerkenswerterweise nur dem Kaiser auferlegte, die Beute, die von seinen Untertanen gemacht wurde, wieder herauszugeben, das gleiche aber nicht für die hafsidische Seite bestimmte. Das läßt entweder auf eine schlechte Verhandlungsposition des Kaisers schließen oder auch darauf, daß die Maghrebiner zu jener Zeit dem Seeraub nicht mehr nachgingen – wenn nicht einfach die Urkunde, die nur in lateinischer Sprache erhalten ist, in diesem Punkte lückenhaft übersetzt worden ist.

Erfreulicher war der Getreidehandel, wie er zwischen Sizilien und dem Maghreb schon lange bestand. Es gelang Friedrich, die Genuesen als Zwischenhändler aus dem Geschäft zu drängen. Der Emir von Tunis zahlte dem Kaiser pro Jahr beträchtliche Summen, um seine Schiffe frei von Überfällen zu halten und um die Getreidezufuhr für sein darbendes Land zu sichern. Der übrige Handel zwischen beiden Küsten war für die Hafsiden gegen die Zahlung von zehn Prozent Zoll auf den Warenwert frei.

Ein noch erfreulicheres Zeichen damaliger christlich-islamischer Verbindungen nach dem Willen des aufgeschlossenen Kaisers sind die „Sizilianischen Fragen", die der Kaiser schriftlich an die Weisen im Abend- und im Morgenland richtete. Die kamen auch an den Hof des Almohaden-Herrschers Al-Raschid (1232–1242), der sie von Ibn Sabin aus Ceuta beantworten ließ. Friedrich fragte, welche Beweise Aristoteles für seine Behauptung gehabt hatte, daß die Welt ewig sei, was der Zweck und was die Grundvoraussetzungen der Theologie seien; was von den Kategorien zu halten sei, die für alle Wissenschaften gültig sein sollten; schließlich der Widerstreit in den Meinungen des Aristoteles und des spätantiken Peripatetikers Alexander von Aphrodisias über die Unsterblichkeit der Seele; und am Ende ein mystischer Ausblick: „Wie ist der Spruch Mohammeds zu verstehen: das Herz des Gläubigen steht zwischen zwei Fingern des allerbarmenden Gottes?"

Der Austausch wissenschaftlicher, theologischer und philosophischer Fragen war zwischen orientalischen Herrschern nicht unüblich, wenngleich für die frommen Gemüter in Islam und Christentum gleichermaßen die erwähnten Fragen Friedrichs von besonderer freigeisterischer Keckheit zeugen. Nachdem Ibn Sabin in den anderen Fragen eine auch das klassische Altertum umfassende Gelehrsamkeit ausgebreitet hatte, wie sie damals im christlichen Abendland wohl noch kaum jemand besaß, antwortete er auf das theologische Thema nur: der Kaiser solle ihm einen zuverlässigen Boten schicken oder am besten gleich in Person nach Ceuta kommen, denn solche Fragen erweckten in der Öffentlichkeit großen Unwillen. Friedrich sandte tatsächlich einen Boten, doch alle Belohnung, die er Ibn Sabin daraufhin anbot, nahm dieser nicht an. Später soll Papst Innozenz IV. (1243–1254) Ibn Sabin, nachdem er dessen Antwort an Friedrich gelesen hatte, anerkennend den Fürsten der moslemischen Theologen genannt haben.

So war Sizilien unter Friedrich II. zum letzten Mal ein Treffpunkt von West und Ost, kam wegen der persönlichen Initiative des Kaisers noch einmal ein mediterraner Dialog zustande, der jedoch nicht mehr von der Vitalität der moslemischen Kultur lebte, die im Brigantentum und im Sog der Latinisierung unterging. Auch die griechisch-byzantinische Welt verabschiedete sich aus Sizilien, nicht so schnell wie die moslemische, doch seit dem Abtreten der Hauteville von Generation zu Generation immer mehr. Friedrich war des Griechischen kundig – doch den Sultan zu spielen fand er bestimmt freudevoller. Das niedergehende byzantinische Reich übte auf seine sizilischen Ableger keine Anziehungskraft mehr aus.

Konstantinopel mußte sich von den fehlgeleiteten lateinischen Kreuzfahrern 1204 sogar erobern und in ein „lateinisches Kaiserreich" umwandeln lassen. Griechische Teilreiche, deren Lebensaufgabe die Rückgewinnung der Kaiserstadt war, bildeten sich im Norden der griechischen Halbinsel und in Kleinasien. Der

Die Kreuzfahrer erobern am 12. April 1204 Konstantinopel (nach einem Gemälde von Tintoretto). Die anschließende dreitägige Plünderung der Weltstadt hat wie der Kreuzzugshistoriker Steven Runciman urteilt, „in der Geschichte nicht ihresgleichen“.

Purpurmantel der byzantinischen Kaiser war um die Jahrhundertwende arg zerfranst worden, doch die Schrumpfung der Beute pflegt verblüffenderweise zu allen Zeiten die Verbissenheit engagierter Politiker nur noch zu steigern, etwas von ihr zu ergattern. Friedrich hat an einen der Teilkaiser, Johannes III. Dukas Vatatzes von Nikaia, sogar seine natürliche Tochter Konstanze verheiratet, doch tat er das weniger, um die griechische Kultur zu fördern, als um gegen den Papst, der das „lateinische Kaiserreich" unterstützte, ein Gegengewicht in der Levante zu bilden. Herr über die Kirche, wie die oströmischen Kaiser das in glücklicheren Tagen gewesen waren, wollte Friedrich spätestens dann sein, als sein Zerwürfnis mit dem Papst unheilbar geworden war. An Johannes III. Dukas Vatatzes schrieb er: „Glückliches Asien, glückliche Herrscher des Morgenlandes, die ihr den Dolch eurer Getreuen und die Schurkerei eurer Priester nicht zu fürchten habt!" Was, mitten aus dem Kampf heraus geschrieben, natürlich eine der bei Hofe üblichen Übertreibungen war.

Aber eine politisch interessante Stimme aus den griechischen Kreisen Siziliens, die Friedrich gegen den anmaßenden Patriarchen von Rom unterstützt hätte, ist nicht überliefert. Sogar das Rückgrat griechischer Geistigkeit, die Basilianer-Klöster verfielen oder wandten sich allmählich dem lateinischen Ritus zu. Die Übersiedlungen aus Kalabrien, die noch stattfanden, fielen nicht ins Gewicht. Noch im 16. Jahrhundert sprach man in Teilen des Val Demone Griechisch, und das eheliche Güterrecht der Griechen beschäftigte die Richter im Umkreis von Messina. Aber die Sonne des Pantokrator ging in Sizilien unter, noch bevor sie am Bosporus unterging. Der Niedergang der Moslems bezeichnete, zusammen mit dem der Griechen, das Ende der gemischten Hochkultur des sizilianischen hohen Mittelalters.

Friedrichs strenges Regiment

Sizilien unter Friedrich II. von Hohenstaufen war nicht der Angelpunkt kaiserlicher Außenpolitik wie unter Heinrich VI. Ungeachtet der unauslöschlichen Kindheitserinnerungen, die Friedrich besonders mit Palermo verbanden, weilte der Kaiser nach 1212 weitaus häufiger auf dem Festland als auf der Insel. Palermo blieb Verwaltungshauptstadt und mit Rom die politisch wichtigste Stadt ganz Italiens. Friedrich aber weilte am liebsten in Apulien, etwa in Foggia, wo er sich einen Palast erbauen ließ, und von wo aus er Rom und dem Norden näher war, wo seine sarazenische Leibgarde in Lucera für ihn bereitstand – und wo er viel besser seiner Jagdleidenschaft in den Wäldern des Tavoliere (der Ebene rund um Foggia) und der Murge frönen konnte als in Sizilien. So gesehen, war das berühmte Castel del Monte – Jagdschloß, Lustschloß und Burg in einem – die größte Konkurrenz zum alten Normannenpalast von Palermo.

Insel und Festland zusammen waren zwar die Grundlage von Friedrichs Machtstellung, aber im Gesamtgefüge seiner Politik griff er fast beständig weit über sie hinaus. Es ging ihm, ebenso wie seinen Vorgängern, Heinrich VI. und Friedrich Barbarossa, um die Neubegründung der Vormacht des deutsch beherrschten Heiligen Römischen Kaisertums in Europa. War das auch nicht gleichbedeutend mit flächendeckender Herrschaft im Stile der Neuzeit, so war es auch bei bescheidenerer Auslegung ehrgeizig genug: der Papst, die freien Kommunen Oberitaliens und die deutschen Fürsten sollten auf die Stufe unter den Kaiser gedrückt werden, und die staufische Herrschaft in Italien, sofern sie schon bestand, hatte das machtpolitische Werkzeug dazu zu werden.

Bekanntlich hat Friedrich II. in Deutschland eine recht weitgehende Politik des Kompromisses den Fürsten und der Kirche gegenüber eingeschlagen. Der „Egerer Goldbulle" von 1213 zugunsten der Geistlichkeit kann zunächst das „statutum in favorem principum" (Statut zugunsten der Fürsten) von 1232 an die Seite gestellt werden. Hier möge zur Charakterisierung dieses Statuts genügen, daß es ausgesprochen städtefeindlich war und den Landesfürsten größte Freiheiten im Befestigungsrecht, Münzwesen, in der Gerichtshoheit und im Geleitrecht (zur Kontrolle des steuerträchtigen Verkehrswesens) einräumte. Damit hat der Kaiser selbst die weitgehende Unabhängigkeit der Reichsfürsten, die sich seit Gründung des deutschen Reiches der Zentralgewalt gegenüber stets als sehr resistent erwiesen hatte, anerkannt.

Doch widersprach das seinem erwähnten großen Herrschaftsplan nicht, sofern es nur als Kompromißmaßnahme für den historischen Augenblick gedacht war. Die deutschen Fürsten konnten so lange nicht herausgefordert werden, als die italienische Machtbasis noch nicht genügend ausgebaut war. Damit verhinderte Friedrich, daß deutsche Angelegenheiten seine italienische Politik hemmten, eine Lehre, die er offensichtlich aus den vielfachen Verlegenheiten seines Großvaters gezogen hatte. Die Indizien dafür, daß er lediglich auf den geeigneten Augenblick wartete, um in Deutschland das staufische Übergewicht zu etablieren, sind die Einrichtung eines Reichshofgerichts ab 1235, die Passagen des gleichzeitigen Mainzer Landfriedens, die nur die Ausübung der kaiserlichen Rechte wie Münze und Geleit den Fürsten übertrug, auf diese aber ausdrücklich nicht verzichtete, und, am spektakulärsten: die Unterstellung Österreichs nach dem Tode des letzten Babenbergers, Friedrichs des Streitbaren (1246), unter kaiserliche „Generalkapitäne", also das Gegenteil der sonst üblichen und als obligatorisch zu betrachtenden Weiterverleihung erledigter Reichslehen. Von der umfangreichen staufischen Hausmacht in Schwaben und Franken aus durfte Friedrich hoffen, den Moment abwarten zu können, bis ein entscheidendes Durchgreifen in Deutschland möglich wurde.

Zweiter Hauptbaustein seiner Position war die „unio regni ad imperium", die Verbindung zwischen dem Heiligen Römischen Reich und Sizilien. Diese Errungenschaft Barbarossas und Heinrichs VI. mußte unbedingt erhalten werden. Nun hatte aber Innozenz III. Friedrich nur unter der Bedingung auf den deutschen Königsthron verholfen, daß er die päpstliche Lehnsherrschaft über Sizilien anerkannte. Und nach der Kaiserkrönung sollte er Sizilien seinem minderjährigen Söhnchen Heinrich übergeben, was die Zeiten päpstlicher Vormundschaft im Königreich erneuert hätte. Doch Innozenz' Nachfolger Honorius III. (ab 1216) wurde das Opfer von Friedrichs Diplomatie, deren Hauptbestreben natürlich war, sich aus den Fesseln von Papstes

Gnaden zu befreien. Friedrich ließ Heinrich nach Deutschland kommen, machte ihn zum Herzog von Schwaben und Rektor des Reichsteiles Burgund und erreichte nach langwierigen Verhandlungen mit den deutschen Fürsten, daß sie Heinrich zum Römischen König wählten. Dann konnten sie seine Vormundschaft bestimmen und hatten weiterhin ein unabhängiges Leben, Friedrich jedoch wurde frei, sich Italien und Sizilien zu widmen.

Honorius III. protestierte nur, als ihm Sizilien handstreichartig weggenommen wurde, und Friedrich mußte sich bei den geistlichen Reichsfürsten, die nun in seine Komplizenschaft gegen den Papst hineingezogen worden waren, noch eigens bedanken. Er tat dies mit der „confoederatio cum principibus ecclesiasticis" (Abmachung mit den geistlichen Fürsten) von 1220. Hatte die Egerer Goldbulle geholfen, dem Papst die deutsche Kirche an die Hand zu liefern, so übertrug die Confoederatio den geistlichen Fürsten wichtigste königliche Vorrechte und verlieh ihnen eine bisher nicht gekannte Selbständigkeit.

Dann konnte Friedrich endlich sein Königreich Sizilien neu ordnen. Anschließend sollte die Unterwerfung Ober- und Mittelitaliens folgen, um die „unio imperii ad regnum" auch in der Praxis gangbar zu machen. Es war der ungeheuerliche Versuch, den Erwerb Siziliens zur Wiederherstellung und Steigerung der Kaisermacht überhaupt zu benützen, das Reich von Italien aus zu reorganisieren, mit anderen Worten: es war der Höhepunkt kaiserlicher Italienpolitik im Mittelalter.

Das ging nicht ohne Wiederbelebung der normannischen Grundlagen. Allerdings war der Normannenstaat im mittleren und nördlichen Italien kaum aggressiv geworden, weil er dazu nicht die Machtmittel hatte und weil seine levantinischen und maghrebinischen Interessen ihn davon ablenkten. Friedrich II. hatte diese Interessen kaum, dafür steigerten sich aber bald die Dimensionen seiner Politik, die sich von Palermo (oder Foggia) aus nach Norden richtete. Europa war damals noch nicht der „Maulwurfshaufen", als den es der für den Orient schwärmende Leutnant Bonaparte bezeichnete. In Europa war unendliche Kaisermacht zu begründen.

Roger II. hatte sich in seinen Assisen von Ariano als den Hohepriester des Rechts stilisiert. Also hatte die Kaisermacht sakral zu sein, indem sie Quelle und Hüterin des klassischen Herrschaftsmittels war, des Gesetzes. Der Kaiser war „lex animata in terris", die Verkörperung des Rechtes auf Erden, eine Inkarnation, die sich in die Nähe des Gottessohnes der christlichen Religion stellte, um des Papstes als allgegenwärtigen Vermittlers nicht zu bedürfen. Der Rückgriff auf römische und byzantinische Vorbilder galt für Friedrich II. ebenso wie für seinen Großvater Roger II., denn zur Legitimation oberster Herrschaft gab es nun einmal keine überzeugenderen Gedanken. Aus solchen Lehren entstand im Laufe der Jahrhunderte der Begriff von der Souveränität des Fürsten, die der Inbegriff sämtlicher Rechtsbeziehungen und gleichzeitig die Quelle allen Rechtes war – eine Konzeption, die alle theokratischen Ansprüche verblassen ließ, mochten sie nun im vorangegangenen deutschen Kaisertum eine Rolle gespielt haben oder im mit diesem konkurrierenden Papsttum. Die Welt wurde immer weltlicher, und Friedrich II. verzehrte sein Leben als Vorkämpfer dieser Verweltlichung.

Den Staat säkularisieren hieß aber, ihn genauer als bisher als mechanischen Machtapparat zu begreifen. Das Exerzierfeld dieser Säkularisierung und nicht unbedingt menschenfreundlichen Mechanisierung wurde das Königreich Sizilien. Friedrich begann mit dem Regelungswerk der „Assisen" von Capua und Messina aus dem Jahre 1220. Alle den Feudalherren und Städten gewährten Privilegien mußten dem König zur Überprüfung vorgelegt werden. Alle Vorrechte, die seit des letzten Normannenkönigs Tod verliehen worden waren, wollte Friedrich kassieren. Das war eine sehr einschneidende Maßnahme, doch sie hatte ein Vorbild im anglonormannischen Bereich: nachdem dort Heinrich II. Plantagenet auf den Thron gelangt war, hatte er einige Privilegien widerrufen, die von seinem Vorgänger Stephan I. erteilt worden waren, da er diesen als einen Usurpator und Verschleuderer königlicher Rechte betrachtet hatte. In ähnlicher Weise machte Friedrich II. die Maßnahmen des Gegenkönigs Tankred von Lecce und Kaiser Ottos IV. rückgängig. Ob die normannischen Könige Siziliens ihre Vettern in England nachahmten, ist umstritten; der deutsche Sohn der Konstanze von Hauteville jedenfalls tat es.

Der nächste Schlag folgte 1231 mit den Konstitutionen von Melfi, die man auch „Liber Augustalis" nannte, denn Friedrich II. beanspruchte keine geringere Stellung als die des Kaisers Augustus, der einst dem Römischen Reich der Antike für Jahrhunderte seine Form gegeben hatte. Das Werk ist eine großartige systematische Kompilation römischen und normannischen Rechts mit nur wenigen hohenstaufischen Einsprengseln und dem ehrgeizigen Ziel, eine straffe, effizient arbeitende Staatsverwaltung aufzubauen. Sein geistiger Vater war Petrus de Vinea (Pier delle Vigne), ein einfacher Bürger aus Capua und genialer Jurist, der Friedrich als erster Minister und treuer Beamter diente. Diese Klasse brauchte der Kaiser, der seine Staaten ohne die Vermittlung feudaler oder kommunaler Zwischenschichten in direktem Durchgriff regieren wollte; denn ohne loyale, nur dem Gesetz, damals also: nur dem Herrscher verpflichtete Beamtenschaft konnte es keinen funktionalen, durchorganisierter Staat geben.

Daher nimmt sich der „Liber Augustalis" auch besonders des Aufbaues dieses Berufsstandes an. Feste Besoldung und Abschaffung der Ämterpacht entsprachen einander. Die Beamten sollten prinzipiell nicht aus der Provinz stammen, in der sie eingesetzt waren, und jährlich versetzt werden. Bestechung galt für sie als das schlimmste aller Verbrechen und wurde hart bestraft. Friedrichs Ruhm lebt weiter durch die Gründung der Universität Neapel (1224), der ersten im unteritalienischen Bereich. Aber die akademische Freiheit hielt der Kaiser dort sorgfältig fern. In Bologna wehte zuviel des freien Geistes der oberitalienischen Kommunen, und die Pariser Sorbonne war über die Theologie und das Kirchenrecht zu sehr mit Klerus und Papsttum verbunden. In Neapel aber lag der Hauptakzent auf der Lehre des römischen Rechtes, weil es – zumal seit Barbarossa – das Recht der Kaiser war. Gelehrt wurde es von Beamten, deren Loyalität nach langer Dienstzeit außer Zweifel stand, und die dem Kaiser auch noch durch ihren komfortablen wissenschaftlichen Lebensabend zu dienen hatten. Und natürlich war der Studiengang streng reglementiert, da die Universität kenntnisreiche Beamte hervorbringen sollte.

Kein Untertan durfte anderswo als in Neapel studieren, Ausländer hingegen waren willkommen, und die Kirche hatte auf die Studien keinerlei Einfluß.

Die alte medizinische Hochschule in Salerno erfuhr eine Verjüngung, indem ein Studienabschluß hier an ein Staatsexamen gebunden wurde, dem der Kaiser mitunter sogar persönlich beigewohnt haben soll. Wer kein approbierter und von der Ärzteschaft überwachter Apotheker war und Gift zu Hause aufbewahrte, verfiel dem Tode. Gegen den Protest des Papstes wurden Leichensektionen durchgeführt. Chirurgen mußten eine anatomische Sonderprüfung ablegen, und erst fünf Jahre nach dem Examen durfte der Arzt eine eigene Praxis aufmachen. Hier herrschte schon fast höchste Modernität! Ob dies auch für die Bestimmung gilt, daß Mediziner vor Antritt ihres Fachstudiums in Logik unterrichtet wurden, mag der Leser selbst entscheiden.

Dann kommen – auch das ein dauerndes Thema schon des normannischen Staates – die Maßnahmen des „Liber Augustalis" gegen die Macht der Feudalbarone zum Vorschein: sozusagen mit einem Federstrich wurde ihnen die gerichtliche Gewalt entzogen. Ein Großhofjustitiar wurde geschaffen als oberster Beamter für das Gerichtswesen und die Verwaltung (denn an Gewaltenteilung, sofern ihm dieser Gedanke überhaupt schon als Möglichkeit bewußt gewesen sein sollte, hatte Friedrich als absoluter Herrscher keinerlei Interesse). Der Großhofjustitiar befehligte staatliche Richter allerorten, denen als Vollzugskräfte die schon bekannten Baiuli zur Seite standen. Doch um dem Gedanken Nachdruck zu verleihen, daß der Herrscher die Quelle allen Rechtes war, bestand bei Hofe eine besondere Gruppe von königlichen Vertrauten (familiares), die auch den Großhofjustitiar noch kontrollierten, wenn sie wollten.

Selbstverständlich war jede private Rache oder Fehde strengstens verboten. Lokale Kreise des zivilen Rechtes blieben bestehen. Da war ein Bereich, der dem kaiserlichen Perfektionismus nicht zum Opfer fiel, da er von geringerer politischer Bedeutung war und da seine Vereinheitlichung eine Arbeit ohne vernünftiges Verhältnis zwischen Aufwand und Erfolg gewesen wäre. Dem Staat enstand kein meßbarer Schaden, wenn z. B. im Val Demone noch griechisches eheliches Vermögensrecht zur Anwendung kam, und das war damals ein ausschlaggebendes Argument. Doch der Zivilprozeß wurde einheitlich nach römischem Muster für alle Untertanen geformt, denn die richterliche Gewalt war eine Wirkform der einheitlich gedachten Staatsgewalt. Da der Strafprozeß ein sensibler Bereich für die öffentliche Ordnung war, herrschte hier der Grundsatz amtlicher Nachforschung in Anklage und Beweisführung, der Inquisitions-Grundsatz (was mit dem Glaubensgericht der Inquisitoren nur insofern zu tun hatte, als dort derselbe Grundsatz bestand). Das Strafrecht zeigte fortschrittliche, nämlich rationalisierende Züge: das Gottesurteil, also die Entscheidung durch Zweikampf, wurde verboten, denn nicht Gott war der Herr der juristisch und formal verstandenen Wahrheit, sondern der Herrscher. Das Mixen von Liebes- und Zaubertränken wurde unter Todesstrafe gestellt – da fehlte noch ein Stück an neuzeitlicher Rationalität. Den Ausländern im Königreich stand besonderer Schutz zu, wobei sich überlegene Toleranz und Rücksichten auf dem internationalen Handelsverkehr, der eine staatliche Geldquelle darstellte, wohl ergänzten.

Nun zum Kampf gegen die feudalen Zwischengewalten, in dem sich Friedrich wie seine Vorgänger mit den Anglo-Normannen einig wußte. Wenn man die Barone als Grundbesitzer und damit als steuerkräftige Wirtschaftssubjekte nicht ausschalten wollte – ein für damalige Verhältnisse utopisches Unterfangen – dann mußte man sie jedenfalls fest an die Kandare nehmen. Im königlichen Interesse waren drei Punkte besonders wichtig: es mußte der herrscherliche Zugriff bis hinunter zu den Untervasallen gewährleistet sein, es durfte keine Mediatisierung der Staatsgewalt durch adlige Lokalmatadore geben. Zweitens durften die Lehen entweder nicht vererbt werden oder die Erbfolge mußte so streng geregelt sein, daß sich dem Herrscher ein Eingriffsrecht eröffnete – man denke an das unter Wilhelm I. zum Problem gewordene Zustimmungserfordernis bei der Heirat einer weiblichen Grunderbin. Und drittens durfte die Dienstpflicht der Barone nicht an die Leistungspflicht ihrer Lehen geknüpft sein, damit sie keinen Vorwand bekamen, sich ihrer Dienstpflicht dem Herrscher gegenüber zu entziehen. Daß keine Pflicht des Herrschers bestand, ein erbenloses Lehen so schnell wie möglich an einen Standesgenossen aus der baronalen Kaste weiterzugeben, ähnlich den Zuständen in Deutschland, verstand sich für Sizilien von selbst. Schon Barbarossas Gesetze von Roncaglia (1158) hatten diesen „Leihezwang“ für Italien ausgeschlossen.

Daraus folgte: kein Lehen durfte weiterveräußert werden. Damit war gesichert, daß der Kreis der Lehnsträger konstant und überschaubar blieb. Der Lehnsmann sollte sich nicht unter Berufung auf die Veräußerung seines Lehens der Pflicht zum Kriegsdienst entziehen können.

Die Erbfolge unter Seitenverwandten wurde stark eingeschränkt, d. h. die Fälle mehrten sich, in denen der Herrscher als Erbe auftreten konnte. Der Grundsatz: „Der Vasall meines Vasallen ist nicht mein Vasall“ sollte für Sizilien nicht gelten. Töchter durften erben, unterlagen dann aber dem Heiratszwang, und dabei mußten durchaus auch die Wünsche des Herrschers befolgt werden. Die Krone – und das war die Quintessenz – sollte vermehrt und stärker eingreifen und bestimmen können. All das waren Schläge gegen das herrschende italienische Lehnsrecht, das als „lombardisches Lehnsrecht“ in die Rechtsgeschichte einging. Allerdings hatte all diese Unerbittlichkeit für den Lehnsträger auch den Vorteil, daß es nicht erlaubt war, von den Vorschriften abzuweichen und der Lehnsmann stets genau wußte, was seine Rechte waren und daß er diese dann auch vor den königlichen Gerichten durchsetzen konnte. Es war geradezu ein Element von Rechtssicherheit und Rechtsstaatlichkeit, die der Herrscher zum Ausgleich dafür gewährte, daß er die innenpolitische Machtfrage zu seinen Gunsten entschieden hatte.

Das Befestigungsrecht stand nunmehr ausschließlich dem König zu, womit den Feudalherren ein großer militärischer Vorteil entzogen wurde, der nach damaliger Kriegstechnik auf der Seite der Verteidigung und gegen den Angreifer stand. Und Friedrich übersäte sein Königreich mit Burgen bzw. ließ bestehende Anlagen verstärken, deren imposanter Bau in allen Punkten der militärischen Zweckmäßig-

Friedrich II. – Darstellung aus seinem „Falkenbuch“. Wegen der nüchternen Naturbeobachtung, die der Kaiser in seinem Werk übt, und des in seiner Zeit ungewöhnlichen Verzichts auf Symbolik und Allegorien, wird er als Vorläufer der vernunftorientierten Neuzeit betrachtet.

keit gehorchte und der häufig heute noch der sichtbare und sinnfälligste Ausdruck für seinen unbeugsamen Machtwillen und das von ihm durchgesetzte Fehdeverbot ist. Auf dem Festland Lagopesole, Lucera, Gravina, Oria, Gioia del Colle, Tarent, Barletta, Brindisi, Bari, L'Aquila, Celano, Copertino, Gaeta, Rocca Janula (bei Monte Cassino), nicht zu vergessen das Castel del Monte und das umgebaute Castel dell'Ovo in Neapel. In Sizilien Milazzo, Salemi, Enna, Castel Lombardo bzw. Castrogiovanni, Catania, Giuliana (nördlich von Sciacca), Gela (zunächst Terranova genannt), Augusta, und, wohl am bekanntesten, das Castello Maniace in Syrakus. Manche Kastellane ernannte Friedrich persönlich, im Castel dell'Ovo war zeitweilig der Staatsschatz verwahrt.

Da damals kaum eine Sarazenengefahr bestand, muß man annehmen, daß diese Masse an Fortifikationen eher dazu diente, die eigene Bevölkerung niederzuhalten und daß sie mithin überwiegend das steingewordene Mißtrauen des Tyrannen gegen seine Untertanen darstellt. Doch wie so häufig beim forcierten Burgenbauen, hat der dauerhafte Stein die Stellung der Dynastie im betroffenen Gebiet nicht verewigen können und hat beim nächsten außenpolitischen Sturm ganz einfach den Besitzer gewechselt.

Das administrative Verhältnis zur römischen Kirche erinnert an die normannische Zeit, da der Kaiser es liebte, Leute zu Bischöfen zu machen, die vorher im weltlichen Bereich sein Vertrauen erworben hatten. Er hat nur eine einzige Kirche gegründet, die von Altamura in Apulien. Mit den Erzbischöfen von Palermo und Capua (letzterer war einer der Autoren des „Liber Augustalis") sowie mit den Bischöfen von Melfi und Ravello pflegte er ein enges Verhältnis. Grundlage für das Verhältnis zu Rom war das Konkordat, das Friedrichs Mutter Konstanze 1198 mit Innozenz III. abgeschlossen hatte und das das Konkordat von Benevent aus dem Jahre 1156 zuungunsten des Königs derart abänderte, daß Friedrich es zu Beginn seiner Regierung nur deshalb bekräftigt hatte, weil er ohne päpstliche Unterstützung politisch tot gewesen wäre. 1222 erfolgten Neuverhandlungen mit Honorius III., da der Papst den Kaiser für den geplanten Kreuzzug brauchte. Man fand den Kompromiß, daß Einsprüche des Kaisers bei Bischofswahlen nur so lange durch den zuständigen Erzbischof entschieden werden sollten, bis der Kaiser vom Kreuzzug zurückgekehrt war. Da ein Viertel aller Bischofsstühle der lateinischen Christenheit im Königreich Sizilien stand, war dies ein großes Entgegenkommen. Doch Friedrich war ein unbequemer Partner. Er ließ von 21 Erzbistümern seines Reiches, die weiterhin dem päpstlichen Besetzungsrecht unterstanden, sechs vakant bleiben; und als Honorius schließlich verärgert von seinem Besetzungsrecht Gebrauch machte, hinderte er die neuen Amtsinhaber daran, ihre Pfründe anzutreten. Hier tobte ein langfristiger Machtkampf, in dem jede Rücksichtslosigkeit recht war.

Und es hing nicht nur von ehernen Gesetzen ab, wie Konkordate das sein sollen, sondern vom jeweiligen Verhältnis zwischen Kaiser und Papst. 1230 gab Friedrich im Königreich die Bischofswahlen frei und entließ die dortige Geistlichkeit aus seiner Steuergewalt und seiner Gerichtsbarkeit. Der „Liber Augustalis" hatte noch bestimmt, daß die Einsetzung der Bischöfe alleinige Sache des Monarchen sei.

Wichtiger noch war das im „Liber Augustalis“ festgeschriebene Verfahren, nach dem Häretiker abgeurteilt werden sollten: da die Reinheit des Glaubens als eine unverzichtbare Grundlage des mittelalterlichen Staates galt, da die geistliche und die weltliche Macht für die so verstandene Ordnung auf Erden trotz aller Kontroversen gemeinsam verantwortlich waren, war auch Ketzerei eine von den weltlichen Gerichten zu ahndende Straftat. Man beachte, wie die Weltoffenheit des zwischen Abend- und Morgenland schwankenden Skeptikers und Ironikers Friedrich genau dort aufhörte, wo es darum ging, seine Untertanen durch Gewissenskontrolle in Disziplin zu halten. Er dachte und tat, was er wollte, aber wehe, ein Untertan maßte sich diese majestätische Freiheit an!

Nach dem „Liber Augustalis“ erschöpfte sich die geistliche Mitwirkung in der theologischen Begutachtung, ob jeweils der Tatbestand der Ketzerei wirklich vorlag. Dies war eine Art von Gesetz, die der cholerische Papst Gregor IX. (1227–1241) nicht akzeptierte, denn nach seiner Auffassung usurpierte der Staat damit kirchliche Aufgaben. Der Grundsatzkonflikt war gegeben, um so unlösbarer, da er gleichzeitig ein Machtkonflikt war. Friedrich mochte die Ketzer verfolgen lassen, und er hat in Palermo ein Tribunal der kirchlichen Inquisition eingerichtet – doch einen gemeinsamen Nenner, einen Ansatzpunkt für die dem Abendland dringend notwendige Eintracht zwischen seinen beiden höchsten Häuptern fand er nicht. Dabei war dies für Friedrich das wichtigste politische Thema. Gerade wenn er sich mit der Ketzer-Gesetzgebung auf theokratisches Gebiet zurückbegab, das er in Sizlien ansonsten als Modernisierer und Zentralisierer schon verlassen hatte, nahm ihm das die römische Kirche im Kampf um die Gewissen der Menschen ebenso übel wie seine zweideutige Haltung zum Islam und seine erdrückende Machtpolitik. Da beide Kontrahenten zum Kompromiß unfähig waren, mußte es zwischen ihnen zum Kampf bis zur Vernichtung kommen.

Die dazu benötigten Waffen schuf sich das Königreich mit einer ausgefeilten Finanz- und Wirtschaftspolitik. Das erste Ziel war ein negatives: Ausschluß der Handelsrepubliken Genua und Pisa von den Geldquellen des Südens. Denn als Friedrich 1220 zurückkehrte, saßen die Genuesen immer noch in Syrakus, in Malta und in Messina, extraterritorial und gewinnmaximierend. Heinrich VI. hatte die Taktik bereits vorgegeben, als er den Genuesen 1194 nach der Eroberung der Insel verkündete, es werde für sie keine Zollpräferenzen mehr geben, und sie damit um ihren Siegeslohn prellte. Friedrich dachte nicht freundlicher, wobei für ihn noch dazukam, daß kommunale Autonomie keinen Platz in seinem Staatsdenken hatte – weder in der Lombardei noch in Deutschland noch in Sizilien – und daß er daher keine Sympathien zu den oberitalienischen Handelsrepubliken entwickelte. Die Venezianer allerdings brauchte er, als er gegen den Papst kämpfte, und nur aus diesem Grunde bekamen sie einen Vorzugszoll eingeräumt, der ihnen hauptsächlich bei der Vermarktung des apulischen Getreides half. Auf der Insel waren sie lediglich an den Plätzen Messina und Palermo mit einer Ausfuhrsteuer für verarbeitete Edelsteine und für Hermelinfelle belastet. Den Pisanern hatte Friedrich den Handel im ganzen Königreich freigegeben. Doch die Genuesen von Syrakus und Malta erfuhren 1230, daß die einheitlichen Zollsätze Wilhelms II. von 1189 wieder eingeführt waren. Je nach politischer Konjunktur schwankten die Handelsbedingungen. Friedrich hütete sich stets davor, sich von den Einnahmen aus dem Verkehr mit Genua, Pisa und Venedig abhängig zu machen, und bewahrte diesen Republiken gegenüber seine starke Verhandlungsposition.

Das war die Voraussetzung, um die heimische Wirtschaft fördern zu können. Das System der Maße und Gewichte wurde neu geordnet, die aus Amalfi stammende Währung des „tarí“ wurde durch den Gold-“Augustalis“ ersetzt, Marktordnungen entstanden. Auf Sizilien wurden drei Häfen neu ausgebaut: Trapani, das den zeremoniellen Namen des Kaisers verewigende Augusta, nördlich von Syrakus an einer Bucht gegründet, die schon die antiken Megarer besiedelt hatten, und Eraclea-Terranova an der Südküste, ebenfalls eine Neugründung, heute Gela genannt, nach der antiken Stadt, die schon im 3. Jahrhundert v. Chr. verlassen worden war. Eraclea ersetzte die einstigen Häfen von Butera und Scicli, die bis in die Mitte des 12. Jahrhunderts auf Flußwegen erreichbar gewesen waren, bis diese versandeten. Aus demselben Grunde ersetzte Augusta nun Lentini. Hierzu ein Rentabilitätsbeispiel: der Hafen von Eraclea kostete die Regierung den Wert von 150 bis 200 Garben Getreide, doch pro Jahr gingen aus dem Bereich von Eraclea 6000 Garben an den Hof.

Das obige Rechenmaß ist charakteristisch dafür, denn der Hauptakzent der sizilianischen Produktion lag auf der Landwirtschaft – wie schon in der Antike. Die aus dem Orient neu eingeführten und von Friedrich forcierten Zuckerrohrpflanzungen rundeten das Bild ab. Denn mit dem Export von Getreide und Wein ließen sich schnelle Einnahmen erwirtschaften. Die königlichen Güter erzeugten Getreide, und es wurde auch von Untertanen zu gedrückten Preisen angekauft. Ein formales Monopol für den Außenhandel bestand nicht. Friedrich verbot die Ausfuhr von Getreide durch private Händler, bevor die königlichen Handelsschiffe ausgelaufen waren, und hatte mit der Kontrolle über die angebotene Menge auch die Preise für den Verkauf in der Hand. Die einheimischen Kaufleute wurden so zwar benachteiligt, aber sie mußten dem König umgekehrt dafür dankbar sein, daß er ihnen die genuesische und pisanische Konkurrenz vom Leibe hielt.

Noch einträglicher war die Einrichtung von staatlichen Monopolen auf das Salz, die Seide, Eisen, Stahl und Färbereien. Manchmal befahl der Herrscher die Pflichtabnahme einer bestimmten Menge Salz pro Untertan, denn er war nicht dem Grundsatz verpflichtet, daß der Besitzer eines Monopols dieses streng im Dienste des allgemeinen Wohls auszuüben hat.

Die Versuchung ist groß, anhand der überlieferten Steuerunterlagen nachträglich eine Volkszählung für die Zeit Friedrichs II. durchzuführen. 1238 befahl Friedrich, jeder Haushalt habe mindestens zwei Gold-Tarí abzuführen. Sizilien sollte 600 000 Tarí bringen, was das Minimum von 300 000 Haushalten ergibt, jeden mit vier Personen angesetzt, macht 1,2 Millionen Einwohner. Das Minimum konnte sich aber steigern, auch verdoppeln, und das hätte doch dem Ehrgeiz der Finanzbeamten entsprochen. Damit wäre man bei nur 600 000 Einwohnern angelangt. Fazit: die

Steuerunterlagen reichen nicht aus zur Bestimmung der Einwohnerzahl, und Bevölkerungslisten gibt es keine. Man kann daher auch nicht die Frage beantworten, ob Sizilien unter Friedrich II. demographische Unterschiede zu den Zeiten der Normannen vorher und der Anjou nachher aufweist. Sicher ist nur, daß die Einwanderung zu seiner Zeit unerheblich geworden war. Die Neugründung Augusta wurde aus Zwangsumsiedlungen bestritten, ebenso war es mit Eraclea-Terranova-Gela.

Die Steuern waren mannigfaltig, teilweise neu und wurden schnell als drückend empfunden. Am schwersten wirkten „collecta" und „generalis subventio", Steuern, die von den Normannen nur bei bestimmten Anlässen erhoben worden waren: für die Verteidigung des Reiches, die Krönung des Königs, den Ritterschlag eines Königssohnes und die Verheiratung einer Tochter. Unter Friedrich wurde die „generalis subventio" nun regelmäßig pro Jahr erhoben. Im Jahre 1248, dem Rekordjahr, betrug sie 130 000 Unzen Goldes. Zum Vergleich: 1282 nahm Karl von Anjou 107 891 Unzen ein, und für 1285 wurden für das gesamte Königreich 50 000 Unzen veranschlagt, davon 15 000 für Sizilien. Man hat errechnet, daß zur Normannenzeit sämtliche Lehen des Reiches 140 000 Unzen wert gewesen seien. Demnach hätte Friedrich in einem einzigen Jahr deren Wert eingenommen! Das läßt auf exzessive Belastung schließen, und die Abnahme der Steuersumme in der Zeit nach den Hohenstaufen könnte bedeuten, daß Friedrich mit seinen übertriebenen Forderungen eine Verarmung des Landes bewirkt hat. Schließlich hat auch Papst Gregor IX. dem Kaiser vorgeworfen, daß er seine Untertanen in die Armut treibe, und damit im Klartext gemeint: eine Politik, die solchen Steuerdruck braucht, um die Kosten ihres Ehrgeizes zu bestreiten, ist falsch. Aber eine konsequente Verarmung Unteritaliens, die auf Friedrichs fiskalische Zumutungen klar zurückzuführen wäre, ist aus den ungenügenden Quellen heraus nicht zwingend zu belegen.

Viel nachhaltiger als die Steuerlast, aber auch längerfristig und in Zahlen nicht faßbar, dürfte gewirkt haben, daß Friedrich die landwirtschaftliche Monokultur einseitig begünstigte und Handwerk und Handel als Betätigungsfeld eines selbstbewußten bürgerlichen Unternehmertums vernachlässigte. Das Verschwinden der Moslems hatte den Handwerkerstand geschädigt, in dem diese sehr zahlreich gewesen waren. Das verbleibende Handwerk wurde nicht gefördert, sondern nur reglementiert, damit der Hof stets wußte, wer wo in den Zünften, für die es amtliche Mitgliederlisten gab, das Sagen hatte. Gerade die dynamischen Elemente des Wirtschaftens, gestützt auf den dazu notwendigen Umfang kommunaler Autonomie, kamen durch seine Politik nicht voran, denn diese Autonomie war mit seinem Bild des autoritären Staates unvereinbar.

Um den Wiederaufbau einer Kriegsflotte kümmerte sich Friedrich, aber der Handelsflotte wandte er überhaupt keine Fürsorge zu, er verdiente genug am Import und Export. Die Bürger von Messina, der damals reichsten Stadt der Insel, rebellierten 1232 gegen die Zwänge, die sie nun zu spüren bekamen, und andere Städte im Val Demone ebenfalls. 1233 mußte der Kaiser gegen Messina marschieren. Das „Breve Chronicon de rebus Siculis", von einem anonymen, aber Sizilien gut kennenden Verfasser , berichtet dazu: „Er sicherte allen Bürgern, den älteren wie den jüngeren, in der großen Kirche Messinas Straflosigkeit zu und verzieh ihnen vollständig alle Beleidigungen, die sie ihm angetan hatten. Nach ein paar Tagen ließ er aber, im Gegensatz zu dem Verhalten großer Fürsten, deren Worte keinen Widerruf dulden, einige auf schimpfliche Weise hinrichten, einige in den Kerker werfen; andere entkamen durch die Flucht. Und genauso machte er es in einigen anderen Gegenden Siziliens, indem er das Gebiet von Centorbi (= Centuripe) und Troina und Montalbano di Elicona verheerte und manche andere Gegend", darunter auch Capizzi, in der Nähe des Schlachtfeldes von Cerami. Die Einwohner von Centuripe und Capizzi wurden nach Palermo deportiert, um dort die Bevölkerungslücken zu schließen, die der Abzug der Moslems gerissen hatte. Als Friedrich mit dem Papst später im Kampfe stand, lebte der Widerstand der Untertanen anscheinend wieder etwas auf, denn 1240 ließ der Kaiser nachfragen, ob Vínito aus dem alten Sikulerstädtchen Palagonia westlich von Lentini wirklich schuld daran sei, daß Lentini dem Papst Treue geschworen habe.

Das Wohl der Untertanen lag ihm nur soweit am Herzen, als es finanziell und sicherheitspolitisch mit dem seinen zusammenfiel. Eine Selbstverpflichtung wie die, der erste Diener seines Staates zu sein, wie sie ein anderer bekannter König Friedrich empfand, darf man bei dem Hohenstaufen nicht suchen. Da er den Staat wie alle zeitgenössischen Monarchen als sein persönliches Eigentum ansah, das ihm zu dienen und ihn zu erfreuen hatte, wäre es auch historisch ungerecht, von ihm aufgeklärten Absolutismus zu verlangen. Wie seine Verantwortung vor Gott konkret auszusehen hatte, wenn er denn schon unmittelbar von Gottes Gnaden regierte, das ließ er sich von niemandem vorschreiben, nicht einmal von der Kirche.

Doch die intellektuelle Vielseitigkeit Friedrichs, des *Stupor mundi*, des Erstaunens der Welt, erlaubt nun, das Kapitel mit einer erfreulichen Entwicklung auf kulturellem Gebiet abzuschließen, die ebenfalls seinem Regiment zu verdanken ist: mit der Geburtshilfe für die italienische Literatur, einer langfristigen wirkenden geistigen Anregung, der gegenüber alle seine wissenschaftlichen und naturbetrachtenden Übungen, einschließlich des hier unvermeidlich zu erwähnenden Buches „Über die Kunst, mit Vögeln zu jagen", nur individuelle und daher geringere Bedeutung haben, da die Linie von ihnen zu Renaissance und Neuzeit nicht geradlinig verläuft.

Da Sizilien schon unter den zivilisierten Moslems und unter den Normannen auch für alle Söhne Italiens eine Drehscheibe gewesen war, hatte sich aus deren verschiedenen Dialekten auf der Insel, verstärkt durch die ab dem 12. Jahrhundert fortschreitende Latinisierung, eine einheitliche Vulgär-Sprache entwickelt. Dante Alighieri selbst sagt dazu (in seinem lateinisch geschriebenen Traktat „Über die Redeweise des Volkes", „de vulgari eloquentia"): „Weil Sizilien königlicher Boden war, wird alles, was unsere Ahnen in der Volkssprache vortrugen, sizilianisch genannt" – mit der bekannten Maßgabe, daß auch das unteritalienische Festland bis hinauf zu den Abruzzen unter die Sammelbezeichnung „Königreich Sizilien" fiel.

Friedrich II. regte die geistreichen Leute seines Hofes an, die provenzalische Lyrik nachzuahmen, die Literatur der Troubadoure auch in Sizilien möglichst eigenständig weiterzuentwickeln. Mittlerweile taten das ja auch schon die Deutschen in ihrer unwirtlichen Heimat. Die Provenzalen hatten nicht nur Minnelyrik kultiviert, sondern auch immer wieder politische Kampflieder angestimmt. Heinrich VI. war von ihnen kritisiert worden, doch Aymeric de Peguilhan hatte Friedrich in seiner Jugend einen trefflichen und weisen Arzt aus der Richtung von Salerno genannt (Anspielung auf die dortige medizinische Hochschule!), der gekommen sei in großer Freigebigkeit, um das Reich der Deutschen zu erobern. Das war eine gute Empfehlung für Aymerics Stand bei Hofe.

Der Kaiser selbst begann Verse zu schmieden in der „lingua volgare", denn für die von den Troubadouren neu entdeckte Gefühlsintensität wäre das Lateinische zu steif unf kalt gewesen. Wegen der Formelhaftigkeit der Troubadour-Lyrik half die Verwendung der Volkssprache dagegen allerdings nur bedingt, und Friedrich selbst, der zwar ein Verseschmied, aber kein Poet war, erlag der Gefahr der imitierenden Steifheit meistens. Doch die Hauptsache für die Zukunft war, daß er nicht auf Provenzalisch, sondern auf Früh-Italienisch dichtete, und daß viele, die von dem Glanz seines Hofes angelockt waren, nebst Pietro delle Vigne und Enzio, dem natürlichen Sohn des Kaisers, ihm darin nacheiferten. Die Fachleute sind sich einig, daß die Sizilianer oft auch zu frischem, spontanem, zu Herzen gehendem Ton durchdrangen und damit Gedichte schufen, die keine historische Patina ansetzten. Alltagserfahrung und persönlichstes Erleben wurden im Gedicht hoffähig.

Auch außerhalb des Hofes blühte die Poesie in der Lingua volgare, etwa bei dem Bürger Giacomo aus Lentini, der hauptsächlich Notar im nahen Catania war, als der bedeutendste Dichter dieser Frühzeit gilt und die hochkünstliche Form des Sonetts erfunden haben soll, das erst in unserem Jahrhundert an die Grenzen seiner Erschöpfung angelangt ist. Ein Cielo d'Alcamo trat auf, Guido delle Colonne aus Messina, der Töne der Art des Francesco Petrarca vorwegnahm, ein Ruggero de Palermo. Rinaldo d'Aquino war Falknermeister des Kaisers und wird mit Giacomo da Lentini zusammen zu den fähigsten Dichtern gerechnet, die man als „sizilianische Schule" zusammenfaßt – wenn das auch ein zu rigider Ausdruck ist für eine Reihe individueller Poeten, die einige formale Gemeinsamkeiten miteinander teilten. Wer Italiener bzw. Sizilianer ist, mag in ihren Versen das typische Lebensgefühl des Mezzogiorno entdecken. Sozialgeschichtlich bezeichnen diese Poeten das Erwachen einer bürgerlichen Schicht neben dem Adel und dem Klerus, wie der Kaiser sie auch durch die Rekrutierung seiner Beamtenschaft aus den einfachen Leuten heraus förderte. Die Blüte war kurz und überlebte auf Sizilien den Sturz der Staufer nicht – doch in Dante Alighieris Toskana erwachte sie kurz darauf zu neuem Leben.

Matteo Ricco da Messina dürfte dem Kaiser besonders gefallen haben, denn er schrieb an seine Dame: „Bei Gott, Madonna, denket daran, daß die Liebe nichts so ergreift, daß man es mit Augen sehen könnte. Vielmehr scheint es, daß sie natürlich geboren wird. Und da die Liebe eine natürliche Sache ist, müßt Ihr Erbarmen mit meinem Leiden haben!" Mochte man im europäischen Norden Erbsünde, Schuld und Buße predigen, unter dem offenen, lachenden Himmel Siziliens hielt man sich viel lieber an die Gnade, die im Genuß der natürlichen Dinge liegt.

Die Regierungszeit Friedrichs II. artete in einen gnadenlosen Kampf mit dem Papsttum aus, den dritten Höhepunkt dieser Auseinandersetzung, die das hohe Mittelalter im lateinischen Bereich prägte und schon unter den Kaisern Heinrich IV., Heinrich V. und Friedrich I. Barbarossa getobt hatte, immer auch mit direktem Bezug auf das Schicksal des Königreichs Sizilien. Nun waren die Hohenstaufen auch Könige von Sizilien geworden, und so ging es unter Friedrich II. sowohl von kaiserlicher als auch von päpstlicher Seite um den Besitz von Sizilien. Der Konflikt, der in jeder Darstellung deutscher Geschichte einen prominenten Platz einnimmt, muß daher auch für die parallele Geschichte Siziliens betrachtet werden, wenn auch nur in den Zügen, die für diesen Zusammenhang von Bedeutung sind.

Der Kaiser wollte dieselbe straffe Verwaltung wie für Sizilien auch in ganz Italien und eines Tages auch in Deutschland einführen. Er wäre zum mächtigsten Herrn des Abendlandes geworden, wenn ihm dies auch nur für Italien gelungen wäre. Schon der Weg zu diesem Teilziel war ungeheuer schwierig. Denn dann hätte die weitgehende Autonomie der lombardischen Städte, deren Bekämpfung Barbarossa zwei Jahrzehnte lang mit bescheidenem Ergebnis beschäftigt hatte, kassiert werden müssen. Nicht nur wegen des heroischen Widerstandes der Lombarden, sondern auch wegen deren notwendiger Verbindung mit dem Papsttum, das keinen in Italien dominierenden Kaiser ertragen konnte. Denn nach damaligem Verständnis (das auch noch im Risorgimento des 19. Jahrhunderts nachwirkte) war die Papstkirche nicht nur ein geistliches Element, das sich in Ermangelung äußerer Machtmittel immer noch in die unangreifbare Festung seines christlichen Märtyrertums zurückziehen konnte, sondern ohne weltliche Werkzeuge, zumindest einen stattlichen Kirchenstaat in Mittelitalien, letztlich unvorstellbar. So dachten diejenigen, auf deren politische Entscheidung es ankam. (Es gab auch andere, doch in der rauhen Welt der Machtpolitik wurden diese, wie noch kurz zu zeigen sein wird, von den Politikern nur instrumentalisiert.) Daher war der versuchte Zugriff des Kaisers auf die lombardische Städtefreiheit in etwa der Weise, wie er die Kommunen Siziliens zum Gehorsam gebracht hatte, für den Erfolg seiner Politik entscheidend.

1225 hatte Friedrich zu einem Reichstag nach Cremona geladen, unter anderem, um die Ehre und Wiederherstellung des Reiches zu besprechen. War die Ehre des Reiches nicht identisch mit dem Konstanzer Frieden von 1183, dem Werk des Großvaters, mit dem dieser seinen Streit mit den Lombarden beendet hatte? Doch der Frieden war von den Lombarden in der Zwischenzeit, da Friedrich nicht die Macht gehabt hatte, auf seinen Bedingungen zu bestehen, als Beginn der faktischen Unabhängigkeit vom Reich angesehen worden. Sie taten, was sie wollten, in leidenschaftlicher Kirchturmpolitik. Der Podestà, der vom Kaiser zu bestätigende oberste Beamte der Städte, der meist aus dem hohen Adel stammte und einen Rest an Reichsautorität bewahrte, sah sich der immer lebhafteren Obstruktion der wohlhabenden einheimischen Bürger ausgesetzt. Denen gehörte die Zukunft, die soziale Dynamik spülte archaisch-aristokratische Herrschaftsformen hinweg.

Das erste Blatt der „Falkenbuch“-Handschrift, die auf Initiative Manfreds entstanden ist. Sie ist das einzige Buch, das ein deutscher König des hohen Mittelalters verfaßt hat. Die leider beschädigte Illustration zeigt den sitzenden Kaiser Friedrich II. Vor ihm kniet sein Sohn Manfred.

Eroberung Jerusalems durch Sultan Saladin im Jahre 1187. Im Gegesatz zu den erobernden Kreuzfahrern von 1099, die ein unerhörtes Gemetzel angerichtet hatten, wurde nach Saladins Einzug niemand in der Stadt getötet und nichts zerstört. Die christlichen Einwohner durften sich loskaufen bzw. bekamen zu großen Teilen die Freiheit zugesichert. Aber für das Abendland war nur maßgebend, daß auf dem Felsendom nicht mehr das Kreuz aufgepflanzt war und daß die Moslems alle Spuren der Tempelritter in der Al-Aqsa-Moschee getilgt hatten.

Das Kastell von Milazzo: eine der zahlreichen Festungsbauten Friedrichs II. in Sizilien und Unteritalien. Wie häufig baute er auch hier eine normannische Anlage weiter aus.

Friedrich II. überzog sein Reich mit einem engen Netz von Burgen und machte damit seinen unbeugsamen Machtwillen jedermann sichtbar. So z. B. das Castello Maniace in Syrakus (oben) und das Castello Lombardo in Enna (unten).

Centuripe mit dem Ätna im Hintergrund. In Centuripe brach 1232 ein Aufstand gegen Friedrichs Herrschaft aus; die Einwohner wurden deportiert, um Friedrichs Neugründung Augusta zu bevölkern, die er an der Ostküste nördlich von Syrakus als Kriegshafen angelegt hatte. In Centuripe hat sich 1261/62 Giovanni di Cocleria, der mysteriöse falsche Friedrich, verschanzt, den König Manfred niederkämpfen mußte.

König Manfred war der wichtigste der unehelichen Söhne Friedrichs II. Die Kühnheit, mit der Manfred nach dem Tode Konrads IV. (1254) die Krone Siziliens usurpiert hatte, stand in merkwürdigem Gegensatz zu seiner unentschlossenen Haltung gegenüber seinem Herausforderer Karl von Anjou. Schließlich nahm er, wohl überstürzt, 1266 bei Benevent die Entscheidungsschlacht an und fiel. Die Franzosen marschierten daraufhin unbehelligt bis Sizilien durch.

Friedrichs Zentralisierung in Sizilien nährte in Mailand und anderswo zwischen Piemont und Romagna den Verdacht, der Kaiser wolle in Oberitalien sogar hinter Konstanz 1183 zurück. Das Ergebnis war die defensive Erneuerung des oberitalienischen Städtebundes, nun auf 25 Jahre abgeschlossen, also eine runde Kampfansage. Da die Veronesen den Alpenübergang durch Tirol sperrten, und die Mailänder die weiter westlich gelegenen Pässe blockierten, konnte kein deutsches Heer in Italien einrücken, und Friedrich konnte seinen Reichstag nicht erzwingen. Denn ohne die Deutschen war seine sizilianische Machtbasis dazu zu schwach, auch wenn Unteritalien ihm in der Hauptsache zu Füßen lag. Die Lombarden verlangten eine päpstliche Bürgschaft, daß der Kaiser vor dem Reichstag sein Heer entlasse, und zeigten damit, daß auch ihnen geläufig war, wie sehr ihre Sache mit der Unabhängigkeit des Papstes verbunden war.

Der Papst aber hatte den Kaiser in der Hand, indem er von ihm die Führerschaft eines neuen Kreuzzuges verlangte. Was für Barbarossa der triumphale Höhepunkt seines Kaisertums gewesen war, wurde für Friedrich II. zum Mühlstein am Halse. Denn seine Zentralisierung in Sizilien hatte seinen Konflikt mit dem Papst verschärft. Jeglicher Ausbau Unteritaliens mußte diesem verhaßt sein, da er dem König von Sizilien das Übergewicht in ganz Italien zu verschaffen drohte. So gesehen, hing alles zukünftige Unglück Friedrichs an der Zentralisierung im Königreich Sizilien, und daran, daß sie gelang und damit seinen Willen stärkte, sie in ganz Italien durchzuführen, also auch vom Kirchenstaat nichts übrig zu lassen. Durch seine modernisierende Dynamik wurde er der Herr Siziliens, womöglich noch effizienter, als es die Normannen gewesen waren, und wurde gleichzeitig zum Sklaven dieser Dynamik, weil er als Kaiser sich nicht mit Sizilien begnügen wollte. Er und die lombardischen Städte: beide brachten in ihrem Bereich die Entwicklung des politischen Lebens voran, nur daß die gewachsene kommunale Freiheit der Lombarden Friedrichs zentralisierender Art von Modernisierung unvereinbar gegenüberstand.

Auch Friedrichs Kreuzzug (1228/29) hatte viel mit seinem sizilischen Königtum zu tun. Daß er ihn unter Honorius III. von Jahr zu Jahr verschoben hatte, hing auch (wenn schon nicht ausschließlich) damit zusammen, daß er durch den Sarazenenaufstand genügend abgelenkt war. Dann folgte er den Spuren seiner normannischen Ahnen, indem er auf Anregung des Papstes in das Königshaus von Jerusalem einheiratete. Er verband sich in zweiter Ehe 1225 mit Jolanda (auch Isabella genannt), der Tochter Johanns von Brienne, des Titularkönigs von Jerusalem und Vertrauten der päpstlichen Partei, denn Johanns Bruder Walter von Brienne war einst von Innozenz III. gegen die deutschen Platzhalter der Hohenstaufen nach Unteritalien geschickt worden. Nunmehr signalisierte Friedrichs Einheirat in diese Kreise, daß er ein vernünftiges Verhältnis mit dem Papst bewahren wollte, da er die Politik denn doch von seiner intellektuellen Ungebundenheit zwischen Christentum und Islam zu trennen wußte, und es ihm klar war, daß er als Kaiser sich dem Aufruf zum Kreuzzug nicht entziehen konnte.

Jolanda starb, bevor er zum Kreuzzug aufbrach. Friedrich war nun nicht mehr König von Jerusalem, sondern nur noch Vormund des gemeinsamen Sohnes und neuen Königs Konrad, und die Feudalherren des Königreiches schuldeten ihm deswegen noch keine Lehnstreue. Aber er mußte nach Palästina, da halfen solche Subtilitäten nicht.

Der neue Papst, Gregor IX., exkommunizierte ihn zwar, als er 1227 nach schon erfolgtem Auslaufen aus Brindisi plötzlich – angeblich krankheitshalber – wieder zurückkehrte, doch seine kaiserliche Pflicht erkannte er auch dann noch an.

Bei der Ausführung brach gewissermaßen wieder der Sizilianer in ihm durch: er gewann, nachdem er sich 1228 endlich ins Heilige Land bequemt hatte, Jerusalem ohne Blutvergießen auf dem Verhandlungsweg zurück, da die ganze Kreuzzüglerei kein christliches Bedürfnis in ihm auslöste, heidnisches Blut zu vergießen. Er und Al-Kamil, der Sultan von Ägypten in der Nachfolge des großen Saladin, signalisierten sich gegenseitig, daß sie an einem Kampf kein Interesse hatten; Friedrich, weil er das ganze für eine Pflichtübung hielt, weil er seinem Heer keinen Feldzug auf Biegen und Brechen in der heißen Sonne Palästinas zumuten wollte und weil er wußte, daß er auch kein besserer Militär als sein Vater war; der Sultan, weil er den Konflikt mit dem Herrscher von Damaskus für wichtiger hielt als das Gerangel mit den Christen. Friedrich erklärte dem Emissär des Sultans, er müsse wegen seiner Reputation zu Hause leider auf der Abtretung Jerusalems bestehen, sonst würde er es nicht tun. Dieser Emissär war übrigens Fakr Ad-Din, der den Kaiser auch schon in Sizilien aufgesucht hatte und von ihm, dem mephistophelischen Grenzgänger, mit dem christlichen Ritterschlag geehrt worden war.

Man einigte sich auf einen christlichen Korridor nach Jerusalem, während Tempelviertel und Felsendom in der Hand der Moslems mit freier Religionsausübung an Ort und Stelle verblieben. Als persönliches Privileg an Friedrich durfte Jerusalem von den Christen befestigt werden. Die neue Grenze war militärisch ähnlich unsinnig wie die Israels bis zum Sechstagekrieg 1967.

Für unser Thema ist nicht die Beurteilung von Friedrichs kühlem Taktieren zwischen Moslems und Christen wichtig, das vom rein handwerklichen Standpunkt aus als diplomatische Meisterleistung gelten darf, und auch nicht das fragwürdige Ergebnis seiner Diplomatie, sondern vielmehr seine Behandlung der feudalen Gewalten, die er im Heiligen Land und dessen Umgebung vorfand. Denn sie zeigt die Gegnerschaft des großen Zentralisierers und Rationalisierers gegen Burgherren und Ritterorden, zumal letztere dem Papst unterstanden, der ihn immer noch exkommuniziert hielt.

Über das Königreich Zypern, auf dem er Station machte, als er nach Palästina fuhr, war er noch von Heinrich VI. her Lehnsherr. Er setzte gegenüber den Baronen auf der Insel durch, daß er den Bailli, d. h. den obersten Minister ernennen durfte, solange der König aus dem Hause Lusignan noch als Minderjähriger einer Regentschaft bedurfte. Dem Jean d'Ibelin, dem amtierenden Bailli, den er vorgefunden hatte, und den er als einen einflußreichen Mann aus der Kreuzfahrer-Aristokratie ausschalten wollte, verlangte er die gesamten Einnahmen aus der bisherigen Regentschaft ab. Er wollte letztlich die Regentschaft selbst in die Hand bekommen. Nach seinem Abzug aus dem Orient bekam die baronale Partei jedoch bald wieder

Papst Gregor IX. exkommuniziert Friedrich II. (1227): Gemälde von Giorgio Vasari (16. Jahrhundert). Der jähzornige Charakter des Papstes wird auch in dieser kunstvoll inszenierten Darstellung hinreichend deutlich.

die Oberhand, die Baillis wurden hinweggefegt, und ein kaiserlicher Gegenstoß brach im Jahre 1232 zusammen. 1246 erklärte Papst Innozenz IV. das Ende der Lehnsabhängigkeit Zyperns vom Heiligen Römischen Reich, und der große politische Organisator in dieser strategisch so wichtigen Gegend des Mittelmeerraums war definitiv gescheitert.

In Jerusalem selbst krönte sich Friedrich zum König, obwohl er nur der Vormund des kleinen Konrad war, der seine Krone von Jolanda in mütterlicher Linie geerbt hatte. Der Vertrag mit Al-Kamil war ohne die Zustimmung der Barone des Landes geschlossen worden – im feudalistischen Zeitalter gewiß eine Todsünde! Als Friedrich abreisen mußte, ernannte er zwei Baillis, die als Kompromißkandidaten für die lokalen Barone gelten konnten. Auch in Jerusalem also: despotisches Auftreten wie in Sizilien, der Wille zum monarchischen Durchgreifen war unübersehbar, doch der Erfolg blieb aus.

Das war ein schlechtes Omen für alles, was Friedrich noch bevorstand. Denn Gregor IX. hätte ihn 1227 nicht so schnell exkommuniziert, wenn er in ihm nicht den Gegner erkannt hätte, der ganz Italien unterwerfen wollte, um dabei den Papst zu einem Bischof von Rom mit allenfalls zeremoniellen Rechten zurückzustutzen. Johann von Brienne, immerhin des Kaisers Schwiegervater, doch durch dessen Umgang mit der Königskrone seiner Tochter nur noch päpstlicher gesinnt, war im Auftrag Gregors IX. in Friedrichs unteritalienisches Königreich eingefallen. Daß der Kaiser im Kampf gegen den Heiligen Stuhl keinerlei Mittel der weltanschaulichen Progaganda in der Hand hatte, wird durch das Eindringen der franziskanischen Minoriten ins Königreich belegt, dem er zunächst machtlos zuschauen mußte (bis es ihnen schließlich doch verboten wurde), denn sie galten als die Truppe des Papstes, der diese neue, auf den religiösen Wundermann Franz von Assisi zurückgehende geistliche Bewegung für die Unterstützung der Amtskirche gewonnen hatte. Da stand die christlich aufgewühlte Seele des Abendlandes dem Papst zu Diensten, und diesem geistlich-geistigen Angriff hatte der Tyrann von Sizilien nur äußerliche Machtmittel entgegenzusetzen.

Er schloß nach seiner Rückkehr aus dem Heiligen Land mit dem Papst zu sehr mäßigen Bedingungen Frieden (1230). Dieser Umstand zeigte immerhin, daß er sich der Schwäche seiner Position bewußt war. So weit ging er dem Papst entgegen, daß er ihm im folgenden Jahr sogar die Schiedsrichterrolle zwischen seinen kaiserlichen Ansprüchen und der Renitenz der lombardischen Städte anbot. Seine Ketzergesetzgebung war untadelig; doch sie hinterläßt den Eindruck, daß für Friedrich, etwas geistige Freiheit hin und her, eine Vielzahl geistlich motivierter Justizmorde – und als etwas anderes kann er die damals ins Kraut schießende Inquisition nicht angesehen haben – nichts als diplomatische Spielzüge in seinem gespannten Verhältnis zum Papsttum waren. Auch als das Schiedsgericht des Papstes zwischen Kaiser und Lombarden für Friedrich nichts erbrachte, reagierte er noch nicht ungehalten, weil er taktisches Augenmaß besaß. Er mußte damals gerade einen Aufstand in Messina niederhalten, und solange Sizilien unsicher war, konnte er sich keine anderen Konflikte leisten. Zudem wollte er Papst und Lombarden, ganz unabhängig von Sizilien, nicht gleichzeitig bekriegen. Der Papst wiederum bedurfte der väterlichen kaiserlichen Ermahnungen an die Stadtrömer, um diese stets rebellischen und republikanisch gesinnten Gegner seiner weltlichen Herrschaft zu besänftigen. Sie sollten nicht glauben, in dem ideellen Nachfolger der antiken Imperatoren eine Stütze zu finden. Und Friedrich enttäuschte den Papst in dieser Erwartung der Gemeinsamkeit zwischen den beiden mittelalterlichen Universalmächten nicht.

Aber all das waren in zusammenfassender Rückschau nur die vom Theater her bekannten, retardierenden Momente vor dem unaufhaltsamen Sturz beider Gewalten in den Abgrund, den sie sich gegenseitig selbst bereiteten. Die Katastrophe kam, auch dies ist tragödiengerecht, durch einen Triumph des Kaisers in Bewegung, der ihn sein bisheriges Augenmaß verlieren ließ: 1235 setzte er sich gegen seinen rebellisch gewordenen Sohn Heinrich in Deutschland mit verblüffender Mühelosigkeit durch. Daraufhin machte er sich an die ernsthafte Abrechnung mit den lombardischen Städten und stürmte damit in die gleiche blutige Sackgasse wie sein Großvater.

Zunächst gewann er am 27. November 1237 gegen die Mailänder die Schlacht von Cortenuova, wobei seine Soldaten das Feldgeschrei „Roma“ erhoben. Die Bürger Roms bekamen den erbeuteten Mailänder Fahnenwagen und andere Trophäen zugesandt, begleitet von einer ziemlich verquollenen Proklamation des Kaisers, in der er u. a. verkündete, daß er den kaiserlichen Ruhm nicht anders erhöhen könne als indem er den Ruhm der Stadt, die der Ursprung des Imperiums sei, erhöhe. Das Thema wird mannigfach in immer neuen Satzkaskaden umspielt und als eine Angelegenheit der Vernunft dargestellt, die die Herrin des Rechtes sei. Der für den Anlaß unverhältnismäßig erscheinende Aufwand läßt auf die grundsätzliche Absicht Friedrichs schließen, durch Rückgriff auf das Römische Imperium der schrankenlos herrschenden Cäsaren den Lombarden und auch dem Papst die politische Legitimation unter den Füßen wegzuziehen.

Es gehört zum Verhängnis des tragischen Helden, daß er in götterferne Verblendung verfällt. Für Friedrich bestand sie nach seinem Sieg von Cortenuova darin, daß er von den Mailändern die bedingungslose Unterwerfung forderte, obwohl diese ihm genug anboten, um die Ehre des Reiches zu befriedigen: Auflösung ihres Bundes, Verzicht auf den Konstanzer Frieden von 1183, grundsätzliche Anerkennung der Oberhoheit des Reiches, Angebot von Vasallität. Nach der Ablehnung setzten die Lombarden in ihrer Verzweiflung den Kampf fort, und nachdem Friedrich 1238 bei der Belagerung Brescias gescheitert war, wagte auch Gregor IX. sich aus der bis jetzt bewahrten Deckung, exkommunizierte den Kaiser erneut und entband damit alle seine Untertanen von ihrem Treueid.

Friedrich schlug mit einem Rundschreiben an die Fürsten der Christenheit zurück: „Fürchtet, daß euch selbst ähnliche Gefahren drohen! Denn die Erniedrigung aller anderen Könige und Fürsten wird für leicht gehalten, wenn die Macht des Römischen Kaisers vernichtet wird, dessen Schild nun die ersten Speerwürfe aushalten muß.“ Dieser Appell an die Solidarität der weltlichen Fürsten gegen päpstliche

Anmaßung half außenpolitisch zwar nichts, aber er zeigte, daß es hier um die schon seit dem Investiturstreit virulente Frage des Rangverhältnisses zwischen Kaiser und Papst ging.

Gregor hatte noch zwei weitere Steigerungsmöglichkeiten des Angriffs: den Kaiser als Teufel und Ketzer zu bezeichnen und damit alle Geister, die die eben aufgekommene Inquisition für eine sehr notwendige Sache hielten, auf seine Seite zu ziehen. Zwei Monate nach Friedrichs Rundschreiben erklärte er diesen für das Untier der johanneischen Apokalypse, ein Bild, das von den Franziskanerpredigern mit Schwung in breitere Volksschichten getragen wurde.

Die letzte und unüberbietbare Steigerung war, den Kaiser aus diesen Gründen für abgesetzt zu erklären. Denn da nach päpstlichem Verständnis Gott dem Nachfolger Petri die Oberhoheit über das Kaisertum gegeben hatte, durfte der Papst einen ketzerischen Kaiser absetzen. Was aber ketzerisch war, das bestimmte er selbst (die moslemischen Sympathien Friedrichs genügten dafür vollauf), und er bearbeitete die öffentliche Meinung intensiv. Kaiser Konstantin der Große habe einst das weltliche Mißregiment dem Papst abgetreten und es zur Läuterung aus seinen Händen als abhängiges Lehen zurückempfangen. Das war die zeitgemäße, eine Figur des Feudalrechts verwendende Version des päpstlichen Weltherrschaftsanspruchs. Titel und Krone erhalte der Kaiser vom Papst, also schulde er diesem den Untertaneneid. Das war die bestmögliche politische Nutzanwendung des ursprünglich theologischen Gedankens der besonderen Würde des Priesteramtes: oder, negativ ausgedrückt: der Paroxysmus des katholischen Amtsgedankens, der sich in die Theokratie hineingesteigert hatte.

Nach Gregors Tod am 17. Juli 1245 setzte Papst Innozenz IV. den Kaiser auf dem Konzil von Lyon tatsächlich ab. Dorthin war er nach waghalsiger Flucht ausgewichen, da Rom rings von kaiserlichen Truppen eingeschlossen war.

Auch Friedrich war daraufhin noch einer Radikalisierung seines Standpunktes fähig: „Dies war stets mein Plan", ruft er den Fürsten des Abendlandes zu, nachdem er von der Absetzungserklärung aus Lyon erfahren hat, „die Priester jedes Standes, zumal die höchstgestellten, zum apostolischen Leben, zur Demut des Herrn und zur Verfassung der reinen Urkirche zurückzuführen ... Aber diese der Welt dienenden, von Wollust trunkenen Priester verachten Gott, weil ihre Religion in der Flut des Reichtums untersank. Solchen diese schädlichen Güter, diese Last ihrer Verdammnis zu entziehen, ist in Wahrheit ein Werk der Liebe; und an dieses sollen wir und alle Fürsten mit uns eifrig die Hand anlegen, damit der Klerus alles Überflüssigen entkleidet werde und mit mäßigem Gut zufrieden dem Gottesdienst wieder nachlebe."

Er wollte also die Kirche ihrer weltlichen Macht berauben, wie es manche Ketzer vor ihm schon gefordert hatten. Deshalb stellte er auch keinen Gegenpapst auf, obwohl er dafür mühelos einen willfährigen Prälaten hätte finden können. Denn Gregors und Innozenz' Propaganda prallte am Klerus des Königreichs Sizilien fast wirkungslos ab. Der Kampf zwischen Kaiser und Papst war in aller Schonungslosigkeit ja erst ausgebrochen, als Friedrich Unteritalien bereits fest in der Hand hatte.

Die Absetzungserklärung von Lyon beklagte das natürlich, mußte aber zugeben: „er (der Kaiser) hat dieses Königreich Sizilien Klerikern und Laien gegenüber bereits dermaßen mit Herabwürdigung und Sklaverei mißhandelt, daß diese fast nichts mehr besitzen und schon fast alle Rechtschaffenen von dort vertrieben sind. Die Dortgebliebenen aber zwingt er, unter einer Art Sklavenjoch zu leben und die Römische Kirche, deren Gefolgsmänner sie in erster Linie sind, vielfach zu beleidigen und feindlich anzugreifen." Die Justitiare im Königreich wachten darüber, daß trotz des Kirchenbanns, der automatisch auch alle traf, die den Kaiser durch ihre Loyalität noch irgendwie unterstützten, die Messen überall im Lande gelesen wurden. Wer sich weigerte, verlor sein Vermögen, manche Geistliche wurden auch hingerichtet. Das war drakonisch und wirksam.

Man hat dem Kaiser damals auch vorgeworfen, er wolle sich selbst zum Papst machen. Das spielte auf die byzantinischen Wurzeln seines Herrscherverständnisses an; aber es gab keinen Sinn, da das Papsttum ja entmachtet werden sollte und dann die kaiserliche Majestät nicht mehr erhöht hätte. Den umständlichen und weitschweifig-sentimentalen Stil päpstlicher Verlautbarungen hatte sich Friedrichs Kanzlei jedoch immerhin schon angeeignet. Daß er sich religiöser Floskeln bis hin zur Blasphemie bediente, deutet eher auf Sarkasmus als auf spirituellen Ehrgeiz hin.

Die Entscheidung von Lyon sollte nach des Papstes erklärtem Willen bedeuten, daß die Dynastie Hohenstaufen insgesamt ihre Herrschaft für immer und überall verlieren sollte, also auch auf Sizilien. Das folgte für Innozenz allein schon aus der päpstlichen Oberherrschaft, die für Sizilien aktenmäßig nachzuweisen war, während sie für das Heilige Römische Reich nur auf einer luftigen Gedankenkonstruktion beruhte, auf etwas, das man im 20. Jahrhundert Ideologie nennen würde. Gab der Kaiser die „unio regni ad imperium" nicht auf, dann mußte der Papst eben den Umweg gehen, ihm das Imperium zu nehmen, damit er durch diese umfassende Abqualifizierung auch das Regnum verlor. In der Absetzungserklärung, die Innozenz IV. in Lyon verlesen ließ, hieß es zum Thema Sizilien am Ende nur noch: „Über das vorerwähnte Königreich Sizilien aber werden wir uns zusammen mit dem Rat ebendieser unserer Brüder (gemeint sind: diejenigen, denen die Wahl des deutschen Königs obliegt) kümmern, wie es uns nützlich scheinen wird." Schon 1250 dürfte er Richard von Cornwall, der über seine Schwester Isabella, die dritte Gemahlin Friedrichs, des Kaisers Schwager war, die Übernahme Siziliens vorgeschlagen haben: zunächst Kriegsdienst dort unten für den heiligen Petrus, dann Krönung auf der eroberten Kriegsbeute. Richard lehnte ab.

Der Kaiser ließ sich im Jahr nach Lyon durch seinen alten Vertrauten, den Erzbischof Berard von Palermo, seine christliche Glaubensfestigkeit bestätigen, um den Vorwurf der Ketzerei zu widerlegen. Aber das nützte selbstverständlich nichts, denn nun hatte der Kampf schon seine Eigendynamik, und auch der gutwillig-vernünftige König Ludwig der Heilige von Frankreich konnte durch seine Vermittlungsversuche das rollende Rad nicht mehr aufhalten.

Der Kaiser versuchte, ganz Italien, soweit seine Truppen es beherrschten, derselben Zentralisierung zu unterwerfen wie Sizilien. Und da er die mächtigsten Armeen

Ludwig IX., der Heilige, König von Frankreich (1226 – 1270) bricht zu seinem Kreuzzug nach Ägypten auf. Dieser wurde zum Desaster, der König mußte sich aus moslemischer Gefangenschaft loskaufen.

des damaligen christlichen Europa befehligte, erzwang er darin auch bemerkenswerte Fortschritte. In Zypern hatte er es mit Baillis seiner eigenen Wahl versucht; Reichslegat über Italien wurde sein unehelicher Sohn Enzio, den er 1238 mit der Erbin von Torre und Gallura auf Sardinien verheiratet und dann zum König von Sardinien erklärt hatte – auch das eine Herausforderung an den Papst, der über Sardinien ebenso wie über Sizilien die Oberlehnsherrschaft beanspruchte. Unter Enzio amtierten in den einzelnen Provinzen Generalvikare bzw. Generalkapitäne. Auch der Kirchenstaat sollte in diesem Verwaltungsnetz aufgelöst werden. Die Spitzen der Verwaltung kamen zuerst vorwiegend aus Unteritalien, bis Friedrich nach einer weitverzweigten Verschwörung im Jahre 1246, die der Papst gegen ihn angestiftet hatte und in die auch Persönlichkeiten aus dem Königreich verwickelt waren, den Kreis auf seine eigene Verwandtschaft beschränkte. Daß das System den Tod des Kaisers nicht überlebte, versteht sich, und es wäre zu weitgehend, es als die versuchte Einigung Italiens von Sizilien aus zu feiern.

Wie sich die höchsten Gewalten des Abendlandes gegeseitig zerfetzten, wie zur Tragödie der Verblendung noch die Groteske des Unsinns hinzukam, ist aus dem Kreuzzug Ludwigs „des Heiligen“ nach Ägypten ersichtlich, der im Frühjahr 1250 jämmerlich zusammenbrach als die Moslems den König gefangennahmen. Die Franzosen warfen dem Papst vor, sein verbohrter Haß auf den Kaiser habe es der Christenheit unmöglich gemacht habe, ihre Kräfte in der erforderlichen Stärke zusammenzufassen. Damit meinten sie auch die Vestrickung der sizilischen Flotte in den Kampf gegen Genuesen und Venezianer, die auf päpstlicher Seite standen. Diese Flotte hatte einst, im Mai 1241, bei der Insel Giglio an der Küste der südlichen Toskana, zusammen mit den Pisanern über 100 Kirchenfürsten abgefangen, die auf genuesischen Schiffen nach Rom unterwegs waren, um dort an dem von Gregor IX. zur Aburteilung des Kaisers ausgeschriebenen Konzil teilzunehmen. Damit war das Konzilsprojekt erledigt gewesen. Nun hätte die Flotte in die Levante segeln müssen wie unter König Wilhelm II. und Admiral Margaritus von Brindisi, denn Jerusalem war 1244 erneut in die Hände der Moslems gefallen. Doch Sizilien hatte nach Norden zu schauen, der Kaiser machte es durch seine Kolossal-Politik seiner mediterranen Bestimmung abspenstig.

Friedrich starb am 13. Dezember 1250 unerwartet im apulischen Castelfiorentino, „im Felde unbesiegt.“ Dennoch kann man ihn und die Sache der Hohenstaufen in der Rückschau nicht anders als unterlegen bezeichnen. Der Vergleich seiner Politik mit dem Lauf einer antiken Tragödie soll auf die Folgerichtigkeit hinweisen, die sein Unterliegen kennzeichnet. Friedrich war mit seinem Versuch einer Staatsreform einerseits ungeheuer modern, doch andererseits auch ungeheuer rückschrittlich, denn sein neuer Staatsapparat sollte nichts anderem als der Aufrichtung ehemaliger Kaiserherrlichkeit dienen. Daß er eine Handvoll lombardischer Städte trotz großer Kraftanstrengungen niemals niederringen konnte, zeigt hinreichend, daß er einem Traum nachjagte. Es lag ja auch ein Widerspruch darin, daß er eine gestraffte Staatsmacht wünschte und dies gleichzeitig mit ausschweifendem Universalismus verband. War es schon gewagt, von Sizilien aus die gesamte italienische

Halbinsel beherrschen zu wollen, so machte Friedrich sein aus Zentralisierung und Rationalisierung stammendes, relatives Übergewicht zu anderen abendländischen Herrschern noch lange nicht faktisch zu deren Überkaiser! Die Sache so rational zu betrachten heißt, sie nach modernen Machtkriterien zu betrachten. Der Einwand, damit werde man Friedrich nicht gerecht, liegt auf der Hand und ist auch stichhaltig. Doch folgt daraus, daß auch sein Universalismus noch nicht modern, sondern vielmehr rückwärtsgewandt und den kaiserlichen Vorfahren verhaftet war. Der Bruch in Friedrichs Grundkonzeption machte sie anfällig für den Mißerfolg.

Wie durfte er auch glauben, das in Gemüt und Politik gleichermaßen fest verankerte Papsttum zu einem zeremoniellen Popanz herabdrücken zu können? Sein Jahrhundert war für die Trennung von Kirche und Staat noch nicht reif. Vielleicht hatte er im Laufe der Jahre den politischen Boden unter den Füßen verloren, hatte der Intellektuelle in ihm dem Heiligen Römischen Kaiser einen Streich gespielt.

Friedrich muß tiefe Demut vor der Natur empfunden haben, da er sich in ihre ruhige, wissenschaftliche Beobachtung so sehr vertiefte. Doch in der Politik folgte er derart selbstherrlichen Prinzipien, daß man ihm das entscheidende Augenmaß absprechen muß, wie einem beliebigen Tyrannen. Seine Nachgiebigkeit gegenüber dem Papst (bis zur Verschwörung von 1246) erstaunt immer wieder, doch er zog aus der Einsicht in die Stärke der päpstlichen Stellung niemals die Konsequenz, sich mit ihr dauerhaft zu arrangieren und auch zu diesem Zweck die Hände von den lombardischen Städten zu lassen. Barbarossa, sein weitaus archaischerer Großvater, hatte in dieser Hinsicht doch die glücklichere Hand gehabt!

Für Friedrichs II. Beurteilung mag in einem wesentlichen Punkt das gleiche gelten wie für Heinrich VI.: das Abendland akzeptierte einen Heiligen Römischen Kaiser als sakral angehauchten Ehrenvorsitzenden, doch einen Kaiser, der nicht nur schwebend herrschen, sondern auch real agieren wollte, bezichtigte es sehr schnell des Größenwahns und versuchte, ihn loszuwerden. Friedrich hätte sich seinen Solidaritätsappell an die anderen christlichen Herrscher sparen können. Es war ja ihr Nutzen, wenn die beiden Universalmächte sich gegenseitig aufrieben. Und wenn er nicht eher ein Normanne und Sizilianer als ein Deutscher gewesen wäre, könnte man es ihm als typisch deutsch ankreiden, daß er glaubte, den König z. B. von Kastilien interessiere das Verhältnis zwischen Kaiser und Papst schon deshalb leidenschaftlich, weil es sich dabei um eine doktrinäre Grundsatzfrage mit religiösem Tiefgang handelte.

Zehntes Kapitel

Staufischer Abgesang

Der Usurpator

Wir haben ihn noch nicht vorgestellt: Manfred, Friedrichs II. unehelichen Sohn von Bianca Lancia, die einer mit dem Kaiser eng verbundenen piemontesischen Adelsfamilie entstammte. Manfred wurde 1232 in Venosa geboren; als seine Mutter starb, legitimierte der Kaiser seine Verbindung mit ihr. Das rettete Manfred aber nicht davor, als Bastard beschimpft zu werden, z. B. von dem Baron Borrello d'Anglona. Dem hatte der Papst auch noch die Grafschaft Lesina (im Nordwesten des Monte Gargano) verliehen, denn der er empfand sich nach wie vor als Oberlehnsherr Siziliens. Am 18. Oktober 1254 brachten Manfreds Gefolgsleute diesen Frechling um, und am Hofe des Papstes war man sicher, daß das auf des Staufers Befehl hin geschehen war.

Der Papst, immer noch Innozenz IV., weilte damals in Teano, Manfred in seiner Nähe. Er konnte als Mitglied der staufischen „Vipernbrut", die seit dem Konzil von Lyon als ausrottungswürdig galt, auf keine Gnade hoffen. Und er beschloß, sich sein Königreich endlich, ohne weiteres Taktieren mit seinen Feinden, durch das Schwert zu verschaffen. Er warf sich nach Capua, doch die Stadt war ihm zu unsicher, er eilte weiter. Da erfuhr er, daß die Päpstlichen einige aus seinem Gefolge festgenommen hatten und ihm hinterherjagten. Mit nur wenigen Getreuen eilte er über den Apennin nach Apulien, vermied die Kastelle, die den Anhängern des Papstes gehorchten, und das Heer des päpstlichen Legaten. Sein Ziel war Lucera, der wichtigste Punkt des ganzen Königreichs, denn dort saßen die treuen sarazenischen Truppen, angeführt von Giovanni Moro (einen anderen Namen dieses Kapitäns haben wir nicht überliefert), und dort lagerte der immense Schatz, den Kaiser Friedrich angehäuft hatte und den Manfred vor dem päpstlichen Zugriff sichern mußte.

Er konnte nicht direkt nach Lucera reiten, auch von Lavello aus noch nicht, und machte einen Umweg über das getreue Venosa. Dort konnte er sich zwei Tage ausruhen – doch nur, um zu erfahren, daß Giovanni Moro gerade Lucera verlassen hatte, um sich dem Papst zu unterwerfen. Am Abend des 1. November 1254 schwang er sich also wieder aufs Pferd, denn nun war allerhöchste Eile geboten, und sprengte ohne Unterbrechung durch Nacht und Regen nach Lucera, um es am Nachmittag des 2. November endlich zu erreichen. Mit drei Begleitern nur, um die Besatzung nicht zu verunsichern, erschien er vor den Mauern der Stadt. Kaum hatten ihn die Sarazenen erkannt, ließen sie ihn ein. Durch eine kleine Öffnung im

Stadttor, die für einen Regenwasserkanal ausgespart war, hätte er kriechen müssen, denn Giovanni Moro hatte befohlen, überhaupt niemanden einzulassen, und die Schlüssel zu den Toren verwahrte der diensteifrige Stadtkommandant. Doch die einfachen Soldaten konnten es nicht mit ansehen, daß ihr Herr sich im Regenkanal erniedrigte. Und sie ermannten sich, brachen die Tore auf, begrüßten Manfred jubelnd und trugen ihn auf ihren Schultern in die Stadt.

Das Abenteuer hätte nicht knapper gelingen können, denn Berthold von Hohenburg, der einflußreichste unter den deutschstämmigen Baronen des Königreichs, der gerade seinen Frieden mit dem Papst gemacht hatte, war Manfred nachgesetzt, kaum daß man von dessen Verschwinden erfahren hatte. Es war klar, daß Manfred auf Lucera zielte. Berthold besetzte am selben Tag, als die Sarazenen ihren Herren triumphal empfingen, Foggia, nur wenige Stunden zu spät, um Manfred von dort aus den Weg zu versperren.

Manfred war, wenn nicht der fähigste, so doch der strahlendste unter Friedrichs Söhnen, die nach dem Tode des Kaisers um seine schwere Erbschaft rangen. Er war blond, „körperlich schön wie der Vater und noch mehr jeglicher Üppigkeit hingegeben, musizierte und sang, und gern sah er Gaukler und schöne Konkubinen um sich, und kleidete sich stets in schöne Gewänder; er war großzügig, höflich und fröhlich, so daß er sehr geliebt wurde und große Gunst genoß. Aber sein ganzes Leben war epikureisch, und er kümmerte sich nicht um Gott". So beschreibt ihn der Chronist Ricordano Malespini, der der Gegenpartei anhing. Den Sarazenen von Lucera muß Manfred wie der wiedergeborene „Al-Imbiratur" erschienen sein.

Und von Lucera aus begann Manfred nun mit der schnellen Eroberung seines Königreichs. Zwischen Foggia und Trani schlug er den päpstlichen Legaten aus dem Felde und gewann beide Städte noch im selben Jahr für sich. Am 7. Dezember 1254 starb Innozenz IV., und sein hastig gewählter Nachfolger, Alexander IV., besaß bei weitem nicht den Kampfeswillen seines Vorgängers. Bald hatte Manfred bis auf die Terra d'Otranto ganz Apulien in seiner Hand, und Berthold von Hohenburg ließ es verdächtig an energischem Widerstand fehlen, wahrscheinlich aus Opportunismus.

Doch welche Ansprüche durfte der strahlende Manfred überhaupt anmelden? Kaiser Friedrich II. hatte in seinem in Castelfiorentino aufgesetzten Testament seinen ältesten Sohn Konrad, den er von Jolande von Jerusalem hatte, zum Nachfolger im Heiligen Römischen Reich und im Königreich Sizilien eingesetzt. Falls er ohne Nachkommen sterben sollte, war Heinrich, Friedrichs jüngerer Sohn von Isabella von England, sein Nachfolger. Erst nach dessen kinderlosem Tode war Manfred als Kaiser und König an der Reihe. Doch: „Wenn aber Konrad in Deutschland weilt oder sonst irgendwo außerhalb des Königreichs, so bestimmen wir (d. h. der Kaiser) den genannten Manfred zum Statthalter des genannten Konrad in Italien und besonders im Königreich Sizilien ... Ferner verleihen und bestätigen wir Unserem genannten Sohne Manfred das Fürstentum Tarent ... mit den Grafschaften Monte Caveoso, Tricarico und Gravina ...".

Zwei Tage nach dem Tod des Kaisers hatte Manfred den Marschall Pietro Ruffo, einen kalabrischen Baron aus Tropea, nach Sizilien geschickt, um dort die Huldigun-

Manfreds Einzug in Lucera (1254). Die Sarazenen aus des verstorbenen Friedrichs II. Leibwache umjubeln ihn, denn sie sehen in diesem unehelichen Sohn des großen Kaisers dessen Erben und Nachfolger – mögen die Päpste, Franzosen, auch die deutschen Überlebenden der Hohenstaufen-Partei sowie ein Gutteil des unteritalienischen Adels auch anderer Meinung sein.

gen für Konrad entgegenzunehmen. Er schrieb dem Bruder, in Sizilien und auch auf dem Festland habe man sehr gerne gehuldigt, doch er fügte dem Brief eine Liste von Baronen bei, auf die man sich lieber nicht verlassen sollte. Konrad, gerade 22jährig, hatte in Deutschland alle Hände voll zu tun und konnte nicht spornstreichs in den Süden abmarschieren. Das aber wäre sehr nötig gewesen, denn da der schreckliche und starke Kaiser tot war, brach ganz Italien in lokalen Kämpfen der Kaiserlichen und der Päpstlichen auseinander, und weder der Papst noch Friedrichs Söhne konnten den Krieg aller gegen alle kontrollieren.

Doch es versteht sich, daß der Papst alles tat, um den Staufern das Königreich zu entreißen. Dem Erzbischof von Palermo, der immer noch zur kaiserlichen Partei stand, machte er bitterste Vorwürfe. Franziskanische und dominikanische Prediger strömten nun weitaus mehr als vor 1250 nach Süden, um gegen die Kaiserlichen zu hetzen. Nach Sizilien sandte er den Kardinal Pietro Capocci, gratulierte allen Adligen und Bürgern zum Tod des Tyrannen und forderte sie auf, sich der Heiligen Mutter Kirche wieder zu unterwerfen. Er verteilte die Lehen kraft seiner Oberherrschaft an seine Parteigänger, wie es ihm gefiel, und er fand genug Abtrünnige. Tarent, Gravina, Tricarico und Monte Caveoso nahm er Manfred weg und übertrug es dem römischen Aristokraten Frangipani, der erst kaisertreu gewesen war, aber rechtzeitig, auf Beute hoffend, die Seite gewechselt hatte.

Pietro Ruffo, von Manfred als Vikar von Sizilien und Kalabrien eingesetzt, versuchte seine Position auszubauen, indem er sich, Friedrichs Testament widersprechend, als direkter Statthalter Konrads gebärdete. Wenn Manfred seinem speziellen Vertrauten Galvano Lancia, der ihm später die Idee eingeben sollte, sich im Handstreich Luceras zu bemächtigen, die Grafschaft Butera übertrug zusammen mit Paterno und San Filippo d'Argiró, dann weigerte sich Pietro Ruffo, dies auszuführen. Denn er mißgönnte der Sippe der Lancia, mit der Manfred von seiner Mutter her verbunden war, deren Einfluß im Süden. Galvano kam nach Messina, um sein Recht durchzusetzen, doch Pietro Ruffo entfesselte dort einen Volksaufstand, und Galvano mußte unverrichteter Dinge aufs Festland zurückkehren. Friedrichs Testament hatte dem Ruffo anscheinend den Weg gewiesen, wie er Sizilien in die Hand bekommen konnte: hatte Friedrich die drückende „collecta" abgeschafft und seine Rückkehr zum Stand der Besteuerung wie unter Wilhelm II. angeordnet, so versuchte Ruffo, mit der Kommune von Messina, das wichtiger geworden war als Palermo, eine besondere Beziehung aufzubauen, um das staufische Joch zu erleichtern und damit der päpstlichen Propaganda auch in den Kommunen den Wind aus den Segeln zu nehmen.

Manfred wiederum bekam Sizilien nicht in die Hand, und auch das päpstlich inspirierte Chaos in Kampanien konnte er nicht bändigen. Da entschloß er sich, Pietro Ruffo auf dem Weg der Unkorrektheit zu folgen, sofern man die spärlichen Überlieferungen zu diesem Thema so interpretieren darf, indem er mit dem Papst in Verhandlungen darüber eintrat, das Königreich Sizilien vom Kaiserreich zu trennen. Das war ja ein beständiges Ziel päpstlicher Politik gewesen, und Manfred kam so vielleicht vom Statthalter zur Königskrone voran.

Doch als Konrad Anfang Januar 1252 endlich in Siponto landete, war aus diesen Verhandlungen nichts geworden. Berthold von Hohenburg hatte Konrads Gunst gewonnen, und im Angesicht des zweifellos legitimen Königs (zur Kaiserkrönung sollte es Konrad niemals bringen) war es für Manfred inopportun, sich auch noch mit dem mächtigsten deutschen Herren im Lande zu überwerfen. Konrad seinerseits mußte sich mit dem in Apulien dominierenden Manfred verständigen, um sein Erbe zu wahren. Er folgte Friedrichs und Ruffos Linie, als er die Steuerlast auf das Niveau der Normannenzeit zurückschnitt.

Dann tat Konrad etwas, was nur daraus zu erklären ist, daß sein Reich in höchster Gefahr war und die Quellen seiner Macht im fernen Deutschland lagen: er verzichtete auf die feudalfeindliche Zentralisierungspolitik seines Vaters und kam den Baronen weit entgegen. Die Erblichkeit der Lehen auch im weiblichen Stamme wurde zugestanden, und während der Minderjährigkeit eines Lehnsträgers sollte keine königliche Zwischenverwaltung seines Besitzes mehr stattfinden. Auch sonst ließ Konrad die Zügel lockerer. Die kirchlichen Güter wurden von Abgaben, die Kleriker von weltlicher Gerichtsbarkeit weitgehend entlastet; freier Handel im Königreich für In- und Ausländer; die Bürger von Messina wurden den Pisanern, die dort eine Handelsniederlassung betrieben, rechtlich gleichgestellt. Das alles waren Konzessionen, die, wenn auch in manchen Punkten heilsam, doch jedenfalls gegenüber dem Adel nicht mehr rückgängig zu machen waren. Es war sicherlich nicht in Friedrichs Horizont gelegen, die Adelskaste zu vernichten. Eines solchen Anachronismus war auch der große Freigeist nicht fähig gewesen. Also hatte er sie nur unterdrückt, und es entsprach der politischen Logik, wenn sie nach des Kaisers Tod erneutes Selbstbewußtsein entfaltete und sich am Ende so fest etablierte, daß sie im ganzen Königreich noch jahrhundertelang eine entscheidende und der Krone oftmals höchst lästige Rolle spielte.

Außerdem lag der Schlüssel zur Behauptung des Königreichs nach wie vor beim Papst, und Konrad gelang es bis zu seinem frühen Tode nicht, mit diesem zu einem Ausgleich zu kommen. Da er die Barone in Kampanien niederkämpfen und Neapel zurückerobern mußte, dem der Papst kommunale Privilegien zugestanden hatte, stieg sein Geldbedarf so gewaltig, daß er einen Großteil seiner steuerlichen Entlastungsmaßnahmen bald wieder kassierte. Manfred war ihm nach wie vor unheimlich. Seinem jüngeren Bruder Heinrich mißtraute er, denn dieser stammte aus der englischen Ehe des Kaisers, und gerade England wollte der Papst heranziehen, um gegen die Staufer in Unteritalien zu kämpfen. Seine Erkenntnis, daß er mit päpstlichen Truppen allein nichts ausrichten würde, half Konrad nichts, denn der Papst war fähig genug, einen starken auswärtigen Fürsten gegen ihn in Position zu bringen.

Konrad befahl Heinrich aus Sizilien zu sich aufs Festland und ließ ihn auf die Burg San Fele in Apulien bringen, um ihn als Konkurrenten um die Krone Siziliens (mit englischer Unterstützung) auszuschalten. Der junge Mann starb dort im Dezember 1253 unter ungeklärten Umständen. Das brachte seinen Onkel, König Heinrich III. von England, in Harnisch, denn die Vermutung lag nahe, daß Konrad sich da mit einem Brudermord besudelt hatte. Derlei Verdacht war im Kampf gegen die staufische „Vipernbrut“ noch schneller zur Hand als in ruhigeren Zeiten. Im Februar 1254 erreichte der Papst, daß der englische König seinem Sohn Edmund die Erlaubnis gab, Sizilien für sich und für den Heiligen Petrus zu erobern. Am Gründonnerstag 1254 exkommunizierte der Papst Konrad, und damit waren alle Verhandlungen gescheitert.

Und am 21. Mai 1254 starb der fähige und energische Konrad, der vierte seines Namens auf dem deutschen Thron, im apulischen Lavello. Die welfische Propaganda kolportierte, Manfred habe ihn durch ein Klistier, das Diamantsplitter enthielt, grauenhaft umbringen lassen, und nährte so die durch Heinrichs Tod begonnene Legende, daß die „Vipernbrut“ sich gegenseitig ausrottete. Glaubwürdigkeit erhielt diese Version dadurch, daß Konrad seinem Bruder im Königreich über den Titel des Fürsten von Tarent hinaus nichts gegönnt, den Pietro Ruffo als Vikar von Sizilien und Kalabrien aber bestätigt hatte. Auch Konrads Testament war für Manfreds Ehrgeiz trostlos: Konrads Söhnchen Konradin, am 15. März 1252 in Deutschland geboren, wurde der Vormundschaft des Papstes unterstellt, und Berthold von Hohenburg wurde während dessen Minderjährigkeit Statthalter Konradins im Königreich Sizilien.

Berthold und Manfred, das waren Männer, deren erprobte Tatkraft und intime Verbindung mit dem staufischen Hause der Papst in Unteritalien nicht brauchen konnte. Er lud sie an seinen Hof vor damit sie sich vor ihm verantworten und ihre Güter von ihm als Lehen entgegennehmen konnten. Das Recht dazu hatte er, denn das Testament des Königs Konrad gab ihm diese Möglichkeit. Der Tag der Vorladung verstrich ungenutzt, und daher exkommunizierte der Papst Manfred, den Hohenburger mitsamt dessen beiden Brüdern, die auch in der Regentschaft für Konradin mitwirkten, sowie Friedrich von Antiochia, einen weiteren unehelichen Sohn des verstorbenen Kaisers von unbekannter Mutter, der irgendwo im Königreich auch gerne eine Chance für sich gesehen hätte.

Da der päpstliche Bann wirkte, mußte Manfred kapitulieren. Er kroch zu Kreuze, bevor Berthold es tat, und bekam sein Fürstentum Tarent als kirchliches Lehen, dazu die Grafschaft Andria (nahe dem Castel del Monte in Apulien) im Austausch für Monte Caveoso, Tricarico und Gravina die Herrschaft über den Monte Sant' Angelo und die Statthalterschaft auf dem Festland von der Meerenge von Messina bis Salerno. Was vom Reiche weiter nordwestlich lag, Kampanien und die Abruzzen, schien der Papst für seinen Kirchenstaat behalten zu wollen. Ruffo blieb in Sizilien, Kalabrien verlor er. Doch da die Familie Lancia zwischen Innozenz und Manfred gute Vermittlerdienste geleistet hatte, bestätigte ihr der Papst ihre Ansprüche in Sizilien und Kalabrien. Das tat er sicherlich, um zwischen Pietro Ruffo und Manfred Zwietracht zu säen. Manfred kam dem Papst nach Ceprano entgegen, führte als gehorsamer Lehnsmann dessen Roß am Zügel, und mußte sich vom päpstlichen Legaten sofort Eingriffe in sein eben erst verliehenes Amt gefallen lassen, die seine Rechte brüsk übergingen – auch noch den persönlichen Tort, seinen alten Lästerer Borrello d'Anglona auf seine Kosten mit Lesina belehnt zu sehen. Man konnte nicht erwarten, daß ein derart selbstherrlich im Königreich waltender Papst die Rechte des

Kindes Konradin auf Dauer respektieren würde, auch wenn er alle Übergriffe noch in dessen Namen vollführte. Borrello d'Anglona mußte also sterben. Hier schließt sich der Kreis zu Manfreds eiligem Ritt nach Lucera.

Apulien hatte sich unterworfen. Die Gegend von Brindisi und Otranto bedurfte noch hartnäckiger Belagerungen, denn dort regte sich unabhängiger Kaufmannsgeist, der keinen staufischen Zentralismus wünschte. Doch was Manfreds Vormarsch am Absatz des italienischen Stiefels verlangsamte und zeigte, daß der aus der Lombardei und Toskana bekannte Bürgerstolz auch in Unteritalien eine Heimstatt hätte haben können, genau das spielte ihm nun Sizilien in die Hände. Wenn Ruffo in Messina auf die Unterstützung der wohlhabenden Geschlechter zählen konnte, so handelte er sich damit die Feindschaft des sich zurückgesetzt fühlenden Palermo ein. Der Aufstand brach tatsächlich dort aus, als Ruffo neues Geld mit dem Bildnis Konradins darauf ausgeben wollte, und er war symptomatisch dafür, daß alle im Namen Konradins auftraten, doch keiner in seinem Interesse.

Die Bewohner der Hauptstadt schlugen sich auf die Seite der Hohenstaufen, um Messina zu bekämpfen, und Patti und Caltagirone folgten ihnen darin. Gegen Patti stand Cefalù, also stand es auf der Seite Messinas, und Taormina neidete den nahen Mitbürgern an der Meerenge natürlich alle ihre Vorteile und stand zu Palermo. Mehr noch: Lentini, San Filippo d'Argiró, Eraclea (=Gela), Vizzini, Piazza (Armerina), Mistretta, Polizzi, Castrogiovanni und Nicosia folgten Palermo. Die Städte schlossen untereinander Bündnisse und marschierten im Namen der Hohenstaufen – manche mögen sich auch auf Manfred berufen haben – gegen die zentralistische Politik eben dieser Hohenstaufen. Die Welt war aus den Fugen.

Ruffo vermochte dieses bürgerliche Durcheinander nicht mehr zu steuern. Aber nachdem der Papst seinen Kaplan Ruffino di Piacenza auf die Insel geschickt hatte, neigte sich die Waage zuungunsten Ruffos, mochte dieser als Statthalter von der Kirche nun anerkannt sein oder nicht, denn auch der Kaplan Ruffino verzichtete nicht darauf, die Kommunen in ihrem Freiheitskampf zu ermuntern. Das war die Verlagerung lombardischer Verhältnisse nach Sizilien.

Manfred hatte gleich nach der Besetzung Luceras Gesandte zu Pietro Ruffo geschickt, um die dortigen Barone zum Abfall zu bewegen, offiziell aber, um ihn zum gemeinsamen Kampf für die Rechte Konradins aufzurufen. Da er sich entschlossen hatte, das Königreich ganz zu übernehmen, wurde er tatsächlich zur „Viper". Ruffo eroberte Castrogiovanni und plünderte es, bei Aidone wurde er jedoch trotz der tatkräftigen Hilfe der Messinesen geschlagen, die da auf der falschen Seite um ihre bessere Zukunft fochten. Als er sich nach San Filippo d'Argiró zurückzog, brach auch in Messina ein Aufstand los, geführt von einem gewissen Leonardo Aldighieri, dem Vertreter der nicht ganz so reichen Bürger, gegen diejenigen, die das Desaster von Aidone zu verantworten hatten. Ruffo wurde des Aufstands nicht Herr und zog sich in das von Manfreds Emissären bereits unterwühlte Kalabrien zurück, wo seine Hausmacht lag.

Er wurde dort aber von einem von Manfred geschickten Heer bald besiegt, und die Messinesen unterlagen bei Seminara demselben Heer. Im Juli 1255 räumte Ruffo

Kalabrien endgültig und floh nach Terracina, wo er 1257 ermordet wurde, wahrscheinlich von Leuten Manfreds. Bald fiel auch Messina in die Hand von Manfreds Feldherren, und im April 1256 wurde der Kaplan Ruffino gefangen und auch noch Palermo besetzt. Nur Piazza, Castrogiovanni und Aidone widerstanden dem Staufer noch.

Entscheidend auf dem Festland wurde, daß Manfred im September 1255 persönlich in Apulien auftauchte, den päpstlichen Legaten Ottaviano degli Ubaldini und Berthold von Hohenburg ausmanövrierte und dem Legaten daraufhin den ersten Vertrag gegen die kirchlichen Interessen aufzwang. Das war gewissermaßen die Krönung seiner Flucht nach Lucera. Der Legat mußte Manfred als Statthalter im ganzen Königreich (mit Ausnahme von Kampanien) anerkennen, und Manfred verzieh allen Baronen, die gegen ihn zusammen mit der Kirche die Waffen ergriffen hatten – also besonders dem Berthold von Hohenburg.

Da der Papst den Vertrag nicht anerkannte, den Legaten sogar des Verrates bezichtigte, hielt Manfred sich nicht an die darin ausbedungene Verzeihung gebunden, warf Berthold vor, er arbeite erneut für die päpstliche Seite, und warf ihn zusammen mit seinen beiden Brüdern ins Gefängnis. Im Februar 1256 hielt er in Barletta einen Hoftag ab, ließ von den anwesenden Baronen Ruffo als Marschall des Reiches absetzen und Berthold samt Brüdern zum Tode verurteilen. Das Urteil wandelte er in lebenslange Haft um, aber seine beiden internen Hauptgegner hatte er nun ein für allemal vom Hals. Im September 1256 nahm Federico Lancia die letzten Widerstandsnester auf Sizilien ein, im März 1257 streckten die Bürger von Brindisi und der Terra d'Otranto die Waffen, und – der Vollständigkeit halber – im Januar 1258 fügte sich auch L 'Aquila, der Hauptort der Abruzzen. Außer den Papst hatte Manfred nun alle Gegner in die Knie gezwungen.

Es war nicht vorstellbar, und es wäre von Manfred auch nicht klug gewesen, wenn er nun auf die Volljährigkeit Konradins gewartet hätte, denn der war gerade erst 6 Jahre alt. Der Papst hatte zwar die Engländer doch nicht dazu bringen können, in Italien einzugreifen, doch seine Feindschaft würde nicht rasten. Das Schlachtfeld war für Manfred gewonnen, sonst nichts. Er erkannte, daß er auf der Straße der Vorwärtsverteidigung weiter voranschreiten mußte. Daher schlug er in den Wind, daß der Papst sein Oberlehnsherr zu sein wünschte, und er vergriff sich sogar an dem Recht Konradins, also an der Sache, für die er doch kämpfte und ohne die er nichts war als ein erfolgreicher und sympathischer Feldhauptmann. Also sprang er in den Abgrund, wie es anscheinend seiner dynamischen Persönlichkeit entsprach, das heißt: er ließ sich in der Kathedrale von Palermo am 11. August 1258 zum König von Sizilien krönen. Er konnte sich zur Rechtfertigung nicht auf Friedrichs II. Testament berufen, das ihn nach dem Tode Konrads IV. und Heinrichs zum Erben bestimmte. Denn sobald Konrad einen Sohn hatte, kam es auf diesen an, für Manfred blieb gemäß Friedrichs Testament nichts als die Statthalterschaft in Abwesenheit Konradins.

Um die Gemeinheit vollständig zu machen, „kam ein Gerücht in das Königreich, daß sein Neffe Konradin in Deutschland gestorben sei (Manfred soll entsprechende

Briefe in Deutschland haben schreiben lassen, die dann in Italien ihren Eindruck nicht verfehlten – Anm. d. Verf.); als sie dies Gerücht gehört hatten, da kamen die Grafen und andere Magnaten des Königreichs, auch die Prälaten der kirchlichen Bezirke in Sizilien zum Fürsten, und auch Boten aus den einzelnen Städten, und baten ihn alle einstimmig, daß er selbst, der bis dahin stellvertretend für den vorgenannten König Konrad und für sich selbst das Reich regiert und in so schönen Frieden gebracht hatte, die Herrschaft über dieses Reich und seine Krone wie ein König und als des Reiches wahrer Erbe annehme: da diese Bitte ihm einhellig von allen vorgetragen wurde, wurde der nämliche Fürst durch die einträchtige Wahl aller Grafen und Magnaten und auch der Prälaten des Königreiches zum König gewählt. In der Kathedrale von Palermo nahm er feierlich, gemäß der Gewohnheit und dem Brauch seiner Vorgänger im Königreich Sizilien, die Krone des Königreichs Sizilien an." Der Autor dieser Nachricht, Manfreds enger Vertrauter Goffredo von Cosenza, scheut keinen Aufwand, um die Aura der Legitimität zu verbreiten, und deshalb wurde er 1269, nachdem Manfred gefallen und Konradin enthauptet worden war, von Karl von Anjou gehängt.

Saba Malaspina, der Chronist der Gegenseite, behauptet, viele Barone und Prälaten hätten sich erfolgreich davor gedrückt, bei der Zeremonie dabei zu sein, Manfred hätte sich von allen Teilnehmern der Krönung mit Siegel und Unterschrift ihre Anwesenheit eigens bestätigen lassen, nicht nur der edlen Sitte wegen, sondern um sie damit auch einmal erpressen zu können. Er habe ja sogar kurz vor der Krönung zwei deutsche Boten von Konradin zwischen Rom und Anagni, wo der Papst gerade weilte, umbringen lassen und dem Mörder die Grafschaft Catanzaro zur Belohnung übertragen. Aber die verpestete Atmosphäre des Parteienkampfes macht auch vor unseren beiden Chronisten nicht Halt. Wenn man dem Saba Malaspina oder dem Goffredo di Cosenza nur so ohne weiteres glauben dürfte!

Wenn Manfred 1258 nicht anders konnte (und schon lange auch nicht anders wollte), als sich zum König zu machen, und wenn dies ihn eher als finsteren Usurpator abstempelte, als daß es seine Position merklich verbesserte, dann mochte er Künste üben, wie er wollte – er war zum Untergang verurteilt.

Der Weg nach Benevent

Merkwürdige Dinge taten sich zu dieser Zeit in Sizilien. Nach seiner Königskrönung hatte Manfred Federico Maletta, den Grafen von Bizano (= Vizzini), der einer seiner Onkel war, und eine Schar Deutscher über die Meerenge geschickt, um die Insel in seinem Namen zu regieren. Federico zog nach Trapani. Dort kam ihm vom Monte Erice, dem Eryx der Antike, eine Gesandtschaft von zehn Männern entgegen, um ihn ihres Gehorsams zu versichern. Dabei war auch ein Deutscher, den Saba Malaspina „Gobbo" nennt, „den Buckel", ein ehemaliger enger Vertrauter des abservierten Berthold von Hohenburg. „Gobbo" drang mit einigen Spießgesellen in das Zelt des nichtsahnenden Federico Maletta ein und machte ihn nieder. Dann floh die Bande auf den Monte Erice, und da sie von den dortigen Bewohnern gut aufgenommen und beschützt wurde, war klar, daß sie mit diesen im Bunde gestanden hatte.

Der König schickte Federico Lancia, den Grafen von Squillace, auf die Insel. Der zog Truppen zusammen und schloß den Berg ein, stürmte die Siedlung auf dessen Gipfel und richtete unter den Einwohnern ein Blutbad an. Die Überlebenden wurden gezwungen, sich in der Ebene anzusiedeln. Damit hatte der Erice, der wie ein Verhängnis über die Ebene von Trapani ragt, seine Gefährlichkeit verloren. Der „Gobbo“ scheint aus Rache für Berthold von Hohenburg gehandelt zu haben. Genaueres erfahren wir von Saba Malaspina nicht.

Doch eine düstere Wolke blieb, die Manfred nicht vertreiben konnte: seine Usurpation lieferte Material für die allergefährlichste feindliche Propaganda, und zwar sowohl von päpstlicher als auch von legitimistisch-staufischer Seite. Die religiöse Dimension wurde sogar noch durch eine besondere Art von Schwarmgeisterei ergänzt, die selbst dem Papst mißfiel: es gab eine sehr starke Bewegung, die mit dem Jahre 1260 den Anbruch des Reiches des Heiligen Geistes auf Erden erwartete, wie Joachim von Fiore es zu Zeiten Kaiser Heinrichs VI. einst prophezeit hatte, und die viele Menschen erfaßte. Die radikale Gruppe unter den von Gregor IX. eben erst legalisierten Franziskanern, die Minoriten, stand in extremer Opposition zum Kriegskurs des Papstes und zum weltlichen Gebaren und dem Reichtum der Kirche insgesamt. Ihr Glauben, es werde ein Engelswesen vom Himmel herniedersteigen und jenes lautere Reich des Heiligen Geistes heraufführen, war auch für Manfred ungünstig. Dem Engel hatten gemäß Joachim von Fiore sieben Bestien in Menschengestalt vorauszugehen, entsprechend den sieben Köpfen des Untiers, auf dem in der Apokalypse des Johannes die große böse Hure Babylon thront. Vielleicht war Kaiser Friedrich schon die siebente der Bestien gewesen, vielleicht war es aber auch der Usurpator Manfred, genug Geschichten der schlimmsten Art waren über ihn ja im Umlauf.

Manfred stand auf einem Boden religiöser Lava, die ihn schnell verschlingen konnte, denn die Zeit neigte zur Verzückung bis hin zu einer Art unwiderstehlichen Massenwahnsinns, wie es einem modernen Beobachter vorkommen mag. Er verbot die Predigten der Minoriten und die damit verbundene Flagellanten-Bewegung aufs schärfste. Welch ein Armutszeugnis für beide Parteien des immer noch tobenden Kampfes, daß aus dem religiösen Zeitgeist heraus eine Bewegung entstand, die weder Papst noch Hohenstaufen ernsthaft zur Kenntnis nahm, sich höchstens angewidert von beiden abwandte. Den hingerissenen Minoriten ging es, in zeitgemäßer Denkweise, um das Ende der Welt und um den Endkampf zwischen Gut und Böse, um nichts geringeres als die befriedigende Schluß-Auflösung der Theodizee, dagegen verblaßte alle Politik, und in ihrer jahrzehntelangen Verbissenheit hatte sie das wohl auch verdient.

Manfred kämpfte gegen eine wahre Hydra. Denn das Gemurmel im Lande, daß der Kaiser gar nicht gestorben sei, sondern im Verborgenen weiterlebe, konnte ihm, obwohl er dessen Sohn war, auch nicht recht sein. Die Päpstlichen meinten damit, der Kaiser sei das apokalyptische Untier, das dazu ausersehen sei, die Kirche zu drangsalieren, und die Minoriten im Gefolge Joachims von Fiore meinten das ebenfalls, denn sie konnten auf ihren Engel erst hoffen, nachdem der apokalyptische Antichrist sich ausgetobt hatte, oder, in ihrer Sprache: nachdem sich das Mysterium des Bösen erfüllt hatte. Hier war der große hohenstaufische Traditionsspender zum Teufel herabgewürdigt.

Die Legende vom Fortleben des Kaisers konnte auch ins Positive gewendet werden, denn Friedrichs Name konnte bei allen, denen umgekehrt der Papst wegen seiner weltlichen Machtpolitik als der Antichrist erschien, einen guten Klang bekommen. Ein vorübergehend verschwundener, dann geläutert wiedergekehrter Friedrich hätte den Engel abgeben können, der die Christenheit ins Reich des Heiligen Geistes hineinführte. Doch auch diese Version schlug zum Nachteil Manfreds aus, denn dann hatte er gegenüber seinem Vater im Schatten zu verschwinden.

Kaum war der „Gobbo“ beseitigt, trat in Sizilien ein Bettler auf, Giovanni di Cocleria mit Namen, in dessen Zügen man verblüffende Ähnlichkeiten mit Kaiser Friedrich II. zu erkennen glaubte. Auch das Alter stimmte ungefähr. Giovanni antwortete unwirsch und ausweichend, wenn man ihn darauf ansprach, und machte sich, ob er das so kalkuliert hatte oder nicht, auf diese Weise nur noch interessanter. In ganz Sizilien verbreitete sich die Kunde, der Kaiser sei wiedergekommen. Giovanni wurde die Sache zu bunt, er ließ sich einen Bart wachsen, um nicht dauernd mit einem römischen Imperator verwechselt zu werden, und zog sich von den Menschen weg in die Einsamkeit zurück, in eine Höhle am Fuße des Ätna, den man damals auch Monte Gibellio nannte. Doch es sammelte sich auch dort Volk um ihn, das ihm mehr Essen brachte, als er früher je erbettelt hatte, und merkwürdige Leute hoher Abkunft ließen ihn nicht in Ruhe: Bartolomeo di Mileto war dabei, den Manfred seiner Besitzungen beraubt und verbannt hatte, und die Brüder und Neffen des ermordeten Pietro Ruffo ...

Die nannten den Bettler penetrant Kaiser, und langsam fand der Gefallen an seiner Rolle. Sie brachten ihm alles bei, was er noch nicht wissen konnte und für seine Rolle brauchte. Dann zogen sie vom Ätna um auf den Felsen von Centorbi (Centuripe), auf dem einst eine Stadt mitsamt Kastell gestanden hatte, die ironischerweise der wirkliche Kaiser Friedrich im Jahre 1232 nach dem Aufstand der Kommunen unter Messinas Führung hatte evakuieren lassen, um mit ihren überlebenden Bewohnern seine Neugründung Augusta zu besiedeln. Auf Centorbi stellte man ein kaiserliches Siegel her und ließ den Bettler Sendschreiben verfassen, daß er nunmehr wiederzukehren gedenke, lang in unauffälliger Kleidung verborgen gehalten, um Buße zu tun für seine Sünden. Nun aber rufe er die Städte und Vornehmen des Reiches wieder zu seinem Gehorsam zurück. Das glaubten sehr viele auf der Insel, als sie es lasen.

Manfred ernannte den Riccardo Filangieri, einen erprobten Feldmarschall des Kaisers aus dem Adel des Festlandes, zum Nachfolger des ermordeten Maletta. Filangieri beschränkte sich darauf, die Leute um den Bettler auf dem Felsen von Centorbi bis zur Aushungerung zu belagern. Doch der Mann entfloh mit einigem Gefolge nach Castrogiovanni, wo er ehrenvoll aufgenommen wurde. Filangieri zog ihm fluchend nach und mußte erst mit einem Bürgeraufgebot kämpfen, bis der Bettler durch Verrat zweier seiner Anhänger verhaftet werden konnte.

Saba Malaspina meint, Manfred hätte den Giovanni di Cocleria auch voller Verachtung laufen lassen können. Aber da dieser die Ursache des Todes für so viele andere gewesen sei, habe Manfred Recht gehabt, als er befahl, ihn aufzuhängen. Zusammen mit dem Bettler starben im März des Jahres 1262 in Messina elf seiner Spießgesellen am Galgen, die anscheinend die Mitglieder eines bereits gebildeten „kaiserlichen Schattenkabinetts" gespielt hatten. Die Sache war dem König so unheimlich, daß er im Mai selbst nach Messina kam. Er ließ die Verräter von Castrogiovanni, Guglielmo di Malacucina und Andrea di Bartoluccio, blenden und dann aufhängen. Diese rauhe Art der Abschreckung zeigte, wie ernst er die Farce nahm, die mit dem Namen seines Vaters Schindluder trieb. Dann ging er wieder aufs Festland zurück, in seine Lieblingsburg Lagopesole in Basilicata, nicht nur, um seiner Lust zu frönen, sondern auch, wie sogar Saba Malaspina einräumt, wegen der angenehm kühlen, wild-, wald- und wasserreichen Umgebung.

Für Sizilien hat er immerhin noch einmal kurz die relativ friedlichen und wohlgeordneten Zeiten Friedrichs II. erneuert, zusammen mit dessen rigorosem Verwaltungssystem. Die „collecta" blieb, ebenso alles, was es an staatlichen Handelsmonopolen gab. Eine erhaltene Erträgnisaufstellung, die Karl von Anjou sich 1270 vorlegen ließ, weist aus, daß der Export von Getreide unter Manfred die hauptsächliche wirtschaftliche Aktivität war, die auch für private Exporteure staatlich reglementiert wurde. Es läßt sich sogar errechnen, daß der Ausfuhrzoll unter Manfred 50 Prozent des Warenwertes erreichte, während der Spitzensatz zur Zeit Friedrichs II. bei etwa einem Drittel gelegen hatte. Und der Strom der Steuergelder, der die Insel verließ, wurde nicht in wirtschaftliche Maßnahmen investiert, sondern hatte einzig politischen und administrativen Zwecken zu dienen. Das bedeutete Stagnation auf der Insel, bereits an der Grenze zum Rückschritt.

Da der König dem hohen Klerus nicht traute, blieben unter seiner Herrschaft die Erzbistümer des Königreichs zum größten Teil unbesetzt. Die Erzbischöfe von Agrigent und Monreale waren bei seiner Krönung 1258 anwesend; doch der von Messina schlug sich auf die päpstliche Seite und diente Alexander IV. als Emissär, um auf Edmund, den Sohn des englischen Königs einzuwirken. Häufig ließ Manfred kirchliche Güter beschlagnahmen und mißachtete bewußt die Rechtmäßigkeit seiner eigenen Verwaltung. Mit den Kommunen stand er ohnehin auf gespanntem Fuße, da er den Handel kleinlich gängelte. Fazit: seine Herrschaft war deutlich weniger stabil als die Friedrichs. Er umgab sich mit einem eng abgeschlossenen Kreis von Vertrauten und baute auf die Passivität seiner Untertanen.

Manfred teilte seines Vaters Interesse für die Naturwissenschaften und hat dessen Buch „Über die Kunst mit Vögeln zu jagen" neu redigiert; ein Abgesandter des Sultans von Ägypten berichtet anerkennend, daß der König die geometrischen Abhandlungen des Euklid sehr geschätzt habe. Auch die „Sizilianische Dichterschule" machte an seinem Hofe weiter, wenngleich sie jetzt noch mehr die provenzalische Poesie imitierte als zur Zeit Friedrichs II.

Doch für ihn gilt ebenso wie für seinen Vater, daß Sizilien nicht mehr der Hauptinhalt seiner Politik war, sondern ein Element unter vielen. Er suchte sein Heil in einer weit ausgreifenden Politik, verfolgte dasselbe Prinzip, das ihm die Königskrone eingetragen hatte, und jagte dem Schatten des großen Kaisers nach, der sich, obwohl mit umfangreicheren Machtmitteln ausgestattet, ebenfalls nicht aus dem lebenslangen und am Ende fruchtlosen Kampf hatte lösen können. Manfred versuchte, mit bis zur Perfidie gesteigerter Beweglichkeit seinen Mangel an Macht auszugleichen. Er brüskierte und hofierte alle, wie es ihm gerade opportun schien. Und er mußte schließlich erfahren, daß Taktik allein nicht ausreicht, um eine solide Grundlage und die „stärkeren Bataillone“ auf Dauer zu ersetzen. Niemand hat Manfreds Träume dokumentiert, aber es wäre verwunderlich, wenn darin nicht auch die Kaiserkrone eine große Rolle gespielt hätte.

1255 hatten ihn die deutschen Hüter des kleinen Konradin, an ihrer Spitze Herzog Ludwig von Bayern, als Statthalter des Königreichs anerkannt. Nach seiner Krönung und nachdem der Schwindel mit Konradins Tod aufgeflogen war, versprach er den Deutschen, bei Konradins Volljährigkeit werde man über dessen Rechte neu verhandeln. Damit konnte er nicht mehr auf die Unterstützung der Stauferpartei in Deutschland zählen, was seine Machtbasis erheblich schwächte. Und es gehört wesentlich zum nüchternen Bild vom Untergang der staufischen Dynastie, daß dieser in Deutschland selbst nur wenige eine Träne nachweinten, und daß die einzelnen Landesfürsten das Ausgreifen nach Italien als lästig empfanden, das man nach dem Tod Friedrichs II. am besten auf sich beruhen ließ.

Andererseits brauchte Manfred außerhalb seines Königreichs soviel Absicherung wie nur möglich. Afrika war nicht sein Aktionsfeld, denn die dort regierenden Hafsiden zeigten kein Bedürfnis, sich in die Wirrnisse der Christenheit einzuschalten. Am wichtigsten war Italien. Wenn Manfred auch nicht daran gezweifelt haben dürfte, daß er von Sizilien und Apulien aus nicht die ganze Halbinsel kontrollieren konnte, so mußte er doch in die dort tobenden Auseinandersetzungen ständig eingreifen. Damals war die hohe Zeit des Kampfes der Guelfen oder päpstlich Gesinnten gegen die Ghibellinen (von Waiblingen, dem anderen dynastischen Namen der Hohenstaufen), also manfredisch-kaiserliche Parteigänger. Bei der Geburt Manfreds, so will Saba Malaspina uns weismachen, seien zwei Wolken in Frauengestalt am Himmel erschienen, die vom Morgen bis zum Mittag miteinander mit wechselndem Erfolg gerungen hätten. Man hörte aus ihrem Geschrei bzw. aus dem Donner undeutlich heraus, daß die eine sich Guelfa und die andere sich Ghibellina nannte. Doch gegen Mittag zog eine dritte Wolke auf, die Guelfa und Ghibellina unter sich begrub. Nach einer anderen Chronik, nämlich nach der des Pseudo-Brunetto Latini zur Florentiner Geschichte, tauchen die Parteibezeichnungen zum ersten Mal im Jahre 1216 in Florenz auf, anläßlich einer Hochzeit zwischen den Kindern zweier Adelsfamilien, die mit Mord und Totschlag endete.

Die kriegerischen Auseinandersetzungen nahmen mit wechselnden Fronten auf den verschiedensten Schauplätzen Norditaliens ihren Lauf, ohne daß sich für eine der vielen Parteien ein größerer Gewinn abzeichnete.

In der Toskana mischte Manfred sich etwas intensiver ein und war dort und damit in ganz Mittelitalien von Erfolg gekrönt. Siena stand gegen Florenz, zusammen mit Prato und Pistoia. 1258 waren die Ghibellinen nach einer mißlungenen Verschwörung aus Florenz vertrieben worden, flohen nach Siena und zogen die Stadt in einen Krieg gegen Florenz hinein. Manfred bot den Florentinern seine Hilfe an, denn die schienen ihm die Stärkeren in der Region, doch die Florentiner lehnten ab, ebenso wie Perugia, das offiziell zum Kirchenstaat gehörte, aber sich sehr frei fühlte einem Oberherren gegenüber, der sich selbst in seiner Hauptstadt Rom nur mit knapper Not behaupten konnte. Also schlug sich Manfred auf die Seite Sienas.

Wie er schon den Uberto Pallavicino in Oberitalien zum Generalvikar des Reiches eingesetzt hatte, als ob er der Kaiser selbst wäre, bestimmte er nun Giordano d'Anglona, den Grafen von San Severino in Basilicata, zum Vikar der Toskana und gab den Sienesen einen Podestà. Giordano d'Anglona marschierte durch das neutrale Gebiet von Perugia in die Toskana ein. Bei Montalcino kamen ihm die Florentiner, die eine Liga der meisten toskanischen Städte (darunter überraschenderweise nun auch Prato und Pistoia) organisiert hatten, am 4. September 1260 auf den Hals. Die Ghibellinen siegten in einem riesigen Gemetzel, der Sieg wurde allgemein der Hilfe Manfreds zugeschrieben, und bis auf weiteres herrschten seine Parteigänger in Florenz und damit (ausgenommen Lucca) in der ganzen Toskana.

Auf solche Weise war in Italien außerhalb des Königreichs keine stabile Herrschaft aufzurichten. Auch hatten die lokalen Ghibellinen durch lange Kämpfe ein solches Selbstbewußtsein entwickelt, daß sie Manfred der Sache nach nur noch als Ehrenvorsitzenden akzeptierten. Die eiserne Faust Friedrichs II. war unwiderruflich Vergangenheit. Manfreds Feldherr im mittelitalienischen Kirchenstaat kam nicht recht voran, auch wenn die dortigen Kommunen die päpstliche Herrschaft abgeschüttelt hatten. Das Übergewicht Manfreds auf der Halbinsel war zwar nicht zu bestreiten, aber es war immer wieder gefährdet.

Man hat Manfred Trägheit in der Führung der Verwaltungsgeschäfte vorgeworfen, eine Vergnügungsssucht, die an seinen Vater erinnert, sowie militärische Durchschnittlichkeit. Zeigten seine bisherigen Unternehmungen, daß er in dieser Beziehung jedenfalls tüchtiger war als Friedrich II. und Heinrich VI., so fällt doch auf, daß er bei den italienischen Parteikriegen durchaus nicht immer mitgeritten ist, obwohl der beste Erfolg für einen zur Usurpation Verdammten der militärische Erfolg gewesen wäre.

Auch aus seinem Ausgreifen in den griechischen Bereich ergaben sich keine dauernden Früchte. Unter den griechischen Nachfolgestaaten des 1204 von den lateinischen Kreuzfahrern enthaupteten byzantinischen Kaiserreiches hatten sich als die wichtigsten das von Nikaia in Kleinasien und das von Epirus mit der Hauptstadt Arta etabliert. Friedrich II. hatte seine Tochter an den selbsternannten Kaiser von Nikaia verheiratet, doch Manfred ging auch hier eigene Wege. Er sah, daß Nikaia auf Kosten von Epirus stärker geworden war und das „lateinische Kaiserreich" von Konstantinopel bereits von der asiatischen und der europäischen Seite gleichzeitig umklammerte. Manfred dachte, dem Papst gegenüber einen Verhandlungs-Trumpf

Michael VIII. Palaiologos (1261 – 1282), Begründer des spätbyzantinischen Reiches nach Vertreibung der Lateiner vom Kaiserthron des Ostens. Um sich gegen die päpstlich-französische Revanche zu wappnen, konspirierte er mit den Sizilianern, Aragonesen und den Resten der staufischen Partei. Bei der „Sizilianischen Vesper" war er einer der Drahtzieher (nach einer Buchminiatur des 14. Jahrhunderts).

in die Hand zu bekommen, wenn er sich als Retter des lateinischen Kaiserreiches empfahl. Also verband der König sich mit dem „Despoten“ Michael von Epirus und heiratete dessen schöne Tochter Helena, was ihm als Mitgift Korfu und drei epirotisch-albanische Küstenstädtchen einbrachte. Das war etwas weniger als die Wiederaufnahme der alten normannischen Ostpolitik: Von Epirus aus konnte Konstantinopel allenfalls noch unterstützt werden. Es war Westpolitik, da es von einem fernen Schauplatz aus auf Rom gezielt war.

Die Epiroten wurden 1259 bei Pelagonia in Makedonien von den Nikaiern und ihrem Feldherrn Michael Palaiologos aus dem Felde geschlagen, Manfreds zu Hilfe gesandten Kontingente konnten das nicht verhindern. Im Juli 1261 nahmen die Nikaier Konstantinopel ein, und der Palaiologos, der sich unterdessen auf den Kaiserthron von Nikaia gedrängt hatte, regierte seitdem als Michael VIII. und Begründer der Dynastie, die erst 1453 von den Osmanen beseitigt wurde.

Manfred wußte aus der Niederlage seines Verbündeten Profit zu ziehen, indem er Durazzo besetzte, das in Helenas Mitgift nicht enthalten gewesen war, und indem er dem gestürzten lateinischen Kaiser Balduin II. überschwenglich versprach, sich für seine Wiedereinsetzung mit Tatkraft zu verwenden – falls Balduin ihm beim Papst die Anerkennung seines Königtums vermittle. Damit war Manfred der erste einer längeren Reihe von Fürsten, die aus dem päpstlichen Wunsch nach Unterwerfung der östlichen Kirche Kapital zu schlagen versuchten. Sogar ein Kreuzzug ins Heilige Land sollte an der Wiedereroberung Konstantinopels hängen. Denn wer Unteritalien besaß, war für beide Unternehmungen der bestgeeignete Diener des heiligen Petrus.

Doch Manfred erreichte beim Papst überhaupt nichts, weil dieser sich hartnäckig nach einem Fürsten umsah, der ihm Manfred vom Halse schaffen konnte und sich erst dann einer katholischen Aktion in die Levante zuwandte. Daß diese sich dadurch noch mehr komplizierte, nahm der Papst in Kauf. Urban IV., der im Jahre 1261 Nachfolger des stets zaudernden Alexander IV. geworden war, ein Franzose aus niederem Stand, nahm den Verzicht Heinrichs III. von England und von dessen Sohn Edmund auf Unteritalien hin. Er tendierte ohnehin zu Frankreich, doch um die Idee des Kreuzzuges zu retten, die auch Ludwig IX. heilig war, beschloß er, Manfred noch einmal ein Unterwerfungsangebot zu machen.

Es scheiterte, und das war das Menetekel für Manfreds selbstherrliche Innenpolitik. Denn der Papst verlangte als Vorbedingung die Rückkehr von Manfreds Gegnern aus dem Adels- und Klerikerstand sowie deren Wiedereinsetzung in ihre eingezogenen Güter. Manfred hatte die aber an seine Hofclique verteilt, auf die er seine Herrschaft angreifbar genug stützte, und konnte diese Bedingung daher nicht annehmen. Ohne Lancia, Filangieri und Konsorten war er nichts. Später behauptete Konradin in dem Manifest, mit dem er seinen Zug nach Italien feierlich rechtfertigte, der Papst habe in diesen Verhandlungen dem König sogar die Anerkennung seines Titels angeboten. Wenn das stimmt, dann ist die Ablehnung aus persönlicher Verbundenheit ritterlich – romantisch gewesen, ja sogar tragisch, da Manfred nichts anderes übrig blieb – und politisch verheerend.

Balduin sprach für Manfred, doch Ludwig IX. kam gemeinsam mit dem Papst zu der Überzeugung, daß der König um des Kreuzzugs willen durch einen treuen Sohn der Kirche ersetzt werden müsse, und das gab den Ausschlag, auch wenn die Mißachtung der Rechte Konradins dem gewissenhaften Franzosen Skrupel bereitete. Im Juni 1263 kamen Urban IV. und Ludwigs Bruder Karl von Anjou überein, dem Hohenstaufen das Königreich zu rauben. Unter den Vertragsbedingungen, die zunächst ein deutliches Übergewicht des Papstes festschrieben, war für die sizilianischen Verhältnisse neben der vollständigen Liquidierung der kirchenrechtlichen Sonderstellung besonders interessant, daß Karl die Rückkehr zu der „guten Regierung" versprach, wie sie unter dem Normannen Wilhelm II. bestanden hatte, der hartnäckig „der Gute" genannt wurde.

Karl war für Manfred ein furchterregender Feind. Hart gegen sich und andere, zäh, gesund, geizig und herzlos, gebildet und fromm, willensstark und machthungrig, kein Ungeheuer, aber unerbittlich, notfalls mit dem gesamten Gewicht Frankreichs, des stärksten Königreichs des damaligen Abendlandes, hinter sich. Er war Graf von Anjou und Maine, hatte die Provence und die Grafschaft Forcalquier geerbt und dort geschickt für Ordnung und seine geregelten Einnahmen gesorgt. Schon 1252 hatte ihm der Papst Sizilien angeboten, doch er hatte auf Befehl seines Bruders, des heiligen Königs, ablehnen müssen. Nun war seine Stunde gekommen.

Anfang 1264 hatte auch Lucca sich den Ghibellinen ergeben, die Mark Ancona gehorchte Manfred, und nur ein schnell gesandtes provenzalisches Regiment konnte die Eroberung von Rom durch Manfreds Unterführer Pietro de Vico verhindern. Im Oktober 1264 starb Urban IV. in Perugia, doch hielt das Karls Kriegsvorbereitungen nicht auf. Im Februar 1265 wurde der Kardinal von Sabina, der sich nun Clemens IV. nannte, zum Nachfolger gewählt. Das zeigte, daß die Kurie an ihrer pro-französischen Politik festhielt, denn der Kardinal war selbst Franzose und kehrte gerade erst aus Frankreich zurück, wo er Urbans Vertrag mit Karl hatte nachverhandeln müssen, zum Schaden der Kirche, die weitgehend Karls Bedingungen hinnehmen mußte, denn Manfreds Truppen standen ja mittlerweile schon am Stadtrand von Rom.

Karl bereitete seinen Einmarsch zu Lande in Oberitalien diplomatisch umsichtig vor. Am 10. Mai 1265 stach er von Marseille aus mit ein paar hundert Mann in See und ging am 21. Mai bei Ostia, mühselig und vom Sturm zerzaust, auf einem kleinen Kahn an Land. Manfreds Flotte hatte versagt, obwohl sie weitaus größer war als Karls Konvoi. Der hatte die Anzahl seiner Schiffe eigens beschränkt, um über das Tyrrhenische Meer nach Rom beweglich durchschlüpfen zu können. Eine Blockade von Marseille vor Karls Abfahrt lag nahe und scheint auch versucht worden zu sein, doch ohne jeden Erfolg. Das Operationsgebiet lag zu weit von Unteritalien entfernt, Pisa lauerte in Feindschaft, und Genua lieh nicht die Hand zu einer Blockade der provenzalischen Küste. Auf hoher See wurde Karl nicht entdeckt. Es war für Manfred wie eine verlorene Seeschlacht. Am 28. Juni ließ sich Karl in Rom von vier Kardinälen mit dem Königreich Sizilien belehnen.

Doch Manfred zog es vor, sich ostentativ zu freuen, daß er den Vogel jetzt im Käfig habe. Falls er damit gemeint hatte, Karl mit überlegenen Kräften in Rom einzuschließen, bevor Verstärkung für diesen heran war, so entsprach dem der weitere Verlauf des Feldzugs keineswegs. Manfred rückte ins Anio-Tal; Karl zog ihm entgegen und nahm bei Tivoli eine defensive Stellung ein. Doch der König zog nach Norden und dann schnell nach Apulien ab. Pietro de Vico war schon vorher zu den Franzosen übergegangen, ebenso der ehemalige Anführer der stadtrömischen Ghibellinen. Es zeichnete sich ab, daß Manfred seine Position nur mit schnellem Zuschlagen wahren konnte, denn die Loyalität seiner Untertanen erwies sich schon vor seinem kraftlosen Marsch auf Rom als unsicher. Es heißt, er sei abgezogen, da er in der Campagna di Roma, hinter Karls Rücken, keine Hilfe zu erwarten gehabt hätte. Als ob die Niederwerfung Karls nicht sein Hauptziel hätte sein müssen!

Das Manifest, das er kurz nach Karls Landung den Stadtrömern gesandt hatte, mutet mit seinem naiven Aufruf nachgerade realitätsfremd an: Die „Konstantinische Schenkung“ sei ungültig, da der Kaiser „Augustus“, also „Mehrer“ heiße und deshalb nicht sein Reich an die Kirche habe wegschenken dürfen. Die Kaisermacht rühre vom römischen Volke her, und deshalb solle das römische Volk im Gedenken an seine zweitausendjährige Weltherrschaft sich gegen die Kirche erheben, die sich mit den Federn des Imperiums schmücke. Dabei waren die Ghibellinen der Ewigen Stadt gerade im Begriff, ihren Frieden mit Papst und Franzosen zu machen!

Karl rückte Manfred nicht hinterher, weil er mit der Kurie zunächst die Finanzierung seines weiteren Vormarsches besprechen mußte, eine Aufgabe, die der militärischen an Schwierigkeit nicht nachstand. Da auch Manfred im Herbst nichts weiter unternahm, konnte Karl, nachdem er den Sold wenigstens für ein paar Monate gesammelt hatte, seinem inzwischen unter dem Banner des Kreuzzugs (!) in Frankreich versammelten starken Heer den Marschbefehl geben. Es fiel, angeführt vom Bischof von Auxerre, über den Col di Tenda in Italien ein und stieß nur bei den – numerisch unterlegenen – Truppen Uberto Pallavicinis bei der Überquerung des Flusses Chiese in der Nähe von Brescia auf Gegenwehr. Von da ab über Bologna, Spoleto und Terni bis Rom, wo das Heer am 15. Januar 1266 eintraf, war es der reine Spaziergang. Der Generalvikar Manfreds für die Lombardei war seinen Titel nicht wert gewesen, oder: sobald die Franzosen ihre Kraft zeigten, fiel die ghibellinische Macht in Italien wie ein Kartenhaus in sich zusammen.

Am 6. Januar 1266 war Karl in Gegenwart seiner Gemahlin Beatrice in der Peterskirche von einigen vom Papst gesandten Kardinälen zum König von Sizilien gekrönt worden. Am 20. Januar 1266 verließ er Rom und stieß bis zum 2. Februar nach Ceprano vor, dem Grenzort von Manfreds Königreich. Niemand hinderte hier die Franzosen am Übergang über den Liri. Die Grenzkastelle von Rocca d'Arce und San Germano wurden schnell eingenommen, die Sarazenen in San Germano niedergemetzelt. Die Brücke über den Liri war unbewacht gewesen: lag hier Verrat vor? Sehr viele Barone sympathisierten mit den Franzosen und hofften, die Clique der Lancia und Filangieri abzulösen und die Konfiskationen rückgängig machen zu können, die Manfred zugunsten seiner Gefolgsleute über sie verhängt hatte.

Die Liste derjenigen Barone und Kleriker, die zusammen mit Karl von Anjou zu Felde zogen, ist beeindruckend lang. Doch auch jetzt war für Manfred der Krieg

Karl von Anjou, 1266 – 1285 König von Sizilien und erster Repräsentant weit ausgreifender französischer Mittelmeer-Politik. Die „Sizilianische Vesper“ beraubte ihn der Basis, um dieses Ziel zu erreichen.

noch nicht verloren. Die Situation trieb auf rasche Bewegungen und auf eine Entscheidungsschlacht zu, weil Karls finanzielle Reserven gering waren und weil Manfred angesichts des Abfalls so vieler Barone von seiner Sache keinen langen Abnutzungskrieg in seinem eigenen Königreich führen konnte.

Manfred warf sich nach Capua und befahl Konrad von Antiochia, seinen Neffen, den er zum Grafen von Alba, Celano, Loreto und der Abruzzen gemacht hatte, mit seinen Truppen aus den Abruzzen herbei. Karl jedoch wandte sich nicht gegen Kampanien, sondern überschritt den oberen Volturno mit Zielrichtung Benevent. Manfred marschierte sofort zum Schutze dieser wichtigen Stadt ab und nahm vor Benevent Aufstellung, bevor Karls Heer heran war. Die Franzosen und ihr verräterischer Anhang waren von den winterlichen Eilmärschen erschöpft und schlecht versorgt. Manfred beschloß, sie anzugreifen, auch wenn Konrad von Antiochia noch fern war. Immerhin waren 800 deutsche Söldner bei ihm eingetroffen. Im Kriegsrat kam keine Alternative zur Schlacht zur Sprache, etwa die, im Schutze von Benevent den Feind so lange im Schnee hungern zu lassen, bis er abzog. Manfred hätte dem wahrscheinlich auch nicht zugestimmt.

Am Freitag, dem 26. Februar 1266, marschierten die beiden Heere gegeneinander auf. Die Gesamtzahl der Kämpfenden wird auf höchstens 15 000 geschätzt. Das größte Einzelkontingent darunter machten Manfreds Sarazenen aus. Sie standen als ungepanzerte Bogenschützen vor der Front, hinter ihnen 1200 deutsche Reiter, dahinter etwa 1000 berittene Söldner aus der Lombardei und der Toskana, zusammen mit 200 bis 300 leichtbewaffneten sarazenischen Reitern. An der Brücke über den Calore-Fluß, hinter dem Benevent lag, stand Manfred selbst mit der Reserve und den wichtigen Baronen des Reiches, die ihn noch nicht verlassen hatten. Karl hatte drei Reitertreffen, die hauptsächlich aus französischen Kriegern bestanden, im Mittelglied 400 italienische Guelfen; die Infanterie mit den Armbrustschützen nahm die erste Reihe ein.

Die Sarazenen rannten mit ungeheurem Gebrüll und ohne das Kommando abzuwarten, auf die Franzosen los. Als deren Infanterie zu weichen begann, sprengten französische Reiter aus dem ersten Treffen in die Sarazenen hinein, die zurückliefen. Daraufhin kamen die deutschen Reiter, der beste Teil von Manfreds Heer, den Moslems zu Hilfe und stürmten, ebenfalls ohne den Befehl empfangen zu haben, in ihren anscheinend unverwundbar machenden Plattenpanzern (anstatt der bisher üblichen Kettenpanzer) voran. Karl, irritiert und bereit, sich selbst in den Kampf zu werfen, gab seinen zweiten Treffen den Befehl zum Gegenangriff. Die Plattenpanzer der Deutschen ließen jedoch die Achselhöhlen frei, wenn die Ritter den Arm hoben: sobald die Franzosen in dichten Reihen zusammenstanden und ihre Dolche gebrauchten, gerieten die Deutschen mit ihren Langschwertern in Bedrängnis und wurden von der Seite erstochen. Die Überlebenden begannen zurückzuweichen.

Nun rächte es sich, daß die Sarazenen zu früh angegriffen hatten, nur um den Deutschen und den Italienern nicht den Sieg zu gönnen, denn das zweite Treffen Manfreds unter Galvano Lancia war nicht rechtzeitig heran, um den Deutschen zu helfen, und wurde bereits in den Gegenangriff des zweiten und dritten französischen Treffens hineingerissen, der auch von der Flanke her ansetzte. Vor der Wucht dieses Anpralls flohen die Leute Galvano Lancias, und viele wurden in ihrer Panik niedergemacht.

Manfred brannte darauf, mit seinen Reserven den Kampf nun doch noch zu wenden. Er befahl den Baronen, die ihn umstanden, auf das Schlachtfeld zu eilen, und tauschte seinen Königsmantel mit dem Umhang seines treuen Freundes, des Römers Tebaldo Annibaldi, daß der die Schwerter der Feinde auf sich zog. Doch da trat die Katastrophe ein: die Barone erklärten kühl, die Schlacht sei bereits verloren, was angesichts der Entfernung des Standortes der Reserve zum Kampfgeschehen eine gewisse Berechtigung hatte, und trabten davon. Manfredi Maletta war darunter, Kammerherr und Onkel des Königs, der Graf von Acerra und viele andere. Manfred blieb mit seiner Leibwache und wenigen Getreuen allein zurück. Tebaldo bestürmte ihn, dennoch unverzüglich aufs Schlachtfeld zu reiten, um gemeinsam zu siegen oder zu sterben.

Da warf Manfred, ganz Ritter ohne Furcht und Tadel, sein Leben und sein Königreich von sich und stürmte los. Bald fiel er, Tebaldo neben ihm. Die Franzosen hatten das Schlachtfeld mittlerweile eingekesselt und begannen mit einem erbarmungslosen Würgen, schonten auch diejenigen nicht, die die Waffen wegwarfen und sich ergaben. Kein leerer Platz blieb ringsum, so dicht lagen die Leichen. Viele flohen zurück zum Fluß und kamen in den Fluten des Calore um, denn die einzige Brücke war schnell heillos verstopft. Nur 600 von Manfreds 3600 Reitern konnten sich retten.

Am Abend zog Karl in Benevent ein. Man fand Manfreds Leichnam und legte ihn an der Brücke über den Calore in eine Grube, in die jeder Vorbeiziehende einen Stein warf, bis sich ein Hügel bildete. Ein besseres Begräbnis stand dem Usurpator nach Karls Willen nicht zu, denn dieser war im Banne der Kirche gestorben. Bartolomeo Pignatelli, der Erzbischof von Cosenza, einst Mitstreiter des Pietro Ruffo gegen Manfred und dann als Gesandter des Papstes in England und Frankreich unterwegs, ließ später den Leichnam ausgraben und am Ufer des Liri bestatten, angeblich auf Befehl des Papstes.

Karl fand in Benevent Manfreds Vorräte und dessen gut gefüllte Kriegskasse, was ihm überaus willkommen war. Auch seine Leute begannen, gierig Beute zu machen, und steigerten sich beim Plündern in ein Gemetzel an der Bevölkerung hinein. Ihrer Mordlust, aus Not und Sieg heraus mächtig angefacht, fielen Ghibellinen und gänzlich Unbeteiligte ohne Unterschied zum Opfer, Männer und Frauen, Kleriker und Laien, Alte und Kinder. Tagelang dauerte die Vernichtungsorgie, obwohl Benevent doch Eigentum der Kirche war. Aber Karl, deren frommer Sohn, konnte dem Wüten keinen Einhalt gebieten.

Das war der Eintritt der Franzosen in das Königreich Sizilien.

Nach dem Sieg von Benevent lag Karl von Anjou das gesamte Königreich zu Füßen. Es kam zu keinen Kampfhandlungen mehr. In Neapel verkündete Karl sogar eine Generalamnestie und verhielt sich allgemein nicht rachsüchtig, sondern streng rechtlich. Die in Lucera verbliebenen Sarazenen machten keine Schwierigkeiten, die Städte öffneten ihre Tore. Als Karls Statthalter ging Philipp von Montfort nach Sizilien – auch dort keinerlei Widerstand, die Flotte ergab sich sofort. Warum hätte man auch für die hohenstaufische Sache weiter fechten sollen, da Manfred sich so wenig um die Insel gekümmert hatte! Und doch war es kaum zu glauben: eine einzige Schlacht nur, und das mit eigenwilligen Baronen, Kirchenfürsten und Kommunen dicht bevölkerte Land wechselte ohne Murren den Herrn. Das war zu leicht gegangen, das hätte Karl von Anjou unheimlich sein müssen. Aber so dachte und fühlte er nicht, und schuf sich damit sein Verhängnis selbst.

Zunächst einmal bekam er nur Ärger; das Verhängnis ließ noch auf sich warten: als im Jahre 1268 der junge Konradin über die Alpen zog, entbrannte in Sizilien ein Aufstand, mit dem die Franzosen nicht gerechnet hatten. Nach Karls Besitzergreifung im ganzen Königreich waren viele italienische Ghibellinen über die Alpen nach Deutschland geeilt, um Konradin zur Übernahme seines Erbes gegen Papst und Franzosen aufzurufen. Auch Corrado Capece, einst Manfreds Statthalter in Sizilien, dem Karl auf Bitten des Erzbischofs von Messina das Leben geschenkt hatte, erschien; Giacomo Capece, Corrados Bruder, blieb als Verbindungsmann auf der Insel. Auch Galvano und Federico Lancia kamen an Konradins Hof, ebenso Konrad von Antiochia, der Sohn des kaiserlichen Bastards, und Friedrich von Antiochia. Im Oktober 1266 erklärte Konradin in Augsburg, er werde sich das Königreich Sizilien zurückholen. Der Papst bannte bereits vorab alle Teilnehmer und Begünstiger von Konradins Unternehmen. Wie real die Gefahr war, konnte zunächst kaum einer einschätzen, aber es war unübersehbar, daß die staufische Partei nach Manfreds Tod keine zusammenhängende territoriale Basis hatte und nur noch aus einigen Dutzend unruhiger Adelsfamilien bestand. Konradins bayerische Onkel rieten dem Knaben ab, sich in Gefahr zu begeben. Das Reich interessierte sich schon lange nicht mehr für Sizilien. Doch die Italiener in Konradins Umgebung setzten sich durch.

Im September 1267 rückte das mühsam zusammengescharte Heer Konradins über den Brenner, und am 18. Oktober zog eine Vorausabteilung unter Galvano Lancia in Rom ein. Die Römer jubelten, und Galvano Lancia schüttelte dem Infanten Heinrich von Kastilien kräftig die Hand, denn dieser hatte sich auf der Seite der Ghibellinen zum Senator von Rom aufgeschwungen. Im nicht allzu nahen Viterbo zürnte unterdessen Papst Clemens IV.

Der Infant Heinrich hatte mit seinem Bruder Friedrich Kastilien verlassen, denn in diesem Königreich, in dem sein ältester Bruder Alfons X. herrschte und mittlerweile sogar von der römischen Kaiserkrone träumte, gab es für seine Ansprüche keine standesgemäße Beschäftigung. So wurden sie beide zu originellen Abenteurern. Zunächst hatten sie am Hofe des Hafsiden- Fürsten von Tunis geweilt, wo sie gegen die Berberstämme des Landesinneren hinreichend Krieg führen konnten. Heinrich hatte dann mit 300 Mann den Emir verlassen, weil dieser ihn des Verrats bezichtigte, und war in Italien aufgetaucht, wo er als kastilischer Prinz schnell beste Beziehungen zum Papst herzustellen wußte. Er war schon als König von Sardinien im Gespräch, doch als ihm dies verweigert wurde, ließ Heinrich sich von den römischen Ghibellinen zum Senator küren und rief seinerseits Konradin herbei.

Corrado Capece war von Deutschland mit Konradins Einwilligung nach Pisa gegangen, um von dort aus mit einer pisanischen Galeere nach Tunis überzusetzen und den Emir um Unterstützung bei der Landung auf Sizilien anzugehen. Er und der Infant Friedrich bekamen 400 Sarazenen mit und setzten mit diesen, 200 Spaniern, 200 Deutschen und 22 Pferden nach Sizilien über. Sie landeten an einem Ort, den Saba Malaspina *Sciacta* nennt (wohl Sciaccia). Und sie bekamen dort auch „große Geschenke" von „einigen Sizilianern", was ihrer Unternehmung sehr zustatten kam. Man darf aus dieser Notiz des Chronisten schließen, daß diverse Barone der staufischen Sache noch anhingen.

Corrado Capece erließ eine flammende Proklamation und wies Konradins Urkunde vor, die ihn zu dessen Vikar, d. h. zum persönlichen Stellvertreter in Sizilien erklärte. Außer Palermo, Messina und Syrakus, die von Karls Statthalter Fulco behauptet wurden, fiel die ganze Insel den Aufständischen zu, schneller, als Corrado und Friedrich die Huldigungsadressen entgegennehmen konnten, denn sie hatten zu wenig Pferde. Agrigent, Gela, Licata, Noto, Nicosia, Catania, Augusta, Enna, Centuripe, Piazza Armerina, Lentini hißten erneut den staufischen Adler.

Nun sollen einige Einheimische gegenüber Fulco hinterlistig behauptet haben, die Eindringlinge seien wegen ihres Pferdemangels militärisch so schwach, daß man sie zur Schlacht zwingen müsse. Es war jedoch nur ein abgefeimter Plan, denn diese Leute wollten Fulco damit ins Verderben laufen lassen, was schon daran zu erkennen war, daß sie Fahnen mit dem Wappen der Anjou und dem Adler der Hohenstaufen gleichermaßen verfertigen ließen, um sie in der Schlacht unvorhergesehen wenden und die Franzosen verraten zu können. So geschah es dann auch. Fulco galoppierte entsetzt vom Schlachtfeld, als seine Sizilianer plötzlich umschwenkten, ließ Zelte und alle Ausrüstung zurück, und die Verräter taten sich gütlich an der Beute, Corrado und Friedrich ebenso, und die Zahl der Toten hielt sich daher in Grenzen.

Dann kam Federico Lancia mit 24 pisanischen Galeeren angesegelt und landete bei Milazzo. Er bat Corrado zu sich, um gemeinsam mit ihm Messina anzugreifen, doch Corrado weigerte sich, da auch Federico den Anspruch erhob, Konradins Vikar zu sein. Die Einwohner Messinas bekamen unterdes Unterstützung durch eine Flotte aus Karls Provence und entschlossen sich, die durch ihre Rangstreitigkeiten gelähmten Ghibellinen aus der Ebene von Milazzo zu vertreiben. Die Pisaner segelten aufs hohe Meer hinaus, um von dort auf die Schiffe aus Messina einzudringen und sie an den Strand zu manövrieren. Als die Messineser zu wanken begannen, flohen die Provenzalen auf und davon, und als das die königlichen Landtruppen vom Strand aus sahen, machten sie, daß sie nach Messina zurückkamen. Die Pisaner segelten sofort vor den Hafen, um ihn mit allen seinen Schiffen anzuzünden und der Konkurrenz in der Meerenge den Garaus zu machen, doch die Wachsamkeit der Stadtbevölkerung verhinderte dies.

Das Schicksal von Karls Herrschaft auf Sizilien hing also an einem seidenen Faden – bis ihn abermals eine ordentliche Feldschlacht rettete. Konradin und die Seinen unterlagen Karls Heer am 23. August 1268 bei Scurcola-Tagliacozzo in den Abruzzen vollständig. Der junge Prinz wollte auf Umwegen nach Genua fliehen, doch in Astura (am Strande des heutigen Agro Pontino) fing man ihn und lieferte ihn mit seinen Weggefährten an Karl von Anjou aus. Am 29. Oktober 1268 ließ der König nach strengem Prozeß ihn, seinen jugendlichen Gefährten Friedrich von Baden und noch andere seiner Getreuen auf dem Campo Moricino (heute: Piazza del Mercato) in Neapel öffentlich enthaupten.

Das war mehr als ein Justizmord, und er zeigte, daß Karl nicht daran dachte, den nach Benevent begangenen Fehler – nämlich Milde walten zu lassen – nach Scurcola zu wiederholen. Er wollte die hohenstaufische Partei ein für allemal ausschalten. Auf den verbliebenen Enkel des großen Kaisers, den späteren Landgrafen von Thüringen und Markgrafen von Meißen, Friedrich den Freidigen oder auch den „Gebissenen" kam es allerdings kaum mehr an. Zum Zeitpunkt von Konradins Tod war Friedrich erst 11 Jahre alt, und später mußte er mit seinem Vater, Albrecht dem „Entarteten", um sein deutsches Erbe in Thüringen kämpfen. Die Zeit der Staufer in Italien war dahin.

Während Galvano Lancia hingerichtet wurde, Manfreds Witwe Elena mit ihren drei Kindern in lebenslangem Kerker schmachtete, Heinrich von Kastilien für 23 Jahre eingesperrt wurde, zog Guillaume Standardus (wie Saba Malaspina ihn nennt), ein blutrünstiger Krieger, in Sizilien ein. Er rückte vor Augusta, das von 200 Mann aus der Schar derer, die von Tunis herübergekommen waren, verteidigt wurde. Die Stadt fiel durch Verrat, und die Franzosen richteten wie in Benevent ein gräßliches Blutbad an. Die sechs Bürger, die die Franzosen eingelassen hatten, wurden als erste geköpft. Nur ein Schiffchen mit Flüchtigen entkam nach Norden, und das ging unter, da es überladen war.

Corrado Capece hatte sich in das befestigte Centuripe geworfen. Seine Mitstreiter entschlossen sich, ihre Haut dadurch zu retten, daß sie ihn den Franzosen auslieferten. Er beschwor sie: „Die bekannte französische Heimtücke wird auch alles andere niedermachen!" Doch sie übergaben ihn kaltblütig dem Guillaume, der ihm keinerlei Prozeß machte, sondern sofort blenden und ihn dann in Catania hängen ließ. Giacomo Capece wurde in Neapel gehängt. Friedrich von Kastilien wich nach Agrigent aus, und Karl erlaubte, daß Guillaume ihn von dort aus zurück nach Tunis entweichen ließ, um sich nicht noch mit der Dynastie von Kastilien zu überwerfen. Dort wurde er 1277 auf Befehl des spanischen Königs umgebracht. Die Hafsiden hatten wohl niemals den Ehrgeiz gehabt, Sizilien wieder zu islamisieren.

Diese Ereignisse muten wie relativ undramatische, letzte Wellenschläge der staufischen Sache auf Sizilien an. Aber nun kam für Karl das schon erwähnte Verhängnis. Am Ostermontag, dem 30. März 1282, wurde der staufische Adler in

Palermo erneut gehißt. Gleichzeitig rief man den Schutz der römischen Kirche an, und die Stadt gab sich selbst einen „capitanus" und diesem sofort einen mehrköpfigen Rat bei. Da spielten kaiserliche, kirchlich-oberherrschaftliche und kommunale Selbständigkeitstendenzen plötzlich nebeneinander eine Rolle, bekannte Themen der nach-islamischen Geschichte Siziliens. Doch das baronale und das französische Thema fehlten. Denn dem Hissen des staufischen Banners war ein beispielloser Massenmord an all jenen Franzosen vorangegangen, derer die Bevölkerung in Palermo spontan hatte habhaft werden können.

Schon der Aufstand zugunsten Konradins hatte gezeigt, daß die französische Herrschaft in Sizilien unbeliebt war. Zwei Gründe waren dafür maßgeblich: der fiskalische Druck und die Arroganz der französischen Barone und Verwaltungsbeamten, die keinerlei Rücksicht auf Besonderheiten und Empfindlichkeiten des Volkscharakters nahmen. Karl von Anjou tat dies auch nicht. Er verließ sich auch in Unteritalien nur auf seine mitgebrachten Franzosen, und neue Untertanen durften sich allenfalls in den Randzonen seines Reiches bewähren, die er sich von Neapel aus bis 1282 angegliedert hatte: im Königreich Albanien etwa, d. h. an der Korfu gegenüberliegenden Küste, im Kreuzfahrer-Königreich Jerusalem, das ihm mit Hilfe päpstlichen Einflusses zugefallen war, in der Regentschaft des dem Kreuzzug von 1204 entstammenden Fürstentums Achaia (auf der Peloponnes), schließlich unter dem Senator von Rom, dessen Titel ihm der Papst hatte gönnen müssen.

Karls Politik umspannte das ganze Mittelmeer. Ihre Stoßrichtung ging, mit päpstlicher, italienischer und womöglich französischer Unterstützung gegen Konstantinopel. Denn die Lateiner hatten aus ihren Kreuzzügen gelernt, daß der Besitz der größten Stadt der Levante Voraussetzung für eine Beherrschung der Levante durch die Christen war. Karl war durchaus fähig, die Zusammenhänge, die ihn die Geschichte der Byzantiner, Moslems, Normannen und Hohenstaufen gelehrt hatte, zu überblicken und auch zu gestalten. Die Sizilianer hätten sich unter seinem Szepter wieder als die Mitte des Mittelmeeres fühlen dürfen. Doch sie haßten die Franzosen zu sehr, und dieser Haß setzte sich durch und gab sogar den Ausschlag dafür, daß Karls hochfliegende Pläne, diese erste und bereits sehr kraftvolle Regung französischer Hegemonie-Gelüste im Mittelmeer, noch vor des Königs Tod in sich zusammenbrachen.

Bartolomeo di Neocastro, ein Jurist aus Messina, der seiner Vaterstadt auch in diplomatischer Mission diente und ein engagierter Patriot war, berichtet in seiner Chronik mit einer langen, ermüdenden Reihe von rhetorischen Fragen, was den Sizilianern an Karls Verwaltung nicht paßte: zunächst eine Hungersnot, die der Fürst sich nach uraltem, magischem Brauch ohne weiteres anrechnen lassen mußte; dann die „Abhaltung vom Strand", was auf das eigentlich recht zivilisierte und schon unter Friedrich II. gültige Verbot hinweist, sich Strandgut aus einem Schiffbruch anzueignen oder jeden Menschen, den es durch widriges Wetter an die Küste verschlagen hatte, zum Sklaven zu nehmen. Überhaupt hat Karl von Anjou weitaus mehr die staufische Verwaltung fortgeführt, als daß er eigene administrative Maßnahmen hätte ersinnen müssen – dazu hatte Friedrich II. viel zu hart regiert. Aus

Bartolomeos Klage geht hervor, daß Karl die Hungersnot nicht durch eine Minderung der Abgabenlast gemildert hat. Er wollte das wohl nicht, weil er stets viel Geld für seine ausschweifende Politik brauchte (die „collecta“ taucht natürlich auch bei ihm auf), darin ebenfalls eine Parallele zu Friedrich II. Dies weist auf eine besondere Sturheit, ja Herzlosigkeit seiner Verwaltung hin. Bartolomeo ist höchst aufgebracht: „er (der König) hat in unsere Schafpferche gefräßige Wölfe gebracht, die mit schonungslosem Biß alles, was er befahl und wollte, aufgefressen haben.“ Vielleicht hat die Verwaltung nun einfach besser funktioniert als unter Manfred, doch genügte auch das schon, die Bevölkerung renitent zu machen, da sie von Karls Beamten aus ihrem Schlendrian gerissen wurde.

Nimmt man dazu noch die Landfremdheit der Beamten, die auf der Insel deutlich geringerer Kontrolle unterlagen als auf dem Festland, dann wird die gereizte Stimmung der Bevölkerung plausibel. Saba Malaspina berichtet, der König sei keiner der Anzeigen der Sizilianer gegen verbrecherische Beamte nachgegangen. Er sagt weiter, daß die finanziellen und juridischen Belastungen auch die Barone niederdrückten. Wenn die sich nicht freikaufen konnten, dann litten sie zusammen mit ihren Hintersassen ebenso wie die Handwerker und Kaufleute in den Städten.

Der König kam nur einmal nach Sizilien, auf der Durchreise zu seinem Feldzug gegen Tunis im Jahre 1270, der eine Racheaktion für die Unterstützung des Aufstandes von 1268 und politisch notwendig war, da der Herr des Mittelmeeres die Straße von Sizilien von beiden Ufern aus kontrollieren mußte. Wenn wir Bartolomeo di Neocastro glauben dürfen, so war Karl nach seiner erfolglosen Rückkehr (sein Bruder, König Ludwig IX., starb vor Tunis, seine Flotte geriet mit all ihren erbeuteten Schätzen vor Trapani in einen verheerenden Sturm) erfüllt von „beleidigtem Geist“ gegen alle Sizilianer, also ungnädiger als vor der Abfahrt. Nur wenn er auch die gegenüberliegende Küste besaß, so mag er geglaubt haben, könne er die Insulaner wirkungsvoll in Schach halten.

Nachdem er wieder auf dem Festland verschwunden war, erkannte auch der einfachste Sizilianer, daß Karl die Insel nur als Vorratskammer hielt und auf ihre Interessen nicht so einging, wie das die Normannen getan hatten. Karls neuer Regierungssitz war Neapel, Palermo wurde zur Provinz.

Immer wenn die auswärtigen Herren Siziliens die Insel nur zum Sprungbrett für weitere mediterrane Eroberungen nahmen, sie nicht zur Residenz machten und nicht allmählich zu ihrer Heimat werden ließen, haben sie den großen strategischen Vorteil der Lage Siziliens ungenutzt gelassen. Es lag also eine gewisse Zwangsläufigkeit in der Entfremdung solcher Herrscher von den Einwohnern, und die wurde auf der Seite der Schwächeren, der Untertanen, mit wachsendem Pessimismus und Fatalismus beantwortet. Wenn die Staatsgesinnung der Italiener ganz allgemein darunter leidet, daß sie in der Vergangenheit von zu vielen Landfremden regiert wurden, dann reicht dieses Symptom im Falle Siziliens sogar bis in die Stauferzeit zurück. Und vielleicht ist der in den sizilischen Bräuchen so befremdliche Todeskult die überreife Frucht des seit den Staufern durch dauernde Fremdherrschaft entstandenen Defätismus.

Die „Sizilianische Vesper“, Auftakt des verblüffend wirkungsvoll organisierten Massenmordes an den Franzosen: am Ostermontag, dem 30. März 1282, in der Kirche zum Heiligen Geist am damaligen Stadtrand von Palermo. Der französische Beamte Drouet, der sich der Dame im Vordergrund aufdringlich genähert hat, wird von einem jugendlichen Rächer mit seinem eigenen Dolch niedergestochen.

Das kann man natürlich nicht präzise beweisen, und außerdem gibt es gegen den sizilianischen Pessimismus, den auch Tommasi di Lampedusa in seinem Roman „Der Leopard“ so überzeugend beschworen hat, ein gewaltiges Gegenbeispiel, jene Sizilianische Vesper nämlich, die oben bereits angedeutet worden ist. Der Historiker muß stets versuchen, nicht im Literarischen aufzugehen.

Karl von Anjou wollte im Frühjahr 1282 seine Flotte von Unteritalien aus gegen Konstantinopel auslaufen lassen. Auch das mißfiel den Sizilianern, und zwar den Griechen unter ihnen, die noch im Val Demone hausten. Sie wollten nicht als gezwungene Matrosen gegen ihre Landsleute und Vertreter einer gemeinsamen Kultur kämpfen. Es brauchte nur noch einen zündenden Funken, und der Volkszorn gegen die Franzosen entlud sich.

Die Schilderung des schrecklichen 30. März 1282 durch Bartolomeo di Neocastro ist so lebendig, daß man ihr, nach den Wahrscheinlichkeitsregeln mittelalterlicher Chronistik, Glaubwürdigkeit und Authentizität zuerkennen darf. Um den Ostermontag zu feiern, hatten sich die Bürger Palermos in der Kirche zum Heiligen Geist versammelt (heute innerhalb des Friedhofsgeländes Sta. Orsola oder Sto. Spirito, nahe dem Tal des Oreto). Der Justitiar Karls hatte befohlen, darauf zu achten, daß die Feiernden keine Waffen bei sich trugen. Die Franzosen mischten sich deshalb in größerer Anzahl unter die Sizilianer, und einige sollen auch schon angetrunken gewesen sein. Einer von ihnen mit Namen Drouet machte sich an eine schöne adlige Dame heran und tastete sie ziemlich unverschämt ab, um seinem Auftrag gerecht zu werden. Die junge Frau wich empört zurück und lehnte ihr Haupt schutzsuchend an die Brust ihres Gatten – eine Szene, die bewußt hervorhebt, daß die Franzosen im Umgang mit den Einheimischen wohl auch schon auch früher Rücksicht und Takt vermissen ließen.

Da entstand ein Tumult, keiner weiß, wer mit den empörten Rufen „Tod den Franzosen!“ begann. Ein junger Mann riß Drouet das Schwert von der Seite und stach ihn auf der Stelle nieder. Während er niedersank, begann auf dem Platz vor der Kirche ein allgemeines Gemetzel. Wer keine Waffen hatte (aber viele hatten welche verborgen), nahm Steine, mit bloßen Händen würgte man die Franzosen. Da begannen die Glocken zu läuten, denn es war die Zeit der Vesper. Das steigerte den Tumult, andere Bürger eilten herbei, kreisten die Franzosen ein und gaben ihnen in ihrer Wut keine Chance. Sizilianerinnen, die sich mit den Fremden eingelassen hatten, wurden ohne Zaudern ebenso abgeschlachtet.

Bald lagen 200 in ihrem Blute (sagt Bartolomeo), die Raserei ergriff die ganze Stadt, und nicht einer der Fremden wurde verschont. Man griff den Palast des Justitiars an, er selbst bekam einen Hieb ins Gesicht, schwang sich verwundet auf ein Pferd und sprengte schon in dunkler Nacht, mit nur zwei Mann Begleitung nach Vicari im Landesinneren davon. Auch die Dominikaner- und Franziskanerklöster in Palermo wurden gestürmt, und jeder französische Bruder dort mußte sterben, wenn er das Testwort „ciciri“ nicht richtig aussprechen konnte. 2000 Franzosen, Männer, Frauen und Kinder, kamen in dieser Nacht um. Am nächsten Tag zogen die Palermitaner vor die Burg von Vicari, in die sich auch noch viele andere Franzosen geflüchtet hatten. Man verhandelte hin und her, weil der Justitiar freien Abzug erlangen wollte. Aber mitten im Reden tötete ihn ein Sizilianer durch einen Pfeilschuß, und alle anderen Franzosen von Vicari wurden daraufhin an Ort und Stelle niedergemetzelt.

Auch die Bewohner von Corleone brachten die Franzosen um und erklärten die Stadt zur freien Gemeinde. Die Saat des Papstes, der eine Generation zuvor den Kommunen des Königreiches nach Belieben Freiheiten unter seiner Autorität gespendet hatte, nur um sie gegen die Hohenstaufen aufzubringen, trug nun Früchte, die niemand bedacht hatte. Nach den beiden ersten Aprilwochen waren das ganze Val di Mazara und auch die Mitte der Insel auf zumeist blutige Weise von Franzosen gesäubert. Als letzte sizilianische Stadt schloß sich Messina dem Aufstand an und erklärte sich zur Kommune unter dem Schutz des Papstes. Dann wählte sie einen vierköpfigen Rat, dem auch der spätere Chronist Bartolomeo von Neocastro angehörte.

Angesichts der Unmengen sinnlos vergossenen Blutes, der unerhörten Grausamkeiten und des kaum vorstellbaren Leides, das über die Franzosen kam, stellt sich unwillkürlich die Frage, wie es möglich gewesen war, daß solch ein Sturm in wenigen Tagen die ganze Insel hatte erfassen können? Die Italiener des Risorgimento haben die Sizilianische Vesper als einen Ausbruch des Nationalismus gewertet, denn das verbindende Element zwischen allen Mordbanden war der Haß auf die Franzosen gewesen, ein so abgründiger Haß, daß er für den ganzen langen Krieg, den Karl von Anjou nun gegen die Insel führte, nicht mehr erlosch. Ende 1285 lehnten die Sizilianer eine Botschaft des Papstes ab, die sich für die weit entgegenkommenden Reformen des im Januar 1285 verstorbenen Karl von Anjou verbürgte, weil sie keine französische Herrschaft mehr wollten. Ende 1293 wurde ein Waffenstillstand zwischen den Anjou und den Bewerbern um die sizilische Königskrone, dem Hause Aragon, geschlossen – die Sizilianer erklärten, jeder, der ihnen die Franzosen ins Land bringe, werde von ihnen bekämpft werden. Das war ein anderer Kampfgeist als nach der Schlacht von Benevent im Jahre 1266! Schließlich bestimmte der Friede von Caltabellotta 1302, daß Sizilien unter einem Sproß des Hauses Aragon (nicht dem König von Aragon selbst), als „Königreich der Insel Sizilien“ oder, noch zurückhaltender, als „Königreich Trinakria“ im Unterschied zum „Königreich Sizilien“, nach dem sich die Anjou auf dem Festland aus Prestigegründen weiterhin nannten, eine eigene Einheit darstellen sollte. Die Mörder vom Tage der Vesper 1282 hatten sich durchgesetzt, und keiner hatte das vorhersehen können.

Aber war das schon moderner Nationalismus? Schließlich endete die Entschlossenheit der Sizilianer an der Meerenge von Messina, und wenn sie in Kalabrien nach 1282 Krieg geführt hatten, dann einmal deswegen, weil Kalabrien und Sizilien bis in die Zeiten Manfreds und Pietro Ruffos eine durch die Meerengen bedingte Einheit gebildet hatten, und weil Einflüsse der griechisch-byzantinischen Kultur gewisse Gemeinsamkeiten in diesem Raum schufen, aber nicht, weil die Aufständischen an ein Italien bis zu den Alpen dachten.

Giuseppe Verdi: Die sizilianische Vesper (1855), Aufführung der Stuttgarter Oper (1975). Der Inhalt des ganz im Stile der französischen großen Historien-Oper gehaltenen Werkes geht mit der Geschichte allerdings sehr frei um.

Also eher Regionalismus, der angelegt war in den byzantinischen und moslemischen Erfahrungen der Insel, die anderswo auf dem Festland in dieser Art und Verbindung nicht bestanden. Die Lateiner, die durch die Normannen auf die Insel kamen, haben diese Erfahrungen nicht ungeschehen machen können, und ein Herrscher wie Friedrich II. hatte durch seine zusammenfassende Persönlichkeit dazu beigetragen, die genannten drei Elemente zu verbinden und den ethnischen und kulturellen Sonderstatus der Insel zu verstärken. Sein Zentralismus war zu sehr rationale Kopfgeburt gewesen, um in wenigen Jahrzehnten Entscheidendes für die Homogenisierung mit seinen festländischen Regierungsbereichen zu bewirken. Nur blieb der Zusammenhang mit dem Festland unauflöslich, da das lateinische Element schon seit der Normannenzeit keine ernsthafte Alternative mehr in dem byzantinischen und moslemischen hatte, nicht zuletzt wegen der dem Islam und Konstantinopel lange Zeit abträglichen politischen Kraftverhältnisse. Daß ferner der Regionalismus durch die Geographie ungemein begünstigt wurde, bedarf keiner näheren Darlegung.

Dieser Regionalismus sollte noch Blüten treiben, die dem Königreich Neapel, dem Königreich Italien und auch der Republik Italien manches Kopfzerbrechen bereiteten. Aber hatte er nicht eigentlich schon immer bestanden, immer wenn Sizilien nicht auf sich selbst gestellt, sondern Teil einer größeren politisch-kulturellen Einheit war, letztlich seit der Kolonisierung durch Griechenland im 8. und 7. Jahrhundert vor Christus? So gesehen, beginnt die identitätsstiftende Tradition, in der die Mörder- Helden von 1282 standen, mit der klassischen Antike, da der Tyrann Dionysios I. von Syrakus der mächtigste Mann der hellenistischen Welt gewesen war.

Man muß auch etwas genauer hinsehen, um im Jahre 1282 eine Einheit aller sizilianischen Patrioten festzustellen. Die Schlächter von Palermo waren wohl keine Adligen, auch wenn die Beleidigung einer Adligen sie zur Tat hingerissen hatte. In Messina bestand der revolutionäre Rat der Stadt aus vier renommierten Juristen, also aus den Männern, deren Vorfahren unter Friedrich II. und dessen Verwaltungserfordernissen zu bürgerlichen Ehren aufgestiegen waren, die aber keine Barone mit Macht in ausgedehnten Latifundien waren. Auch in Palermo wurde die Stadtregierung am Tag der Vesper nicht aus Baronen gebildet, und das war angesichts der Traditionen dieser Metropole, die der Papst gegen die Staufer unterstützt hatte und die auch in moslemischer und normannischer Zeit gewirkt hatten, ganz natürlich. Auch Sizilien hatte seine hochmittelalterliche Bewegung der kommunalen Freiheit, wenn auch nicht so mächtig und am Ende nicht so erfolgreich wie die Lombardei und die Toskana.

Dennoch waren Bürger und Barone gemeinsam der Meinung, daß die Franzosen das Land verlassen mußten, denn beide strebten nach ihrer besonderen Art von Unabhängigkeit. Auf die Dauer waren die Barone die stärkeren, weil es nicht denkbar war, daß die Insel ohne Monarchen blieb. Eine Republik Sizilien hätte keine gemeinsame Basis gehabt, ebenso wie eine Republik Lombardei angesichts der unterschiedlichen Interessen der einzelnen lombardischen Städte niemals möglich war. Palermo und Messina allein konnten nicht die ganze Insel beherrschen, ganz abgesehen von der wirtschaftlichen Macht, die ihnen dafür die Grundlage hätte liefern müssen und die niemals hinreichend vorhanden war. Die Vesper hatte nicht das Potential einer sozialen Revolution.

An dem neuen Monarchen, den man brauchte, wurde die Hinneigung zur Kirche zuschanden, die wegen ihrer Verbindung mit den Anjou von Anfang an der falsche Adressat für die Bitte um Unterstützung gewesen war. Den neuen Monarchen nahm man aus der weitverzweigten staufischen Verwandtschaft und fand ihn in dem Infanten Peter von Aragon, dem Gemahl von Manfreds Tochter Konstanze. Von Geblüt und Legitimität her war das eine traditionelle und ghibellinische Wahl. Aber zukunftweisend wurde sie dadurch, daß es darauf nicht entscheidend ankam. Die Sizilianer brauchten gegen den französischen Koloß schlicht auswärtige Hilfe und fanden sie in Aragon, das den Erfolgen Karls von Anjou im Mittelmeer mißgünstig gegenüberstand.

Das führte in politische Rivalitäten hinein, die für die Hohenstaufen nur eine marginale Rolle gespielt hatten. Nachdem das im Inneren Spaniens gelegene Aragon sich im 12. Jahrhundert mit der Grafschaft Barcelona vereinigt hatte, erbte es die Interessen der hochentwickelten katalanischen Geschäftswelt und ließ seine handelspolitischen Blicke, nicht anders als die Anjou von der Provence aus, nicht anders als Venedig, Genua, Pisa und mitunter auch Messina über das ganze Mittelmeer schweifen. Die Balearen waren der erste Trittstein nach Osten, im Maghreb wirkte aragonesischer Einfluß, und die Inseln Sardinien und Sizilien wiesen noch direkter den Weg in die Levante. 1270 waren die Katalanen im Heiligen Lande (ergebnislos) aufgetaucht. Als der Friede von Caltabellotta geschlossen wurde, marschierte gerade eine katalanische Söldnergruppe marodierend durch das byzantinische Reich.

Der Kampf mit Frankreich und mit den Anjou war hart genug, und der Infant Peter hatte jetzt als König Peter III. beständig mit seinen binnenländischen Baronen zu kämpfen, denen die Expansion der Pfeffersäcke von Barcelona kein Anliegen war. Der Friede von Caltabellotta hatte als Voraussetzung, daß auf Sizilien Friedrich von Aragon herrschte, in Spanien selbst aber ein anderer, nämlich sein Bruder Jaime, und daß Friedrich als Formsache den Anjou-König von Neapel sowie den Papst als seinen Oberherrn anerkannte. Doch das brachte eher Sicherung vor Angriffen vom Festland mit sich, als daß es eine Belastung bedeutet hätte. In jedem Fall stärkte der Besitz einer separaten Königskrone den sizilianischen Regionalismus ungemein und wohl auch unauslöschlich, selbst wenn die Insel im Wege der Erbfolge im Jahre 1409 dann doch noch direkt an die Krone Aragon fiel. Und die sizilianischen Barone befestigten ihre Stellung, indem sie dem landfremden Potentaten Loyalität im Austausch gegen die Garantie ihrer Privilegien gewährten, ein Angebot, an dem er kaum vorbeigehen konnte. Hätte er etwa seine iberischen Verwandten und Handelsmänner durch Privilegien für die Kommune von Messina reizen sollen? Ein regionales Königtum war für die befreundeten Nachbarn praktisch, da es in ihrer Abhängigkeit verbleiben mußte.

Die Aragonesen hatten auch den Aufstand der Vesper unterstützt. Fraglich ist nur, welches Ausmaß ihre Vorbereitungen hatten. Denn so sehr der Aufstand in seiner inselweiten Allgemeinheit auch auf die Fähigkeiten der Sizilianer schließen läßt, so bedauerlich ist es, daß eben diese konspirativen Fähigkeiten es verhindert haben, daß der Nachwelt schriftliche Zeugnisse über ihre Entfaltung erhalten geblieben sind. Die besten Verschwörer sind diejenigen, die schweigen. Da gab es einen Johann von Procida, einst Leibarzt Kaiser Friedrichs II. und an dessen Totenbett anwesend, auch später ein glühender Ghibelline und Kanzler am Hofe von Aragon. Johann soll der sizilianischen Geschichtslegende zufolge König Peter III., den Kaiser Michael VIII. von Konstantinopel und die sizilianischen Barone zur Mitwirkung am allgemeinen Aufstand gewonnen und dem Papst Nikolaus III. (1277–1280), dessen Arzt er früher auch einmal gewesen war, die vorab erteilte Billigung des Aufstandes abgerungen haben.

Man kann mangels klarer Quellen die Wahrheit über diese diplomatische Genieleistung auf sich beruhen lassen. Aber es ist nicht zu bestreiten, daß Aragon und die Byzantiner die flankierenden Mächte für die sizilianische Vesper gewesen sind. Die das ganze Mittelmeer umspannende Bedeutung Siziliens wird an dieser Mächtekombination überaus deutlich. Die Barone müssen an der Vorbereitung des Aufstandes maßgeblich beteiligt gewesen sein, da nur sie die ländlichen Gebiete zur synchronen Aktion mobilisieren konnten. Die Procida-Legende nennt drei Namen: Palmieri Abbate, Alaimo von Lentini und Walter von Caltagirone. Aber ebenso wie auf ihre soziale Macht im Lande kam es auf aragonesische Truppen und byzantinisches Gold an, um dem Aufstand Kraft und Ausdauer zu geben. Da Karl von Anjou von Unteritalien aus Michael VIII. tödlich bedrohte, mußte dieser sein Gold arbeiten lassen (Soldaten hatte er zu wenige), um Karl die Basis seiner Unternehmung zu entziehen und sich selber durch die sizilianische Freiheit zu retten. Nicht zufällig brach der Aufstand los, kurz bevor Karl sich nach Osten einschiffte. Bezeichnenderweise hat Messina sofort nach seinem Abfall von Karl eine Botschaft nach Konstantinopel geschickt. Michael VIII. starb bereits im Dezember 1282, aber den Kriegszug der Franzosen hatte er endgültig abgewendet, da Karl sich für den Rest seines Lebens verbissen auf den Versuch der Wiedereroberung Siziliens konzentrierte.

Michaels Sohn Andronikos griff zwar nicht direkt in den Krieg ein, aber das war auch nicht notwendig. Indem er die Tochter des Ghibellinen Wilhelm von Montferrat heiratete, zeigte er, auf wessen Seite er stand. Das schwache neue byzantinische Reich hat im Zusammenhang mit Aragon, der anderen mediterranen Flankenmacht, den französischen Expansionismus in der Levante zunichte gemacht, indem es half, den Franzosen die Mitte des Mittelmeeres zu nehmen.

So wurde die Sizilianische Vesper – wie man heute zu sagen pflegt – gerade durch ihr Chaos-Potential zum letzten Höhepunkt sizilianischer Geschichte im Mittelalter. Der Einsatz der Insulaner war heroisch gewesen, vielleicht blind und eigensüchtig, ohne politischen Weitblick, nur dem einen, fanatisch festgehaltenen Ziel verpflichtet: die Franzosen loszuwerden. Doch gerade diese Art von Blindheit steigerte den Einsatz bis zu seiner Unbedingtheit, daß ihr schließlich der Erfolg gegen alle

Berechnung zuteil wurde. Das war eines der in der Geschichte mitunter vorkommenden, mit viel Blut verbundenen Wunder, auf deren Wiederholung selbst in vergleichbaren Umständen man nicht setzen kann. Auch die Sizilianer waren von da an niemals mehr eigene Herren ihres Geschicks; zu wenige, um aus ihrer Lage heraus zur bestimmenden Macht im Mittelmeer zu werden, zu reich und zu günstig gelegen, um von fremden Begehrlichkeiten frei zu bleiben, war gerade nach ihrem Freiheitskampf ihre selbständige Rolle für immer ausgespielt, und sie wurden auf diese Weise zu einem der zahlreichen Opfer der Ironie der Geschichte.

Literatur

Es wurde bewußt nur eine Auswahl der vorhandenen und der für dieses Buch benutzten Literatur zum unerschöpflichen Thema angegeben. Denn zum einen sind die meisten Werke in italienischer Sprache erschienen (oft auch, was die Quellen angeht, in arabischer, lateinischer oder griechischer Sprache), und wir hätten manchen unserer deutschen Leser damit quasi Steine statt Brot angeboten; und zum anderen enthalten viele Titel ihrerseits umfangreiche Literaturangaben, so daß dem Interessierten auf diesem Wege ein tieferes Eindringen in die faszinierende Materie möglich sein wird. Original-Quellen des Mittelalters sind nicht mit aufgenommen.

Ahrweiler, H.: Byzance et la Mer, Paris 1966

Alvarez Palenzuela, V. A., Fernandez, L. S.: Historia de España, Band 6: La consolidación de los reinos Hispánicos (1157–1369), Madrid 1988

Amari, M. (Neuausgabe von C.A. Nallino): Storia dei Musulmani di Sicilia, Catania 1933–39

ders.: Der sicilianische Vesperkrieg, Grimma/Leipzig 1851

Bäthgen, F.: Die Regentschaft Papst Innocent III. im Königreich Sizilien, Heidelberg 1894

Bruhl, C.: Diplomi e cancelleria di Ruggero II., Palermo 1983

Cartellierei, G.: Peter von Aragon und die Sizilianische Vesper, Heidelberg 1904

Cavallo, G.: I Bizantini in Italia, Mailand 1952

Chalandon, F.: Histoire de la domination normande en Italie et en Sicilie, Paris 1907

Chiarelli, C.: Sicily during the Fatimid Age, Ann Arbor 1986

van Cleve, T. C.: The Emperor Frederick II. of Hohenstaufen, Immutator Mundi, Oxford 1972

ders.: Markward of Anweiler and the Sicilian Regency, Princeton 1937

Cohn, W.: Das Zeitalter der Hohenstaufen in Sizilien, Breslau 1925

ders.: Die Geschichte der sizilischen Flotte 1060–1266, Aalen 1978 (Reprint)

Déer, J.: Papsttum und Normannen, Köln-Wien 1972

Del Re, G.: Cronisti e Scrittori Sincroni Napoletani, 2 Bde., Ristampa dell'Edizione di Napoli 1868, Aalen 1975

Eickhoff, E.: Macht und Sendung. Byzantinische Weltpolitik, Stuttgart 1981

Fahmy, A.: Muslim Seapower in the Eastern Mediterranean, From the 7. to the 10. century a.D., London 1950

von Falkenhausen, V.: Untersuchungen über die byzantinische Herrschaft in Süditalien vom 9.–11. Jahrhundert, Wiesbaden 1967

Finley, J., Mack Smith, Denis, Duggan, Christopher: Geschichte Siziliens und der Sizilianer, München 1989

Goez, W.: Grundzüge der Geschichte Italiens in Mittelalter und Renaissance, Darmstadt 1984

Giunta, F.: Bizantini e Bizantinismo nella Sicilia normanna, Palermo 1974

Giunta, F., Rizzitano, U.: Terra senza Crociati – Popoli e Culture nella Sicilia del Medioevo, Palermo 1991

Gregorovius, F.: Geschichte der Stadt Rom im Mittelalter, Dresden 1926

Haller, J.: Das Papsttum – Idee und Wirklichkeit, Reinbek 1965

Hampe, K.: Geschichte Konradins von Hohenstaufen, Innsbruck 1894

Heinisch, K. J. (Hrsg.): Kaiser Friedrich II. – Sein Leben in zeitgenössischen Berichten, München 1977

Herde, P.: Karl I. von Anjou, Stuttgart 1979

Jamison, E. M.: Admiral Eugenius of Sicily, Oxford 1957

Jordan, E.: L'Allemagne et l'Italie aux XIIe et XIIIe siècles, Paris 1939

Kantorowicz, E. H.: Kaiser Friedrich II., Neuausgabe Stuttgart 1986/87

Leonard, E. G.: Les Angevins de Naples, Paris 1954

Libertini, G., Paladino, G.: Storia della Sicilia, Catania 1933
Morghen, R.: Gli Svevi in Italia, Palermo 1974
Norwich, J. J. C.: Die Wikinger im Mittelmeer, 2. Auflage, Wiesbaden 1974
ders.: The Kingdom in the Sun, 1130–1194, London 1976
Ostrogorsky, G.: Geschichte des Byzantinischen Staates, 2. Aufl. München 1952
Panetta, R.: I Saraceni in Italia, Mailand 1973
Peri, I.: Uomini, città e campagne in Sicilia dall'XI al XIII secolo, Rom 1978
Rizzitano, U.: Storia e Cultura nella Sicilia saracena, Palermo 1975
Runciman, S.: Die Sizilianische Vesper, München 1959
ders.: Geschichte der Kreuzzüge, München 1957–1959

Register

Kursive Zahlen verweisen auf Abbildungen.

Personen- und Ortsnamen, die im Text entweder beständig wiederkehren oder verschiedene Kapitel dominieren, sind nicht eigens aufgenommen worden, da sie dementsprechend leicht aufzufinden sind. Dies gilt für die Personen Roger I., Graf von Sizilien, König Roger II., Kaiser Heinrich VI. und Kaiser Friedrich II. sowie für die Ortsnamen Palermo, Messina, Syrakus, Konstantinopel.

Bildnachweis

Fratelli Alinari, Florenz: 251, 259, 275, 309 – Archiv für Kunst und Geschichte, Berlin: 25, 37, 38/39, 67, 81, 97,149, 165, 186/187, 231, 249, 254, 274/275, 317 – Bayerische Staatsbibliothek, München: 305 – Biblioteca Estense, Modena: 72, Biblioteca Medicea-Laurenziana, Florenz: 288 – Biblioteca Apostolica Vaticana, Rom: 178, 273, 280 – Bibliothèque Nationale, Paris: 19 – Bildarchiv Foto Marburg: 169 – Burgerbibliothek Bern: 224, 227, 233, 237 – Göttingen, Stadtmuseum, Foto: Hans Starosta 160 – Herbert Hartmann, München: 37, 46, 102/103, 183, 190, 276, 277 – Hirmer Fotoarchiv, München: 16 – Institut für Theaterwissenschaft der Universität Köln, Porz-Wahn: 171 – Hannes Kilian, Stuttgart: 320 – Luftbild Klammet, Ohlstadt: 72, 180/181, 278/279 – Scala, Florenz: 99, 177, 179, 184, 185, 189, 191, 192 (unten) – Österreichische Galerie · Belvedere, Wien: 293 – Thüringer Universitäts- und Landesbibliothek, Jena: 130 – White Star, Vercelli: 98, 100/101, 104, 182, 188, 192 (oben) – Württembergische Landesbibliothek Stuttgart, Foto: Joachim Siener: 155.